암베드카르와
현대 인도 불교

암베드카르와
현대 인도 불교

이명권 지음

KSI 한국학술정보[주]

머리말

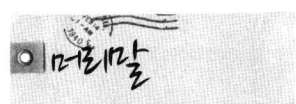

인류의 어두운 역사에 횃불을 밝혀 광명의 길로 이끈 선구자들이 많다. 그러나 때로는 그들의 업적이 땅에 묻히거나 후세에 잘 전승되지 못하는 경우가 종종 있다. 오랜 역사와 문명을 자랑하는 인도와 같은 거대한 대륙에도 수많은 선구자가 나타났다가 사라졌다. 때로는 빛을 보지 못하고 이름도 없이 사라져 갔는가 하면, 때로는 간디와 같은 인류사의 걸출한 인물이 나타나기도 했다. 인도는 기원전 6세기에 석가와 같은 위대한 영혼을 탄생시키기도 했지만, 동시에 전 세계 그 어느 곳에서도 찾아볼 수 없는 불가촉천민이 존재하는 나라이기도 하다. 이처럼 인도는 참으로 아이러니한 역사의 운명을 지니고 있다.

세계의 지붕인 히말라야 설산 아래에 자리한 인도는 기원전 약 2,500년 전에 이미 인더스 강을 중심으로 세계 4대 문명의 탄생지로 성장했다. 이른바 고대의 도시 문명국가를 이룩하는 데 성공했던 것이다. 그러나 대홍수 또는 원인을 알 수 없는 재난으로 하라파와 모헨조다로의 인더스 유적이 땅속에 묻히면서 약 1,000년에 걸친 침묵의 시기를 지나야 했다. 기원전 1500년경에 다시 이란을 기점으로 하는 중앙아시아로부터 아리안 민족의 정복으로 민족이동이 시작되었고, 인도의 동북부인 펀자브 지역을 중심으로 한 인도아리아인의 역사가 출발되었다. 이들이 가져온 종교를 우리는 베다 종교라고 부른다. 시인이자 사제들이었던 현자들은 리그베다를 포함하여 4개의 베다에서 찬가의 형태로 각종 신들을 찬양하면서, 1,000년에 걸쳐 제사와 찬미 중심의 베다 종교를 탄생시킨 것이다.

그러나 베다 중심의 종교는 천상의 신들과 대기의 신, 그리고 지상의 신 등으로 구분되면서 수많은 신들의 세계가 인간을 지배하는 신화적 세계의 종교였다. 이러한 신들의 다양한 영향력과 함께 점차 신을 대리하여 제사를 집행하는 사제의 계급이 특권을 누리면서, 종교는 점점 사회적 억압이라는 역기능을 수행하게 된다. 특히 베다에 나타나는 우주적 인간 푸루샤의 신화는 인간이 어떻게 계급화되고 있는지를 잘 보여주고 있다. 푸루샤 신화에 의하면, 신들이 우주적 거인인 푸루샤를 분할했을 때, 푸루샤의 입은 사제 브라만으로, 팔은 무사계급인 크샤트리아, 넓적다리는 평민 바이샤, 발은 종인 수드라로 변하였다. 이 신화는 이른바 카스트제도의 이념적 기초를 제공해 주는 셈이다. 또한 최초의 우주적 인간으로 표방되는 마누도 신의 법을 인간에게 전달하면서, 브라만의 사제 계급에서 하층의 수드라에게 이르기까지의 차별적 인간 존재의 모습을 보여주었다. 예컨대 브라만이나 왕들이 떠맡아야 할 사회적 직무가 있고, 바이샤나 수드라와 같은 하층민이 담당해야 할 사회적 직무는 세대를 거듭하면서 지속적으로 계승해야 하는 신의 법률로 고착화시키고 있다는 점이다.

이 같은 카스트 제도의 고착화와 더불어 인도 사회가 점점 병들어 가고 있을 때, '카스트의 철폐'를 주장하면서, 혜성같이 등장한 영웅이 나타났으니 그가 암베드카르였다. 그는 실로 카스트라는 신분적 차별의 고통을 받는 불가촉천민을 해방시킨 해방의 영웅이었다. 미국에 흑인 해방 운동가 마르틴 루터 킹 주니어 목사가 있다면, 인도에는 불가촉천민 해방 운동가 암베드카르가 있다. 그 자신 스스로 사성제에 속하는 4계급 구조에도 속하지 못하는바, 최하층 제5의 계급이라 할 수 있는 불가촉천민이라는 운명으로 태어났지만, 인류를 위해 불을 훔쳐온 프로메테우스처럼, 억압받는 역사의 수레바퀴를 되돌리고자 했던 신화적 영웅으로 재탄생한 것이다.

암베드카르는 인도 사회의 신분차별 제도가 힌두교라는 잘못된 전통 종교에서 기인한다고 보고, 힌두교의 이념을 거부하면서, 만인 평등의 기초가 되는 불교를 다시 받아들임으로써 현대 인도에 새로운 불교 운동을 일으켰다. 그러나 그가 주장한 불교는 전통적인 교리를 되풀이하는 관념적 불교가 아니라, 가난하고 억압받는 천민들을 해방시키는 실천적 해방의 불교였다. 예컨대 석가의 가르침은 억압받는 가난한 민중을 해방시키는 복음이었다. 그리하여 암베드카르는 현대 인도의 신불교(新佛教)의 창시자가 된다. 1956년 10월 14일 나그푸르에서 행한 불교 개종식에는 당일에만 30만 명의 불가촉천민들이 결집하여 힌두교에서 불교로 개종을 하였고, 그 다음 날도 이어져 50만 명이 암베드카르의 신불교 운동에 동참하게 되었으며, 몇 년이 채 지나지도 않아서 300만 명이 넘는 개종자가 뒤따랐다.

영국의 식민지에서 독립운동을 펼쳤던 간디는 불가촉천민을 대하는 방식에서 암베드카르와 견해를 달리했다. "간디는 불가촉천민들이 카스트제도를 벗어나지 않으면서 '가촉평민(可觸平民)'이 되기를 원했고, 그들의 서러움과 고통을 다소나마 완화시켜 주는 것이

목표였다면, 암베드카르 박사는 억압받는 민중들의 지위가 삶의 모든 부분에서 향상되기를 원했고, 이 목표를 위해 자신의 모든 것을 바쳤다"(아히르, 『암베드카르』, 이명권 역, 코나투스, 2006년, 120쪽). 실로 암베드카르의 평전을 쓴 아히르의 주장대로, "억눌린 민중들을 해방시키려는 노력 면에서, 암베드카르는 간디를 훨씬 능가하는 인물이었다. 암베드카르가 불가촉천민들의 어머니였다면, 간디는 그들의 보모였다"는 비유는 실제로 설득력이 있다. 물론 간디가 인도 전역의 평화를 위해 노력한 것은 틀림없지만, 불가촉천민들의 한을 풀어주기에는 역부족이었고, 그 역할을 떠맡은 이는 불가촉천민 출신의 암베드카르 자신에게 맡겨졌던 것이다.

일찍이 어려서부터 총명하여, 수많은 차별대우를 받으면서도 학문을 포기하지 않고 끝내 미국 콜롬비아 대학교에 유학하여 실용주의자이면서 교육사상가였던 존 듀이에게서 직접 배우고 박사학위를 받은 후, 다시 영국으로 건너가서 변호사 자격을 취득하면서 또 하나의 박사학위를 얻은 다음, 인도로 돌아와서 네루 내각의 초대 법무부 장관이 되기까지 엄청난 투쟁의 역사를 몸소 체험해야 했다. 현행 인도 헌법을 제정하는 제헌위원회 위원장으로서 헌법 초안을 만들면서도 그는 불가촉천민을 위한 사회보장법을 마련하였고, 비례대표제를 통한 불가촉천민의 지위를 국회와 공공기관에서도 확보해 나갔던 것이다. 그러나 무엇보다도 이러한 개혁과 혁명을 추진할 수 있었던 사상적 근원은 천민 해방을 위한 복음, 곧 붓다의 가르침인 자유·평등·박애의 이념이었다. 프랑스 혁명의 이념이기도 한 이 세 가지 개념을 그는 붓다에게서도 동일하게 찾아볼 수 있다고 하였다. 그는 이 세 가지 원리를 바탕으로 붓다의 가르침을 새롭게 해석하였으니, 이것이 곧 그가 만년에 저술한 『붓다와 그의 법』이었다.

암베드카르의 종교는 한마디로 도덕적 원리와 영향력으로서의 종교다. 그렇기 때문에 그는 붓다의 가르침을 자유 · 평등 · 우애, 그리고 정의라는 사상적 기초 위에서 새롭게 해석하였는데, 본서는 바로 이 책에 대한 분석을 시도한 것이다. 전통적 불교의 가르침과 암베드카르의 신불교 개념이 어떠한 차이를 보여주고 있는 것인지 심층적으로 분석해 보았다. 암베드카르의 붓다 해석은 한마디로 경제 · 사회적 해석이다. 경제·사회적 해방을 갖다 주지 못하는 가르침은 전혀 구원의 복음이 될 수 없다는 해석을 내린다. 암베드카르가 이러한 결론을 내리기까지는 오랜 기간의 불교에 대한 연구와 탐색의 과정이 있었다. 그는 힌두교가 카스트의 억압적 체제를 강화하는데 이념적 뒷받침이 되고 있다고 생각하여, 힌두교를 버리고 다른 종교를 선택하기 위해서, 이슬람교나 그리스도교, 그리고 시크교 등의 다른 종교에 대한 탐색을 해 왔다. 그러던 중에 불교가 천민 해방의 복음에 가장 적합한 것이었다고 판단하였다. 또한 그는 불교가 자국에서 발생한 고유의 종교라는 점을 들어, 그가 불교로 개종하게 되었던 또 하나의 큰 동기가 되었다고 말한다.

한국에서 암베드카르에 대한 연구로 박사학위를 받은 것은 본 연구가 처음이다. 그 결과물이 이제 책으로 출판되게 되었다. 다소 늦은 감이 있지만, 이번 출판의 기회를 빌려서 다시 한 번 감사를 드려야 할 분들이 많다. 서강대학교 종교학과 대학원 박사과정시절 BK21의 지원을 통해 인도 현지답사를 하면서 본 논문의 연구를 착수하게 해 주셨던 길희성 교수님, 시중(時中)의 도리와 함께 유교의 진리를 가르쳐 주셨던 김승혜 교수님, 양명학으로 한 학기 가르침을 주셨던 정인재 교수님, 존 듀이와 암베드카르의 관계를 철저히 분석해 주셨던 김재영 교수님, 전통적 불교 사상과 암베드카르의 신불교 사상의 차이를 돋보이게 지도해 주셨던 이지수 교수님께 깊은 감사를 드린다.

이 밖에도 인도 현지조사 기간 동안 도움을 받았던 잊을 수 없는 분들에게도 지면을 빌려 감사를 드린다. 특히 뭄바이 엘핀스톤 칼리지의 정보제공자 크리쉬Krish 군과 인터뷰에 응해주었던 같은 대학의 역사학 교수 아샤 크리샨Asha Krishan, 많은 관련 자료를 복사할 수 있도록 도와준 싯다르타 칼리지의 도서관장 달와트카르S. G. Talwatkar, 나그푸르 대학 암베드카르 연구소장 아글라베Aglave 교수, 라트나기리의 교육대학 레이한스S. S. Rayhans 교수, 크랜티 브후미를 친절히 안내해 주었던 마하드 칼리지의 아난타(별칭; D. Anatkumar) 교수, 밀린다 칼리지에서의 정보제공자 란지트B. Ranjit 군, 그 밖에도 인터뷰에 친절히 응해 주었던 많은 교수와 학생들의 우정 어린 협조를 평생 잊을 수 없을 것이다.

학교 외에 <지혜와 자비의 세상World of Wisdom & Compassion> 관계자들, 드래곤 팰리스 사원의 관리인 풀리엘레S. Bhimrao R. Fuliele, 라트나기리의 통계청 사무소장 와그마레waghmare와 세무서장 파와르Pawar, 묵티 브후미의 마하르 공동체 수장 사브레Sabre, 이 분들도 소중한 도움을 주신 분들이다. 끝으로 이 책의 출간을 기꺼이 맡아 주신 한국학술정보(주) 출판 담당자에게 다시 한 번 깊은 감사를 드리며, 인도와 현대 불교에 관심을 가진 분들에게 조금이나마 안내서의 역할을 할 수 있으면 더 없는 기쁨이 되겠다.

중국 吉林師範大學校 教授研究室에서

李命權

:: CONTENTS

V. 암베드카르의 불교 사상

VI. 맺는말: 암베드카르에 대한 평가와 현대 인도 불교의 전망

〈부록〉 현지 조사에 따른 분석: 2002년 이후

I
서 론

1. 우리는 왜 암베드카르를 주목해야 하는가?

계몽주의가 구시대적 모순인 봉건주의를 극복하고 인간의 자유와 존엄성을 각성하게 하는 역할을 하면서 종교에도 쇄신 운동이 일어나게 되었고, 19세기와 20세기 초에 이러한 현상은 세계적으로 발생했던 것을 볼 수 있다. 종교적 쇄신 운동은 그 사회가 안고 있는 사회적 모순과 결부되어 일어나게 마련이다. 그 만큼 종교와 사회는 밀접한 관계가 있다.

인도에서 어느 종교를 선택하여 살 것인가 하는 문제는 다분히 정치적인 성격을 띠게 된다. 이슬람이나 힌두교가 특히 그러하며, 신불교도가 되는 문제도 카스트 제도의 철폐를 요구하는 사회 변혁적 성격이 깃들어 있기 때문이다. 종교가 문화의 일부에 불과하지만, 동시에 다른 모든 부분을 규제하고 이끄는 바탕이 되고 있다는 점[1]을 고려해 보면, 힌두교의 전통이 강한 인도라는 특수한 상황에서 종교가 차지하는 기능과 역할은 대단히 중요한 것이다. 이미 지구화된 세계 가족 상황 속에서, 한 나라의 종교 현상은 결국 그 나라만의 종교 현상으로 국한시켜서 이해할 수 없는 일이다. 아직도 종교·문화적 충돌이 진행되고 있는 나라, 인도의 종교적 상황을 우리도 비교 문화적 관점에서 주의 깊게 성찰해 보아야 할 이유가 여기에 있는 것이다.

이러한 맥락에서 우리는 현대 인도 불교를 다시 생각하게 되는데, 여기에는 몇 가지 중요한 이유가 있다. 유구한 역사와 문화를 가진 인도는 전통적인 힌두 사상 외에 세계 종교 사상사에서 그리스도교와 쌍벽을 이룰 만큼 강력한 영향력을 지닌 종교로서의 불교를 잉태하여 세계 곳곳에 꽃을 피웠다. 그러나 정작 자국 내에서 불교는 근세에 이르기까지 힌두교와 이슬람 세력에 밀려 천 년이 넘는 긴 세월동안 활성화되지 못하고 있다가, 20세기 중엽 암베드카르(Bhimrao Ramji Ambedkar, 1891~1956)라는 한 인물에 의해 다시 부흥의 작은 불길로 타오르고 있다는 사실을 우리는 주시할 필요가 있다.

특히 암베드카르가 주도한 현대 인도 불교의 재흥은 힌두 문화가 전통적으로 안고 있는 카스트 제도의 불평등에 대한 저항 운동과 관련이 있다. 이러한 저항의식은 암베드카르의 생애와 학문적 여정에서 싹튼 근대적 평등의식의 반영이라는 측면에서 살펴볼 수 있는데, 그 평등의식의 기초를 암베드카르는 다시 불교 사상에서 찾고 있다는데 그의 사상적 특징이 있다. 필자는 현대 인도의 헌법을 초안하고 초대 법무부 장관으로서 활동하며, 무엇보다 억압받는 불가촉천민의 해방을 위해 정의와 자유와 평등과 박애라는 네 가지 주

■

1) 김승혜 편저, 『종교학의 이해』, (왜관: 분도출판사, 1986), p. 15

요 원리를 위해 일생을 바쳐 싸운 정치 사상가이자 사회운동가였던 암베드카르의 생애와 사상을 조명해봄으로써 현대 인도 불교의 부흥의 한 단면을 고찰해 보고자 하는 것이다.

'인도 헌법의 아버지'라든가 '현대 인도의 건축자', '현대 인도불교의 부흥자' 혹은 '불가촉천민의 해방자'라는 등의 별칭이 암베드카르에게 주어지고 있는 것을 보아서도 그의 인물과 영향력을 짐작할 수 있지만, 암베드카르의 생애와 활동을 연대기적으로 기록한 암베드카르 연구의 전문가인 카담K. N. Kadam의 말처럼 암베드카르는 유대인을 이집트에서 구출한 모세와 같은 인물에 가히 비교될 수 있으리라 생각된다. 확실히 "암베드카르는 모세와 같이 불가촉성이라는 저주스런 악으로부터 그리고 노예의 시대로부터 인도의 불가촉천민들을 해방시키고자 끊임없이 엄청난 노력을 기울였고, 그리고 또 모세와 같이 그의 백성들에게 모두가 하나로 통합되어야 한다는 신념을 불어넣어 주었던 것이다."[2]

이와 같은 인물 암베드카르에 대한 연구는 인도 자체 내에서도 영국으로부터의 해방 50년을 맞는 1997년을 기해 더욱 활발해졌다. 그 실례로 1997년 이후에 암베드카르에 대한 출판물이 급격히 증가하고 있는 사실을 보아서도 잘 알 수 있다. 현대 자본주의 산업사회에서 급격히 빈부의 차별이 심해지면서 알게 모르게 점차 계급화되고 있는 우리나라도 일제 식민지 이후 해방 58년을 맞는 지금, 암베

■

2) K. N. Kadam, *Dr. Babasaheb Ambedkar and the Significance of his Movement* (Bombay: Popular Prakashan, 1990), p. 1.

드카르의 정의와 평등사상과 아울러, 그에게 그러한 사상의 이념적 기초를 제공해 주었던 그의 불교 사상을 새롭게 조명해 보는 것도 의미 있는 일이라 생각된다.

2. 암베드카르의 발자취를 찾아서: 연구 범위와 방법론

현대 인도 불교와 암베드카르를 고찰하기 위해 문헌 중심의 연구와 현장 조사를 통한 연구를 병행하려고 한다. 현지 조사에 대한 연구 결과는 부록에서 별도로 취급하여 분석할 것이다. 문헌연구를 위해서는 일차자료로 암베드카르 자신의 저술과 암베드카르에 관한 연구 자료인 이차자료를 중심으로 고찰하려고 한다.

1장에서는 그동안 암베드카르에 대해 행해져 왔던 연구에 대해 대표적인 인물들을 중심으로 생애사적 측면과 사상사적 측면으로 구분하여 살펴보고 연구사의 결과를 평가해 보고자 한다. 사상사적 연구로는 사회 정치적 사상 연구사와 불교 사상 연구사를 구분하여 각각 검토한 후 기존의 연구사에 대한 종합적인 평가를 내려 볼 것이다.

2장에서는 현대 인도 불교 운동의 역사적 배경을 살펴보기로 한다. 그러기 위해 인도 불교의 발흥과 몰락 원인을 살펴본 후, 암베드카르 이전의 불교 약사(略史)를 아소카(Ashoka, B.C.269~232)에서 다르마팔라(Anag.rika Dharmap.la, 1864~1933)까지 살펴볼 것이다. 특히 다르마팔라에게 결정적인 영향을 끼쳤던 신지학회와 스리랑카 신불교를 살펴보고 다르마팔라와 마하보디협회의 관계 및 다르마팔라 그 이후의 모습을 함께 고찰해 보고자 한다.

3장에서는 현대 인도의 "불교 르네상스The Renaissance of Buddhism"를 이룩한 다르마팔라에 이어 활동한 암베드카르와 불가촉천민(不可觸賤民) 해방운동을 살펴보기 위해, 우선 암베드카르의 출생배경과 교육과정을 중심으로 한 그의 생애를 간략히 고찰할 것이다. 특히 암베드카르의 사상과 운동에 결정적인 영향을 미쳤다고 볼 수 있는 미국의 실용주의 철학자 존 듀이에게서 받은 영향이 무엇이었던가 하는 점도 상세히 살펴볼 것이다. 그리고 이어서 암베드카르의 본격적인 활동 가운데 하나였던 사회 혁명으로서의 불가촉천민 해방 활동은 어떤 모습이었는지를 살펴본 후, 천민 해방을 위한 사회적 혁명의 기초로서 내세웠던 자유, 평등, 우애의 3원칙과, 사회적 혁명의 방법으로 내세운 교육, 조직, 운동(선동)의 3원칙을 중심으로 고찰할 것이다. 이어서 새로운 사회적 질서를 향하여 암베드카르가 추구한 사회, 정치적 혁명을 구체적 대안으로 수행하고자 했던바, 평등을 위한 출발로서의 헌법을 입안하는 내용을 고찰하고 그밖에 언어와 여성 문제를 살펴보고자 한다.

4장에서는 암베드카르의 힌두교 포기와 불교 개종 배경을 이해하기 위해 그의 유명한 힌두교 포기연설이었던 '욜라 선언'을 살펴보고, 그가 개종을 위해 타 종교를 연구했던 내용과 타 종교에서의 암베드카르에 대한 개종의 권유들, 즉 이슬람과 그리스도교, 시크교 등의 개종 권유들을 살펴보면서, 그가 결국 택했던 불교 사상의 탐색 내용은 과연 어떤 것이었는지도 본 장에서 아울러 살펴볼 것이다. 그의 불교 탐색은 불가촉천민과의 관계를 떠나서는 생각할 수 없는 것이었다. 따라서 본고도 그가 탐색한 불가촉천민의 기원과 불교도의 관계를 먼저 고찰 한 후 그의 탐색 결과로서의 개종 연설을 살펴볼 것이다.

5장에서 암베드카르의 불교 사상을 고찰하기 위해, 그의 불교 사상을 집약적으로 기술한 그의 저서 『붓다와 그의 담마Buddha and His Damma』를 중심으로 합리적 믿음과 복지에 기초한 그의 사회학적 불교 사상을 살펴볼 것이다. 그러기 위해 그의 책의 내용과 구성을 살펴보고, 그가 이해하고 있는 종교관은 어떠한지를 먼저 고찰할 것이다. 그리고 암베드카르가 해석하는 불교 사상이 전통적인 불교 사상과 어떤 점에서 차이가 있으며, 왜 그는 전통적인 불교견해와 다르게 해석했는지를 구체적으로 분석하고 평가해 보고자 한다.

6장의 결론 부분에서는 이상의 연구를 통하여 암베드카르가 현대 인도 역사에서 남긴 공헌과 유산, 그리고 교훈을 살펴보고자 한다. 동시에 그에 대한 평가와 아울러 그가 지닌 한계는 무엇이었던가를 살펴본 후, 암베드카르 사후의 현대 인도 불교의 미래를 전망해 보는 것으로 본서를 마감하고자 한다. 그리고 2002년 이후의 인도 신불교의 현황을 살펴보기 위해, 현지조사를 통해 살펴본 암베드카르의 유산과 영향에 대해서는 <부록>에서 다루고자 한다. 설문지와 인터뷰를 통한 조사 내용을 개별적으로 분석한 후에 다시 통계 자료에 근거한 종합적인 분석을 내려 볼 것이다.

3. 암베드카르에 대해 기존에는 어떤 연구가 있었는가?

암베드카르에 대한 연구는 대부분이 인도 내에서 이루어졌고, 1990년대 이후에 동서양 각국의 종교나 사회학자들이 연구를 시작하고 있는 중이다. 지금까지의 연구 결과는 크게 생애사적인 연구와 사상사적 연구 2가지 형식으로 구분하여 설명할 수 있다. 생애사적 연구의 주된 인물과 작품으로서는 드하난자이 키르(Dhananjay Keer, 1913~1984)의 고전적 저작인 『암베드카르 박사의 생애와 사명Dr. Ambedkar: Life and Mission』[3]과 90년대 초에 발표된 카담K. N. Kadam의 『바바사헤브 암베드카르 박사와 그의 운동의 의의: 하나의 연대기적 서술Dr. Babasaheb Ambedkar and the Signifinance of His Movement: A Chronology』[4] 이라는 작품이 있다. 다음에서 그 내용을 차례로 살펴보자.

1) 생애사적 연구

(1) 드하난자이 키르의 연구

암베드카르에 대한 생애와 활동을 가장 이른 시기에 총체적으로 다룬 학자는 드하난자이 키르Dhananjay Keer 박사다. 그는 암베드카르가 생을 마감하기 2년 전인 1954년에 이미 『암베드카르 박사의 생애와 사명Dr. Ambedkar: Life and Mission』이라는 총 532쪽 분량의 기념비적인 전기적 연구서를 출간한다. 이 연구서는 1962년과 1971년에 각각 수정 보완판을 낸 이후 오늘날까지 같은 판형을 거듭하고 있다. 3판에서 키르는 마라티Marathi 성자 시인들의 작품과 사명에 대한 암베드카르의 의견[5], 헌법의 기본적인 특징에 대한 암베드카르의 견

■

3) Dhananjay Keer, *Dr. Ambedkar: Life and Mission* (Bombay: Popular Prakashan, 1954)

4) K. N Kadam, *Dr. Babasaheb Ambedkar and the Signifinance of His Movement: A Chronology* (Bombay: Popular Prakashan: 1991)

5) 암베드카르는 마하라슈트라(Maharashtra)의 1300~1600년 사이의 성자 시인들이 평등을 노래하긴 했지만 바라문과 수드라 개인 사이의 평등이 아니라, 신에게 봉헌하는 순간의 바라문과 수드라의 평등을 노

해, 그리고 암베드카르 자신의 어린 자식의 비극적인 죽음에 관한 내용을 추가로 싣고 있다. 총 27장으로 구성된 이 책 1~3장에서 키르는 어린 시절 암베드카르의 불가촉천민으로서의 경험과 천민해방을 위한 불굴의 의지로 학문적 열정을 불태웠던 젊은 날의 유학 과정 및 사상의 형성 과정을 설명하고, 4장에서 변호사업을 개업한 이후 불가촉천민이 지위 향상을 위한 노력과 억압받는 천민들을 위한 교육 시설의 확충을 위한 내용 등을 서술한다. 5~6장에서는 천민해방을 위한 연설과 선동 그리고 '초다르 물탱크 시위운동' 등을 주도하는 모습들을 상세히 기록하고 있다. 7장에서는 '빛나는 새벽별The Morning Star'이라는 제목 아래 의회와 정부 그리고 영국 정부를 상대로 불가촉천민의 법률적 권익을 위해 활동한 암베드카르의 활약상을 자세히 기록하고 있다. 8장에서는 토지, 노동, 교육의 문제를 사회적 평등의 입장에서 해결하고자 했던 암베드카르의 운동을, 9장에서는 간디가 '사타그라하(satyagraha, 眞理把持)' 운동을 벌이던 1930년 당시 암베드카르가 나시크Nasik에서 사원 진입 운동을 벌이던 모습을 상세히 소개하고 있다. 특히 10장에서는 '원탁회의Round Table Conference'에서 드러난 바와 같이 간디와의 의견 충돌의 장면을 생생하게 전달해 주고 있다.[6] 11~21장까지는 제헌활동을 포함한 암베

래한 것이라고 비판한다. cf. ibid. p. 109.

6) 간디와 암베드카르 사이의 불가촉천민 계층의 독립적 분리선거 문제를 두고 의견 충돌의 일면을 보여주는 대화내용은 다음과 같다.
〈암베드카르〉: 회교나 시크교도들이 사회 정치적 혹은 경제적으로 불가촉천민들보다 향상된 생활을 하고 있다는 사실을 누구나 알고 있습니다. 첫 번째 원탁회의 기간에 … 억압받는 천민들에게도 정치적 권한이 주어졌고, 정치적 안전장치가 보장되면서 적절한 대표제도 허락되었습니다. … 귀하의 생각은 어떠하십니까?

드카르의 정치적 활동을 설명하고 있고, 22장은 1950년대 이후 암베드카르의 불교 수용 과정과 불교 수용의 합리적 근거를 제시하여 설명하고 있다.[7] 23~24장은 여성의 문제 등과 관련된 차별적인 힌두 법전의 폐지와 불가촉천민들의 경제 사회적 생활의 향상을 위한 활동을 연대기적으로 상술하고 있다. 25장부터는 63세 이후의 암베드카르 생애 후반기의 활동을 기록하고 있고, 26장에서는 암베드카르의 불교 사상과 그 재흥 운동의 전모를 약술하고 있다. 인도에서 그동안 잊혀 온 붓다의 가르침을 다시 재흥시키기 위해 암베드카르 생애의 마지막 몇 년 동안의 활약상을 기록한 것이다. 미얀마 랭군에서 개최된 1954년 12월 '제3차 세계 불교인 대회'에 병약한 몸이지만 부인과 함께 참석하여 눈물을 흘리면서 불교의 사명과 전파를 역설했던 것이나 인도에서의 불교 전파를 위해 노력했던 일들을 소개하고 있다.[8]

이 밖에도 키르는 이 장에서 암베드카르 생애에 남긴 공헌을 상술하고 있다. 이를테면 헌법을 입안한 자로서 암베드카르의 노력으로 불교의 경구를 공공건물 전면에 새겨 넣는다거나 아소카 법륜 Ashoka Chakra을 인도의 상징으로 채택한 일, 정부가 석가 탄신일을 공휴일로 정한 것, 봄베이와 아우랑가바드에 각각 <싯다르타 칼리

■

〈간디〉: 나는 불가촉천민들이 힌두인들로부터 정치적으로 분리되는 것을 원치 않습니다. 그것은 아주 자멸적인 일입니다.

〈암베드카르〉: … 이 중요한 문제와 관련하여 우리가 어떠한 입장에 처해 있는지를 이제 알았으니 오히려 다행스럽네요. … ibid. p. 167.

7) ibid. p. 421.

8) ibid. pp. 481-505.

지>와 <암베드카르 칼리지>를 세운 일, 푸네 근처 데후 로드Dehu Road에 붓다의 상을 세우고 2만여 남여 군중 앞에서 불교의 쇠퇴 이후 1,200년만의 재흥이라는 역사적인 계기가 될 것이라고 말했던 일 등을 열거하고 있다. 그리고 1956년 암베드카르가 불교로 개종하는 집회를 열기 바로 전해인 1955년부터 건강이 급속도로 악화되어 집에서 활동하면서도 부축을 받아야 했고 호흡도 곤란하여 산소 호흡기를 사용하곤 했다는 등의 신변상의 상세한 진술과 함께, 이러한 병약한 소식을 암베드카르 자신은 비밀에 붙여 그를 추종하는 자들이 놀라지 않도록 했다는 것까지 기술하고 있다.

1951년부터 암베드카르가 쓰기 시작한 그의 결정적인 불교 사상서 『붓다와 그의 담마』가 1956년에는 거의 완성을 보았고, 비슷한 시기에 시작한 또 다른 연구서인 『인도에서의 혁명과 반혁명 Revolution and Counter Revolution in India』, 『붓다와 칼 마르크스Buddha and Karl Marx』도 1956년에 거의 완성을 보았으나 미완의 작품으로 남겼다고 밝힌다. 이 중에서 『붓다와 그의 담마』는 수정을 몇 차례 거친 작품으로 특히 암베드카르의 충실한 비서 라투N. C. Rattu는 한밤중이 되도록 저녁식사를 하지 못할 정도로 바쁘게 수정을 거듭했다고 한다. 이 책의 초판 제목은 원래 『붓다와 그의 복음The Buddha and His Gospel』이었는데, 1956년 2월에 두 장을 추가로 편집했다. 이 두 장의 제목은 각각 '신은 없다There is no god'와 '영혼은 없다There is no soul'[9]

9) 암베드카르는 불교와 힌두교를 비교하면서, 다음과 같이 밝힌다. "힌두교는 신을 믿는다. 불교에는 신이 없다. 힌두교는 영혼을 믿는다. 불교에 의하면 영혼이 없다." cf. ibid. p. 492.
이때 불교에 영혼이 없다함은 '공(空)' 사상에 입각한 '무아(無我)'를 말하는 것이라고 볼 수 있다. 그러나

이고, 이어서 3월에 서문을 달았다.

같은 해 5월에 행한 암베드카르의 다음과 같은 연설은 당시 영국의 BBC 방송에 보도되기도 했다고 한다. "… 제가 불교를 선호하는 까닭은 다른 종교가 가지지 못한 3가지 조합된 원리가 있기 때문입니다. 즉 프라즈나(prajna,[10]) 미신과 반한 것으로서의 예지), 카루나(karuna, 사랑), 사마타(samata, 평등)입니다. 이것이 인간이 선하고 행복하게 살기 위한 원리입니다. 마르크스주의와 공산주의는 모든 나라들의 종교체계를 뒤흔들었습니다."[11] 그리고 키르는 계속해서 암베드카르의 불교와 마르크스적 공산주의에 대한 이해를 소개한다.

> "공산주의 국가가 된 불교 국가들은 공산주의가 무엇인지 모릅니다. 러시아 유형의 공산주의는 피의 혁명으로 초래된 것입니다. 불교 공산주의는 피 흘림이 없는 혁명을 가져옵니다. … 필요한 것은 붓다의 가르침에 정치적 형식을 부여하는 것입니다. … 빈곤은 언제나 있었고 또 앞으로도 계속 존속할 것입니다. 심지어 러시아에도 빈곤은 있습니다. 그러나 빈곤 때문에 인간의 자유를 희생해서는 안 됩니다. 불교가 사회적 복음이라는 것을 일단 깨닫게 되면, 그 부흥은 영원할 것입니다."

암베드카르에 대한 키르의 길고 긴 전기적 진술은 여기서 끝나지

■ 불교에 영혼이 없다는 논지는 논란의 여지가 있다. 이를테면 불교 인식론에서 인식의 주체가 영혼이 아니라면 물질이 되고 민다. 그렇다면 유물론적인 시고인데, 그 점에서 암베드카르는 사실 불교-마르크시즘에 입각해 있다고 볼 수 있는 것이다.

10) 원래 표준 표기는 prajñā이지만, 암베드카르는 그의 논문과 저술에서 산스크리트어의 표준부호를 따르지 않고, 마라티어로 기록하면서 모음부호를 생략하고 있다. 암베드카르에 대한 현대 인도인들의 연구서들 또한 마찬가지다. 필자 또한 앞으로 암베드카르의 표기 형식은 그대로 따를 것이며, 그 외의 부분은 모음부호를 표기할 것임을 밝힌다.

11) ibid. p. 490.

않는다. 병약한 몸이었지만 1956년은 암베드카르에게 여전히 중요한 해였다. 암베드카르는 공화당Republican Party of India을 창설할 준비를 하면서 싯다르타 대학Siddhartha College 도서관장 레게S. S. Rege에게 자신의 저서 『붓다와 그의 담마The Buddha And His Dhamma』를 9월까지 시급히 출간할 수 있도록 요청 했고, 1956년 5월 24일 석가탄신일에 나레 공원Nare Park에서 그 해 10월에 불교 개종식이 있을 것임을 예고한다. 이어서 암베드카르가 성서를 연구한 후에 자신을 모세에 비교하고 있다는 사실을 조목조목 열거하면서 그 비교가 마땅함을 찬(讚)한다. 1956년 10월 예정된 불교 개종식이 있기 전 6~7월은 10여 년 동안 앓아 오던 암베드카르의 건강이 악화되어 자신의 몸을 지탱하기 어려울 정도가 되었고 시력도 나빠졌다. 이렇게 병약한 몸으로는 무수한 문맹들과 억압받는 민중들을 더 이상 도울 수 없다는 자괴감으로 탄식하면서 그의 직속 추종자들도 그들 가운데서로 리더십과 권력 다툼을 하고 있는 모습을 보며 슬퍼하고 있는 내용을 키르는 상술하면서, 암베드카르가 그의 충실한 비서 라투에게 남기는 그의 추종자들에 대한 마지막 유언적인 메시지, 곧 자신이 어렵게 이끌어 온 '해방의 행렬'을 멈추지 말 것을 전하고 있다.[12] 암베드카르가 예정대로 10월 14일 나그푸르에서 쿠쉬나라Kushinara에 있던 인도의 고승 찬드라마니Bhikkhu Chandramani를 초청하여 불교 개종식을 갖게 되고, 40여만 명의 추종자들이 모인 이날의 개종식의 모습과 군중의 반응에 이르기까지의 다양한 내용을 키르

■
12) ibid. pp. 494-495.

는 시간 단위로 자세히 소개한다. 특이한 점은 미얀마 수상이나 콜롬보 등지의 인근 정치 지도자들이 축하의 전언을 알려 왔지만 당시의 인도 네루 수상이나 라다크리슈난과 같은 인물은 이 개종식에 대해 아무런 언급이 없다고 하면서, 네루는 암베드카르가 주도하는 불교 개종식이 인도 철학과 종교 그리고 민주주의에 대해 모순되지 않는다고 믿었을 것이라고 키르는 평하고 있다.[13)]

이로써 암베드카르는 1935년에 선언한 대로 '힌두인으로 태어났지만, 힌두교인으로는 죽지 않을 것'이라는 맹세를 지킨 셈이며, 힌두교의 감옥에서 마침내 빠져 나왔고, 불교적 관점에서 이 위대한 개종은 현대 인도사에서 새로운 장을 펼치게 되었다고 키르는 평한다.[14)] 그러면서 그는 이제 암베드카르로 인해서 '담마'의 바퀴(法輪)가 인도에서 다시 한 번 움직이기 시작했고, 윌리엄 헌터 경Sir William Hunter이 "인도에서의 불교의 재흥이 가능하게 될 것"이라고 일찍이 1881년에 예견했던 대로 성취되었다고 하면서, 시성(詩聖) 타고르Gurudev Tagore의 붓다의 도래를 기다리는 다음과 같은 노래를 덧붙이며, 암베드카르에 의해서 구현된 현대 인도 불교 재흥의 길고 상세한 여정의 서술(26장)을 마친다.

■

13) ibid. p. 501. 키르는 쿠진(N. Cousin)이 가진 '네루와의 대담(Talks with Nehru)'을 인용하면서, 네루는 인도에 무슨 종교든지 인간의 일반적인 복지를 지향해야 할 것이라고 말하면서 힌두교는 여러 번 수정을 거듭해 왔으며, 불교가 인도에 나타났지만 힌두교가 그것을 흡수해버린 것을 말했다. 그리고 '인도 타임즈(Times of India)'를 인용하면서, 라다크리슈난은 붓다가 순수한 힌두교를 완성하려고 시도했다고 밝힌다.

14) ibid. p. 503.

이 땅에 다시 한 번 축복된 이름을 가지고 오소서
모든 타국에 대하여 이 땅을 거룩하게 하신 이여
보리수 아래에서 얻은 위대한 깨달음이 성취되게 하시고 …
닫힌 문들을 활짝 열어 인도의 대문에 그대 오심을 널리 전파케
하소서
무수한 목소리를 통하여,
무한한 자비의 복음을 알리게 하소서.

『암베드카르의 생애와 사명』 마지막 27장에서 키르는 불교 개종식이 있고 난 다음부터 얼마 후 암베드카르가 지병인 당뇨병으로 생애를 마치기까지 계속된 일련의 활동내용과 죽음 이후의 각국의 신문보도 내용까지 상세히 설명하고 있다.[15] 이를테면 카트만두에서 개최된 제4차 세계 불교대회에 참가하여 '세계의 위대한 종교들 가운데서 불교가 가장 위대한 종교이며, 또한 단지 하나의 종교로 그치는 것이 아니라 위대한 사회적 가르침'임을 역설한 일이라든가, 놀랍게도 '붓다와 칼 마르크스가 추구한 목표는 동일하다'고 하면서 '마르크스가 사유 재산이 고통의 근원'임을 말한 것이나, 붓다의 가르침에 따라 비구가 사유재산을 가지지 않는 점[16] 등을 언급하고 있다. 그 밖에도 대회를 마치고 돌아오는 길에 바라나시 힌두 대학에서의 강연에서 힌두 경전의 불평등에 관해 강도 높게 성토한 일 등의 바쁜 일정을 소개한 후에 암베드카르가 임종에 든 전후 사건들을 소상히 밝히고 있다.

15) ibid. pp. 506-525.

16) ibid. pp. 507-508.

(2) 키르의 생애사 연구에 대한 평가

이상에서 키르의 암베드카르에 대한 생애사적 서술을 살펴보았다. 키르에게서 볼 수 있는 특징은 우선 전기적 작가로서의 치밀한 묘사가 돋보인다는 점이다. 그는 암베드카르와 22세의 격차가 있지만 동시대적 인물로서, 격변의 혁명기적 시대에 자라나 봄베이 지방자치 교육위원회에서 활동한 이후, 1945년부터는 인도의 주요 정치적 인물을 묘사하기 시작했는데, 그 첫 번째 인물이 1950년에 발표한 비르 사바르카르(Veer Savarakar, 1883~1966)[17]에 대한 서술이었다. 그는 이어서 암베드카르, 틸락(Lokmanya Tilak, 1856~1920), 마하트마 풀레(Mahatma Phooley, 1827~1890)와 간디 등의 전기적 저술을 계속 쓴다. 활동사진처럼 생생한 사건들의 묘사는 전기적 작가의 주된 임무이기는 하지만 암베드카르가 지닌 사상적 배경을 분석해 주는 비판적 안목이 다소 부족하다고 한다면 전기 작가에 대한 무리한 요구일지도 모른다. 아니 그는 오히려 암베드카르의 입장과 사상을 추종하는 입장에서 작품을 기록했다고 볼 수 있기 때문에 암베드카르의 종교관이나 사상을 비판적으로 다루지 않았고 또한 그럴만한 생

■

17) Vinayak Damodar Savarkar라고도 불리는 그는 브라흐만 계급의 중산층 출신이지만, 일찍 아버지를 역병으로 여의고, 영국 통치에 저항하는 청년그룹과 비밀 조직에 가담하여 활동하기도 했고, 1906년에는 영국으로 유학하여 법률을 공부한 후 이탈리아의 마찌니(Mazzini)를 번역하였으며, 런던에서는 혁명가들과 접촉하기도 했다. 인도로 귀국할 당시 "선동적 활동가"로 영국 정부에 의해 낙인 찍혔을 때, 이를 부인하지 않았고 1911년에 체포 구금되었다. 그는 안다만 섬의 유형지로 보내졌고, 다른 감옥으로 이송될 때까지 그곳에서 10년간 힌두인 재소자들과 함께 구금되었으며, 1924년에 석방되었다. 그는 종교와 상관없이 모든 인도인들은 기본적으로 힌두인으로서의 정체성을 지녀야 한다고 주장하였고, '전 인도무슬림 연맹(AlHndia League)'의 모든 요구를 거절했다. 그는 1948년 간디 암살의 공범 혐의로 가장 먼저 고소당했으나 법정에서 취하되었다. 그는 마라티어로 된 많은 작품들을 통해, 1980년대 후반과 1990년대 초에 이르러 더욱 가열되고 있는 호전적(Chauvinistic) 힌두그룹의 이념적 기반을 형성해 주고 있다. cf. Surjit Mansingh, *Historial Dictionary of India* (New Delhi: 2001), pp. 369-370.

각도 없었으리라고 짐작이 간다.

그럼에도 불구하고 키르는 전기적 작가로서 암베드카르의 생애를 그 누구보다 상세히 소개하고 있다. 키르 외에는 아직까지 암베드카르의 생애를 전기적 입장에서 별도로 다룬 학자가 없다는 점과 암베드카르의 생존 당시부터 전기를 서술하였다는 점에서 향후에도 키르만큼이 고전적인 생애사적 저술을 남길만한 인물도 없으리라 생각된다. 특히 암베드카르의 비서에게서 직접 자료를 건네받아 세세한 시간적 경과와 사건을 생생하게 기록하고 있는 점은 당시의 생존 인물과 증언자들이 점차 사라져 가고 있는 시점에서 더욱 소중한 사료로서의 가치가 높은 것이라 평가하지 않을 수 없다.

키르의 저술에 대한 각종 언론의 찬사도 이를 뒷받침한다. 알라하바드의 <리더The Leader>지(誌)는 키르의 작품에 대해, "기념비적 傳記"라 하였고, 봄베이의 <타임스 오브 인디아The Times of India>지는 "한 놀라운 인물(암베드카르)에 대한 생생한 모습을 보여주고 있다"고 하였으며, 암발라의 <선데이 트리뷴The Sunday Tribune>은 "암베드카르의 강인한 인격의 전모를 볼 수 있다"고 평가하였다. 델리의 <퀘스트The Quest>지 또한 키르의 작품이 "암베드카르 박사의 생애와 활동을 거의 빠짐없이 상세히 담아낸 최후적 진술이 될 것이다"고 높이 평가하고 있다. 이 밖에 해외의 언론들도 키르의 작품을 격찬하기는 마찬가지다. <버밍햄 뉴스Burmingham News>는 키르의 작품이 "인도 사상, 역사, 문학, 헌법 그리고 변모하는 힌두교의 한 국면에 크게 기여하고 있는 암베드카르의 모습을 잘 보여주고 있다"고 했고, 런던의 <타임스 문학 보유(補遺)The Times Literary Supplement>는 "불가촉천민들의 지위 향상과 함께 현대 인도를 형성하기 위해 노력한 간디 못지않은 인격과 업적을 보여주고 있다"고 평가하고 있다.

그러나 이 같은 제반 찬사에도 불구하고 키르는 줄곧 암베드카르를 지지하고 추종하는 입장에서, 그의 정치사상이나 불교 사상에 대한 아무런 비판 없이 시간적 사건의 흐름에 따라 전기를 쓰고 있을 뿐이다. 따라서 그의 생애사적 작품은 어디까지나 사건의 보도에 지나지 않고 사상적 분석이 없다는 한계점이 있다.

(3) 카담의 연구

카담K. N. Kadam[18]은 키르 이후 1990년대 초에 암베드카르에 대한 전기적 작품인 『바바사헤브 암베드카르 박사와 그의 운동의 의의: 하나의 연대기적 서술』을 내놓았다. 총 156쪽의 비교적 적은 분량의 2부로 구성된 이 책 1부에서는 암베드카르의 생애 속에 나타난 주요 사건을 5가지 시기로 구분하여 서술하고 있고, 2부에서는 이미 구분한 5가지의 동일한 시기와 동일한 제목에 연대기적인 개요만을 서술하고 있다. 카담은 서문에서 밝히듯이 암베드카르는 이미 그의 추종자들에게 확고한 '아버지'로서의 모습을 띠고 있다는 것이다. 그러나 인도 역사에 영광스런 한 페이지를 장식하면서 활동한 그가 점차 잊혀 가고 있음을 불행히 여긴다면서 충분한 전기적 전기는 못되지만 암베드카르의 탄생에서 죽음까지의 주요한 사건을 다루는

■

18) 카담의 작품은 다음과 같다. *The Criminal Tribes: Were They Born Criminal?: Reflection on the Untouchability Act*, 1955; *Buddhism as Rationalism and Humanism; Dr. B. R. Ambedkar: The Rationalist and Humanist; Currents and Counter-Currents in Ancient Indian History: Ambedkarite Approach* 등이 있다.

길잡이가 되기를 바란다고 저술 동기를 밝힌다.

카담은 암베드카르의 탄생 시점인 1891년에서 서술을 시작하지 않고 암베드카르의 탄생과 활동 배경이 되었던 시대적 분위기를 충분히 고려하여, 암베드카르의 아버지 슈베다르 람지Subedar Ramji의 탄생 시점인 1848년[19]부터 시작하여, 암베드카르가 봄베이에 소재한 시드넘 대학Sydenham College이 정치 경제학 교수로 임명되던 해인 1918년[20]까지를 1장에서 다룬다. '바라문적 오염에 대한 항쟁War on Brahmanical Pollution'이라는 제목을 내건 2장은 1919년부터 1927년 사이에 일어난 중심적인 주제로서 '불가촉천민Untouchables'의 지위 향상을 위해 암베드카르가 직접적으로 참여한 운동과 관련이 있다. 1919년은 아직도 암베드카르가 유학생활 중이었지만 사우스보로 위원회Southborough Committee에 참정권 문제에 대한 증언을 하기도 하는 등 정치적 활동을 시작하는 초기 단계부터, 1927년 봄베이 입법부 의회Bombay Legislative Council 의원으로 지명되어 예산과 억압받는 천민들을 위한 교육 개선 방안을 주장하고, 이른바 '초다르 물탱크Chavdar Tank' 시위[21]와 관련된 '마하드 사탸그라하Mahad satyagraha'를

■

19) 1848년은 암베드카르의 아버지 람지 말로지 삭팔(Ramji Maloji Sakpal)이 출생하던 해일 뿐만 아니라, 사회 운동가이자 암베드카르의 영적 스승(guru)인 조티라오 풀레(Jotirao Phooley[phule], 1827~1890)가 푸네에서 여자 학교를 시작한 해이며, 이는 마하라스트라 주에서 처음 시작된 것이다. Kadam, op. cit. p. 63.

20) 1918년은 암베드카르가 27세 되던 해로, 영국 통치에 저항한 자유 투쟁가인 인도의 민족지도자 틸락(Bal Gangadhar Tilak, 1856~1920)이 배석한 가운데, 마하라스트라의 사회 개혁가 바로다(Baroda: 18세기에 형성된 선진 마라타 국의 수도)의 마하라자(Maharaja: 암베드카르가 엘핀스톤 칼리지에 갈 수 있도록 도움을 준 사람) 등이 주도한 모임에서 '불가촉성(untouchability)'의 문제가 즉각 해결되어야 한다고 결의한 시점이기도 하다. 같은 해 3월에 암베드카르는 버트란트 러셀의 *Principle of Social Reconstruction*을 *Journal of Indian Economica, Vol. I*, No. 1, Mar. 1918에 서평하기도 한다. ibid. pp. 74-75.

지도하던 해까지를 다룬다.

카담은 암베드카르의 생애사적 서술의 세 번째 국면으로 1928년[22]부터 1934년까지를 제3장에서 다룬다. 이 시기의 주요 특징으로서 카담이 제기하는 바는 '원탁회의Round Table Conference'와 불가촉천민을 위한 헌법적 권리 투쟁이다. 특히 이 원탁회의는 불가촉천민들의 권익을 위한 독립 분리선거 문제를 놓고 암베드카르와 간디 사이에 첨예한 대립을 보이기도 하는 문제로서 본문에서 상술하게 될 것이다. 카담은 암베드카르의 생애사의 네 번째 국면으로 "인류를 위한 '종교'의 탐구"라는 제목 아래 1935년부터 1946년까지의 기간을 4장에서 다룬다. 1935년은 '마하드 사탸그라하'의 '초다르 물탱크' 시위 활동 이후 2번째의 커다란 전환기를 맞이하는, 이른바 '욜라Yeola 선언'[23]이 있었던 해이다. 이것은 불가촉천민들의 힌두교 포기와 관련된 선언이므로 인도 역사와 종교사에서 새로운 페이지를 장식할만한 중요한 사건으로서, 암베드카르 생애에서도 새로운 국면을 맞이하는 분기점이기도 하다. 카담은 암베드카르의 생애 활동 가운데 중년기에 속한 이 시기를 비교적 짧게 다룬다. 그는 암베

■

21) 이 물탱크 시위는 본문에서 상세히 다루어질 것이지만, 불가촉천민 해방을 위한 암베드카르 운동의 기폭제와 같은 중요한 사건이다.

22) 암베드카르와 관련하여 1928년에 일어난 주요 사건들은 다음과 같다. 1874년의 '세습 직무 조례(Hereditary Offices Act)'의 수정을 위해 암베드카르가 법안을 상정하고 봄베이 입법의회에 변설. 시몬 위원회(Simon Commission 1927~1930, 인도의 자기정부[책임정부] 출범 요구와 개혁의 움직임을 조사하기 위해 영국에서 파견된 의회 의원단)에 억압받는 민중을 위한 교육, 정치, 고용문제 등에 관한 내용의 제안서 제출. 봄베이 주 정부 법대(the Goverment Law College) 교수로 임명됨. 〈봄베이 입법 위원회〉가 암베드카르를 〈시몬 위원회〉에서 활동하도록 선출함. ibid. pp. 89-90.

23) '욜라 선언'은 1935년 10월 13일 욜라 지역에서 불교 개종을 예고하는 중요한 선언으로서 나중에 불교 개종과 관련한 본문에서 다루게 될 것이다.

드카르가 어린 학창시절부터 아버지의 엄격한 종교적 훈련과 어린 시절 스승으로부터 선물 받은 『고타마 붓다의 생애Gautam Buddhache Charitra』를 읽고 '종교'와 특히 불교에 흥미를 가지게 되었다고 밝힌다.[24] 이 점에 대해 카담은 암베드카르가 "왜 그의 아버지가 일찍이 불교 문헌을 소개해 주지 않고 『마하바라타』나 『라마야나』와 같이 브라흐만이나 크샤트리아의 위대성을 세세히 말하면서도 수드라나 불가촉천민들을 경시하는 그런 책을 읽도록 했는지 알 수 없다는 의문을 갖기 시작했다"고 말하는 것을 인용하고 있다. 그리고 암베드카르가 '붓다와 그의 담마Buddha and his Dhamma'에 대해 처음으로 관심을 가지게 된 것도, 이들 힌두 서사시에 등장하는 인물들, 즉 크리슈나Krishna와 라마Rama 등의 행동 양식이 마음에 들지 않았고, 특히 라마가 수루판나카Surupanakha 에피소드와 발리수그리바Vali Sugriva 에피소드에 나타난 바대로 그의 아내 시타Sita에게 행한 야만적인 행동양식이 싫었기 때문이라는 점을 밝힌다.[25] 이 같이 소년시절부터 암베드카르는 힌두교를 좋아하지 않았고, 1916년 미국 컬럼비아대학교 유학 시절에 "인도의 카스트Castes in India"[26]라는 논문을 제출하는 등, 힌두교와 불교 사이의 거대한 이념적 차이에 주목하고 힌두종교를 비판해 왔다는 점을 지적하고 있다.

■

24) ibid. p. 41.

25) ibid. p. 42.

26) 암베드카르는 이 논문에서 '카스트'를 '폐쇄된 계층(enclosed class)'이라고 규정하면서, 카스트의 기원과 발전에 대한 자신의 이론을 내세운다. 여기서 사제들이 먼저 그들 스스로를 다른 사람들과 고립시켰고, 다음으로 전사들과 통치자들이 경쟁적으로 서열을 형성했으며, 나머지 무리들은 자동적으로 바이샤 계급이 형성되었다는 것이다. ibid. p. 42. cf. B. R. Ambedkar, *Castes in India*, p. 19.

이어서 카담은 암베드카르가 1936년에 출간된 『카스트 제도의 철폐Annihilation of Caste』라는 책에서 힌두인들의 사고방식 속에서 철저한 개념적 변화가 일어나야 하고, 또한 '원칙의 종교religion of principles'와 '규율의 종교religion of rules'를 구분해야 할 것을 강조하고 있음을 밝힌다.[27] 즉, 암베드카르에 의하면 '종교의 원리'는 지성적 영역으로서 사물을 판단하는 방법에 유용하며, '종교의 수칙'은 습관적인 행동양식과 관련된다. 힌두교는 잘못된 수칙들을 가지고 있기에 폐지되어야 마땅하다고 보았고, 반면에 훌륭한 목적성을 지닌 원칙들을 제공하는 이른바 자유, 평등, 우애 곧 민주주의의 이념에 일치하는 새로운 기초를 제공하는 종교가 필요함을 암베드카르는 역설하고 있다는 것이다. 암베드카르의 이러한 '원리'와 '수칙'으로서의 구분이 후에 불교를 종교의 '원리적' 이상으로 채택하게 된 배경이라고 설명한다. 이를테면 불교는 신과 영혼과 『베다』를 신봉하기를 거절하듯이, 힌두교의 카스트제도를 거부한다는 것이다.

뿐만 아니라 암베드카르는 붓다만이(다른 종교와는 달리) 자신이 보통 사람임을 주장했다는 사실과, 인종과 성(性) 카스트와 관계없이 모든 사람에게 자신의 종교가 열려 있음을 강조하고 있다는 것이다. 따라서 카담은 암베드카르가 불가촉천민을 괴롭혀 왔던 힌두이즘의 폐단을 철폐하고 힌두교에서의 해방을 위해 '처음부터ab initio' 실용적 목적에서 불교로 개종하게 되었다고 주장하고 있다.[28]

■

27) ibid. p. 44.

28) ibid. pp. 44-7.

카담은 암베드카르 생애의 마지막 활동 국면을 5번째 장에서 1947년부터 암베드카르가 생을 마감한 1956년까지를 다루고 있다. 주요 주제는 인도 국가를 위한 헌법 제정 활동[29]과 백성을 위한 생활 지침으로서의 '담마Dhamma'다. 이 기간은 암베드카르 생애의 결정적 시기다. 이 시기에 관해 카담은 암베드카르의 '사회·정치 철학적 활동과 사회·종교적 이념의 현실화'라는 두 가지 측면이 동전이 양면 같은 성격을 띠고 있음을 지적하고 있는데 이는 암베드카르의 사상을 잘 드러내 주는 예라고 할 수 있다.[30] 사실 이 마지막 기간 동안 암베드카르가 인간의 복지와 불가촉천민의 지위향상을 위해 노력했던 그의 사회·정치적 철학과 종교·윤리적 사상을 집약적으로 보여주고 있다. 그 가운데서도 암베드카르의 철학적, 종교적, 윤리적 에센스를 담고 있는 걸작품magnum opus이 바로 『붓다와 그의 담마』였고, 이는 그의 생애의 마지막 기간에 쓴 작품이다.

그리고 인도의 헌법과 담마는 정의, 자유, 평등, 우애의 이념에서 함께 취해진 것이며, 마치 담마가 헌법에 '생기'를 불어넣은 것과 같다는 카담의 지적은 크게 지나친 표현이 아닐 것이다. 암베드카르에 의하면, 인간은 법 없이 살 수 없듯이 담마 없이 살 수 없다. 법이 없다함은 무정부 상태로 가는 것이고, 무정부 상태는 다시 정의, 자유,

29) 인도인들에게서 암베드카르는 '헌법의 아버지(the Father of the Constitution)'라고 불리며, 인도 수상 네루(Jawharlal Nehru)도 암베드카르가 운명한 1956년 12월 6일에 다음과 같이 그를 찬사하고 있다. "암베드카르는 헌법을 제정함에 있어 매우 귀중한 공헌을 했습니다. 심지어 그가 제헌 위원이 되기 전부터 그랬습니다. … 헌법을 제정하는 일에 있어서 그 누구도 암베드카르 박사만큼 커다란 수고와 노력을 기울인 사람이 없습니다." cf. D. C. Ahir, *Dr. Ambedkar and The Indian Constitution* (Delhi: Low Price Publication, 1997), p. 169.

30) Kadam, op. cit. p. 48.

평등, 우애의 원리를 부정하는 것이 되기 때문이다. 마찬가지로 법이 인간에게 유익을 주고자 하는 것일진대, 마땅히 그 법은 도덕적, 윤리적, 담마적이어야 한다는 것이다. 이때 도덕과 윤리와 담마는 암베드카르에게서 같은 내용의 3가지 다른 명칭에 불과하다.

더 나아가 도덕과 윤리와 담마는 이성과 과학에 근거하여야 한다. 이성을 떠난 과학이나, 도덕·윤리·담마를 떠난 과학은 인류에게 커다란 재앙을 초래할 수도 있기에, 이성과 과학 그리고 도덕·윤리·담마의 일치가 중요하다. 이 같은 암베드카르의 법과 담마에 대한 기본적 개념에 대해 카담이 암베드카르의 사회·윤리·법·담마의 총체적 구조를 합리주의와 휴머니즘 그리고 과학에서 비롯되는 것이라고 하는 점은 정당한 지적이다. 카담은 암베드카르의 생애를 다음과 같이 평가한다.

> "… 압제적인 관습과 전통과 종교의 낡은 고목 아래 허덕이는 민중들을 각성시켰고, 무지와 미신과 폭정으로부터 자유로 인도했으며, … 우리로 하여금 붓다에게 인도함으로써 '가능한 미래 Potential Future'를 내다보게 해주었고, 인간이 이성의 빛 가운데서 정의, 평등, 자유, 우애의 원리로 세상을 어떻게 다시 건설해 가야 할 것인지를 보여주었다. 그의 철학은 합리주의와 휴머니즘 그리고 도덕성에 기초한 것이었고, 그의 생애는 인간을 인간되게 하기 위해 몸부림치며 투쟁했던 삶이었다."[31)]

31) ibid. pp. 59-60.

(4) 카담의 생애사 연구에 대한 평가

인도에서 암베드카르에 관한 연구로 박사학위를 받은 바 있는, 미네소타 주의 칼턴 칼리지Carleton College 역사학 교수인 미국인 젤리엇Eleanor Zelliot이 카담의 책 『암베드카르와 그의 운동의 의의』(1988)라는 제목의 생애사적 작품 서문에서 밝히고 있듯이, 카담의 작품은 암베드카르의 생애를 5주기로 구분하여 설명한 최초의 작품으로 평가하고 있다.[32)]

카담의 연대기적 저술은 암베드카르 생애의 주요한 전환점을 5시기로 구분하고 있다는 점에 대해서 크게 이의를 제기할 사람은 없을 것이다. 물론 암베드카르의 생애 제1시기를 1918년까지 한정하는 것은 임의적이다. 그러나 제2시기를 1927년까지 정한다는 것은 의미 있는 구분이다. 왜냐하면 1927년은 암베드카르가 봄베이 입법의회Bombay Legislative Council의 의원으로 임명(2월 5일)된 해이자, 3월에 마하드에서 초다르 물탱크 시위운동을 벌이고, 12월에 『마누법전』을 불사른 운동을 주도했던 중요한 해이기 때문이다. 1934년까지 정하고 있는 세 번째 시기도 제4의 시기를 시작하는 1935년의 욜라 선언 이전까지로 정하고 있는 것도 의미 있는 기간의 구분이다. 이 제3의 시기는 원탁회의에서 보여진 대로 간디와의 의견 대립이 첨예하기도 했던 시기로 암베드카르가 불가촉천민의 헌법적 권리 쟁취를 위해 투쟁했던 시기였다. 욜라 선언 이후부터 인도 독립 이전까지를 제4의 시기로 설정하고 있는 것도 암베드카르 운동에서

■
32) ibid. p. vii.

의미 있는 기간이 되고 있는데, 이 기간에 암베드카르가 새로운 종교를 찾으면서 힌두 카스트 제도를 거부하면서 이성에 부합되는 합리적인 종교로서의 불교를 채택해 가는 과정을 그리고 있기 때문이다. 마지막 제5의 시기를 인도 독립의 해인 1947년에서 암베드카르가 생을 마감한 1956년까지로 설정한 것은 자연스러운 귀결이다.

카담이 암베드카르의 생애사를 5시기로 구분하여 설명하고 있는 점은 다소 임의적인 구분이기는 하지만, 젤리엇과 같은 서양의 역사학자도 이미 카담의 구분법을 따르고 있는 만큼 보편적인 역사 구분이 되어 가고 있다. 그럼에도 불구하고 카담의 연구는 2부로 구성된 총 156쪽의 서술에서 5단계의 시기 구분에서 연도별로 도표화한 사건일지 형식의 기록을 제외하면, 1부의 본문은 60쪽의 간략한 서술에 불과하다. 특히 그의 책 제목에서 <바바사헤브>[33]라는 암베드카르의 존칭을 사용하는 것에서도 볼 수 있듯이, 카담은 암베드카르의 사상을 지지하고 추종하는 자로서, 그의 생애사 연구는 암베드카르의 사상에 대한 비판적 평가보다는 업적 중심의 사건을 시대별로 서술할 뿐이며, 짧은 결론부에서도 암베드카르가 압제받는 자들을 과거의 암울한 감옥에서 구출하여 무지와 미신 그리고 폭정에서 자유를 얻게 한 인물로 평가하고 있을 뿐이다.

암베드카르의 생애사를 서술하면서 카담은 곳곳에서 앞서 언급

■

33) 바바사헤브(Babasaheb)는 '존경하는 아버지'라는 뜻으로 암베드카르에게 이 명칭이 부여된 것은 1927년 초다르 물탱크 시위운동이 있고 난 후 9월에 봄베이의 젊은 청년들이 존칭을 사용하기 시작하면서부터였다. 이어서 1930년에는 암베느카르의 부인에게도 '손경하는 어머니'라는 뜻의 아이사헤브(Aisaheb)라는 존칭이 부여되었다. cf. K. N. Kadam, ibid. p. 40.

한 전기 작가 키르의 작품을 인용하고 있음을 보아서도 키르의 연구를 크게 넘어서지 못하는 한계점이 있으나, 다만 시대 구분을 효율적으로 했다는 장점 이외에, 암베드카르가 불교로 개종하게 된 배경이 '처음부터' 실용적 목적에서 비롯된 것임을 밝히고 있다는 점에서 키르보다는 한 걸음 더 나아간 해석적 입장을 보여주고 있다. 더 나아가 암베드카르의 사회·법·유리·담마의 개념이 합리주의와 휴머니즘에 근거한 것이라고 하는 주장도 키르의 단순한 생애사적 서술보다 진일보한 해석적 경향을 보여주고 있는 것이 사실이다.

2) 사상사적 연구

암베드카르에 대한 사상적 연구는 아직도 영국인으로서 암베드카르의 추종자였던 비구 상가락시타Sangharakshita와 같은 서구인을 제외하고는 대부분이 인도인들에 의해 연구되고 있고, 그것도 암베드카르의 사상을 추종하는 지지자들에 의해 출간된 작품들이 대부분이다. 근래에 와서 인도에서 유학하는 해외 유학생이나 각국의 젊은 학자들이 암베드카르의 생애와 사상의 연구로 박사학위를 준비하는 경우를 현지 조사 중에 알게 되었다. 암베드카르의 사상에 대한 연구로는 그의 삶이 그랬던 만큼 크게 사회 정치적 측면과 불교를 중심으로 하는 종교적 측면으로 구분하여 설명될 수 있다. 다음에서 이를 구분하여 살펴보자.

(1) 암베드카르의 사회·정치적 사상 연구사

a. 아히르(D. C. Ahir, 1928~)

암베드카르의 생애에 관한 저술로는 이미 앞서 살펴본 바와 같이 키르가 1950년대에 암베드카르의 생존 시에 전기적 작품을 저술한 바 있다. 하지만 암베드카르의 사상에 대한 연구는 1980년대와 1990년대에 이르러서야 비로소 활발하게 전개된다. 그것도 인도 독립 50주년을 맞는 1997년을 전후하여 정치가로서, 특히 헌법의 입안자로서의 암베드카르에 대한 연구가 활발해졌다. 그 대표적인 인물이 아히르다.[34] 그는 1973년에 『암베드카르 박사와 인도 헌법Dr. Ambedkar and Indian Constitution』[35]이라는 209쪽 분량의 책을 출간한다. 아히르는 암베드카르가 7인의 제헌 위원으로서 활약하기까지의 상세 정보를 다음과 같이 밝히고 있는데 이점은 흥미로운 부분이다. 암베드카르 자신은 제헌의회 의원으로 선임되기를 바라던 당시만 해도 그의 유일한 목적은 "지정 카스트the Scheduled Castes의 권익을 보호하기 위해

■

34) 펀잡 지방 출신의 아히르는 1946년 이후부터 암베드카르가 생애를 마치기(12월 6일) 몇 달 전(10월 8일)까지 약 10년간 수시로 암베드카르 곁에서 그를 개인적으로 알아왔다. 아히르는 불교와 암베드카르에 관한 여러 권의 책을 출간하였다. 그는 1986년 2월에 그가 몸담고 있던 운송부 장관(Ministry of Surface Transport)직을 사임한 이후부터 줄곧 암베드카르와 관련된 정치적 활동과 현대 인도 불교에 대해 다수의 책들을 기록하고 있고, 그중의 대부분은 불교와 관련된 연구서들이다. 1986년 관직 사임 이후 아히르의 저술들을 연대순으로 보면 다음과 같다. *Buddhist Shrines in India* (1986), *Maharashtra, The Land of Buddhism* (1988), *Heritage of Buddhism* (1989), *Buddhism in North India* (1989), *The Pioneers of Buddhist Revival in India* (1989), *Legacy of Dr. Ambedkar* (1990), *Buddhism in Modern India* (1991), *Buddhism in South India* (1992), *Himalayan Buddhism* (1993), *Gautama Buddha* (1994), *Buddha Gaya Through the Ages* (1994), *Asoka the Great* (1995), *A Panorama of Indian Buddhism* (1995). 이 밖에 아히르가 편집한 불교 관련 서적으로는 *Dr. B. R. Ambedkar: Buddhist Revolution and Counter-Revolution in Ancient India* (1996)가 있다. 이 외에도 암베드카르의 일생동안 펀잡(Punjab) 지역과의 다정한 관계를 다룬 책 *Dr. Ambedkar and Punjab* (1992)이 있다.

35) D. C. Ahir, *Dr. Ambedkar and Indian Constitution* (Lucknow: Buddha Vihar, 1973). 이 책은 이후 인도 독립 50주년을 맞는 해인 1997년에 Low Price Publications에서 수정판으로 출간된다.

서"였다. 당시 제헌의회를 주도하던 국민회의Congress Party와 이념적 차이를 가지고 있던 암베드카르는 의회에서 그의 견해를 피력할 만한 아무것도 기대하지 못했지만, 의회가 소집되었을 때 그는 환영받았고, 국민회의 당내의 유력한 지도 의원이자 인도의 나이팅게일로 불리는 사로지니 나이두Sarojini Naidu 여사 협조로, 1946년 12월 7일에 이히 첫 연설을 시작하면서 헌법제정의 멤버로 활약하게 된다.[36] 그러면서도 한편으로는 국민회의 소속 의원들의 일부가 암베드카르의 의원 선임을 반대하였고, 벵갈Bengal에서 의원으로 선출된 암베드카르가 벵갈 지방의 분리로 의원직을 상실하게 될 위기에 처했을 때, 1947년 7월 당시 제헌의장 라젠드라 프라사드Rajendra Prasad의 제청에 의해 봄베이 시장 케르B. G. Kher의 도움으로 의원에 재선출되어 제헌의회 의원으로서 다시 활동하게 되는 긴박한 상황도 벌어졌다. 수상 네루는 1947년 8월 15일 독립 기념일 전날 정부 조각에 암베드카르를 초대하여 법무부 장관직을 부탁했고, 이를 수락한 암베드카르는 곧 이어서 8월 29일에는 제헌의원의 만장일치로 "가장 중요한 분과위원회most important sub committees"의 한 사람으로 선출된다. 그 가운데서도 열정적인 격론이 벌어지고 난 다음 결정된 최종적인 결론의 총체적 책임은 암베드카르가 지게 되었다고 아히르는 밝히면서,[37] 인도 헌법의 '거장(巨匠)Chief Architect'인 그의 활약상을 자세히 기록하고 있다.

■
36) ibid. p. 11.
37) ibid. pp. 12-13.

아히르는 이 책의 3장 2절 '헌법 전문'이라는 항목에서, 암베드카르가 1927년에 인도 최초로 '정의, 평등, 자유'의 중요성을 역설한 바 있고, 이것이 1947년 헌법 전문에 명시된 정의(사회, 경제, 정치적), 자유(사상, 표현, 신념, 신앙, 예배), 평등(신분과 기회), 우애(개인의 존엄성과 국민의 일체성을 보장하는)라는 기본적 요소로 채택되었다고 밝힌다.[38] 게다가 아히르는 암베드카르가 자신의 기본적 철학이 자유, 평등, 우애이며, 이러한 철학의 뿌리는 붓다에서 기인한다는 점을 인용하여 설명하고 있다고 지적한다. 그런데 붓다의 가르침에는 자유와 평등이 있지만, 암베드카르는 무제한적인 자유는 평등을 해치며, 절대적 평등은 자유를 방해한다는 점을 첨가하고 있다는 것이 다. 그리고 그에게서 법은 자유와 평등을 깨뜨리는 것에 대해서만 기능할 수 있는 것이지, 법이 자유와 평등을 깨뜨리는 것이 되어서는 안 된다. 이 밖에도 인도 헌법에 기여한 암베드카르의 공헌은 기본권 조항[39]과 국가 정책상의 기본적 원리들로서 이는 오늘날도 인도 헌법의 견고한 보루가 되고 있음을 아히르는 지적하고 있다. 특히 국가 정책상의 기본 원리를 다루는 항목(입법부와 행정부의 수행 지침들)에서 암베드카르의 역할은 지대한 것이었고 그 후 수상 인드라 간디Indra Gandhi가 사회 정의에 입각한 새로운 방향의 국가 성장 정책을 펼 때도 암베드카르가 제안한 38조(사회·경제적, 정치적 정의에 입각한 사회적 질서의 보호), 39조(부의 정당한 분배

■

38) ibid. pp. 59-60.

39) 아히르의 수정판(1977년) 제3장 4절(pp. 65-90)에서 상세히 다루고 있다.

와 적절한 생계수단의 지원 등), 46조(사회적 약자 특히 지정 카스트에 대한 원조)를 강조한 것이었다.[40] 특히 지정 카스트에 대한 보호를 위해 제정한 헌법의 설명을 위해 아히르는 그의 책 3장 12절에서 상술하고 있다.[41] 이 항목에서 암베드카르는 불가촉천민들과 소수민족의 권익을 위해 정치, 사회적 보호 장치를 새로운 헌법 속에 마련하고 있다. 이를테면 연방 주 의회나 지방자치단체에서, 그리고 각종 관공서에서의 인구비례에 의한 대의원 선출, 고등 교육 기회와 해외 교육비 지원 등이다. 헌법 조항 가운데서 암베드카르가 지정 카스트를 위해 특별히 마련한 보호조항은 46, 330, 332, 335조다.[42] 아히르의 암베드카르 연구는 여기서 끝나지 않는다. 불교학자로서 그는 암베드카르와 관련된 현대 인도사에 관한한 단연 가장 많은 불교관련 저술을 펴내었고, 특히 암베드카르가 생전에 집필을 계획했지만 완성을 보지 못했던 Revolution and Counter-Revolution in India를 재구성하여 펴내기도 했다.[43] 이 문제는 암베드카르의 불교 사상 연구사를 다루는 다음 절에서 살펴보기로 하겠다.

■

40) ibid. p. 8, pp. 91-92.

41) ibid. pp. 139-142.

42) 46조는 사회적 부정의와 온갖 착취로부터의 보호와 교육의 증진 및 경제적 수입의 촉진. 330조는 민의회(House of the People)에서 인구비례에 의한 의석의 확보. 332조는 입법부에서의 인구 비례에 의한 의석의 확보. 335조는 인도 전역에서 지정 카스트들을 고용할 것에 대한 약속이다. 이 같은 조항이 향후 25년간 지위가 향상되기까지 유지되어야 함을 암베드카르는 주장하고 있다. ibid. p. 141.

43) 암베드카르가 집필을 계획했던 7권의 책 제목은 다음과 같다. 제1권 『인종 갈등의 시대』, 제2권 『불평등에 대한 투쟁』, 제3권 『투쟁이 어떻게 혁명으로 이어졌는가?』, 제4권 『혁명의 결과들』, 제5권 『반혁명의 탄생』, 제6권 『반혁명의 결과들』, 제7권 『오늘날은 반혁명의 시대』. 이 7권의 책은 총 40장으로 계획된 것이었으나, 13장만 암베드카르가 완성하였고(Dr. Babasaheb Ambedkar Writings and Speeches, Vol. 3에 수록되어 있다) 나머지는 암베드카르의 모든 자료를 동원하여 아히르가 재구성한 것이다. cf. *Dr. B. R. Ambedkar: Buddhist Revolution and Counter-Revolution in Ancient India* (Delhi: B. R. Publishing Corporation, 1996)

b. 바이산트리(D. K. Baisantry, 1918~)

아히르 외에 암베드카르를 혁명적 사상가로 연구한 이들이 있다. 『암베드카르: 총체적 혁명가Ambedkar: The Total Revolutionary』(1991)를 저술한 바이산트리[44]와 『암베드카르: 개혁이냐 혁명이냐?Ambedkar Reform or Revolution』(1991)을 저술한 매튜(Thomas Matthew, 1949~)가 그들이다. 바이산트리는 앞서 언급한 그의 저서 총 12장에서 2장은 달리트 해방가로서, 10장과 11장은 각각 사회 혁명가와 정치적 혁명가로서의 암베드카르를 다루고 있다.[45] 10장에서는 카스트 제도와 불가촉천민의 상황, 교육, 시민의 권리를 위한 투쟁, 노동자계급, 힌두 여성의 평등문제를 설명하고 있다. 카스트제도와 불가촉천민에 대한 시각에서 암베드카르와 간디의 차이점을 설명하면서, 총체적 힌두이즘의 일부로 카스트를 이해해야 한다는 간디의 견해보다 한걸음 더 나아가, 암베드카르는 카스트 체제 자체를 근절시켜야 한다는 입장을 대조적으로 설명하고 있다. 간디가 불가촉천민은 카스트와 관계있는 것이 아니라 상·하 감정feeling of high and low의 산물이라고 한데 비해, 암베드카르는 카스트의 산물이라고 주장한다는 점도 밝히고 있다. 그리하여 암베드카르가 카스트와 불가촉천민에 대한 꾸

■

44) 비하르(Vihar) 주 출신인 바이산트리는 바나라스 힌두대학에서 수학하고 1942년에 석사학위를 받은 후, "인도의 사회주의 입법"이라는 주제로 박사과정을 마쳤다. 그는 일찍부터 학생, 농부, 노동자, 달리트(Dalit) 들과 연대한 민속 운동에 밀접하게 참여했다. 1938~1939년에는 '농부 사티야그라하(peasants satyagraha)'에 가담했다는 이유로 1년간 감옥 생활을 하기도 했다. 1944년에는 미국 필라델피아에서 개최된 국제노동자회의(International Labour Conference)에 인도 노동자연맹(Indian Federation of Labour) 대표로 참석하기도 했다. 1949년 중앙정부 노동사무국과 정보통신국에서 1978년까지 29년간 근무한 이후 저술 활동을 계속해 왔다.

45) D. K. Baisantry, *Ambedkar Reform or Revolution* (New Delhi: Segment Book Distributors, 1991), pp. 77-96.

준한 캠페인을 벌이면서 급기야 1950년에 빛을 본 인도 헌법의 기본권 제3부 17조항에서 불가촉천민의 폐지를 내포하게 되었음도 밝힌다.[46)]

이 밖에도 11장에서 바이산트리는 암베드카르의 다음과 같은 정치적 주장들을 언급하고 있다. 즉 영국 제국주의는 불가촉천민들의 처우를 개선해 주지 못했다는 점, 지정 카스트의 문제는 기본적으로 정치적인 문제라는 점, 원탁회의에 상정한 지정 카스트들의 참정권과 평등권 및 이들을 위한 입법부에서의 독립적인 대표제 주장, 정부 기관과 공공 서비스에서의 지정 카스트들의 참여, 사회민주주의에 입각한 경제구조 건설 등이다. 암베드카르는 1943년 전 인도 라디오 봄베이 방송국Bombay station of All India Radio에서의 연설을 통해 의회 민주주의의 부당성을 다음과 같이 말한다. "의회 민주주의는 백성이 그들의 주인을 뽑아 그들을 통제하도록 기능하는 정부 형태다. 노동자들의 입장에서 볼 때 그러한 정부 형태는 백성에 의한 정부에 역행하는 것이다. 노동자들은 이름뿐이 아니라 실제로 백성에 의해 다스려지는 정부를 원한다." 그러면서 암베드카르는 사회민주주의의 실효성에 대해 1947년 제헌의회에 제시한 제안서에서 다음과 같이 주장했다. "(1) 핵심 산업의 국가 소유, (2) 기간산업의 국가 또는 공기업 소유, (3) 농업의 국가 산업화, (4) 보험의 국가 독과점, (5) 보험과 농토와 같은 기간산업에서의 보수는 정부에서 지급되어야 함."[47)] 또한 11장에서는 암베드카르가 1936년 8월에 '독립 노동

46) ibid. pp. 78-80.

당Independent Labour Party'을 창당하여 농민과 노동자의 권익 보호를 위해 활동한 사실과, 생전에 실현을 보지는 못했지만 사후에 조직될 수 있도록 기반을 구축했던 '인도 공화당Republic Party of India'과 같은 정당의 조직과 활동을 언급한다. 그리고 암베드카르가 입헌자로서 미국식 이념의 대통령제를 좋아했지만 의회의 지도력을 원했기 때문에 영국식 의회 제도를 채택한 배경도 설명하고 있다.

c. 토마스 매튜(Thomas Matthew, 1949~)

바이산트리 외에도 암베드카르의 정치 사상적 활동을 혁명적으로 평가한 이는 앞서 언급한 인도 남부 케랄라Kerala 출신 토마스 매튜[48]다. 매튜는 바이산트리가 언급하지 못했던 마르크스와 암베드카르의 비교적 관점을 서술함으로써 혁명가로서의 암베드카르의 위상을 더욱 실감나게 평가하고 있다. 그는 전체 20장으로 구성된 그의 책 『암베드카르: 개혁이냐 혁명이냐?』의 1장에서 암베드카르 초기 삶에서의 간략한 전기적 서술을 마친 후에, 각각 다른 시기에 수행한 암베드카르의 투쟁 활동을 종합적으로 요약하고 있다. 2장의 '힌두 철학과 사회적 질서'는 '암베드카르의 저술과 연설'[49]에 기초하여 사회적

47) ibid. p. 93.

48) 토마스 매튜는 1960년대 후반과 1970년대 초기에 인도 남부 케랄라에서 거세게 불었던 급진적인 정치적 학생운동에 가담했던 경험이 있다. 1972년 케랄라 대학에서 경제학으로 석사학위를 마친 후 방갈로르(Bangalore)에 소재한 인도경영연구소와 트리반드룸(Trivandrum)에 있는 인도사회 과학대학에서 연구원으로 활동했다. 1975년에 정부 기관에서 근무하면서 사회, 경제, 문화에 예리한 관심을 가지고 활동한 이후, 바바사헤브 암베드카르 박사의 탄생 100주년을 기념하기 위한 국민 위원회의 한 사람으로 활동했다. 본서 *Ambedkar Reform or Revolution*(1991)도 이때를 맞추어 발간된 듯하다. 저자 토마스 매튜는 분명 그리스도교식 명칭이다. 이는 일찍이 선교사들의 영향을 받은 인도 남부에 많은 그리스도인 개종자들이 살고 있듯이 그도 그러한 개종자 가문의 한 사람이었을 터이지만, 암베드카르의 영향으로 불교로 다시 개종한 사람임을 알 수 있다.

정의의 질서에 반하는 힌두철학의 부당함(마누법전과 사성제)을 지적하고 있고, 3장에서는 이러한 잘못된 힌두 철학의 역사 속에서 고통당하는 불가촉천민들의 투쟁[50]을 묘사하고 있다. 암베드카르에 의해 실시되고 또한 불가촉천민의 역사에서 가장 기념비적으로 기록되고 있는 이러한 투쟁의 대표적인 사례인 '마하드 사탸그라하Mahad Satyagraha'와, 나시크Nasik에서의 칼라람Kalaram 사원 진입운동[51], 마누법전을 불태운 사건 등을 다루고 있다.

4장에서 매튜는 암베드카르의 가장 강력한 연설 가운데 하나인 '카스트의 철폐Annihilation of Caste' 문제를 다루면서, '자유, 평등, 우애'의 3원칙을 강조한 암베드카르의 사회적 기본 이념을 제시하고 있다. 5장부터 7장까지는 '원탁회의', 농민문제, 노동자를 위한 '독립노동당' 결성을 다루고, 8장에서는 이러한 운동을 체계화하기 위한 수단으로써 암베드카르가 내세운 교육, 선동, 조직의 3원칙을 거론한다. 9장에서 12장까지는 여성, 파키스탄, 민족, 언어문제를 집약하고, 13장에서는 암베드카르의 헌법입안 문제를 다룬다. 14장에서

■

49) *Dr. Babasaheb Ambedkar - Writings and Speeches*, Vol. 3, (Bombay: Government of Maharashtra, 1987)

50) 대표적인 투쟁의 사례 가운데 하나는 1924년 트라반코(Travancore) 주에서 일어난 바이콤 사탸그라하(Vaikkom Satyagraha)다. 이는 바이콤 사원 근처의 공공도로를 불가촉천민들이 사용할 수 없도록 금지한데 따른 저항 운동이었다. 이 운동은 스리 나라야나 구루(Sri Narayana Guru)와 그의 추종자들에 의해 일어났다. 나라야나 구루는 일찍이 트라반코와 코친(Cochin), 말라바(Malabar) 같은 대도시의 사회개혁가요 성자로서 추앙받는 훌륭한 인물 가운데 한 사람이다. 그는 불가촉천민들을 위한 독립적인 사원들을 건립했으며, "하나의 카스트, 하나의 종교, 하나의 신"을 주장한 반면에 그의 제자 사호다란 아야판(Sahodaran Ayyappan)은 한걸음 더 나아가 "無카스트, 無宗敎, 無神"을 주장했다. Thomas Matthew, op. cit, p. 19, p. 28.

51) 1930년 3월 2일에 계획되어 15,000여 명이 자발적으로 참여하였고 500여 명의 여성이 이마에 띠를 두르고 뒤따랐다. 수개월간 진입운동이 계속되면서 체포되거나 돌멩이 세례로 부상을 입는 사례가 속출했고, 그해 마지막까지도 사원 출입은 허용되지 않았다. ibid, p. 22.

암베드카르의 불교 사상의 핵심인 '붓다의 담마'를 간략히 소개한다. 이 부분은 암베드카르의 사상사적 연구부분에서 취급하기로 한다. 15장에서는 민주적 투쟁의 한 부분으로서 얻어낸 공직에서의 지정석reservation 확보 문제를 다룬 후, 16장부터 20장까지는 매튜 특유의 혁명적 시각에서 암베드카르를 분석한다. 16장에서는 암베드카르주의Ambedkarism의 함정[52]을 다루고 있는데, 암베드카르주의라는 말을 공식적으로 사용하여 암베드카르의 이념과 정신을 둘러싼 오해와 병폐를 체계적으로 지적한 이는 매튜가 처음이다. 그는 16장에서 암베드카르가 평생 추구하며 투쟁해 왔던 기본적 이념과 원리를 다음과 같이 제시한다. 첫째, 만인 평등의 기본적 원칙하에 사회가 조직되어야 한다. 둘째, 인간이 종교를 위해 존재하는 것이 아니라, 종교가 인간을 위해 존재한다. 셋째, 도덕이 신에 대한 두려움과 구원Moksha의 열망에 기초한 것이라면, 의미 없는 것이다. 도덕은 어떤 두려움이나 보상을 바라지 않고 내면의 소리에 기초한 것이어야 한다. 넷째, 서열화된 불평등에 기초하고 인간을 혐오하는 힌두교는 무가치한 종교다. 다섯째, 종교의 목적은 인간의 영적 해방에 있다. 이상과 같이 아히르와 바이샤트리 그리고 매튜는 모두 암베드카르를 사회·혁명적 사상가로 설명하고 있음을 볼 수 있다.

(2) 사회 정치적 사상 연구사에 대한 평가

아히르는 암베드카르 연구에 관한 가장 많은 저술을 남겼을 뿐

52) ibid. pp. 135-143.

아니라, 암베드카르의 사상을 학자들 가운데서 가장 체계적으로 잘 분석해 주고 있다. 무엇보다 아히르의 공헌은 암베드카르의 정치적 업적 중에서 가장 두드러진 활동의 하나였던 헌법제정을 둘러싼 문제를 체계적으로 진술하고 있다는 점이다. 그 결과물이 앞서 살펴본 『암베드카르 박사와 인도 헌법』이었다. 그는 암베드카르를 인도 헌법이 '거장(巨匠)'으로 묘사하고 있는데, 이에 대해 이의를 제기하는 사람은 아무도 없다. 아히르의 최근 저술 가운데 대표작으로 꼽을 수 있는 또 하나의 책은 『암베드카르의 유산The Legacy of Dr. Ambedkar』[53] 이다. 이 책은 암베드카르의 출생부터 시작하는 생애사적 서술을 겸하면서도 암베드카르의 주요 활동을 거의 빠짐없이 수록하고 있다는 점에서 주요 자료로 평가 될 수 있는 책이다. 총 15장으로 구성된 357쪽 분량의 이 책은 7장에서 인도 헌법과 관련된 서술을 다른 장들에 비해 가장 길게 56쪽이나 할애할 만큼[54] 암베드카르의 정치적 업적 가운데 가장 중요한 문제로 다루고 있음을 볼 수 있다. 특히 지정 카스트의 권익을 위해 노력한 암베드카르의 치적을 밝히기 위해 암베드카르가 제안한 기본권 조항 및 기타 지정 카스트 보호 조항들을 상술하고 있다. 아히르는 그의 책 후반부 14장과 15장에서 암베드카르의 주요 어록과 함께, 네루나 라다크리슈난과 같은 전직 대통령들을 포함한 각계각층의 인물들의 암베드카르에 대한 찬사를 수록하고 있는 점이 흥미로운데, 이는 아히르의 암베드카르에 대한

53) D. C. Ahir, *The Legacy of Dr. Ambedkar* (New Delhi: B. R. Pub. Corporation, 1990)

54) ibid. pp. 73-127.

각별한 애정과 존경심을 여실히 보여주는 부분이다.

아히르 외에 바이샨트리와 토마스 매튜는 암베드카르의 사상을 단순한 개혁 차원을 넘어 혁명적인 것으로 분석하고 있다. 바이샨트리가 암베드카르를 혁명적인 인물로 보는 이유는 간디의 온건 개혁적인 노선과는 달리 암베드카르는 카스트의 철폐라는 과감한 힌두사회의 총체적 변혁을 시도하고 있다는 점에서다. 그리고 암베드카르가 의회민주주의보다는 사회민주주의에 입각한 경제구조의 건설을 주장한다는 점 등을 들고 있다.

토마스 매튜 또한 암베드카르가 힌두 철학의 억압적 구조에 반기를 들고 마누법전을 불태운 암베드카르를 혁명가로 묘사하고 있다. 특히 매튜에게서 돋보이는 점은 그가 처음으로 암베드카르주의의 함정을 지적했다는 점이다. 이는 암베드카르의 이념과 정신을 둘러싼 오해와 폐단을 잘 지적한 것으로, 지금도 인도 사회에서 계속되고 있는 문제점 가운데 하나다. 필자가 현지 조사를 위해 인도를 방문했을 때 마침 선거철이어서 거리 곳곳에 암베드카르의 사진이 붙어 있었는데, 현지 주민에게 이유를 묻자, 이는 공화당에서 지지를 확보하기 위해 암베드카르를 내세워 선전하고 있다는 것이었다. 공화당이 암베드카르의 이념을 따르고 있느냐고 물었을 때, 정보 제공자의 말에 의하면, 그렇지 못하고 오히려 분열을 일삼고 있다는 불만 섞인 대답을 들었던 기억이 있다. 암베드카르의 이름을 내세워 민중의 유익은 고려하지 않은 채 자신들의 정치적 이권과 당리당략만을 도모하고자 하는 이 또한 암베드카르주의의 한 병폐가 아닐까 생각된다. 혁명가 암베드카르에 대한 바이샨트리나 매튜의 지적은 옳았으나, 암베드카르 이후의 정치적 현실은 오히려 암베드카르의 이념을 추진하기 위해 세워진 공화당에도 암투와 내분이 그치지 않고 있는 셈이다.

암베드카르의 혁명적 사상을 지지한 아히르나 바이샨트리 그리고 토마스 매튜 이외에, 암베드카르의 생애와 사상을 오히려 폄하시키는 비판적 지식인이 없는 것은 아니다. 최근에 정통 힌두이즘의 우파 지식인이자 저명한 정치 평론가 아룬 슈리(Arun Shourie, 1941~)가 암베드카르에 대해 경멸에 가까운 비판적인 책, 『거짓 신들에 대한 숭배Worshipping False Gods』[55]를 펴낸 적이 있다. 무슬림과 불가촉천민들에 대해 깊은 반감을 가진 힌두 민족주의자인 그는 이 책에서 암베드카르가 식민지 인도의 자유를 위해 투쟁하기보다는 친영국파로서 영국에 우호적인 인물이었다고 비판한다. 예를 들면 인도가 파키스탄과 분리되기 전에, 무슬림들이 요구한 조건을 암베드카르는 아주 만족해하였다면서, 이는 영국이 인도에 머물기를 원하는 조건과 부합된다는 점이다.

그뿐 아니라 아룬 슈리의 주장에 의하면, 영국이 인도에서 통치를 할 수 있었던 것은 불가촉천민들 때문이었다는 것이다. 많은 영국 사람들이 생각하는 것처럼 영국의 인도 정복은 클리브Clives나 헤이스팅스Hastings 같은 군인에 의한 것이 아니라, 인도는 인도인의 군대에 의해 정복된 것이며, 이때 인도인 군대는 모두가 불가촉천민들

■

55) Arun Shourie, *Worshipping False Gods: Ambedkar, and the facts which have been erased* (New Delhi: Harper Collins Publishers, 1997). 아룬 슈리는 미국 시라쿠스(Syracuse) 대학교에서 경제학 박사학위를 마치고 세계은행(World Bank)에서 경제인으로 활동하다가 〈인디언 엑스프레스(Indian Express)〉의 편집장으로 근무했다. 본서는 14번째의 저술이지만 그간의 많은 저술로 막사이사이 상, 다다브하이 나오로지(Dadabhai Naoroji) 상, 아스토르(Astor) 상, 올해의 국제 편집자 상 등을 수여하기도 했다.

이었다는 주장이다. 이와 같은 논리로 아룬 슈리는 암베드카르와 불가촉천민들의 '친영국적 성격'을 공격하는데 이러한 공격은 불가촉천민의 편에서 볼 때 정당하지 못한 것이다. 영국군이 인도에 침입해 올 때 불가촉천민들은 아무런 저항의 능력이 없었기 때문에 단순히 군인으로 고용될 수밖에 없는 상황이었다. 이른바 불가촉천민들은 전쟁에 이용당했을 뿐이었던 것이다. 따라서 아룬 슈리가 암베드카르의 업적을 비판하면서 그의 사후에 추모되는 일련의 현상들을 우상 숭배로 지칭하는 것은 그의 불가촉천민들에 대한 아직도 골수 깊은 상층 카스트의 우파적 반감을 드러내는 것일 뿐이다. 암베드카르가 사후에 '인도의 보배Bharat Ratna'로 추대되고 그의 탄생일이 국경일로 제정되며 그의 이름으로 우표가 발행되거나 그의 이름을 따라 대학이 세워지고 도시의 거리마다 동상이 세워져 기념되는 일을 우상이라고 여기는 아룬 슈리의 주장[56)]은 그 같은 반감에서 비롯되는 것이라고 볼 수 있다.

필자가 2002년에 인도에서 아룬 슈리의 책을 구입하고 젊은 층을 포함한 상당수의 인도인들에게 아룬 슈리에 대한 인격적인 평을 질문한 적이 있다. 그때 질의에 응답한 대다수의 인도인들(무작위적으로 만난 10여 명의 사람들)은 그의 인물에 대해 부정적인 반응을 보였던 것이다. 이 또한 우파적 힌두 지식인과 불가촉천민들 사이의 반감이 아직도 인도 사회 내부에 뿌리 깊게 자리하고 있음을 보여주는 증거라고 볼 수 있을 것이다. 대표적인 힌두 우파 지식인이자

■
56) ibid. pp. x-xii.

언론인이라고 볼 수 있는 아룬 슈리는 그의 책 말미의 마지막 항목에서 '하나의 완전한 이데올로기'라는 글을 통해, "천민backward", "달리트"라는 용어가 (아룬 슈리가 보기에 질서를 어지럽히는)남용이나 공격성을 정당화시키는 구실을 하고 있고, 이것이 인도 사회를 혼란 속에 몰아넣는 이데올로기로 작용하고 있다고 비난하고 있다.[57]

아룬 슈리는 암베드카르의 정치사상을 학문적으로 접근하는 것이 아니라 근본적으로 힌두 우파적 시각에서 불가촉천민들을 대하기 때문에, 그리고 매년 400~500명의 불가촉천민들이 상층 카스트에 의해 살해당하는 현상을 염두에 둔다면, 이따금씩 발생하는 급진좌파의 폭력적 시위에 대해 이를 야만적이라 하며, 전체 달리트에 대해 비난의 포격을 가하는 행위는 정당한 비판적 자세라고 보기는 어려울 것이다. 어떠한 용어든지 상황에 따라서 이데올로기로 작용될 수는 있다. 그러나 '달리트'의 현실을 '이데올로기'라고 하여 인도 사회를 혼란케 하는 요인으로 본다면 이는 올바른 비판이라고 볼 수 없다는 말이다.

(3) 암베드카르의 불교 사상 연구사

암베드카르의 불교 사상을 연구한 이들로는 우선 영국 출신으로, 암베드카르의 개종운동을 가까이서 도운 경험이 있었던 인물로서 『암베드카르와 불교Ambedkar and Buddhism』(1986)를 저술한 상가락시타(Mahasthavir Sangharakshita, 1925~)[58]가 있고, 최근 들어 암베드카르와

57) ibid. p. 638.

현대 인도 불교 운동을 사회학적 관점에서 서술한 두 사람의 작품이 있다. 『현대 인도의 불교 재흥Revival of Buddhism in Modern India』(1995)을 저술한 케나디L. Kenadi[59]와 개신교 목사로서 『암베드카르 박사와 신불교Dr. B. R. Ambedkar and The Dynamics of Neo-Buddhism』(1996)를 쓴 데이비드 판디안(K. David Pandyan)의 작품이 그것이다. 다음에서 이들을 차례로 살펴보자.

a. 상가락시타(Mahasthavir Sangharakshita, 1925~)

암베드카르와 개인적인 친분을 가지고 암베드카르의 '집단 개종 운동Mass Conversion Movement'에 커다란 기여를 했던 상가락시타는 총 181쪽 분량의 9장으로 구성된 『암베드카르와 불교』라는 그의 저서에서 암베드카르 운동의 역사적 종교적 사회적 배경을 설명하고 암베드카르가 이룩한 영적 전통의 업적을 평가하고 있다. 그는 인도의 1억 명에 달하는 불가촉천민들 가운데 매년 400~500명이 카스트 힌두인들에 의해 살해당한다는 충격적인 사실과 지난 1천여 년 동안 성자들과 사회 개혁자들이 불가촉천민의 처우 개선을 위해 노력했

■

58) 상가락시타는 1925년 영국 런던에서 출생하였고, 15세에 우연히 金剛經을 보게 되어 불교신자가 되었다. 제2차 세계대전 중에 통신병으로 인도에 왔다가 1946년 22세에 군대를 빠져나와 승려가 되었다. 그 후 20년 동안 인도에서 승려 생활과 불교 수업을 하면서, 저술활동을 했고 독특한 승원을 세우기도 했다. 히말라야 동쪽 기슭에 자리한 칼림퐁(Kalimpong)에서 1950년에 '청년 불자 협회(Young Men's Buddhist Association)'를 창설하였고, 『디딤돌(Stepping Stone)』이라는 히말라야 불교 월간지를 발행하기도 했다. 1964년 영국으로 돌아간 이후 서양에 불교 전통을 해석하는 주도적인 인물이 되었다. 1967년에는 '서양 불교 수도회(Friends of the Western Buddhist Order)'를 창설하여 활발한 불교 운동을 일으키고 있다. 필자가 현지조사차 인도를 방문했을 때 나그푸르에 소재한 암베드카르 운동의 한 센터인 '나가로카(Nagaloka)'의 창설에도 상가락시타가 지원활동을 하고 있었다.

59) L. Kenadi, *Revival of Buddhism in Modern India: The Role of B. R. Ambedkar and the Dalai Lama XIV* (New Delhi: 1995)

지만 누구도 크게 성공하지 못했음을 말하면서, 불가촉천민 출신인 암베드카르의 경우만은 달랐고, 그의 지도력은 인도 불교의 르네상스를 이룩할 수 있었다고 서문에서 평가하고 있다.[60] 그가 이 책을 발간하던 시점인 1986년까지만 해도 암베드카르의 노력이 인도 외에는 크게 알려진 바가 없었다. 그런 점에서 상가락시타의 『암베드카르와 불교』는 서구에 암베드카르와 신불교 운동 및 그 사상을 최초로 전파했다는 점에서 큰 의의를 지닌다. 이 책에서 그는 암베드카르의 간략한 경력을 소개하면서 왜 그리고 어떻게 암베드카르가 불교도가 되었으며, 불교는 암베드카르에게 어떤 의미를 지니고 있는 것인가를 말하고 있다.

상가락시타는 그의 책 1장에서 인도 근대사에서의 암베드카르의 중요성을 말하는 가운데, 1947년부터 1951년 사이에 법무부 장관으로 활동한 암베드카르의 생장과 교육과정, 그리고 1923년 이후에 계속된 불가촉천민을 위한 활동과 헌법초안 작성 등의 정치적 활동을 서술하고 있다. 특히 1950년대 이후의 암베드카르의 신불교 운동을 위한 행보를 언급하고 있고, 그의 책 전반에 걸쳐서 암베드카르의 불교 사상을 조목조목 상술하고 있다. '세 번의 만남'이라는 제목을 내세운 2장에서 상가락시타는 암베드카르의 생애 말년에 속하는 60대 초반에, 그가 20대 후반에서 30대 초반의 젊은 나이에 만난 3번의 경험을 말하면서 그것이 본인 자신에게는 암베드카르의 사후의 불교 개종운동에 적극적으로 활동할 수 있게 되었던 아주 중요한

■
60) Sangharakshita, *Ambedkar and Buddhism* (Glasgow: 1986), p. 2.

의미를 지니는 것이라고 자평하고 있다. 암베드카르가 1950년에 '인도마하보디협회Maha Bodhi Society of India'에서 발행되는 격월간지에 기고한 "붓다와 그의 종교의 미래(The Buddha and the Future of His Religion, April-May 1950)"라는 논문을 보게 된 이후, 상가락시타는 암베드카르를 주목하게 된다. 이는 1952년 상가락시타가 캘커타에서 '인도 마하보디협회'의 창설자 아나가리카 다르마팔라Anagarika Dharmapala의 전기를 쓰고 있을 때의 일이었다. 1955년 봄베이의 다다르Dadar에서 암베드카르를 처음 만난 상가락시타는 인도 불교의 미래에 대한 중요한 질문을 던진다. 이때 암베드카르는 "내가 보기에 인도(불교)에 미래가 없다"라는 비통하고도 낮은 목소리로 절망에 가까운 대답을 했다고 술회한다.[61]

그 후 두 번째 만남은 암베드카르가 불가촉천민을 위해 1946년에 세운 싯다르타 대학Siddhartha College of Arts and Science에서였는데, 이때 암베드카르는 관절염으로 고생하며 서 있기도 어려웠을 때였다고 한다. 이때 암베드카르는 인도 불교 재흥을 위한 계획을 말했고, 따라서 공식적 개종을 위한 절차를 논의하게 되었으며, 상가락시타는 이를 위해 삼보(三寶)에의 귀의와 오계(五戒)의 서약의 필요성과 자신이 승려로서의 수계(受戒)를 받았던 쿠시나라Kusinara의 고승 우 찬드라마니U Chandramani를 개종식에 초대할 것 등을 제안했음도 밝힌다. 이러한 논의가 진행되면서 상가락시타는 암베드카르의 추종자들에게 불교도가 된다는 것이 무엇을 의미하는 것인지를 설명하기

■

61) ibid, p. 19.

위해, 암베드카르의 요청에 따라 1956년 신년 초에 봄베이 다다르 남쪽 지역에서 3,000명의 불가촉천민들이 모인 가운데 인간 붓다의 가르침을 연설을 하게 된다.

세 번째 만남은 나그푸르에서의 개종식(상가락시타 자신은 참가하지 못함)이 있고 난 1달 후에, 붓다의 탄생 2,500주년을 기념하기 위해 델리에서 개최된 '인근 국가의 불교 지도자 모임'에서였다. 이때는 이미 암베드카르의 건강이 극도로 쇠약한 상태여서 목소리조차 거의 알아들을 수 없었기 때문에, 상가락시타는 많은 대화를 나누지 못했으나 다만 인도 불교의 재흥을 위한 노력을 아끼지 말아달라는 부탁을 받게 되었다고 술회한다. 같은 해 12월 4일 불교 개종식이 있었던 나그푸르에 도착한 상가락시타는 암베드카르의 운명에 대한 비보를 듣고 슬퍼하며 모여든 약 10만 명의 군중들 앞에서 위로의 연설을 하게 된다. 개종식 이후 불과 7주 만의 일이었다. 따라서 이들 새로운 불교도를 인도할만한 지도자도 내정되지 못한 상태에서, 상가락시타는 암베드카르의 위대한 성취에 대해 열정적으로 연설하면서 바바사헤브Baba Saheb 암베드카르의 유업을 계승해야 한다고 권면하기 시작했다. 상가락시타는 1시간가량 진행된 이 연설이 효과가 없지 않았다고 자평하고 있다. 실제로 상가락시타는 암베드카르 이후 갑작스런 지도력의 공백기에 나그푸르 불교도들과의 연대 속에서 향후 현대 인도 불교의 재흥을 위해 독특한 중재적 역할을 한 인물임에는 틀림없다.

그는 3장에서 '카스트의 지옥'이라는 제목하에, 인도 인구의 10분의 1에 해당하는 429개 마을의 세습적인 불가촉천민의 참담한 상황을 기술하고, 이들의 사회, 종교, 정치, 경제, 교육 등의 분야에서 무력함이 카스트 체제에서 기인함을 설명하고 있다. 4장의 '개종으로 가는 도상의 이정표'라는 제하에서 암베드카르의 학문적 여정, 초다르 물탱크 시위와 마누법전을 불태우는 일(1927), 개종을 반대하는 간디와의 견해차이 등을 보여주고 있다. 간디는 "종교가 집이나 외투와 같이 갈아 치울 수 있는 것이 아니며, 외형적인 것보다는 내적인 자아와의 문제이므로, 암베드카르가 분노를 진정시키고 신실하지 못한 자들이 저지르는 전통적 종교의 약점들보다는 장점을 생각하라"고 권고하고 있다.[62] 이점에 대해 암베드카르는 간디의 그러한 주장에도 불구하고 아직 어느 종교로 개종할 것인지에 대해 결정을 내리지는 않았지만, 이점은 '욜라 선언'(1935)에서 보여 준바와 같이 적어도 힌두교를 선택하지는 않을 것임을 분명히 하고 있는 점도 언급한다.

5장에서는 암베드카르가 1938년부터 불가촉천민의 기원과 뿌리를 연구하기 시작하여, 『누가 수드라인가Who Were the Shudras?』(1946)라는 작품을 발표하기까지의 연구과정을 소개하고 있다. 이 과정에서 암베드카르는 수드라가 일부 서구인들이 생각하듯이 선사시대부터 이어진 아리아들의 침입으로 정복된 검은 피부의 비아리아non-Aryan 인종이 아니며, 바라문들이 우주발생 신화『리그베다』의 푸루샤 슈크타Purusha Shukta에 근거하여 주장하듯이 초기부터 수드라가 있었던 것도 아니고, 수드라를 제외한 다른 세 계급의 아리아 인종들과 같은 종족들이었다고 밝힌다. 크샤트리아나 전사계급의 일부

■
62) ibid. p. 64.

를 형성했던 이들이 바라문들과 수드라 왕들과의 계속되는 폭력적 투쟁 속에서 바라문들이 폭정과 모욕을 당하게 되었고, 그 결과 바라문들은 수드라를 증오함으로써, 수드라들은 바라문이 수행하는 종교의례를 거부하게 되었다는 것이다.[63] 암베드카르가 이어서 연구 발표한 『불가촉천민Untouchable』(1948)이라는 주제도 같은 맥락에서 이루어진 것으로, 이에 대해 상가락시타는 사회학적 추리소설을 읽는 것과 같다는 평가를 내리고 있다. 왜냐하면 그 어떤 주장도 실증적인 답을 제시해 주고 있는 것이 아니라 가설에 근거한 것이기 때문이다.

상가락시타는 6~8장에서 암베드카르의 불교 사상을 본격적으로 다루고 있다. 6장에서 그는 암베드카르가 『불가촉천민』을 출간한 1948년부터 나그푸르의 개종식이 있었던 1956년 사이의 공백기에 암베드카르가 불교를 어떻게 이해하고 접근했는지의 경로를 보여주고 있다. 그러나 그도 암베드카르의 불교사상은 "붓다와 그의 종교의 미래"(1950)라는 논문과 『붓다와 그의 담마』라는 저술에서 찾고 있다. 그는 앞의 논문에서 암베드카르가 예수나 무함마드, 크리슈나와 같은 다른 여러 종교의 창시자들보다 붓다의 합리성과 같은 훌륭한 점을 열거한 예라든가, 힌두이즘과 불교의 도덕성의 차이점들을 서술하고 있는 점 등을 소개하고 있다. 그리하여 암베드카르가 이미 이 소논문을 통하여 불교 개종의 예시를 보여주고 있다고 상가락시타는 밝힌다.[64] 7장에서의 '불교 집단 개종식' 장면은 이미

63) ibid. pp. 84-85.

앞에서 밝혔듯이 상가락시타 자신이 직접 암베드카르와의 세 차례 만남을 통해, 개종식의 초청 인물을 포함하여 구체적으로 행사를 함께 계획하고 추진했던 자로서 당시의 행사와 관련된 내용을 아주 자세히 기록하고 있다. 그러나 정작 본인은 다른 곳에서의 강연 때문에 당일 나그푸르에서의 개종식에는 참가하진 못했지만, 1956년 10월 14일의 40만 명에 달하는 역사적인 불교 개종식의 의의를 다음과 같이 기록한다. "이날은 힌두 다사라Dassara-일명 '열 번째의 승리'를 뜻하는 '비자야 다사미Vijaya Dasami라고도 함- 축제[65]가 벌어지는 날이다. … 그러나 암베드카르와 그의 추종자에 관한 한, 이날은 (그들이 지칭하듯이) 아소카 비자야 다사미Ashoka Vijaya Dasami의 날로서 랑카에서 돌아온 라마의 승리를 기념하는 것이 아니라, 칼링가 민족을 정복하고 돌아온 아소카 왕의 '전쟁으로써의 승리yuddhavijaya'가 아닌 '의로써의 승리dharmavijaya'를 의미하는 것이었다."[66]

그는 이날의 개종식에 대해 적대적인 힌두인들이 '정치적 책략'이라고 비난하는 일과, <카스트 힌두 신문> 같은 일부 언론이 개종식을 둘러싼 약간의 자체적인 논쟁을 확대 보도하고 불화를 조성하면서 개종의 의의를 축소하려는 힌두교 측의 분위기도 소개하고 있다. 그러나 무엇보다도 그는 8장에서 '붓다와 그의 담마'라는 주제로 암베드카르의 저술이 나오기까지의 간략한 배경을 다룬 후, 암베

■

64) ibid. pp. 100-126.

65) 랑카(Lanka)의 머리가 열 개 달린 마왕(魔王) 라바나(Ravana)를 살해하고 의기양양하게 돌아온 라마(Rama)의 승리를 기념하는 큰 행사.

66) ibid. pp. 127-128.

드카르의 기념비적인 저술『붓다와 그의 담마』를 장별로 간략히 소개하고 있다. 상가락시타는 붓다의 출가 배경이 결코 전통적인 해석처럼 늙고 병들어 죽는 사람을 보고 무상(無常)함을 느껴서가 아니라, 모계 친족인 콜리야Koliyas 족과 전쟁을 하기로 한 부계 친족인 샤키야Shakyas 족의 결정에 반대했기 때문이라는 암베드카르의 주장을 소개하고 있다.[67] 이어서 상가락시타는 암베드카르가 설명하는 붓다의 초전법륜과 다섯 유행자(遊行者, Parivrajakas)의 개종, 상류계층의 귀의, 소외당하는 민중과 여성의 귀의 장면을 '개종 운동'이라는 명칭으로 소개하고 있다. 이 점에 대해 상가락시타는 더 이상의 언급이 없지만, 개종의 필요성을 실감한 암베드카르가 불교전승을 어떻게 새롭게 해석하고 있는가하는 편집적 의도를 엿볼 수 있는 대목이다. 암베드카르가 그의 책 3권에서 말하는 담마(法)와 비담마(Not Dhamma, 非法), 그리고 삳담마(Saddhamma, 正法)의 구별과 4권에서의 종교와 담마의 문제를 암베드카르 특유의 도덕성과 관련한 종교 해석을 상가락시타는 그의 책『암베드카르와 불교』8장에서 소개하고 있다. 후반부의 비교적 짧은 서술인 5장의 '승가(Sangh, 僧伽)'와 6장의 '붓다와 동시대인들', 7장의 마지막 여행과 8장의 싯다르타라는 인물로 서술을 끝맺는 암베드카르의 작품에 대해, 상가락시타는 목차의 서술 정도로 아주 짧게 소개하면서 과연 이 부분을 암베드카르가 건강 때문에 그의 생애 동안에 마지막까지 서술을 마칠 수 있을지 심히 염려했다는 사실도 언급하면서, 그럼에도 불구하고 암베

■
67) ibid. p. 152.

드카르가 간접적으로 불교 경전에서 발췌했든 아니면 자신의 설명적 첨가문을 직접 삽입했든지 간에 간결하게 그의 저술을 끝맺을 수 있었다고 밝힌다.[68] 그는 특히 승가 부분에 대해서 암베드카르가 카스트나, 인종, 성차별이 없었다는 점을 강조하고 있다는 것과, 붓다가 승단에서 가벼운 범법행위에 대한 양심 회복의 수단으로 죄의 '고백' 제도를 도입하였다는 주장도 소개하고 있다. 상가락시타는 암베드카르의 『붓다와 그의 담마』 총 여덟 권[69] 중 후반부의 네 권 가운데서 승가를 다루는 5권을 가장 비중 있게 평가하면서, 전통적으로 있어 왔던 비구와 우바새(재가신도) 사이의 차별을 철폐할 것과 불교 세계에서의 비구와 우바새 사이의 근본적인 통일성을 강조하고 있음을 밝힌다.

상가락시타는 그의 책 『암베드카르와 불교』 마지막 장인 9장에서 암베드카르 사후에 관해 간략히 언급하고 있다. 암베드카르가 생을 마친(1956년 12월 6일) 다음 날 뭄바이 다다르에서는 50만 명에 달하는 장례 인파가 2마일이나 늘어서서 그의 죽음을 애도하고, 10만 명의 군중이 이때 참석한 승려에 의해 삼보(三寶)와 오계(五戒)의 의례를 거행함으로써, 즉석에서 개종을 했다고 밝히고 있다.[70] 이어서 일주일 후 암베드카르의 유골이 델리로 취해져 간 후 그곳에서도 3만 명이 불교로 개종하였다는 사실과 같은 유골의 일부를 나누어

■

68) ibid. p. 157.

69) 암베드카르의 책 『붓다와 그의 담마』는 한 권의 분량으로 엮어져 있지만, 본문 내용의 구성은 총 8권으로 구분되어져 있다. 따라서 필자는 암베드카르의 책 구분 방식에 따라 이 책의 내용을 각각 권, 장, 절로 표기할 것이다.

70) ibid. p. 162.

아그라에 이송한 후 그곳에서는 20만 명이 불교로 개종하는 집회를 개최하게 되었음을 밝힌다. 이러한 일련의 연속적인 불교 개종 운동은 다음해 2월까지 20여 개의 도시에서 계속되었고, 암베드카르 자신에 의해 개종한 인구 75만여 명에서 그 이후까지를 모두 합치면 4백 만 명이 넘는데, 이러한 조직적 운동은 대부분 1955년에 암베드카르가 재건한 인도불교협회의 지원으로 이루어진 것인도 밝히고 있다. 암베드카르 이후에 불교로 개종하는 이들은 삼보와 오계 그리고 암베드카르가 입안한 22개의 서약을 함으로써 불자로 허입된다. 상가락시타의 지적에 의하면, 1957년 2월 이후에는-4월에 알리가르 Aligarh에서 개최된 20만 명의 개종 사례 외에는- 개종 운동이 사실상 중지되는데, 이는 3월에 있을 총선거를 위해 잠시 중단하자는 지도부의 결정에 의한 것이었지만, 총선이 지나면 개종 운동이 지속되고 강화 될 것이라는 그들의 기대는 불행하게도 무너졌다는 것이다.[71] 상가락시타는 그 이유를 암베드카르에 의해 불붙었던 원래의 기동력이 상실되었기 때문이라는 분석이다. 더구나 아무리 암베드카르가 이들 불가촉천민들에게 존경받는 인물이었다고 해도 그에 의해 촉발된 개종운동은 마하라슈트라 주에 주로 국한된 것이었고, 따라서 그의 갑작스런 죽음은 더 이상 운동을 지속시키는 데는 한계가 있었다고 평가한다.

■
71) ibid. p. 163.

b. 케나디(L. Kenadi)

케나디는 최근에 『현대 인도의 불교 재흥』(1995)이라는 책을 출간했는데, 이는 암베드카르와 달라이라마Dalai Lama 14세의 역할을 중심으로 현대 인도의 불교 부흥을 설명한 내용이다. 본문은 불과 92쪽의 짧은 책이지만, 사회적 혁명의 일환으로서 인도에서의 첫 불교 재흥이라는 관점에서 암베드카르의 종교관과 불교관을 다룬다.[72] 케나디는 인도에서의 불교 쇠퇴의 가장 큰 원인을 바라문의 적대감에서 찾으며,[73] 불교와 힌두교의 긴장관계 속에서 상대적으로 쇠퇴의 길을 걸어왔던 불교에, 사회적 평등의 기치를 내세운 암베드카르가 새로운 부흥의 활력을 불어 넣었다고 평가한다. 서문에서도 밝히고 있듯이 케나디 자신도 불교만이 합리적이고 과학적이며 지성적인 호소력을 지닐 수 있는 적절한 대안이라고 하면서, 이러한 불교의 특징이 암베드카르로 하여금 불교로 개종하게 했고, 암베드카르의 활약으로 인도에서 죽었던 불교가 갑자기 생기를 얻게 되었으며, 달라이 라마가 이를 뒤이어 불교의 참된 면모를 더욱 깊이 있게 보여주고 있다고 평가한다.

1장에서 그는 불교의 역사성과 사회적 중요성을 서술한 뒤 2장에서 불교 재흥과 관련하여 사회적 혁명이라는 관점에서 암베드카르의 역할을 기술한다. 이를테면 암베드카르의 종교관은 개인 영혼의 영적인 구원을 위해 있는 것이 아니라, 인간과 인간 사이의 의로운

72) L. Kenadi, op. cit, pp. 25-48.

73) ibid, p. 6.

관계를 확립하기 위한 '사회적 가르침'이라고 하는 것이다.[74] 또한 암베드카르는 신적 권위에 근거한 종교적 텍스트의 무오류성을 받아들이지 않았고, 사성제와 같은 신적 기원의 사회적 통제를 수용할 수 없었다는 점도 밝힌다.[75] 불교학자들의 견해와 같이 암베드카르는 인간의 마음mind은 영혼soul과 다르며, 영혼의 불멸 또한 믿지 않는다. 영혼은 단지 미신만 주장할 뿐이라는 것이다. 따라서 암베드카르는 알 수도 없고 볼 수도 없는 아트만atman에 기초한 바라문교의 구조를 총체적으로 거부하고 있다는 사실을 지적하고 있다. 신과 종교의 도덕성에 관한 문제에 있어서도 암베드카르에 의하면, 신과 도덕의 관계는 상호 필수적인 관계가 아니지만, 종교와 도덕의 관계는 필수적이다. 이와 같은 암베드카르의 종교관을 소개하면서, 케나디는 암베드카르가 현대 사회에서 종교의 적실성을 판단하기 위해 사회적 유용성과 정의의 문제를 실험했다는 것은 아주 바람직한 것이라고 평가하고 있다.[76]

케나디는 암베드카르의 불교 해석을 같은 맥락에서 다루고 있다. 즉 아시아에서의 거대한 불교 '현대화modernization'의 일부로 볼 수 있다는 것이다.[77] 그리고 붓다의 '합리주의' 사상이 암베드카르로 하여금 신의 존재를 부정하게 했고, 불교에서의 아트만의 존재의 부정은 윤회Samsara의 존재를 부정하게 했으며, 영혼의 구원Moksha이나

■

74) ibid. p. 32.

75) ibid. p. 36.

76) ibid. pp. 38-39.

77) ibid. p. 41.

업[Karma]의 존재도 믿지 않게 되었다고 밝힌다.

또한 붓다의 복음이 본질상 사회적인 것이라면, 붓다의 가르침의 핵심도 고통(苦痛, Dukkha)의 문제라고 주장하는 암베드카르의 다음의 말을 인용한다. "고통의 인식이 종교의 기본적 인식이다. 이 고통의 문제는 (사회적, 경제적 부정의에서 초래되는) 불행과 빈곤에서 기인한다. 인간의 불행은 인간의 인간에 대한 불평등에서 비롯된다."[78] 케나디는 고(苦)에 대한 이러한 해석이 전통적인 불교의 견해와 다른 것이고 고를 사회적 현상으로 해석한 것이라고 지적한다. 이러한 암베드카르의 고에 대한 사회적 현상으로서의 해석은 자연히 사제(四諦: 苦集滅道)의 해석을 다르게 하고 있다는 것이다. 이를테면 고통이 사회적 부정의에서 비롯되는 것이라면, 사회적 부정의를 제거함으로써 고통은 사라지는 것이고, 그것이 곧 도(道)가 된다는 것이다.[79]

이어서 케나디는 암베드카르가 붓다의 출가[Mahabhinishkramanas] 배경을 전통적인 견해와 달리 해석하고 있는 부분도 소개하고 있다. 새로운 해석의 주된 근거는, 암베드카르에 의하면, 고타마가 29세가 되도록 병들어 죽는 사람을 한 번도 보지 못했다는 것은 설득력이 없고 이성적으로도 납득할 수 없다는 것이다. 왜냐하면 당시에 병들어 죽는 경우를 비일비재하게 볼 수 있었다는 것이다.[80] 암베드카르

■

78) ibid. pp. 42-43. cf. *Dr.Babasaheb Ambedkar*: Vol. 11, op. cit. p. 284.

79) ibid. p. 43.

80) ibid. pp. 43-44. cf. Macay, Joanna Rogers and Zelliot, Eleanor, "Tradition and innovation in contemporary Indian Buddhism", *Studies in History of Buddhism*, (ed.) by A. K. Narain (Delhi: 1980), p. 134.

가 제시한 출가의 원인은 앞에서 설명한 바와 같다. 케나디는 붓다의 구원관에 대한 암베드카르의 사회학적 해석도 소개한다. 붓다가 말한 구원은 '지상에서의 의로운 나라kingdom of righteousness on earth'를 의미한다는 것이다. 그리고 붓다의 깨달음 그 자체도 순전히 실용주의적 측면에서 제시되고 있다고 밝힌다. 케나디는 이점에 대해 암베드카르의 다음의 말을 인용하고 있다

> "넷째 주 마지막 날 밤에 깨달음의 빛이 그(붓다)에게 임했다. 그는 두 가지 문제를 알게 되었다. 첫 번째는 세상에 고통이 있다는 것이고, 이것을 어떻게 제거하여야 인류를 행복하게 할 것인가 하는 문제였다."[81]

승가(僧伽)의 문제에 대해서도 암베드카르는 붓다의 주된 설법이 비구들에게 향한 것이지만 재가신도들을 염두에 둔 것이었을 것이라고 추측하면서, 불교사에서의 승가의 역할을 크게 중시하지 않았다고 케나디는 지적한다.[82] 또한 그는 암베드카르의 승가와 비구에 대한 견해를 다음과 같이 인용하고 있다.

> "붓다가 세운 승가는 그가 가르친 설법의 이상이 실행될 수 있음을 보여주는 하나의 모델로서 기능하는 것이고, 비구가 집을 떠나지만 세상을 등진 것이 아니라, 가정에 붙어살지만 슬픔과 고통에 차있는 불행한 사람들을 자유롭게 도울 수 있는 기회를 가지려는 것이 비구의 존재이유이다. 인간의 고통에 무관심한 비구

■

81) ibid. p. 45. cf. Dr. Babasaheb Ambedkar: Vol. 11, op. cit. p. 75.

82) 케나디의 이러한 주장은 영국인 승려 상가락시타가 암베드카르의 책 『붓다와 그의 담마』에서 5장의 승가(僧伽) 문제를 가장 중시하면서 비중 있게 다루고 있는 점과 대조된다.

는 비구가 아니다."[83]

이같이 암베드카르는 승가의 문제에 있어서 비구와 재가신도의 차별성을 인정하지만, 출가나 무소유, 독신, 입문, 의례나 서약 등을 제외하면 양자 간에는 아무런 생활상의 차이가 없다는 점을 강조하고 있고, 오히려 승가의 비구들은 '배우려고도 봉사하려고도 하지 않고 있다'고 비판하면서, 승려들로 하여금 그리스도교 선교사들과 같은 대중을 위한 봉사의 예를 배워야 한다고 주장하고 있다고 케나디는 밝히고 있다. 그는 또한 승가에 귀의하지 않아도 '법(담마)'에는 귀의하려는 재가자들이 있는데, 승가에의 귀의만 강조한 것이 인도 불교의 궁극적 쇠퇴 원인 중 하나였다는 암베드카르의 말을 인용하고 있다.[84]

이상과 같은 암베드카르의 신불교적 해석을 놓고 비평적 불자들이 암베드카르가 설파하는 '담마DHAMMA'는 불교가 아니고 암베드카르주의Ambedkarism라고 하는 점에 대해, 케나디는 토론의 여지가 있는 문제라며, 중립적인 입장을 취한다. 그러면서도 그는 암베드카르가 팔정도(八正道)를 엄격히 따르되, 비쉬누의 화신으로서의 붓다가 아닌, 지혜와 정도(正道)와 자비의 원리에 기초한 참된 종교로서의 불교를 설명하고 있고 자유, 평등, 우애의 철학으로 불교를 해석하여 공헌한 점은 인정돼야 한다고 주장하고 있다.[85]

■
83) ibid. cf. Dr. Babasaheb Ambedkar; Vol. 11, op. cit. p. 435.
84) ibid. p. 46. cf. Dr. Babasaheb Ambedkar; Vol. 11, op. cit. p. 451.
85) ibid. p. 48.

c. 데이비드 판디안(K. David Pandyan)

판디안은 1978년도부터 인도의 신불교운동에 관심을 가지고 사회학적 관점에서 암베드카르에 관한 연구를 시도한 개신교 목사로서 『암베드카르 박사와 신불교의 역동성Dr. B. R. Ambedkar and The Dynamics of Neo-Buddhism』(1996)이라는 책을 최근에 출판했다. 총 9장의 227쪽에 달하는 책에서, 불교의 재흥과 사회 철학으로서의 신불교 문제를 다룬다. 그는 고타마Gautama라는 이름이 불교를 연상시키듯이 인도에서의 '신불교'는 암베드카르와 동의어로 취급될 수 있을 정도라고 평가한다.[86] 판디안은 4장에서 신불교를 사회 철학적으로 해석될 수 있는 근거를 다음과 같이 열거한다. (a) 하나의 역동적인 힘으로서, (b) 사회·경제적 원리와 윤리적 원칙에 입각한 종교 운동이고, (c) 억압받는 자들의 복지를 위한 촉매제[87]라는 점이다. 하나의 역동적 힘이라 함은 신불교가 종교운동 혹은 종교 그 자체로서 어떻게 정의될 수 있는가 하는 문제는 차치하고서라도, 신불교 운동 속에 이미 하나의 역동성이 내재되어있다는 것이다. 이것은 불가촉천민들의 사회적 지위의 변화와 경제적 번영을 촉구하게 된 계기를 마련해 주었다는 것이다. 경제적 변화의 예로서, 신불교도들 가운데서 학자나 기술자, 의사, 경제인으로서 오늘날 저택이나 자동차를 소유하고 있는 자를 보게 된다면 이는 그들의 부모나 할아버지가 불교도로 개종했기 때문이라는 것이다. 이 외에도 신불교 운동은 달

86) David Pandyan, *Dr. B. R. Ambedkar and The Dynamics of Neo-Buddhism*, (New Delhi: Gyan Publishing House, 1996), p. 51.

87) ibid. p. 109.

리트들에게 정치적 각성을 지니게 해 주었고 그들의 제반 생활의 영역에서 향상을 가져오게 해 주었다고 평가한다.[88]

5장에서 '신불교도들의 경전'이라는 제목으로 판디안은 암베드카르의 저서 『붓다와 그의 담마』가 신불교도들의 유일한 교리서가 될 수 있다고 밝힌다. 소승불교도나 대승불교도들은 모두 수많은 경전을 가지고 있지만, 암베드카르는 불교 교의 그 자체를 새롭게 해석하고 있다는 것이다.[89] 이 새로운 해석에 대한 당시 승려들의 비판적인 반응을 판디안은 카담의 책 『바바사헤브 암베드카르 박사와 그의 운동의 의의』에서 인용하여 밝히고 있는데, 이는 카담 또한 전기적 작가 키르의 저서 『암베드카르 박사의 생애와 사명』에서 재인용하고 있는 부분이다.

비판적 반응의 두 가지 사례는 다음과 같다. 첫 번째 반응은 1959년 <마하보디Maha Bodhi> 잡지 12월호에 게재된 것으로 다음과 같이 비판하고 있다. "실로 『붓다와 그의 담마』는 책 전체가 그들(신불교도들)이 지닌 증오와 공격성을 보여주고 있다. 암베드카르의 불교는 증오에 기초하고 있기 때문에, …. 이 책의 제목은 『붓다와 그의 담마』가 아니라 『암베드카르와 그의 담마』로 바꾸어야 한다. 왜냐하면 그는 사회 정치적 개혁을 목표로 담마를 해석하고 있기 때문에 담마를 비담마적으로 해석하고 있다"는 것이다.[90] 이를테면 판디안은 생략하고 있는 내용이지만, 키르가 설명하듯이 불교의 카

88) ibid. pp. 112-123.

89) ibid. p. 125.

90) ibid. p. 126. cf. K. N. Kadam, op. cit. p. 57; D. Keer, op. cit. p. 521.

르마Karma나 아힘사Ahimsa와 같은 이론을 불교적 해석이 아닌 사회학적 정향으로 해석하고 있다는 것이다. 두 번째의 비판은 1959년에 랑군Rangoon에서 발행되는 잡지 <담마의 빛The Light of the Dhamma> 1월호에 실린 내용으로서 다음과 같다. "비록 이 책(붓다와 그의 담마)은 훌륭한 인물이 쓴 것이기는 하지만, 불행하게도 그다지 훌륭한 책이 되지 못한다. 왜냐하면 저자는 그의 다양한 재능에도 불구하고 그의 견해에 맞지 않을 경우에는 불교경전의 원문을 함부로 변경하거나, 승려들이 후대에 첨가한 내용이라 하여 그런 것들을 비난하고 있기 때문이다."[91] 이러한 비판적 평가에도 불구하고 판디안은 『붓다와 그의 담마』가 신불교도들의 종교적 경전이 될 수 있는 교의가 담겨 있다고 주장한다. 즉 어떤 초월적이거나 밀교적tantric, 혹은 요가적 경험을 암베드카르가 배제한 채 불교 문헌의 요지를 흡수하고 있다는 것이다.[92]

그러면 암베드카르의 책 『붓다와 그의 담마』 본문에 대한 판디안의 해석을 살펴보자. 판디안은 암베드카르의 책에서 가장 중요한 부분으로 꼽고 있는 장은 2권 제2장에 나타나는 붓다의 초전법륜(初轉法輪)에 대한 해석부분이다. 이 부분은 암베드카르가 전통적으로 해석되고 있는 사제(四諦), 팔정도(八正道)의 교리를 무신(無神 no God), 무영혼(無靈魂 no soul), 인간과 인간의 관계, 그리고 정화, 의, 덕의 실천을 통해 실현되는 고통이 제거된 상태의 담마라는 내용으로 바꾸

■
91) ibid. p. 126.
92) ibid. p. 127.

어 해석하고 있는 점을 소개하고 있다.[93]

3권을 해석하면서 판디안은 암베드카르가 던진 다음과 같은 현대적 질문을 인용하고 있다. "붓다는 정의, 사랑, 자유, 평등, 우애를 가르쳤던가?" 그리고 "붓다는 카를 마르크스에게 대답을 주고 있는가?" 이에 대해 암베드카르는 붓다가 사회적 메시지를 안고 있었다는 결론을 내리고 있다고 판디안은 소개하고 있다. 같은 장에서 암베드카르는 담마를 담마(Dhamma 法), 아담마(Adhamma, 非法), 삳담마(Saddhama, 正法)로 구분하여 설명하는데, 담마는 완전한 삶에 이르기 위해 모든 것이 무상함(無常)함을 알아 탐욕을 버리고 정화된 삶을 유지하여 '열반Nibbana'[94]의 삶을 사는 것이며, '카르마(karma, 業, 행위)'는 도덕적 질서를 위한 수단임을 믿는 것이라고 말한다. 이 부분에서 '담마는 탐욕을 버리는 것'이라고 해석하여, 정화와 완전을 언급하는 것은 쉽게 납득할 수 있지만 '열반의 삶을 사는 것이 담마'라고 하는 부분은 확실히 급진적인 해석이라고 판디안은 말한다.[95] 그러면서도 그는 암베드카르에 의하면 '열반'은 탐(貪, lobha), 진(瞋, dosa), 치(癡, moha 혹은 avidya)를 의식적으로 통제하는 것을 의미하므로[96], 카르마가 도덕적 질서의 수단이라는 믿음과 관련하여 볼 때, 탐 진 치를 없애고 사는 사람은 '열반'의 삶을 산다고 말할 수

■

93) ibid. p. 128.

94) 암베드카르도 여기서 '열반(nibbana)'을 有餘涅槃으로 이해하고 '無餘涅槃(parinibbana)'을 따로 구분하여 설명하고 있다.

95) ibid. p. 129.

96) ibid. cf. Dr. B. R. Ambedkar, *Buddha and His Dhamma*, op. cit. 3권 참조.

있다고 함으로써 암베드카르의 급진적 해석을 그대로 수용하고 있다. 판디안이 이 같은 암베드카르의 해석을 급진적 해석이라고 하는 이유는 암베드카르에 따르면, 카르마가 윤회와 밀접하게 직접적으로 관련되고 있음을 부인하면서 카르마는 단순히 하나의 도덕적 질서를 유지하기 위한 수단에 불과하다고 주장함으로써 전통적 해석을 떠나 자신의 사회학적 시각에서 전혀 새로운 해석을 내리고 있기 때문임을 말한다. 열반에 대한 암베드카르의 해석 또한 그러하다는 것이다. 일반적으로 열반은 해탈의 결과로 증득되는 것으로 이해되고 있다. 그러나 무명을 떨친 관념적 해탈의 결과로서가 아니라 현재적 삶에서 탐, 진, 치의 삼독(三毒)을 제거하고 사는 삶 그 자체를 말하고 사후(死後)의 무여열반과 같은 것을 부정하고 있기 때문에 판디안은 암베드카르의 해석을 급진적인 것으로 이해하고 있는 것이라 생각된다.

암베드카르는 계속해서 카르마는 도덕과 동의어라고 설명하면서 어떤 경로로 카르마가 환생rebirth과 관련지어지게 되었는지를 4권에서 논하고 있는데, 이 점을 판디안은 소개하고 있다. 암베드카르는 영혼이 있어서 한 생명에서 다음 생명으로 이어진다고 하는 카르마에 대한 불교 교리와 힌두 교리가 동일하다는 일반적인 통념을 거부한다. 그는 불교 교리에서는 영혼을 인정하지 않기 때문에 문제가 될 것이 없지만, 힌두교에서 환생과 관련하여 카르마를 해석하고 있는 것은 '사기(詐欺, jugglery)'라고 하면서 폭언적인 훈계를 하는 것은 암베드카르의 기질을 보여주는 단면이라고 판디안은 설명한다.[97] 암베드카르에게서 불교가 말하는 카르마의 법칙은 분명한데, '그대가 뿌린 대로 거둔다'는 말은 (내세가 아닌) 현재적 삶에서만 적용된다.[98] 카르마 교리를 내세에 적용하는 것은 치명적인 교리이며, 그렇게 될 때 인간은 과거의 영향력으로 살기 때문에 현재적 노력은 무의미한 것이고 대자대비(大悲, Maha Karunika)한 자로 알려진 붓다가 그런 교리를 지지했을 리가 없다는 것이다.[99] 카르마와 환생의 교리에 대한 이 같은 암베드카르의 해석은 카르마의 개념을 현재적 삶에만 적용되는 것으로 이해케 함으로써 전통적인 이해에 새로운 해석을 주고 있다고 판디안은 소개하고 있다. 한편 종교와 담마에 대한 개념의 차이도 4권에서 언급하고 있는데, 종교가 개인이 지켜야 할 개인적인 요소라면, 담마는 인간과 인간의 관계에서 발생하는 사회적 요소라는 차이점이 있다고 밝힌다. 그리고 담마는 지혜prajna와 연민karuna이라는 두 축으로 구성되며 미신과는 거리가 멀다는 것이다. 암베드카르에 의하면 "종교는 사물의 근원을 밝히는 문제와 관련되지만, 담마는 그렇지 않다"며 "종교는 세계의 기원을 밝히는데 그 목적이 있지만, 담마는 세계를 재건설하는데 목적이 있다."[100] 암베드카르의 종교와 담마에 대한 논의는 그의 불교 사상을 다루는 장에서 논의할 것이다.

판디안은 또 암베드카르가 4권에서 주장하는 아힘사Ahimsa에 관한 언급을 소개한다. 암베드카르에 의하면, 아힘사보다 더 혼란스러운 주제는 없다.[101] 예를 들면 스리랑카의 승려들이 외국의 침입자들

■

97) ibid. p. 131.

98) ibid. cf. Dr. B. R. Ambedkar, *Buddha and His Dhamma*, 4권, p. 338.

99) ibid. cf. Dr. B. R. Ambedkar, *Buddha and His Dhamma*, 4권, p. 339, p. 344.

100) ibid.

에 저항하여 싸우면서 스리랑카 백성들에게 항거하기를 촉구했던 예와는 달리, 미얀마의 승려들은 외적의 침입에 저항하여 싸우는 것을 반대했고, 독일의 불자협회는 오계(五戒) 중에 제1계인 아힘사만을 제외한 계율을 통과시켰다는 것이다. 이점에 대해 판디안은 붓다가 아힘사에 대해 어떤 정의를 내리지 않았기 때문에, (변호사였던) 암베드카르는 아힘사에 대한 붓다의 태도에 대해서 '정황(情況) 증거circumstantial evidence'에 따른 해석을 내리고 있다고 설명한다.[102] 이 밖에도 암베드카르는 붓다가 시주(施主)로 주어진 고기를 먹지 말라고 했던 증거를 찾아 볼 수 없다고 함으로써, 승려가 고기를 먹는 것을 반대했던 데바다타Devadatta의 견해를 거부했고, 동물의 경우 오직 희생제물yagna을 바치기 위해 살생하는 것을 반대했을 뿐이라고 판디안은 소개하고 있다[103]

암베드카르는 5권에서 승가 문제를 다루면서 비구와 우바새 사이의 비교분석을 통해, 승려로 입문하는 자들에게 시행되는 입문식인 '상가딕사Sangha Diksha'는 있어도, 승려가 되지 않고도 불교의 담마(법)를 따르고자 하는 재가신도들을 위한 '담마딕사Dhamma Diksha'가 없었다는 점을 들어, 결국 인도 불교사에서 불교 쇠퇴의 길을 걷게 한 중대한 과오라고 지적하고 있는데, 판디안도 이 점을 중요시하여 소개하고 있다. 이 밖에도 판디안은 전통적 불교와 신불교의 교리적 차이점들을 몇 가지 소개한다. 그 중에서도 암베드카르가 중시하는

101) ibid. cf. Dr. B. R. Ambedkar, *Buddha and His Dhamma*, 4권, p. 345.

102) ibid. p. 132.

103) ibid. cf. Dr. B. R. Ambedkar, *Buddha and His Dhamma*, 4권, p. 346.

대표적인 교리인 팔정도(八正道), 오계(五戒), 십바라밀Parimittas, 삼보(三寶)에의 귀의, 22가지 맹세를 소개하고 있다.[104] 이 가운데서도 암베드카르가 직접 도입한 22개 맹세는 인도의 힌두적 불평등 상황에서 집단 개종을 위해서는 필요한 조치였다고 판디안은 평가한다. 22가지 맹세는 암베드카르가 직접 작성한 것으로 신불교도들이 입문할 때에 지켜야 할 기본적인 서약을 말하며, 힌두교의 교리를 따르지 말 것 등을 포함하고 있다. 이는 암베드카르의 불교 사상을 다루는 장에서 구체적으로 언급할 것이다.

판디안이 다루고 있는 암베드카르 연구의 독특한 부분은 그가 6장에서 서술한 '신불교의 윤리-의례적Ethico-Ritualistic 차원'이다. 그는 암베드카르가 전통불교의 의례[105]를 단지 하나의 식전(式典, ceremony)으로 축소시켰다고 지적하고 있다. 특히 암베드카르가 "도덕은 담마요 담마는 도덕이다. 다시 말해, 담마 속에 신은 없지만, 담마 속에서 도덕은 신의 위치를 차지한다. … 인간이 도덕적이게 된다고 해서 신을 기쁘게 하는 것이 아니다. 인간이 인간을 사랑하는 것은 그 자신의 선함 때문이다"[106]라고 말한 점을 들어 암베드카르가 불교에서의 영적·신적인 요소를 배제하고 있음을 말한다.[107]판디안은 암베드카르의 책 4장 3절에서 보이는 '불자의 생활방식

■

104) ibid. pp. 136-139.

105) 여기서 말하는 의례는 불교의 각종 절기와 행사에 따른 복잡한 종교적 연행(演行)이 아니라 승려나 재가신도가 지켜야 하는 계율(戒律)의 성격을 말한다.

106) Dr. B. R. Ambedkar, *Buddha and His Dhamma*, pp. 322-323.

107) K. D. Pandyan, op. cit. p. 143.

Buddhist Way of Life'[108]은 선을 행하는 것이고, 악의 일부가 되어서는 안 되며, 죄를 범하지 말라는 것으로 요약된다는 것이다. 이 밖에도 암베드카르는 그의 책에서 붓다가 설파한 여성의 존중에 대한 이야기를 포함시키고 있는데, 이점을 판디안은 소개하면서, 2,500년이 지난 오늘날까지 여성 존중의 사례를 일찍이 붓다에게서 볼 수 있었다고 언급한다. 이 외에도 판디안은 암베드카르가 그의 책에 수록하고 있는 인간 행동의 윤리를 위한 7편의 붓다의 설교와 의(義)에 관한 붓다의 설교도 5편을 소개하고 있다.[109] 특히 그 중에서 의 Righteousness에 관한 설교 부문에서 암베드카르는 붓다의 설교를 다소 변형적으로 서술하고 있음을 밝힌다. 예를 들면 암베드카르는 붓다가 신(身), 구(口), 의(意)의 삼업(三業)의 불의한 면에 관해 이르기를 "몸body이 저지르는 불의하고 사악한 행동에 3가지가 있고, 말speech이 저지르는 악은 4가지, 뜻thought이 저지르는 악은 3가지가 있다"고 한 부분[110]과는 대조적으로, 붓다가 삼업의 의로운 측면을 말한 것을 소개하고 있다. 이때 몸이 수행하는 의로운 측면[111]에 대해서 붓

■

108) 암베드카르는 그의 책 『붓다와 그의 담마』 4장에서 13절에 걸쳐 불교도의 윤리문제를 다룬다. 그 주제들은 다음과 같다. 탐욕을 버리라. 상처를 주지 말라. 노여움 없이 자비를 행하라. 인간의 마음과 부정(不淨), 자아와 자아의 정복, 지혜와 정의, 그리고 선한 동료의 윤리학, 정념(正念)과 정정(正定), 경계(警戒)와 진지함, 그리고 대담함, 슬픔과 행복, 그리고 자선과 친절, 위선, 정행(正行), 정법(正法, true Dhamma)과 비법(非法, false Dhamma)을 혼돈하지 말라. Dr. B. R. Ambedkar, *Buddha and His Dhamma*, pp. 55-372.

109) K. D. Pandyan, op. cit. pp. 148-153.

110) 3가지 몸이 저지르는 불의한 행위는 생명을 취하는 것(殺生), 자기 것이 아닌 것을 취하는 것(偷盜), 간음(邪淫); 말로써 저지르는 4가지 불의한 행위는 거짓말, 중상, 상처 주는 말, 고자질; 뜻으로 저지르는 불의한 3가지 행위는 탐욕이나 사악한 생각, 그릇된 전망, 개념적 실수다.

111) 몸이 행하는 3가지 의로운 행위는 첫째, 일체의 살생을 삼가하며, 곤장이나 검을 쓰지 않고, 모든 생물에 자비와 연민으로 가득 찬 순수한 삶을 사는 것이다. 둘째, 도둑질을 하지 않고 정직하게 사는 것이다. 셋째, 간음하지 않는 것이다.

다는 '살생의 완전한 금지Ahimsa'를 요구하고 있는데 반해 암베드카르는 입장이 조금 다르다고 판디안은 말하면서,[112] 이 같은 아힘사에 관한 암베드카르의 견해를 판디안은 그대로 수용하고 있다.

판디안은 암베드카르의 책 『붓다와 그의 담마』는 이제 신불교도들의 윤리적 행동지침뿐 아니라 경전(經典)적 가치로서도 기능하며, 이제는 힌디어로 번역된 이래 거의 모든 신불교도들이 그들의 가정에 '바이블'로서 소장하고 있다고 말하면서, 암베드카르가 인도 불교에서 기여한 가장 큰 공로는 신불교도들에게, 비록 논쟁의 여지는 있지만, '간명한' 불교 지침서를 제공해 주었다는 점이라고 평가한다. 특히 대부분의 종교적 경전이 핵심적 가르침을 지니고 있듯이, 암베드카르가 상좌부Theravada의 핵심 내용을 간직하면서 절대금주를 강조하며 지고선summun bonum으로서의 도덕성을 고양시킨 그의 책 『붓다와 그의 담마』는 신불교도들에겐 새로운 베다Veda로서 기능하는 것이라고 말한다.[113] 더 나아가서 판디안은 암베드카르가 붓다의 가르침을 채택해서 신불교로 발전시킨 것은, 마치 아디 상카라Adi Sankara가 가우다파다Gaudapada의 철학을 받아들여 불이론(不二一元論, non-Dualism)을 발전시킨 것과 같고, 이는 상카라의 해석이 가우다파다의 철학을 더욱 높인 것과 같이 암베드카르의 해석이 붓다의 가르침을 더욱 단순하게 만든 것과 비교할 수 있다고 평가한다.[114]

한편 판디안은 신불교에 의례Ritual, Samskara는 결코 없고, 다만 식

■
112) ibid. p. 151.
113) ibid. p. 154.
114) ibid. p. 155.

전(式典, ceremony)과 축제festival만 있을 뿐이라고 주장하는데,[115] 이는 신불교의 성격을 단적으로 표현해 주고 있는 말이다. 암베드카르는 그의 책에서 붓다의 길인 담마에는 의례가 없다고 밝힌다.[116] 이를테면 힌두 전통의 동물 희생과 같은 제의는 붓다가 거절했고, 열반에 이르는 길은 단순하고 의로운 길을 걷는 실천적인 길뿐이다. 따라서 어린아이가 집단적으로 머리를 자르는 의례라든가 온몸에 성스럽게 여기는 긴 실을 감는 의례와 같은 세속적인 의례가 필요치 않다는 것이다. 그러므로 '의례'라는 단어는 불교적 맥락에서 맞지 않다는 것이며, 꼭 그 단어가 필요하다면, 어떤 행사를 수행하는 과정에서 특정한 식전(式典)으로서만 기능할 수 있다는 것이다.[117] 붓다에 의하면 개종과 확신이 중요한 것일 뿐 의례가 중시되지 않았다는 것이다. 암베드카르도 담마가 재가신도들에게 삶의 모든 영역에서 중요한 역할을 하기 때문에 비구의 주된 책무는 개종에 있고 민중을 해방시켜 열반에 이르도록 가르치는 것이며, 새로운 개종자(재가신도)들도 이와 같은 동일한 책무를 감당해야 한다고 요청하고 있는데, 암베드카르 자신이 개종식에서 '삼보의 귀의와 오계'의 의식을 수행한 것도 불교의 상징적 수용을 의미하는 것이었다고 판디안은 평가하고 있다.[118]

■
115) ibid. p. 157.
116) Dr. B. R. Ambedkar, *Buddha and His Dhamma*, p. 121.
117) K. D. Pandyan, p. 155.
118) ibid. pp. 156-157.

(4) 불교 사상 연구사에 대한 평가

암베드카르의 불교 사상을 잘 요약하여 다룬 학자는 앞서 살펴본 영국 승려 상가락시타라는 인물이다. 그는 1986년에 『암베드카르와 불교』라는 책을 영어로 저술함으로써, 암베드카르의 불교 사상을 요약하여 서양에 알리는데 크게 기여를 했다. 그의 책은 전체 181쪽의 분량으로 암베드카르의 불교 사상을 핵심적으로 보여주는 『붓다와 그의 담마』를 다루는 8장은 불과 17쪽에 지나지 않는다. 여기서 상가락시타는 전통적인 불교교리를 암베드카르가 새롭게 해석하고 있는 몇 가지를 소개하고 있다. 이를테면 붓다의 출가 배경에 대한 다른 해석, 5명의 유행자들과 붓다의 가족 및 천민들의 귀의를 '개종운동'으로 보고 있는 점, 암베드카르 특유의 담마와 관련된 종교 해석, 그리고 승가에서의 비구와 우바새의 차이점과 공통점을 암베드카르의 서술을 따라 그대로 요약하여 소개하고 있다. 상가락시타 또한 암베드카르를 지지하고 추종하는 입장에 서 있는 인물이었기에, 미얀마 등지의 전통적인 인근 동남아시아의 불교 승려들이 반응하듯이, 암베드카르의 책 내용을 비판하거나 무시하지 않고 암베드카르의 메시지를 충실히 전달하고 있는 입장이다. 전통적 불교의 입장에서 암베드카르를 비판하는 이들은 암베드카르가 불교 경전을 임의적으로 끌어들여 마음대로 편집 수정을 가했다고 하는 점인데, 이 점과 관련하여 상가락시타는 암베드카르의 편집(編輯)적 작품 서술 방식에 대해 아무런 비평이 없다. 그런 점에서 상가락시타는 암베드카르의 불교 사상에 암묵적으로 동조하고 있다고 보아야 할 것이다. 오히려 그는 암베드카르의 개종식을 직접적으로 도왔던 자이자, 암베드카르 사후의 공백기에 누구보다도 뛰어난 지도력을 발휘했던 인물이었다. 오늘날도 암베드카르 운동의 연장선에서 발생한 나그푸르의 자생적 불교 공동체인 <지혜와 자비의 세상> 등의 강력한 후원자 역할을 하고 있는 것을 보아서도 알 수 있다.

암베드카르의 종교관과 불교관을 다룬 학자 가운데는 『현대 인도 불교의 재흥』(1995)이라는 책을 썼던 케나디가 있다. 그는 암베드카르와 달리이 리미 14세기 인도 불교의 재건을 위해 공을 세운 인물로 평가하고 있다. 케나디는 암베드카르의 종교관이 '개인 영혼의 영적 구원에 있는 것이 아니라, 인간과 인간 사이의 의로운 관계를 확립하기 위한 사회적 가르침'이라는 사실과, 신적 기원설에 입각한 바라문교를 거부하고 있다는 사실을 제대로 소개하고 있다. 나아가 그는 종교가 사회적 유용성과 정의에 기초해야 하고, 붓다의 핵심적인 가르침인 고(苦)의 문제도 사회, 경제적 정의의 회복을 통해 빈곤을 퇴치함으로써 가능하다는 암베드카르의 경제·사회적 불교 해석을 그대로 비판 없이 수용하고 있다.

암베드카르를 혁명적 사상가로 인정하는 케나디는 붓다의 구원관이 '지상에서의 의로운 나라'를 말한다는 암베드카르의 주장이, 붓다의 설법을 모두 실용주의적 관점에서 이해하고 있기 때문이라고 평가한다. 이 점은 암베드카르가 실제로 존 듀이에게서 받은 영향을 감안해 본다면 올바른 지적이라고 할 수 있다. 이는 상가락시타도 지적하지 못했던 점이다. 관념적인 무명(無明)의 결과로 고(苦)가 비롯된다는 전통적 이해와 달리, 붓다가 고통을 제거함으로써 인류를 행복하게 해야겠다고 깨달은 내용이야말로, 암베드카르가 붓다의 교리를 실용적으로 해석하고 있는 실례가 된다는 것이다.

케나디와 함께 암베드카르를 혁명적 사상가로 이해한 개신교 목사 데이비드 판디안은 상가락시타나 케나디의 분석보다 훨씬 많은 내용을 다루고 있다. 상가락시타가 암베드카르의 사상에서 승가를 강조한 점이나, 케나디가 실용주의적 관점을 강조한 것과는 달리, 암베드카르의 신불교적 관점을 강조하고 있는 것이 특징이다. 이를테면 암베드카르의 어떠한 주장들이 전통적인 불교와 다른가 하는 점에 주목하고 있다는 점이다. 그에 따르면 신불교는 이미 인도 근대사에서 하나의 '역동적인 힘'으로 나타났고, 사회·경제적 원리와 윤리에 기초한 종교 운동이라는 점, 그리고 억압받는 천민들의 복지를 위한 촉매제가 되고 있다는 관점에서 신불교를 이해하고 있는 것이다. 이러한 신불교적 노선에 반대하는 당시의 일군의 승려들의 반박문을 소개하면서도 판디안은 암베드카르의 저서 『붓다와 그의 담마』가 신불교도들의 종교적 경전이 될 수 있다고 주장함으로써, 혁명적 노선에서 불교를 해석하는 암베드카르의 입장을 지지하는 모습을 볼 수 있다.

케나디는 또한 '종교가 개인적인 요소이며 세계의 기원을 밝히는 데 목적이 있는 것'이고 '담마는 인간관계와 세계를 재건하는 데 목적이 있다'는 암베드카르의 주장을 비판 없이 그대로 소개하고 있다. 그리고 아힘사의 교리에 대한 암베드카르의 해석을 '정황 증거'에 따른 해석이라고 하면서 절대적인 비폭력이 아니라 상황에 따라서는, 살생유택(殺生有擇)이나 평화를 위한 전쟁가담과 같은 폭력도 정당하다는 '상황윤리'적 해석을 지지하고 있다. 열반에 이르는 길 또한 의례와 같은 절차가 필요 없고 오직 의로운 길을 걷는 실천뿐이라는 암베드카르의 주장을 고스란히 전달하고 있다.

이상에서 살펴보았듯이 암베드카르의 불교 사상에 대한 상가락시타와 케나디 그리고 판디안의 견해는 모두 암베드카르의 사회적 불교 해석의 단면들을 소개해 주는 차원을 넘어서지 못하고 있다. 이들은 서로 각자의 입장에 따라 강조점을 달리하여 암베드카르의 사상을 소개한 것일 뿐 어느 누구도 비판적인 입장에서 다루고 있지는 못했다. 특히 암베드카르의 종교관에 대해서는 더욱 그러하다. 암베드카르가 그의 책 『붓다와 그의 담마』에서 다루고 있는 주제는 다양하다. 그 다양한 주제에 대해 비판적인 입장에 서서, 혹은 전통적인 불교 입장에서 체계적으로 비판하거나 반박한 논문은 아직 없다. 필자는 이 점에 주목하여 암베드카르의 불교 사상을 고찰하는 장에서 그가 다루는 중심 주제를 중심으로 전통적 해석과의 차이점은 무엇이며, 그러한 차이점을 부각시킴으로써 암베드카르가 드러내고자 했던 의도가 무엇이었던가 하는 점을 조목조목 비판적으로 고찰해 보고자 한다.

Ⅱ
현대 인도 불교 운동의 역사적 배경

1. 인도 불교의 발흥과 몰락

기원전 6세기에 인도에서 발흥한 불교는 기원후 12세기까지 인도 사회에 중요한 영향을 끼치는 종교로 자리 잡아 왔다. 그러나 주지하다시피 오늘날 인도에서는 암베드카르에 의해 불교 중흥이 일어난 마하라슈트라 주를 제외하면, 불교는 힌두교의 영향 아래 아주 미미한 종교로 전락해버린 것이 사실이다. 인도에서의 불교의 탄생 그 자체는 휴머니즘과 평등 그리고 비폭력이라는 관점에서 볼 때 참된 인간적 삶의 방식을 회복하는 일로 평가된다.[119]

기원전 6세기는 이미 브라흐만(사제계급), 크샤트리아(전사계급), 바이샤(평민), 수드라(농민, 천민직업 또는 노예)라는 4가지 계급으로 구성된 카스트 체제로 사회는 그 기능이 분리되어 있었고 상위

■

119) L. Kenadi, *Revival of Buddhism in Modern India: The Role of B. R. Ambedkar and the Dalai Lama XIV* (New Delhi: 1995), p. 3.

2그룹의 카스트는 출생 때부터 특권을 누리고 있었다. 이러한 계급 사회는 자연히 사회적 긴장을 초래했을 것이고, 브라흐만적 종교와 사회적 질서에 대한 새로운 대안으로서의 종교나 철학을 기대하게 만들었다. 이 같이 불교가 인도에서 탄생하던 시대적 배경은 계급적 차별이 확연해진 브라흐만 종교의 시대였다.

박시S. R. Bakshi에 의하면, 그 이 구분이 일반적이지는 않지만, 인도의 종교는 세 번의 변화과정을 겪는다. 베다의 종교Vedic religion가 그 처음이고, 다음은 브라흐만교Brahminism, 그리고 힌두교Hinduism다. 불교가 탄생한 시점은 바로 브라흐만교 시기였다. 왜냐하면 브라흐만교가 인도에 처음으로 다양한 계층적 계급 사회를 도입했고, 불교가 그러한 불평등과 권위에 반대하고 나섰기 때문이다.[120] 기원전 6세기 갠지스 강 중부유역 일대에 많은 사람들이 거주했고, 철기문화를 형성하고 있었다. 철기 문화의 영향으로 인도 북동부 지역 일대에 농업 생산력이 증가하면서 코삼비Kaushambi, 쿠시나가르Kusi Nagar, 바나라시Banaras, 바이샬리Vaishali, 라즈기르Rajgir 등 많은 도시들이 번성했다. 게다가 이들 도시에서 처음으로 화폐가 통용됨으로써 상인 계급에 속한 바이샤들은 그들의 신분을 향상시켜줄 새로운 종교를 열망하고 있었다. 수드라도 새로운 종교를 열망하기는 마찬가지였다. 이러한 상황에서 평등과 중도(中道)를 표방하고 나선 붓다의 가르침과 종교는 이들에게 '인간 복리welfare of human being'의 합리적 가능성을 제시한 셈이다.[121]

■

120) S. R. Bakshi, *B. R. Ambedkar Statesman and Constitutionalist* (New Delhi: 1992), p. 108.

불교는 이들에게 중요한 2가지 유용한 가치가 있었다. 첫째 불교는 카스트 제도를 반대했고, 둘째 비폭력의 복음을 지니고 있었기 때문이다.[122] 이처럼 불교는 처음부터 하층민의 지지를 받았고, 여성의 승단(僧團) 가입도 허용되었다. 특히 당시의 마가다Magadha 국은 정통 바라문들에 의해 천시를 받았던 곳으로, 이 지역의 사람들은 쉽게 불교를 수용할 수 있었던 것이다. 고타마 붓다가 그의 가르침을 용이하게 하기 위하여 민중의 언어인 통속어prakriti를 채택한 것도 불교의 보급을 대중적으로 확산시키는데 기여를 했다. 붓다의 입멸(기원전 486년) 이후 약 2백 년이 지나서 마우리아Maurya 왕 아소카(Ashoka, 기원전 269~232)가 불교를 받아들이고 불교를 다시 흥성케 하는데, 이는 인도 불교사에서 신기원을 이루는 사건으로 기록되고 있다. 아소카는 불교를 중앙아시아, 서아시아, 스리랑카로 보급함으로써 불교를 세계의 종교로 발전시키는데 크게 공헌한 것이다.

인도의 불교가 어떻게 해서 발전했고 어떻게 몰락해 갔는지에 대한 설명들은 다양하여 통일된 견해를 찾아보기 어렵다. 그러나 박시가 주장하는 바와 같이, 불교는 바이쉬나바이즘Vaishnavaism과 사이바이즘Saivaism의 발흥과 무슬림의 인도 침입으로 쇠락의 길을 걸어간 것만은 사실이라고 볼 수 있을 것이다.[123] 다소 설득력이 떨어지는 주장이기도 하지만, 미국의 불교학자 케네스 첸Kenneth K. S. Ch'en에 의하면 인도에서의 불교는 7세기에 중관(中觀, Madhyamika)학파와 유

■
121) Basham, A. L., *The Wonder that was India* (Calcutta: 1991), p. 139.

122) L. Kcnadi, op. cit. p. 5.

123) S. R. Bakshi, *B. R. Ambedkar Statesman and Constitutionalist* (New Delhi: 1992), p. 108.

식(唯識, Vijnanavada)의 대가들의 죽음으로 힌두세력에 압도당한 점을 말하고 있는데, 이보다는 11세기의 무슬림Muslim들의 침입이 불교에 치명적인 강타를 가했다는 점에서는 학자들이 모두 동의하고 있다. 인도의 대승불교는 대중들에게서 신자를 확보하기 위해 힌두교의 신들을 불교의 법당에 혼입시켰으며, 그 결과 불교는 힌두교인들에게 비쉬누Vishnu의 화신(化身) 중의 하나로 간주되었고, 1193년에 무슬림들이 인도 불교의 심장부인 마가다Magadha를 함락시킨 것은 불교 쇠퇴의 결정적 계기가 되었다는 것이다.124)

무슬림 알라우드-딘Alla ud din이 인도 북부 비하르Bihar를 침공했을 때 5천~6천 명의 비구를 살해했고, 나머지 생존 비구들은 대다수가 이웃나라 중국이나 네팔, 또는 티베트로 피신해버렸다. 이러한 현상은 무슬림들이 나란다 대학을 침공할 때에도 마찬가지여서 수많은 비구의 살육과 피난 행렬이 있었다. 이와 같은 무슬림의 침입으로 인한 살육과 피난이 있은 후에 다시 불교를 재건하려는 노력이 없지는 않았지만 이미 90%의 인도인들이 힌두교를 수용하고 있었기에 불교 재흥의 노력은 지극히 미미한 것일 수밖에 없었다. 그렇다면 왜 인도에서 힌두교는 살아남고 불교는 쇠퇴했는가 하는 물음을 되묻지 않을 수 없다. 이에 대한 박시의 대답은 설득력이 있다. "하나의 종교로서의 불교는 실천(의례를 포함하여)하기가 어렵지만 힌두교는 그렇지 않다. 게다가 인도의 정치적 풍토 또한 진보적 사상

■

124) Kenneth K. S. Ch'en, *Buddhism-The Light of Asia*, (New York: 1968), 『佛敎의 理解』, 길희성·윤영해 옮김, (경북 왜관: 1994), p. 160.

에는 냉담하였기 때문이다."[125] 불교의 계율은 힌두교인들의 의례보다는 훨씬 엄격하고 복잡하기 때문에, 승려가 아닌 재가 불자들이 이를 그대로 지킨다는 것은 생활 속에서 힘든 일이다. 반면에 힌두교는 불교에 비해 규율이 엄격하거나 복잡하지 않다. 더구나 힌두교는 내용적으로 포용성이 강한 종교이기에 불교의 사상 자체를 흡수해버리는 특징이 있기에, 불교가 대중 속에서 힌두교에 비해 독자적인 영역을 확보하기가 힘든 점도 있었다. 이 같은 상황에서 정치적으로는 보수적인 브라흐만교가 불교를 힌두교 체계 속으로 흡수하거나, 케나디Kenadi의 지적처럼, '브라흐만교의 불교에 대한 적대감'[126] 또한 인도 불교 쇠퇴의 여러 원인 중 하나가 되고 있는 것도 사실이다.

이제 다음에서 현대 인도 불교 운동의 직접적인 역사적 배경을 살펴보기 위해 암베드카르에게 영향을 미쳤고, 현대 인도 불교의 재흥을 위한 역사적 발판을 마련했던 스리랑카 승려 다르마팔라의 활동과, 더 나아가서 다르마팔라에게 직접적인 영향을 미쳤던 신지학회와 스리랑카 신불교에 대해 살펴보고자 한다.

125) S. R. Bakshi., op. cit. p. 109.

126) L. Kenadi, op. cit. p. 6.

2. 신지학회(Theosophical Society, 神智學會)와 스리랑카 신불교 (Protestant Buddhism)

근대 인도불교의 부흥을 가져오게 된 일차적인 배경은 영국군 지휘관인 알렉산더 커닝햄(Alexander Cumnningham, 1814~1893)의 불교 유적지의 발굴과 유사한 시기에, 스리랑카에서 비롯된 신지학회와 그 연속선상에서 탄생한 <불교 신지학회>의 대표적인 인물 아나가리카 다르마팔라(Anagarika Dharmapala, 1864~1933)에게서 촉발된다고 볼 수 있다. 그러므로 인도 근대 불교의 부흥 그 자체는 스리랑카에서 온 승려 다르마팔라가 인도인들에게 자국의 고유한 정신적 유산인 불교를 새롭게 일깨우게 된 이후라고 볼 수 있을 것이다.[127] 그러나 다르마팔라가 이러한 활동을 하게 된 배경에는 신지학회의 영향이 컸으니, 우선 신지학회와 관련된 스리랑카 신불교의 면모를 좀 더 상세히 살펴보자. 신불교는 전통불교에 대한 개혁적 의미를 지니는 소위 '저항 불교'로서 신지학회를 기반으로 탄생한 <불교 신지학회>의 다른 명칭에 불과한 것이다. 신불교에 대해서는 다음에서 상술하기로 하고, 신지학회를 고찰하기 전에, 잠시 19세기의 스리랑카 불교의 역사적 상황을 간략히 살펴보자.

1796년에 영국이 화란으로부터 스리랑카의 통치권을 계승한 이래, 1815년에는 싱할라Sinhalese 왕국의 수도였던 캔디Kandy를 점령하

127) Harold G. Coward, "The Revival of Buddhism in Modern India", *Religion in Modern India*, ed., Robert D. Baird (New Delhi: Manohar, 1998), p. 277.

면서, 1948년에 스리랑카가 독립할 때까지 섬나라 전역에 정치적 영향력을 행사해 왔다. 영국 점령기 이전의 수세기 동안은 몇몇 왕들이 불교 대신에 힌두교의 쉬바파Saivism에 관심을 기울이고 있었다. 승가(僧伽)는 쇠퇴하여 몰락의 길을 걷다가 18세기 중반에 이르러 승려 사라남카라Valivita Saranamkara와 그의 후원자 라자싱하(Kirti Sri Rajasimha, 1747~1782년에 통치)에 의해 재흥이 시작되었다. 라자싱하 왕의 불교 지원은 개인적 관심사라기보다는 다분히 정치적인 관심사에서 비롯된 것이었다.[128] 1824년에 섬나라 전체 인구가 85만 명이었는데, 1891년에는 3백만 명으로 증가했고, 그 가운데 2백만 명이 싱할라 민족이었다. 이 당시의 불교 승려는 거의 1만 명에 달할 정도로 불교가 계속 발전해 왔던 것을 보게 된다. 이러한 불교 발전에 힘입어 19세기 말경 콜롬보Colombo에서는 새로운 형태의 불교가 중산층을 중심으로 확산하게 된다. 콜롬보의 영국교회 감독은 당시의 불교에 관한 정보를 다음과 같이 잘 소개해 주고 있다. "스리랑카에 두 가지의 불교가 있는데, 하나는 유럽의 영향을 받지 않은 상태의 전통 불교이고, 다른 하나는 유럽의 영향하에 발전된 새로운 형태의 불교로서 자의식과 인위적인 요소가 훨씬 강한 것이다."[129]

이러한 새로운 형태의 불교는 많은 학자들이 분석하고 있는데, 베허트Bechert 교수는 이를 일컬어 '불교 모더니즘Buddhist modernism'이

■

128) Richard F. Gombrich, *Theravāda Buddhism: A social history from ancient Benares to modern Colombo* (London: Routledge & Kegan Paul, 1988), pp. 172-173. cf, Kitsiri Malagoda, *Buddhism in Sinhalese Society 1750-1900*, Berkeley, pp. 65-66.

129) Richard F. Gombrich, ibid. p. 173. cf. R. S. Copleston, *Buddhism: Primitive and Present in Magadha and in Ceylon*, (London, 1982), p. 434.

라 불렀고, 오베이에세케레Obeyesekere 교수는 '신불교Protestant Buddhism' 라고 불렀다. 옥스퍼드 대학의 산스크리트어 교수인 『상좌 불교 Theravada Buddhism』의 저자 곰브리치Richard F. Gombrich도 포괄적인 뜻을 지닌 후자의 명칭을 선호하면서 스리랑카의 신불교 운동과 역사를 자세히 소개하고 있다.[130] 곰브리치는 스리랑카의 상좌 불교의 두드러진 특징으로 승가(僧伽)의 역할보다 재가 신도laity들이 활동과 역할을 들고 있다. 그는 또한 신불교가 형성된 데에는 두 가지의 영향력이 작용했는데, 하나는 개신교 선교사들이요, 다른 하나는 호전적 선교를 지양하는 이른바 반(反)선교적인 몇몇 유럽의 신지학회 회원들이라고 주장하고 있다.

일찍이 18세기 후반에 상층 카스트뿐만 아니라 누구에게든지 성직을 임명하게 되는 변화가 일어났었다. 유럽의 오랜 통치를 받았던 해안 지역들은 그동안의 지배층 역할을 해왔던 지배 카스트층이 더 이상 지배층 역할을 할 수 없게 되었다. 사제들 다음으로 제2위의 지배층 역할을 맡아 왔던 '어부' 카스트가 전문 경영자로서의 역할을 하게 되었다. 1799년에는 농부이자 군인이었던 한 승려가 5명의 신참 수행자와 3명의 재가 불자를 동반하여 미얀마로 가서 1800년에 성직 수임을 받게 한 후 1803년에 귀국하기도 했다. 이와 같이 상층 카스트뿐만 아니라 하층 카스트의 일반 대중도 점차 승려로의 진출이 활발해졌다.

그러나 1815년 스리랑카의 캔디안 귀족들이 왕의 통치력을 저지

■
130) ibid. pp. 174-197.

하기 위해 영국을 끌어들이면서 상황은 달라지기 시작했다. 이 당시 싱할라어Sinhala를 잘 아는 영국인 존 드오일리John D'Oyly는 싱할라족의 입장에서 민족종교와 예배 장소를 보호해 줄 것을 보장하는 조약의 내용을 입안하고 작성했다. 이 조약을 검토한 영국 정부는 당황하게 되었고 윌리엄 윌버포스William Wilberforce와 같은 복음주의자의 강력한 저항을 받게 되었다. 1824년 드오일리의 사후에 영국 정부는 불교와의 협력을 거부했고, 1839년에 감리교 선교사 스펜스 하디Spence Hardy가 『영국정부와 실론의 우상숭배The British Government and the Idolatry of Ceylon』라는 책자를 발행함으로써 영국 정부는 불교사원의 재산권을 보호하고 감독하는 기능에서 더욱 물러나게 되었다. 그리하여 1840년 이후에는 전통적인 사원이 제 기능을 발휘하지 못하게 되었고, 캔디의 대표적인 두 사원 가운데 하나는 1845~1849년과 1851~1853년 사이에 사원의 최고 책임자도 없는 공석 상태였다. 곰브리치에 의하면 영국 기독교 정부가 전통적 불교를 침해하는 한, 승단(僧團)의 해체 과정은 명백한 것이었다.[131)]

1847년에 영국 정부는 캔디에 있는 싱할라족의 전통적 수호신의 역할을 담당했던 불치사(佛齒寺, 붓다의 치아가 유물로 안치되어 있는 사원)의 보호자 역할을 포기하게 되었고, 대신에 불치사 곁에 거대한 영국 국교회를 세웠다. 이로써 영국인의 선교가 스리랑카에서 더욱 적극적이게 되었는데, 주요 역할을 한 교단은 감리교와 영국 국교회였다. 그럼에도 불구하고 1880년에는 이 영국 교회가 폐쇄되

■
131) ibid. p. 176.

고 말았고, 1891년 당시의 그리스도인의 숫자는 세례 이후에 출생등록이 가능했으므로 명목상의 교인이 많았지만 등록교인이 전체 인구의 9.5%에 달하는 30만 명 정도로 보고되고 있지만, 그것도 대다수가 포르투갈의 식민지 시절 개종했던 로마가톨릭교도들의 후손들이었다.

그리스도인들의 선교 방식은 주로 교육 설교 홍보책자를 통한 3가지 형태였다. 선교지역마다 초등학교를 세웠고, 영국 교회는 학교 교사와 성직자들을 훈련하기 위한 부속 교육 기관을 세웠다. 따라서 그리스도교 성직자들의 역할이 컸는데, 1869년에는 교육부Department of Public Instruction가 이를 대신하게 되었다. 비록 전통 싱할라족의 교육 체제는 승려들이 주도하는 사원 교육 체제였으나, 체계적인 교육이 되지 못하였기 때문에, 모든 공인된 교육 기관은 크리스천의 교육 기관이었다. 이곳에서는 영어로 교육했고 공무원이나 사회적 진출도 영어를 익혀야 했다. 매일 수업의 첫 시간은 종교 교육으로 시작되었는데, 부모들이 이를 거역할 권리도 있었지만 이러한 권리가 행사된 곳은 단 한 곳도 없었다. 그 이유는 학부모들이 교사를 불쾌하게 하기를 원치 않았기 때문이며, 포용적인 불교의 전통이 여전히 작용했으리라는 것이다.[132]

대부분의 학생들은 가정에서는 여전히 불교도였고, 불교 의례에 참석했다. 개종을 한 학생들은 여성보다 남성들이 많았다. 곰브리치에 의하면, 그리스도교의 생활양식에 어느 정도 익숙해진 불교도들

132) ibid. p. 177.

은 영국 국교회를 포함한 개신교를 국가 의례와 공공 생활의 종교 정도로 파악하게 되었다는 것이다. 그러한 교육 과정에도 선교사들은 그들의 선교를 더욱더 노골화하면서, 지역적인 전통 불교의 축제 행사에 참여하여 '우상 숭배의 죄와 어리석음the sin and folly of image worship'을 외치는 홍보물을 돌리며, 불교 행사를 방해하였다.

그러나 선교사들의 인쇄물 사용은 스리랑카 불교에 새로운 혁명을 가져오는 계기가 된 것이다. 1832년에 감리교 선교사 다니엘 고걸리D. Gogerly가 팔리어와 싱할라어를 배워 1849년에 『기독교 변증론Kristiy.ni Prajnapti, The evidences and Doctrines of the Christian Religion』을 출판한다. 이때 고걸리의 책은 팔리어 경전에서 많은 본문을 인용하고 있다.[133] 이때만 해도 스리랑카의 상좌 불교는 그들의 경전을 출판하지 않았는데, 1823년에 처음으로 불교 출판사가 콜롬보에 세워졌는데, 교회 선교사들이 수입하여 줌으로써 가능하였다. 그 후 1862년에 불교 승려 갈레Galle가 태국의 몽구트Mongkut of Siam 왕의 도움으로 독립적으로 두 번째 출판사를 설립하였다. 이때 두 사람의 승려가 불교 변증에 선봉을 맡았는데, 한 사람은 수만갈라(H. Sumangala, 1826~1911)였고, 콜롬보에서는 구나난다(M. Gunananda, 1823~1890)가 맡았다. 구나난다는 복음전도협회처럼 <불교포교협회>를 창설했다. 이러한 출판 행위의 결과로 1865년에는 영국 국교회의 선교사와 불교 승려들과의 대토론이 벌어졌는데, 수만갈라와 구나난다를 포함하는 50명에 가까운 승려들과 2천 명에 달하는 불자들이 모였고,

■
133) ibid. pp. 180-181.

질의응답의 형식으로 진행되었다. 수차례의 대토론회 가운데서도 1873년에 콜롬보 남부 파나두라Panadura에서 개최된 토론회는 스리랑카 현대 불교사에서 전환점을 가져다주는 역사적인 사건이었다. 이틀간 연속 개최된 토론에서 첫날은 5천명, 둘째 날은 1만 명이 참석했는데 청중들이 대부분이 불교도였다. 불교 측 연사는 구나난다였고 그리스도교 측은 데이빗 실바D. de Silva였다. 불교도들의 압도적인 지지와 환호 속에 불교도들은 승리를 외쳤고, 선교사들은 상황을 잘못 파악했었음을 깨닫게 되었고, 그 후로는 토론이 개최되지 않았다. 이 당시의 전체 토론은 싱할라어와 영어로 신문에 연재되었고, 영어는 책자로 출간되어 후대에 큰 영향을 미치게 되는 신지학회의 창설자 올코트 대령에게 전달되었다.[134]

보수적 입장의 구나난다는 여전히 전통적 불교 입장을 고수하면서, 불교를 뉴톤적 우주론과 분리시켜 해석하였던 반면에, 재가 불자들은 불교가 합리적일 뿐만 아니라 현대 천체 물리학과 여타의 과학을 예견한 것이라고 주장하면서 종교 토론을 주도해 나갔다. 스리랑카 신불교의 두드러진 특징이 바로 이러한 재가 불교도들의 역할에 있다. 불교 평신도가 전면에 나타나기 시작한 부분은 교육 현장에서였다. 정부에 교육부가 창설된 1869년에 한 승려가 처음으로 실론에 재가자들을 위한 불교학교를 개설했는데, 교장은 불교로 개종한 자로서 미션 스쿨에서 강의했던 교사 출신이었다. 19세기 이전에는 싱할라 민족에 어떠한 출판사도 없었고, 상층 카스트 일부를

134) ibid. p. 182.

제외하고는 대부분이 문맹이었다. 19세기 후반에 와서 재가 불자들은 출판을 통해 경전을 읽게 되었고, 대부분의 중산층들은 영어를 접하게 됨으로써 현대적 지식과 폭넓은 세계를 대하게 되었다. 동시에 이러한 현상은 왕왕 그들로 하여금 전통문화와의 고립을 초래했다. 1873년에는 활동적인 불교도들이 교육 혁명을 더욱 촉진시켜 스리랑카 불교사에서 획기적인 사건인 불교대학 <비드요다야 피리베나Vidyodaya Pirivena>의 창립을 보게 되었다. 이 대학의 창립은 어느 재가 불자의 재정적 지원으로 이룩된 것이었다. 앞서 언급한 수만갈라가 이 학교의 학장이 되었고, 이 학교의 후원자들은 콜롬보의 유명한 가구상 돈 카롤리스H. Don. Carolis와 유명 기업인들로 구성된 재가 불자들이었다. 2년 후에는 두 명의 승려가 비슷한 불교 대학인 <비드야람카라Vidyalamkara>를 창설했는데, 이들 대학은 모두 승려와 재가 불교도들을 입학시켰다. 이들 대학은 불교 승려를 위한 주요 교육기관의 역할을 감당해 오다가 1959년에는 종합대학으로의 승격을 보게 되었는데, 이들 대학이 바로 스리랑카 신불교의 요람이 되었다.[135]

이제 스리랑카의 다르마팔라가 영향을 받게 되었던 신지학회에 대하여 고찰해 보자. 신지학회는 원래 1875년에 뉴욕에서 마담 블라바츠키Madame Blavatsky와 올코트 대령Colonel Olcott에 의해 창설되었다. 4년 후에 그 본부를 인도 마드라스 근처의 아디야르Adyar로 옮겼다. 얼마 후 이들은 스리랑카에 도착하여 삼보(三寶)와 오계(五戒)의 의

■
135) ibid. pp. 184-185.

례를 행하고 공식적으로 불교에 입문하였다. 대령 출신이자 판사였던 올코트는 조직력과 기금 조성 능력을 갖춘 자로서 싱할라 불교도들의 다양한 요소들을 결속시킬 수 있는 인물이었다. 스리랑카에 도착한 2주 후에 그는 <비드요다야>에서 '신지학과 불교'라는 제목으로 강연을 하였다. 올코트의 목적은 스리랑카에 신지학회를 세우는 것이었다. 싱할라 사람들은 그리스도교를 알고 싶어 하던 차였기에 올코트는 2가지 기능의 지회를 조직할 수 있었다. 하나는 순전히 신지학적인 협회였는데 얼마 안가서 소멸했고, 다른 하나는 <불교 신지학회(Buddhist Theosophical Society, BTS)>였는데, 이는 이름만 신지학회였을 뿐이고 실제로는 신불교(Protestant Buddhism)였다.[136]

1881년에 올코트는 모든 불교 신자들이 볼 수 있도록 영어로 된 『불교 교리서(Buddhist Catechism)』를 출간했다. 이는 불교적 신조라기보다는 다분히 신지학적 입장의 교리서였다. 올코트는 스리랑카 불교협회의 전폭적인 지지를 받으며 1884년에 영국 식민성(植民省, Colonial Office)에 스리랑카 불교협회의 대표로 추대되는 등 불교 증진에 힘썼다. 그러나 불교 신지학회(BTS)가 힌두교에 대해서도 포괄적인 수용적 자세를 보이자 회장직을 맡고 있던 수만갈라는 1905년에 사임했다. 한편 스리랑카의 대표적인 승려지만 전통적이며 보수적인 입장을 고수하던 대표적인 승려 구나난다도, 죽기 얼마 전 1887년에 올코트의 『불교교리서』에 대한 응답으로, 참된 불교 교리의 정립이 요구된다는 내용의 비판적인 글을 썼다. 수만갈라의 사임과 구나난

■
136) ibid. p. 185.

다의 신지학회에 대한 공격은 주로 불교 지도력이 재가 불교도로 이양되고 있었던 것과 무관하지 않다. 신지 불교학회의 재가 불자들의 역할은 올코트가 창립을 도왔던 학교들에서 두드러졌다. 올코트는 1889년까지 63개의 불교신지학회의 학교와 정부에 등록된 40개의 불교 학교를 설립했는데, 이는 그가 스리랑카에 남긴 불후의 업적 가운데 하나였다. 이들 신지학회의 학교는 선교사들이 세운 학교의 모델을 따랐고, 학습은 영어로 진행되었다. 승려들은 불교 신지학회의 학교에서 더 이상 우수한 교사나 경영자 역할을 하지 못했다.[137] 이들 주요 학교들이 1961년에 국립 학교로 지정된 이후부터는 재가 불교도들의 조직이 활성화되었고, YMCA의 모델을 따라 YMBA(Young Men's Buddhist Association, 청년불교협회)가 창립되었다. 로마 가톨릭에서 개종한 어느 불교도가 창설한 YMBA는 '청년'에 대한 비중보다는 재가 불교도들의 조직에 중점을 둔 것이었고, 전국적인 규모의 불교 주일학교를 세워 교육과 포교를 병행했다. 신지학회는 학교뿐 아니라 2개의 신문사를 창설했는데, 하나는 1880년의 싱할라어와 1888년의 영어로 발행하는 신문사였다. 1889년부터 재가 불교도들은 승단의 재산 관리에 참여하게 되었고, 승단의 재산권과 관련된 재가 불자 위원회의 조사 내용들은 신불교의 중요한 자료들이 되고 있다.[138]

■

137) ibid. p. 187.

138) ibid.

3. 아나가리카 다르마팔라(Anagārika Dharmapāla)와 마하보디 협회

다르마팔라는 앞서 언급한 재가 불교도 경영자 단체의 지도적 인물이자 콜롬보의 부유한 가구상이었던 돈 카롤리스 가문에서 1864년에 태어났다. 본명은 돈 데이빗 헤와비타르네Don David Hewavitarne였으나, 1881년에 '담마의 보호자(Protector of the Dhamma, 護法)'라는 뜻을 지닌 다르마팔라Dharmapāla라는 이름을 새로 지어 부르게 되었다. 그는 스스로 새로운 혁신을 기대하는 뜻에서, 전통적으로 형용어로 쓰이는 '무주처(無住處, homeless)'를 의미하는 팔리어 아나가리카Anagārika를 이름 앞에 덧붙였다.[139]

다르마팔라는 그가 살던 곳에 불교학교가 없어서 어린 시절 영국 선교사들로부터 그리스도교를 강압적으로 교육받았으나, 그리스도교의 가르침을 버리고 그의 일생을 불교의 부흥에 힘쓰리라고 결심한다. 그러면서도 한편으로는 성서를 열심히 공부했는데, 그의 후기 저술 속에는 성서의 인용문으로 가득하다. 그는 어린 나이에도 1873년 파나두라에서 열렸던 기독교와 불교 간의 대토론회를 기억하고 있었고, 그 후 1878년 14세에 대표적인 보수적 불교학자 구나난다를 개인적으로 만나고, 2년 후인 16세에는 스리랑카에 온 신지학회의 올코트를 만난다. 그는 올코트의 불교 강연에 깊은 영향을 받고 신지학회에 가입한 후, 신지학회와의 논쟁으로 1898년에 헤어지기 전

■
139) ibid. p. 188.

까지 올코트와 더불어 활동하면서 통역을 하기도 하고 신문을 발행하며 불교 전파에 힘쓴다.[140] 그가 신지학회에서 활동하는 동안 20세가 되는 해인 1884년에는, 이 학회의 지도자 마담 블라바츠키와 함께 인도 마두라스 근처 아디야르Adyar에 있는 신지학회 본부를 방문한다. 다르마팔라는 그녀를 불교도로 여기며 존경했고, 반면에 그녀는 1891년에 죽을 때까지 다르마팔라를 자식처럼 대하며 돌보아 주었다. 1889년에는 올코트와 함께 일본 여행을 통해 일본과 스리랑카 불교도 간의 직접적인 연맹을 체결하기도 했다.

다르마팔라는 영국의 에드윈 아놀드(Edwin Arnold, 1832~1922)[141]가 보드가야 방문 결과의 소감을 런던의 잡지에 기고하면서 손상되어 가는 마하보디Maha Bodhi 사원의 증축을 호소하는 글을 읽고, 27세가 되는 1891년에 붇타가 처음 설법했던 초전법륜(初轉法輪)지 사르나트Sarnath와 깨달음을 얻었던 보드가야Bodh Gayā를 방문하게 된다. 그 때 그가 사르나트를 방문하고서 '아무 불자도 돌보지 않는 쓸쓸함'을 느끼면서, 그리고 보드가야의 마하보디 사원에서는 '부처님이 앉으셨던 자리의 장엄함'을 느끼면서 인도에 머물러 이 거룩한 장소를 지킬 것을 다짐했던 것이다.[142] 이 당시의 마하보디 사원은 힌두 사제들이 점령한 채 방치되어 있었고, 오히려 그 곁에는 현대적 쉬바 사원이 건립되어 있었다. 이러한 광경을 목격한 다르마팔라는 사

■

140) ibid. p. 189.

141) 에드윈 아놀드는 신지학회의 올코트와 같이 활동한 시인으로서 붓다의 생애에 관한 유명한 장편 서사시 『아시아의 빛(The Light of Asia)』을 썼다. 이 작품은 영국 시인 T. S. 엘리엇에게도 큰 영향을 미친 것으로 동양의 종교에 관심을 갖게 한 계기가 되기도 했다.

142) H. G. Coward, op. cit. p. 278.

원의 재건과 동시에 불교도들이 다시 관리할 수 있도록 계획하였다. 그 하나의 목적으로 1891년에 스리랑카에 '마하보디협회(Maha Bodhi Society, 大覺會)'를 설립하고 앞서 언급한 수만갈라를 의장으로 추대했으며, 자신은 조직의 직무를 맡았다. 다르마팔라의 사후에 알게 된 것이지만, 마하보디협회의 주된 목적은 보드가야의 자리에 불교이 주도권을 회복하는 것이었고, 이 문제는 법정으로까지 비화되기도 했다. 또 다른 목적은 보드가야에 국제 불교 고등학교를 세우는 것이었다. 이는 비록 성사되지는 못했지만, 당시의 신불교 운동이 학교설립과의 밀접한 연관을 보여주는 사례가 된다.[143]

1891년 10월 보드가야에서 국제 불교회의를 개최했는데, 그해는 벵갈 불자 협회가 창설되고, 안드라 프라데시Andhra Pradesh에서는 부처의 유물이 담겨 있는 상자가 발견되었으며, 힌두 불가촉천민의 가정에서 인도 현대 불교의 중흥자가 된 암베드카르Babasaheb Bhimrao Ramji Ambedkar가 탄생되기도 한 해였다. 그 후 1892년에는 마하보디협회의 본부를 캘커타로 옮겼다. 본부를 그곳으로 옮긴 것은 콜롬보에서의 전투적 불교 민족주의가 어려움에 봉착했던 이유도 있었지만, 그 밖에도 세계 불교도들을 결속시키고 활성화시키고자하는 다른 목적이 있었다. 곰브리치는 마하보디협회가 근대 세계 불교운동의 실제를 보여주는데 대체로 성공적이었다고 평가한다.[144] 다르마팔라는 캘커타에서 상인 무커지Neel Comul Mookerjee의 후원으로 <마

■

143) Richard F. Gombrich, op. cit. p. 189.

144) ibid. p. 190.

하보디Maha Bodhi>誌를 발간하고 부처의 가르침을 전했으며, 1893년에는 신지학회의 후원으로 시카고 세계 종교 회의에 상좌부 불교Theravada Buddhists의 대표로 참석했다. 이때 그곳에서 힌두교와 종교적 다원성을 강연하면서 세계무대에 떠오른 스와미 비베카난다Swami Vivekananda보다는 덜 주목을 받았지만, 이들 모두 각각의 종교와 민족적 전통에 서서 또 다른 대조를 이룬 셈이다.

1899년 다르마팔라는 보드 가야를 떠나, 불교의 부흥을 위해 순회설법을 떠나기로 방향을 정하고 4개월 동안 집중적으로 북인도 26개 도시에서 불교를 전파했다. 특히 그의 일기는 카스트 제도의 나쁜 점들을 주목하고 불교의 본거지에서 불교가 잊히고 있음을 한탄하고 있다.[145] 1900년에는 마하보디회의 지부를 마드라스에 두고 남인도에도 불교의 중흥에 힘썼으며, 또한 부처가 열반에 드신 쿠쉬나라Kusinara에도 지부를 설립하고 현대 인도의 첫 비구인 마하비르 스와미Mahavir Swami를 배출했다. 1906년에는 스리랑카에서 민족주의 신문인 <싱할라 불교Simhala Buddhism를 창간했다. 이 신문에서 그는 식민지 이전의 시대를 이상화(理想化)했다. 그의 민족주의적인 발언의 내용과 수사적 양식은 그리스도교적 교육에서 기인하는 것이었다. 이를테면, "위스키를 마시고 고기로 배를 채우는 이단들에게 고대 영웅적 종족인 온화한 아리아인들의 후손이 희생되고 있다. 언제까지나 이러한 불의한 일들이 스리랑카에 지속될 것인가?"라는 식이었다.[146] 제1차 세계대전 때 영국 정부는 다르마팔라를 5년간 감

■

145) Ahir, *Buddhism in North India*, p. 20.

금시켰는데 그동안 그는 『마하보디』 잡지를 통해 사원 증축에 힘쓰기도 했다. 후일에 다르마팔라는 사르나트에서의 활동을 강화하기 위해 스리랑카에서 10명의 승려를 불러와서 인도의 불교 중흥에 힘쓰다가 1933년에 생을 마쳤다. 이와 같은 민족주의적인 운동의 차원에서 저항적 신불교운동으로 불교중흥을 일으킨 다르마팔라에게 스리랑카는 1960년대 이후 그의 이름으로 국경일을 제정할 정도로 민족적 영웅으로 추대했다.

다르마팔라의 두드러진 업적 가운데 또 하나는 불교에서 평신도들에게 새로운 지위를 부여해 준 것으로써, 이는 제도권의 지도력을 훨씬 능가하는 것이었다. 전통적으로 재가 불자들은 명상을 하지 않았다. 명상을 하고자 하는 자들은 평신도의 삶을 포기하고 승려로 입문했던 것이다. 19세기 후반까지만 해도 스리랑카에는 명상 수련을 하는 이들이 거의 없었다. 1890년에 그는 아주 오래된 불교사원에서 명상에 관한 서적을 발견하고, 그 책을 연구했고 마침내 출판을 하게 했다. 그는 책을 통해 명상을 수련함으로써 처음으로 스승의 도움 없이 책으로 명상을 배운 사람으로 알려지게 되었다. 그의 명상 수련법은 콜롬보와 랭군의 중산층에 널리 퍼졌다.147) 이와 같이 다르마팔라는 마하보디협회를 통해 인도에서 불교 중흥을 위한 기초를 다진 것 외에도, 명상 수련을 통해 재가 불교도들이 활발하게 불교 생활에 입문하여 활동할 수 있는 기틀을 마련한 셈이다.

■

146) Richard F. Gombrich, op. cit. pp. 190-191.

147) ibid. p. 191.

4. 다르마팔라 그 이후

람테케D. L. Ramteke의 지적대로 현대 인도의 "불교 르네상스The Renaissance of Buddhism"는 다르마팔라의 활동과 암베드카르의 개종 그리고 그의 추종자들로부터 시작된다고 볼 수 있다. 다르마팔라의 활동과는 별도로, 젊은 벵갈 학자 하라 프라사드 사스트리Hara Prasad Sastri는 네팔의 산스크리트·불교의 문헌을 연구함으로써 벵갈 지역의 생생한 불교 유산을 발견하게 되었는데, 이와 같은 벵갈 지역의 불교 유산으로서 치타곤(Chittagon, 지금은 방글라데시)의 불교 공동체는 인접한 국가인 미얀마와의 불교 교류를 강화시킨 가교 역할을 하기도 했다. 인도 학자 사티쉬 찬드라 비드야부산Satish Chandra Vidyabushan 박사는 콜롬보에서 수도승들과 함께 공부한 후 1910년에 캘커타의 산스크리트 대학 학장으로 임명되어, 거기서 특히 디그나가(Dignaga, 陳那: 世親의 문인)와 나가르주나(Nagarjuna, 龍樹)의 불교 철학과 논리학을 가르쳤다.[148] 1916년에는 인도불교협회가 설립되어 신불교 운동의 기틀이 마련된 셈이다.

근대 인도불교의 학문적 업적을 드높인 사람은 단연 고아Goa의 어느 마을 출신 다르마난다 코삼비Dharmananda Kosambi다. 푸네Poona와 바라나시Banaras에서 산스크리트어를 공부한 후 1902년 스리랑카 콜롬보에서 수도승이 되었는데, 현대 힌두인으로서 두 번째 개종자가

148) D. L. Ramteke, *Revival of Buddhism in Modern India* (New Delhi: Deep & Deep Publication, 1983), pp. 42-66.

된 셈이다. 코삼비는 인도에 돌아와서 팔리어를 가르치고 캘커타, 봄베이, 푸네의 퍼거슨 대학에 불교학과를 도입하였으며, 그는 봄베이 대학에서 팔리어를 가르쳤던 제임스 우드James H. Woods로부터 하바드 대학으로 초청을 받고 불교 경전의 영역(英譯)에 힘쓴 후 박사학위를 받았다. 람테케가 코삼비의 활동에 대해 진술하는 바와 같이, 코삼비는 마하트마 간디가 세운 구자라트 국립대학에서 교육하면서 『바그반 붓다(Bhagwan Buddha, 존귀하신 붓다)』(1940)라는 책 등을 저술했는데, 바로 이 책이 암베드카르가 붓다의 삶을 합리적으로 이해할 수 있도록 깊은 영향을 미쳤다.[149] 코삼비는 인도 독립의 투사로 활동하면서 '마하보디협회Maha Bodhi Society'를 지원했고, 봄베이에 아쉬람Ashram을 설립하고 불가촉천민들에게 불교를 가르치다가 말년에는 간디의 아쉬람에서 살면서 1948년에 생애를 마감했다.

코삼비 외에도 1920년에 힌두교에서 불교로 개종한 크리슈난C. Krishnan은 주로 하층 계급 출신들(이즈하바, Izhava)인 케랄라 불교협회Kerala Buddhist Association의 회장으로 선출되어 힌두 사회가 안고 있는 카스트 제도의 하층민들과 사회적으로 무시되고 있는 무능력자들을 위해 교육에 힘썼다.[150] 크리슈난은 스리랑카에서 온 승려와 힘을 합해 케랄라 대중들에게 불교를 가르침으로써 1937년 칼리컷Calicut에 두 개의 '마하보디협회'의 사원을 지을 수 있었다. 1928년에는 캘커타에서 약 300명의 대표들이 참석한 가운데 제1회 전국 불

■

149) Ibid. p. 52.

150) Ibid. p. 53.

교 대회가 개최되었고, 마하보디 센터가 뉴델리(1939)에, 마하보디 사원이 아삼(1939), 뱅갈로(1940), 아가탈라(1946) 그리고 마드라스(1947)에 각각 세워졌다.151)

이와 같은 일련의 불교 중흥 운동과 더불어 하층 힌두인들의 불교로의 개종이 잇달아 일어나게 되었고, 20세기에 들어와서 인도인들에게 불교는 새롭게 인식되기 시작했다. 또한 고고학적 발굴의 결과로 사르나트의 아소카 석주의 사자나 법륜(法輪, Dharmachakra) 같은 불교의 상징은 인도의 국가적 상징이 되고 있다. 타고르(Rabindranath Tagore, 1861~1941)도 그의 작품에서 불교 이야기를 인용하기 시작했고, 1920년대부터는 인도의 각 대학들에서, 특히 인도철학에서 불교학이 중요한 학문으로 자리 잡기 시작했다. 이른바 대학과 출판 등의 활동을 통해서도 오늘날의 인도는 불교의 학문적 중흥을 새롭게 맞이하게 된 것이다.

많은 지도급 인도 불교학자들 가운데 대다수가 정통 힌두 바라문들이었으나, 불교로 개종한 지도급 인사들은 주로 불가촉천민들로서 사회 개혁에 관심이 많았다. 그 중에 불교도로서 비탈 람지 신데 Vithal Ramji Shinde는 마하라스트라에서 여성 평등과 하층민을 위한 공개적 교육 등 사회 개혁을 위한 활동을 왕성히 벌인 인물이다. 그러나 무엇보다도 인도의 불교 개종자로서 사회 개혁을 주도했던 카리스마적 인물은 암베드카르 박사였다.

151) Ibid. p. 55.

III

암베드카르(B. R. Ambedkar)와 불가촉천민(不可觸賤民)

1. 암베드카르의 생애

1) 출생 배경

암베드카르는 마하라슈트라 주의 남부 라트나기리Ratnagiri의 작은 마을인 암바바데(Ambavade, 다폴리 북쪽 30마일 지역)에서 불가촉천민[152] 공동체인 마하르Mahar의 가문에서 태어났는데, 정확한 출생지는 므호우Mhow[153]다. 마하르는 마하라슈트라 주의 모든 불가촉천민 공동체들 가운데서 가장 수적으로 많은 공동체다. 전통적으로 그들은 마을의 변두리에 살았다.[154]

■

152) 불가촉천민에 대한 상세한 것을 후술할 것이다. 통계에 의하면 오늘날 10억이 넘는 인도인들 가운데 1억 6천여 만 명이 불가촉천민으로 추산되고 있다. cf. Vijay Prashad, *Untouchable Freedom: A Social History of a Dalit Community* (London: Oxford, 2000), p. xiii. Sunder, *They Burn: The 160,000,000 Untouchables of India* (Bangalore: Dalit Sahitya Akademi, 1987), p. 11.

153) 므호우(Mhow)는 오늘날의 마드야프라데시에 자리한 인도르(Indore) 근처에 있던 인도주재 영국군 주둔지 본부(Military Headquarter of War)의 앞 글자를 딴 것이다.

154) D. C. Ahir, *The Legacy of Dr. Ambedkar* (Delhi: B. R. Pub., 1990), pp. 1-2.

몇몇 학자들의 주장에 의하면 마하르는 아리아인들의 침입에 의해 밀려난 마하라슈트라 주의 원주민들이었다.[155] 수세기 동안 다른 불가촉천민들과 같이 마하르 사람들은 인간의 존엄성과 자존심을 빼앗긴 짐 나르는 짐승들과 같이 대우를 받아 왔다. 마하르 사람들은 영국 식민지 시대와 독립 이후에도 전쟁터에서 용감하기로 유명했는데, 암베드카르의 할아버지 말로지 삭그팔Maloji Sakpal은 동인도회사의 봄베이(뭄바이) 군대 군인이었는데, 전쟁터에서의 용감한 행위로 약간의 땅을 할당받았다고 전해진다. 말로지는 두 자녀를 가졌는데, 하나는 암베드카르의 아버지인 람지Ramji라는 아들과 딸 미라 바이Mira Bai였다. 람지 또한 푸네에 있는 군대 학교에서 교사로 활약하다가 소령까지 진급했다. 암베드카르의 어머니는 마하라슈트라의 무르바드Murbad 마을 출신이었고 그녀의 아버지도 소령이었다. 이러한 가문에서 암베드카르는 14번째 아들로 1891년 4월 14일에 태어났다.

2) 교육과정

암베드카르가 2살 때(1893) 아버지 람지는 군 생활에서 은퇴하여

---

155) Vaman Rao A. Bhatt는 *Harijans of Maharashtra* 43쪽 이하에서 다음과 같이 말한다. “마하르는 마하라슈트라 평원을 점령하고 거주한 고대 국가이거나 거대한 공동체였음을 보여주는 사례가 많이 있다. 그런데 아마도 정복을 당함으로써 그들은 재산을 잃고 세대로 이어지면서 피지배민의 대우를 받게 되었다.” 다른 학자들도 이와 같은 견해를 지지하는 것이 일반적인 경향이다. 이와 같은 것은 ‘마하라슈트라(Maharashtra)’ 이름도 문자적으로는 ‘큰 나라’라는 뜻으로 원래는 ‘마하르(Mahar) 라쉬트라(Rashtra)’ 즉 ‘마하르의 땅’이라는 이름을 보아서도 알 수 있다는 것이다. D. C. Ahir, op. cit. p. 4 참조.

마하라슈트라의 다폴리Dapoli 마을로 이주하여 정착했다. 5살 되던 1896년에 어머니가 돌아가셨고 그해에 다폴리의 초등학교에 들어갔다. 그 후 공립 고등학교를 다니면서 그는 브힘라오Bhim Rao라는 이름 외에 본래의 성(姓)을 '암바바데카Ambavadekar'라고 기록하고 있는데, 이는 당시의 풍습대로 그의 조상 마을 '암바바데'라는 이름에서 따온 것이다. 사실 암베드카르가 현재의 명칭을 얻게 된 것은, 그가 고등학교에 다니던 시절에 그를 무척 사랑했던 사타라Satara의 어느 친절한 브라흐만 출신 고등학교 교사가 그를 자신의 이름이었던 '암베드카르'로 변경시켜 주었던 데서 비롯된다.[156]

불가촉천민으로 태어난 암베드카르는 어린 시절 모든 불가촉천민이 겪어야 했던 비인간적인 대우를 받고 자랐다. 학교에서 물과 국물도 못 마셨으며 선생은 오염될 것을 염려하여 그의 노트북도 만지지 않았다. 산스크리트 교사는 더욱 심하여 그 글을 가르쳐 주려고 하지 않았다. 그리하여 암베드카르는 제2외국어로 페르시아어를 공부하도록 강요받았다. 그러나 그는 후에 산스크리트어를 배워 금지된 언어의 학자가 되었다.[157] 그는 동료 학생들과도 어울려 놀 수 없었다. 어느 날 교실 칠판에서 수학 문제를 풀도록 선생이 지시했을 때 동료들은 웅성거리며 소란을 피웠는데, 이는 암베드카르가 칠판에 손을 댐으로써 칠판 뒤에 놓여 있는 도시락이 더러워진다는 이유 때문이었다. 결국 점심 도시락을 치운 후에야 문제를 풀 수 있

■

156) Dhananjay Keer, *Dr. Ambedkar: Life and Mission* (Bombay: Popular Prakashan, 1962), p. 14.

157) D. C. Ahir, op. cit. p. 5.

었다.[158)]

암베드카르는 사타라에서의 아버지의 복무 기간이 끝난 후 1904년에 대도시 봄베이로 이사하여 엘핀스톤Elphinstone 고등학교로 전학하였으나 불가촉천민의 차별적 대우를 받기는 마찬가지였고 학교 밖에서는 더욱 심했다. 한때 암베드카르와 그의 형이 아버지를 만나러 가기 위해 소가 끄는 수레에 올라탔는데, 소를 모는 사람이 이들의 신분을 알고 수레가 더러워진다고 하여 내릴 것을 강요받게 되자, 요금을 두 배로 준다고 어떻게 설득하여 형은 대신 수레를 몰고 가게 되고 여행 도중에는 물도 얻어 마시지 못하는 비인간적인 대접을 받기도 했다. 이러한 비인간적인 대우를 받으면서 암베드카르는 그 원인이 '불가촉성의 저주the curse of untouchablity' 때문이라고 판단하고 수백만 명의 불행한 형제들을 사회적 노예상태에서 해방시키고자 최선을 다할 것을 '엄숙히 다짐'하게 된다. 그리하여 암베드카르는 그 목적을 이루기 위해 새벽 2시에 일어나 고요한 아침까지 계속 공부하게 되고, 엘핀스톤 고등학교에서 1907년에 치른 대학입학 자격시험에 합격하게 된다. 이는 마하르 출신의 소년으로서는 보기 드문 성취여서 사회 개혁 운동가인 볼레S. K. Bole의 주재로 축하 모임을 갖게 되는데, 여기에는 고등학교 교사, 학자, 사회 개혁가들이 참석하기도 했다. 이때 크리슈나지 아르준 켈루스카르Krishnaji Arjun Keluskar라는 교사가 암베드카르에게 사랑의 선물로 마라티Marathi어로 출판된 『고타마 붓다Gautama Buddha의 생애』라는 책을 주게 된다.

■
158) Ibid. p. 6.

이 작은 선물이 암베드카르의 마음을 각성시키게 되었고, 그는 붓다의 생애에 감동을 받아 불교 연구를 더욱 심화하게 된 것이다.[159]

그 후 암베드카르는 윌슨 고등학교 교장 켈루스카르Keluskar의 주선으로 바로다Baroda의 마하라자Maharaja S. G.에게서 매월 장학금을 지급받게 된다. 1912년 봄베이 대학을 졸업한 후 1913년 1월 바로다 주립 군대의 중위로 근무한다. 15일 후 그의 아버지가 극심한 병에 걸려 봄베이로 다시 돌아오게 되나 1913년 2월 2일에 운명하게 된다. 그 후 다시 암베드카르는 켈루스카르의 주선으로 마하라자의 도움을 힘입어 1913년 7월 미국 뉴욕의 컬럼비아 대학으로 유학하여, 1915년에는 "고대 인도의 상업Ancient Indian Commerce"이라는 논문으로 석사 학위를 받고, 1916년에는 "인도의 국가 배당금National Dividend for India"이라는 논문으로 박사학위를 받는다.[160] 컬럼비아 대학에서 1913년에서 1916년 사이, 석사와 박사과정을 거치면서 암베드카르는 여러 훌륭한 학자들 가운데 특히 실용주의 철학과 교육 사상가인 존 듀이(John Dewey, 1859~1952)에게서 큰 영향을 받는다.[161] 다음 절에서 이를 좀 더 구체적으로 살펴보게 될 것이다.

이 밖에도 미국에서 공부하는 동안 암베드카르는 인류학적 관점에서 본 인도의 카스트 제도에 관한 논문을 주의 깊게 읽게 되면서, 족내혼(族內婚, endogamy)이야말로 카스트 제도의 핵심임을 간파하게

■

159) Ibid. pp. 6-7.

160) Ibid. p. 8.

161) K. N. Kadam, *The Meaning of the Ambedkarite Conversion to Buddhism and Other Essays* (Mumbai: Popular Prakashan, 1997), pp. 1-21.

된다.[162] 특히 미국 생활 가운데서 암베드카르는 두 가지 깊은 교훈을 받게 되는데, 하나는 흑인의 자유를 선언한 14번째의 수정헌법이었고, 또 하나는 미국에서의 위대한 흑인 운동가로서 개혁가요 교육자며 흑인해방을 위해 힘쓴 부커 워싱턴(Booker T. Washington, 1915년 사망)의 생애였다.[163] 미국에서 박사 학위를 받은 1916년 6월에 암베드카르는 런던으로 건너가 인도 경제사에 관한 그의 논문을 쓰다가 장학금 기간의 만료로 다시 인도로 돌아와 그의 후원자인 바로다의 마하라자와의 약속대로 마하라자의 군 서기관으로 근무하게 된다. 그러나 주 정부의 고위 관직에도 불구하고 단지 불가촉천민 출신이라는 이유 하나만으로, 부하나 심지어 사환까지도 더러워질 것을 염려하여 멀리서 서류를 책상에 던지는 등, 그를 차별하는 계속되는 비인간적인 대우에 못 이겨 바로다의 고위직 군 생활을 사직하고 1917년 다시 봄베이로 돌아간다. 바로다의 재무장관도 이러한 차별의 문제를 알았지만 암베드카르를 도울 길이 없었음을 말하고 있다.[164]

봄베이에서 암베드카르는 "인도의 카스트"라는 글과 "인도의 소작(小作)과 그 치유책"이라는 논문을 인도 경제학회지(1918)에 발표하여 소작농(小作農)에 관한 악법(惡法)과 그 치유책의 일환으로 산업화를 주장했다. 1918년에 암베드카르는 봄베이의 시드넘 대학

---

162) Dhananjay Keer, op. cit. p. 28. 이때 암베드카르가 읽은 논문은 1916년 5월 골든와이저(Goldenweiser) 박사의 인류학 세미나에서 발표될 논문으로서 제목은 "인도에서의 카스트, 그것의 메커니즘, 기원과 발달"이었다.

163) ibid. p. 31.

164) D. C. Ahir, op. cit. p. 9.

Sydenham College 정치 경제학 교수로 임용되었으나 거기서도 교수실의 주전자 물을 먹는 것까지 허용되지 않았다. 1920년까지 인내하며 교수 활동을 한 끝에 아내 라마바이Ramabai와 아들 야쉬완트Yashwant를 남겨두고, 런던으로 다시 가서 런던 경제 정치학부London School of Economics and Political Science에서 경제학을, 그리고 그레이스 인Gray's Inn 대학에서 법률학을 공부하였는데, 1921년 런던 대학University of London에서 "영국령 인도에서의 재정의 지방 분권화"라는 논문으로 또 하나의 석사학위를 받고, 다음해 1922년에는 "루피의 문제"라는 제목으로 경제학 박사 학위를 받게 된다. 그리고 다시 독일의 본Bonn 대학에서 3개월간 경제학을 연구하고 1923년에 인도로 돌아온다.[165)] 이제 그의 일생의 사명 곧 불가촉천민 해방 운동을 위해 그의 시간과 재능을 바치는 불타는 정열의 여생이 그의 앞에 놓이게 된 것이다.

3) 존 듀이와 암베드카르

암베드카르는 듀이의 실용주의에 특히 영향을 받게 되는데, 과거부터 인정되어 오던 '진리'도 현재의 도덕적 관점에서 실효성이 없는 것이라면, 철폐되어야 한다는 것이다. 『마누법전』을 불태우고(1927년), 카스트 제도의 철폐를 주장한 맥락도 그러한 인식의 기초위에서 비롯되었다. 암베드카르에 대한 듀이의 영향은 이 밖에도 '권위주의'에 대한 '합리주의'의 주장, '민주주의와 교육', 그리고

■
165) Ibid. p. 10.

'윤리학'에서의 '원리의 도덕적 중요성' 등을 들 수 있다. 암베드카르에 대한 듀이의 영향에 대해 카담이 이를 일부 분석하여 설명한 바 있는데[166], 이에 더하여 좀 더 자세히 살펴보자.

암베드카르의 사상 형성에 결정적 영향력을 미친 사상가로서 단연 존 듀이를 들 수 있는 까닭은 암베드카르가 그의 친구에게 말했던 다음의 짧은 인용문을 보아서도 알 수 있다 (만일 불행하게도 존 듀이가 갑자기 운명하게라도 된다면) "나는 모든 강연을 (그가 말한 대로) 축자적(逐字的)으로 되풀이 할 수 있다."[167] 러셀Bertrand Russell이 그의 『서양 철학사History of Western Philosopher』에서 언급하듯이, 듀이의 주요 사상은 전통적 '진리' 개념에 대한 비평적 고찰로서 '도구주의instrumentalism' 이론을 구체화 시킨 것이며, 수학보다는 생물학에 관심이 더 컸다. 듀이는 사상을 하나의 진화과정으로 보았다.[168] 듀이가 탄생한 1859년에 다윈Darwin의 『종의 기원Origin of Species』이 출판되어 미국 철학은 완전히 새로운 국면에 접어들고 있었다. 이 책의 영향이 듀이에게 미친 것은 분명하다. 윌 듀랜트Will Durant도 듀이가 진화적 이론을 채택하고 있음을 말하고 있다. "몸뿐 아니라 마음도 듀이에게 있어서는 생존을 위해 저급한 형태에서 발전해 가는 하나의 유기체다. 모든 분야에서 듀이의 출발점은 다윈주의이다."[169]

■

166) K. N. Kadam, *The Meaning of the Ambedkarite Conversion to Buddhism and Other Essays* (Mumbai: Popular Prakashan, 1997).

167) Dinkar, Khabde, *Dr. Ambedkar and Western Thinkers* (Pune: Sugava Prakashan, 1989), p. 42. cf. K. N. Kadam, op. cit. p. 1.

168) Bertrand Russell, *History of Western Philosophy* (London: George Allen & Unwin, 1946), p. 848.

169) Will Durant, *The Story of Philosophy* (New York: Washington Square Press, 1961), p. 522.

이러한 진화론적 사상에 입각한 듀이의 사상은 그의 명저 『인간 본성과 행동Human Nature and Conduct』에 잘 나타나 있다. "후손에게 해 줄 수 있는 최선의 것은 고상하고 아름다운 삶의 관습을 손상됨이 없이 가능한 한 보다 더 나은 삶의 조건을 물려주는 것이다. … 과거에 대한 존경심은 과거 그 자체도 아니며 과거를 위해서도 아니라 보다 더 낳은 미래를 구축할 수 있는 현재적 조건 때문이다."[170] 이러한 진화적 개념을 바탕으로 암베드카르는 훗날 『카스트의 철폐Annihilation of Caste』(1936)라는 책에서 존 듀이에게 입었던 영향을 다음과 같이 밝힌다.

"저의 스승이었던 존 듀이 교수에게서, 저는 많은 영향을 받았습니다. 그분은 이렇게 말했습니다. '각 사회는 과거로부터 물려받은 고목(枯木)과 같은 아주 잘못된 진부한 것으로부터 방해를 받고 있다. … 하나의 사회가 계몽되면, 그 사회가 성취하게 된 것을 보존하고 전달하는 것만이 아니라, 보다 더 낳은 미래 사회를 건설해야 할 책임이 있다는 것을 그 사회는 깨닫게 된다.'"[171]

암베드카르는 여기서 '고목dead wood'이라는 듀이의 표현을 그대로 인용하여 자신이 넌지시 표현하고자 하는 힌두교의 사상을 빗대어 설명하고 있다. 암베드카르가 존 듀이에게서 영향받은 내용을 다음에서 몇 가지 범주로 구분하여 설명할 수 있을 것이다.

■

170) John Dewey, op. cit. p. 21.

171) 이 책은 마하라슈트라 주 정부가 암베드카르 전집으로 출간했다. *Dr. Babasaheb Ambedkar: Writings and Speeches, Vol. 1*, (Bombay: Government of Maharashtra, 1979), p. 79.

(1) 민주주의의 개념에 대한 듀이의 영향

물론 민주주의에 관한 개념과 사상을 모두 존 듀이에게서 고스란히 영향을 받은 것이라고는 말할 수 없을 것이다. 그러나 듀이의 민주주의 개념이 암베드카르에게 전혀 영향을 미치지 않았다고도 볼 수는 더욱 없다. 왜냐하면 민주주의는 듀이의 핵심 사상 가운데 하나이기 때문이다. <학교와 사회(School and Society, 1937)>라는 잡지에 서술된 듀이의 '민주주의' 개념을 살펴보면, 그는 '참여'를 강조하고 있다. "… 삶의 한 방식으로서 민주주의의 핵심은 인간의 삶을 함께 규정해 가는 가치의 형성에 있어서, 일반적인 사회 복리와 개인의 충분한 발달을 고려하는 모든 성숙한 인간들의 '참여'가 요구된다는 것이다."[172] 그리고 이어서 듀이는 '참여'에서 배제되는 것은 미묘한 압제의 형태라고 했다.[173] 암베드카르도 가장 강조하는 것 가운데 하나가 '참여'다. 1916년까지 듀이의 지도를 받았던 그는 컬럼비아 대학을 떠난 지 3년 후인 1919년에 런던의 유학시절 인도의 개혁위원회인 사우스보로 위원회Southborough Committee 앞에서 불가촉천민의 권익을 위해, 불가촉천민의 정부 참여를 다음과 같이 요구한다. "정부는 개인의 역량을 발휘할 수 있는 가장 중요한 기구이기 때문에, 정부의 의사결정 과정에 실제로 참여할 수 있는 기회가 그 누구에게도 거절되어서는 안 됩니다."[174] 암베드카르의 이 같은 적극적

■

172) Randall Buchler, *Readings in Philosophy* (New York: Barnes & Noble and SHIRK(Editors), 1946), p. 334.

173) ibid. p. 335.

174) B. R. Ambedkar, op. cit. Vol. 1, p. 247.

인 '참여'의 강조로 후술하게 될 그의 정치적 활동 속에서, 불가촉천민들을 위한 정부와 교육 기관에서의 '지정석reservation' 확보는 분명히 암베드카르의 투쟁의 결과였다.

(2) 현재적 입장에서 과거를 보는 역사관의 유형

주지하듯이 역사 해석의 방법은 크게 두 가지로 분류될 수 있다. 하나는 현재의 목적과 가치를 우위에 두고 과거를 해석하는 역사철학적 방법과, 다른 하나는 과거를 우선적으로 고려하면서 현재를 이해하려는 실증주의적 태도가 그것이다. 이 두 가지 역사 해석 방법이 근대 이후 서양에서 특징적으로 발달하여 왔는데, 전자의 역사철학적 방법이 강한 실천성과 목적성을 띤 나머지 실천적 호소력은 강하지만, 역사적 사실을 단순화시키거나 아전인수식의 주관적 해석으로 왜곡하는 폐단도 있을 수 있다. 반면에 역사 해석의 두 번째 입장인 후자의 경우는 '근대 역사학의 아버지'로 불리는 19세기 초 독일의 역사학자 랑케(1795~1886)에게서 볼 수 있다. 그는 역사를 철학에서 분리시켜 과거 사실을 "있는 그대로wie es eigentlich gewesen" 보아야 한다는 '역사를 위한 역사'의 실증주의적 사관을 주장한 바 있다. 다원화된 오늘의 사회에서는 그 어느 해석이 절대적이라고 주장하지는 않지만, 상호 보완적이며 비판적인 병존의 형식을 취하는 것이 바람직한 역사 해석의 방법이라고 볼 수 있을 것이다.

존 듀이의 실용주의적 역사 해석은 전자에 해당하는 '현재 중심'의 역사 철학적 방법이라고 볼 수 있고, 암베드카르도 그러한 입장을 따르고 있다고 볼 수 있다. 이점을 좀 더 구체적으로 살펴보자.

존 듀이가 역사학자들에게 미친 영향은 크다. 시드니 라트너Sidney Ratner는 『존 듀이: 과학과 자유의 철학자John Dewey: Philosopher of Science and Freedom』에서 "존 듀이의 철학은 역사가들에게 논리와 역사 이론 그리고 역사 해석에 있어서 많은 기여를 했다"[175]고 말하면서, 듀이의 명저 『논리: 탐구이론Logic: The Theory of Inquiry』을 지칭하면서도 다음과 같이 평가하고 있다. "이 책은 브래들리F. H. Bradley의 『원리들Principles』(1883)이 나온 이후, 현대 영미 논리학 분야에서 역사 지식에 대한 가장 광범위한 분석을 싣고 있다."[176]

암베드카르의 역사이론에 영향을 미쳤을 것으로 추정되는 존 듀이의 저서 『논리학: 탐구이론』(1918)에서 듀이는 다음과 같이 말하고 있다. "역사는 과거에 발생하고 이어지는 시간 속에서 발생하는 것들의 지적 재구성 속에 있다."[177] 같은 책에서 듀이는 과거 사건에 대한 역사적 탐구가 현재의 문제를 해결하기 위한 필요에서 기인하는 것임을 말하고 있다. "… 새로운 환경조건은 새로운 문제를 발생시킨다. … 최종적으로 확정된 것이라는 것은 있을 수 없다."[178] 새로운 환경이 새로운 문제를 낳고, 역으로 새로운 문제는 새로운 환경을 만들어 갈 수 있으며, 그 어느 것도 고정 불변의 것이 없다는 것이 듀이의 역사적 탐구에서 말하고자 하는 내용일진대, 이러한

■

175) Sidney Hook(ed), *John Dewey: Philosopher of Science and Freedom* (New York: The Dial Press, 1950), p. 137.

176) ibid, pp. 139-140.

177) John Dewey, *Logic: The Theory of Inquiry* (New York: Henry Holt & Co., 1918), p. 236.

178) ibid, p. 35.

진보적 역사 이해와 사상을 담은 1918년에 발행된 듀이의 이 명저는 1916년까지 듀이에게서 가르침을 받은 암베드카르에게 직접적인 영향을 미쳤을 것이라고 추론하는 것은 무리가 없을 것이다. '고정된 제도'로서의 카스트는 암베드카르에게 얼마든지 새로운 환경에서 새롭게 변화되어야 할 사회적 장애물이었던 것이다.

듀이는 또한 계급class이나 조직보다는 '개인'을 중시하는 18~19세기의 영국의 경험주의적 노선을 따르고 있다. 철학적 입장에서 개인주의를 계급이나 조직보다 우위에 두면서, 개인주의가 자연스러운 것이라면, 집단이나 계급은 인위적이라 하여 개별성이 사회 도덕적 의미에서 재고되어야 함을 주장한 것[179]도, 계급을 넘어서 개인의 자유를 중시하는 암베드카르의 사상에 영향을 주었을 것임도 틀림없다.

(3) 합리주의와 휴머니즘

암베드카르의 사상에서 가장 주목되는 것은 합리주의와 휴머니즘이다. 그가 재구성하고자 했던 사회도 이 두 가지 원리에 기초하고 있다. 앞으로 살펴보게 될 암베드카르의 담마Dhamma 개념조차도 이 두 가지 사상적 원리에 기초하고 있음을 보게 될 것이다. 존 듀이는 권위주의에 반대하면서 합리주의rationalism에 대하여 다음과 같이 말하고 있다. "이성reason의 기능은 행동에 직접적인 영향을 미치는 힘으로 나타난다. … 이성의 기능은 사람들로 하여금 자유로운

179) John Dewey, *Reconstruction in Philosophy* (Boston: Beacon Press, 1962), pp. 193-194.

토론은 물론, 신념이 합리성reasonableness의 범주에 부합되어야 함을 알게 하는 역할을 한다. 이성은 사람들로 하여금 논증과 토론, 설득을 통해 선입견이나 미신 그리고 잔인한 폭력 따위를 멀리하게 한다. … 이성의 영향력은 사람들 사이의 새로운 결속이나 협력을 얻어내는 힘보다 낡은 기만 따위를 무너뜨리는 파괴력에서 더 크게 작용한다."[180] 이성의 힘에 대한 듀이의 이러한 합리주의적 낙관론이 암베드카르에게 영향을 미쳤을 것이 틀림없다. 이는 암베드카르 자신도 『카스트의 철폐』라는 글에서 이미 듀이의 용어를 그대로 사용하면서 "과거로부터 내려온 고목, … 그리고 확실히 잘못되어 있는" 힌두 카스트의 전통을 '계몽된 사회'가 그대로 물려받아야 할 이유가 없음을 밝히고 있는 바와 같다.[181] 암베드카르는 『베다』나 『마누법전』이 합리성에 위배된다고 하면서 다음과 같이 언급한다.

> "여러분은 이성에 호소하여 힌두교인들로 하여금 이성에 위배되기 때문에 카스트를 버리라고 할 수 있습니까? … 힌두교인들은 『베다』나 『마누법전』을 따르도록 종용받습니다. … 힌두교의 규정에 따르면, 『베다』나 『마누법전』을 해석할 수 있는 하나의 기준으로서 합리주의는 비판을 받고야 말 것입니다."[182]

이 밖에도 앞서 듀이가 말한 것처럼, 이성의 합리적 영역에서는 '미신' 따위가 설자리가 없다는 점을 암베드카르도 그의 종교관에서

■

180) John Dewey, *Democracy and Education* (London: The Macmillan, 1968), pp. 297-299.

181) B. R. Ambedkar, op. cit. Vol. 1, p. 72.

182) ibid.

분명히 하고 있는 바이다. 이 점은 다음에서 상술하게 되겠지만 암베드카르는 모든 종교가 합리성의 토대 위에 서야 하고, "불교 또한 합리성을 토대로 하지 않으면 아무것도 아니다"[183]라고 한 점을 보아서도 알 수 있다. 암베드카르가 듀이에게서 영향받았다고 볼 수 있는 합리주의는, 앞서 살펴본 바와 같은 집단이나 계급보다는 인간 '개인의 자유'를 중시한다고 하는 개인주의적 휴머니즘 전통과도 결코 분리하여 생각할 수 없는 것이기도 하다. 왜냐하면 암베드카르에게서 합리성의 위배는 또한 휴머니즘의 위배이기 때문이다. 존 듀이가 사회의 발전을 가로막는 장벽을 일러 '과거의 고목'이라고 지칭했듯이, 암베드카르도 '과거의 고목'이라고 여겼던 힌두 카스트의 상징인 『마누법전』을 불태우는 실용주의적 결단에서도 볼 수 있는 바이다. 이제 다음에서 암베드카르가 듀이에게서 영향받았다고 볼 수 있는 종교와 철학적 사고에 대해 고찰해 보자.

(4) 종교와 철학의 재구성: 규칙이 아닌 원리의 중요성을 생각한다.

암베드카르는 종교가 '원리principle'에 입각해야지 '규칙rule'에 근거한 것이어서는 안 된다고 그의 책, 『카스트의 철폐』에서 밝히는데, 이러한 원리에 대한 강조는 존 듀이가 그의 책 『윤리학Ethics』(1910)에서 말하는 '도덕적 원리moral principle'와 유사성을 보게 된다. 우선 암베드카르가 말하는 종교의 원리와 규칙의 차이점은 무엇인가? 이 점은 암베드카르의 종교관을 다루는 곳에서 상술하겠지만, 간략히

183) B. R. Ambedkar, op. cit. Vol. 11, p. 250.

인용하면 다음과 같다.

> "저는 여러분이 원리와 규칙 사이의 차이점을 구분하고 계신지 잘 모르겠습니다. 그러나 저는 이 둘 사이의 구분이 아주 중요하다고 생각합니다. 규칙은 실제적으로 정해진 생활양식을 따라 사는 것입니다. 반면에 원리는 지성적intellectual인 것으로 사물을 판단하는데 유용한 방법이 됩니다. … 규칙은 옳을 수 있지만 행동은 기계적입니다. 종교적인 행위는 옳은 행위가 아닐 수도 있습니다. 그렇지만 적어도 책임 있는 행위여야 합니다. 이러한 책임성을 수긍하기 위해서 종교는 주로 원리적인 문제여야만principles only 합니다."[184)]

위에서 암베드카르는 종교에서의 '원리'의 문제를 말하고 있는데, 다음에서 듀이가 그의 책 『윤리학』에서 말하는 '도덕의 원리'를 인용해 보자.

> "규칙은 실제적으로 관습적인 생활양식을 따라 사는 것이다. 반면에 원리는 지성적인 것으로 사물을 판단하는데 유용한 방법이 된다. … 진정한 도덕의 원리는 특정한 행동 지침을 내리지 않는다. 규칙은 요리법과 같이 무엇을 하며 어떻게 할 것인지를 설명해 준다. 자선이나 정의나 황금률 같은 도덕의 원리는 인간에게 다가오는 특정한 문제를 바라보고 검토할 수 있는 하나의 기초를 제공해 준다."[185)]

듀이는 이미 1910년에 출판한 이 책 속에서 도덕의 원리와 규칙

184) B. R. Ambedkar, op. cit. Vol. 1. cf. K. N. Kadam, *The Meaning of the Ambedkarite Conversion to Buddhism and Other Essays* (Mumbai: Popular Prakashan, 1997), p. 20.

185) John Dewey, *Ethics* (New York: G. Bell and Sons, Ltd., 1910), p. 333.

의 차이점을 밝히고 있는데, 밑줄 친 부분을 놀랍게도 암베드카르는 그대로 종교의 원리와 규칙이라는 자신의 글에 대입하여 밝히고 있다. 이는 암베드카르가 종교를 하나의 도덕으로 본다는 것을 단적으로 보여주는 것이다. 그리고 1916년까지 듀이에게서 교육받은 점을 감안해 보면, 1910년에 출판된 이 책은 암베드카르에게 바이블처럼 주교재로 사용되었을 것이고, 내용을 암기하다시피 한 암베드카르는 '도덕의 원리'를 종교의 원리에 과감하게 적용하고 있음을 볼 수 있는데, 이는 듀이의 영향이 그만큼 컸던 것을 반증해 주는 것이다.

이점은 암베드카르가 1950년에 <마하보디>지에 기고한 "붓다와 그의 종교의 미래"라는 글에서 밝히고 있는 것을 보아서도 알 수 있다. 그는 "붓다의 종교는 도덕이다. 붓다의 종교가 도덕이 아니라면 아무것도 아니다"[186]라고 말한다. 그리고 같은 글에서 암베드카르는 <대반열반경Mahaparinibbana Sutta>을 들어서 붓다가 아난다에게 이르는 내용을 다음과 같이 해석하여 전하고 있다.

> "(붓다가) 자신의 종교는 이성과 경험에 기초한 것이므로, 단지 자신에게서 가르침들이 비롯되었다는 이유만으로 그것을 항구불변한 고정적 가르침으로 받아들여서는 안 된다고 했다. 이성과 경험에 기초한 가르침들이기 때문에, 어느 시점 혹은 어떤 상황에서 적용될 수 없는 가르침이 된다면 그 가르침은 폐기되거나 수정이 불가피한 것이다. 붓다는 그의 종교가 과거의 고목(dead-wood of the past)에 방해받게 되는 것을 원치 않았다."[187]

■

186) B. R. Ambedkar, *The Buddha and The Future of His Religion* (Jullundur: Bheem Patrika Publications, 1980), p. 5.

187) ibid. p. 4.

암베드카르는 같은 글에서 계속하여, "종교는 과학에 일치하여야 하며, 그렇지 않은 경우에 종교는 존경심을 잃게 되고 만다"는 사실과, "사회 도덕법전으로서의 종교는 자유, 평등, 우애의 기본적 신조를 인식해야만 한다"[188]는 주장을 함으로써, 합리주의와 경험주의 그리고 민주주의적 시각에서 종교를 이해하는 암베드카르의 태도는 듀이의 사상을 강하게 받고 있음을 부정하지 못할 것이며, 더 나아가 '과거의 고목'을 문자 그대로 지칭하며 인용하고 있는 점에서도 그 사상적 원천의 편린을 엿볼 수 있다. 듀이의 전기 작가인 리차드 번스타인Richard J. Bernstein이 듀이의 방법론적 회의론에 대하여 평가하고 있는 내용을 들어 보면 이점은 더욱 분명해 질 것이다. "질문과 반성이라는 새로운 방식은 오늘날 지식인들에게 사실, 존재 그리고 지성적 동의에 대한 모든 질문에 있어서 최종적인 판단의 방식이 될 것이다."[189] 낡은 구습에 대한 반성으로서의 새로운 반성과 질문을 학문의 출발점으로 삼고 있는 듀이의 철학적 방법론이 암베드카르로 하여금 낡은 고목을 베어내고 이성에 부합하는 과학과 도덕의 기반에 종교와 사회를 새롭게 구축하고자 하는 열망에 하나의 충실한 방법론적 기초를 제공해 주었다고 볼 수 있을 것이다.

■

188) ibid. p. 12.

189) R. J. Bernstein, *John Dewey* (New York: Washing Square Press, 1967), p. 161.

2. 사회혁명: 불가촉천민(달리트, Dalit) 해방가로서의 암베드카르

1) 불가촉천민이란 누구를 말하는가?

불가촉천민untouchables이란 인도의 사성제 즉 카스트의 4계급에 속하지 못하는 최하위의 신분outcast으로서, 카스트에 속한 사람들이 불결하다는 이유로 접촉을 꺼려하는 이른바 제5계급의 천민들을 말한다. 이러한 불가촉천민들을 통칭하여 '달리트dalit'라고도 한다. 산스크리트에서 달리트[190]라는 용어는 '쪼개지다', '열리다' 등의 의미를 지닌 dal이라는 어근에서 비롯되는 용어로서 명사나 형용사로 사용될 때 파열, 깨진, 짓밟힌, 흩어진, 억눌린, 파멸된 등의 의미를 지닌다.[191] 이 같은 의미를 지니는 '달리트'는 불가촉천민, 억압받는 계층민Depressed Classes, 하리잔(Harijan, '신의 아들': 간디가 지칭), 지정카스트(Scheduled Castes: 인도 헌법에서 지칭)라는 용어들을 모두 통칭하는 것이다.[192] 오늘날 사용하고 있는 달리트라는 용어는 19세기에 마라티Marathi의 사회 개혁가인 마하트마 조티라오 풀레(Mahatma Jotirao Phule, 1827~1890)가 인도 카스트 사회의 압박받는 희생자들로

■

190) 인도에서 '달리트(Dalit)'는 오늘날 몇 가지 다중적 의미를 지니고 있다. 우선 그 문자적인 의미는 '억압받는 자'라는 뜻이다. 그러나 일반적으로는 不可觸賤民(untouchables)을 의미한다. 특히 "카스트에 들지 못하는(outcast)" 사성제(四姓制) 이외의 천민을 지칭하는 것이다. 근래에 와서 달리트의 의미는 인도의 정치적 상황에서 그들의 정당한 몫을 찾기 위해 최근에 조직된 하층계급을 의미하기도 한다. 달리트의 용어에 대한 구체적인 설명은 James Massey의 Dalits in India (New Delhi: 1999), pp. 15-16을 참조하라.

191) Monier Monier Willams, *Sanskrit-English Dictionary* (Delhi: 1988, reprinted), p. 471.

192) John C. B. Webster, *Religion and Dalit Liberation* (New Delhi: Manohar, 1999), p. 11.

서, 카스트 축에도 못 드는 사람들이나 불가촉천민(不可觸賤民)을 마라티어로 지칭했던 데서 기인하지만, 이 용어는 암베드카르에 의해서 정착되었다.[193] 이러한 용어는 시대적인 상황과 변천에 따라 조금씩 다르게 표현되어 왔다. 예를 들면, 1930년까지는 주로 '억압받는 계층'이, 1930년대부터는 '불가촉천민'이라는 용어가 지배적이었으며, 간디가 지칭한 '하리잔'은 1930년대부터 시작되기는 하지만 1960년대에 주로 나타나기 시작하고, '지정 카스트'는 1970년대에, '달리트'는 1980년대부터 지배적인 용어로 자리 잡기 시작했다.[194]

오늘날도 달리트라는 용어는 마하라슈트라 주에서 자신들이 억압받는 자라고 여기면서, 모든 카스트적 신분과 사회·종교적 차별들을 거부하고 그들 자신의 미래를 바꾸고자 열망하는 이들을 통칭하여 부르는 용어가 되었다. 1970년대 초에 이들 달리트들 가운데 그들 스스로를 "달리트 팬더Dalit Panthers"라고 지칭하면서 달리트 해방운동을 벌인 일이 있었는데, 이는 미국에서 일어난 흑인 인권 운동인 평등권Civil Rights과 '흑인은 아름답다Black is Beautiful'는 운동에 영향을 받았던 것이다. 또 다른 일부의 달리트들은 마르크스의 이념에서 영향을 받은 이들이 있고, 보다 이른 시기에 있었던 박티Bhakti 운동의 성자들에게서 영향을 받은 그룹이 있다.[195] 이와 같이 달리트라는 용어는 주로 암베드카르를 추종하는 불가촉천민을 지칭하는

■

193) Murugkar, Lata, *Dalit Panther Movement in Maharashtra*, Bombay, 1991, p. 6.

194) Simon R. Charsley & G. K. Karanth(ed.), *Challenging Untouchability: Dalit Initiative and Experience from Karnataka* (New Delhi: Sage Pub. 1998), p. 16.

195) Surjit Mansingh, op. cit. p. 115.

것이기도 하지만, 보다 새로운 의미에서 다양한 저항 운동을 벌이는 소외된 계층을 대표하는 광의의 적극적 의미를 함축하고 있다.

달리트로 표방되는 불가촉천민들이 사회적으로 또는 제도적으로 소외된 데에는 힌두 종교가 주요 역할을 하였다는 점은 주지의 사실이다. 『리그베다』에서 보여주는 카스트의 위계질서는 창조 질서로 묘사되고 있으며, 후기의 『마누법전』 또한 카스트 내부의 족내혼(族內婚)을 선언하고 있고, 달리트의 기원 또한 바라문 계급의 여성과 수드라 남성 사이의 결혼에서 빚어진 '순수하지 못함(오염)'에서 기인하는 것이라는 관념이 불가촉천민의 사상을 낳게 되었다는 점이다.[196] 달리트가 이처럼 종교, 특히 힌두교의 문제와 연관이 됨으로써, 달리트 해방운동을 주도한 암베드카르의 종교관을 무시하고는 달리트 해방운동을 제대로 이해할 수 없게 되어 있다. 암베드카르의 종교관은 다음에서 후술하겠지만 '종교는 주로 사회적인 것'이라는 점과 관련된다. 이제 달리트 해방운동과 암베드카르의 관계를 살펴보자.

2) 달리트 운동과 암베드카르

인도에서 '억압받는 계층Depressed Classes' 사람들은 가재(家財) 도구 정도로 취급을 받았고, 재산을 소유할 수도 없었다.[197] 국가도 힌

■

196) John C. B. Webster, op. cit. pp. 11-12.

197) D. K. Baisantry, *Ambedkar the total revolutionary* (New Delhi: Segment Book Distributors, 1991), p. 9.

두 경전에 진술되고 있는 것처럼 비인간적인 카스트 제도를 늘 강화시켜 왔다. 중세 인도에서의 이슬람 실권자들도 상층 카스트 사람들의 적대감을 두려워하여, 이슬람교로 개종한 사람들 외에는 하층민 문제에 대해 신경을 쓰지 않았다. 서양의 제국주의적 침투 이후에 '억압받는 계층'들은 군인으로 고용되기도 했다.

영국 통치 이전의 무슬림 통치 시대에, 특히 정신적인 영역에서, 주로 비바라문 출신 혹은 달리트 출신의 성자들에 의해, 달리트를 위한 일종의 신앙운동인 박티 운동Bhakti Movement이 있었다.[198] 그러나 영국 식민 통치시대에 있어서 대부분의 이런 운동들의 노력은 총체적인 사회구조의 혁명적 변화보다는 온건한 사회 개혁을 이끌기 위한 정도로 제한되었다.[199] 총체적 변화와 개혁을 주도하여 오늘날의 달리트 운동에 결정적인 영향을 미친 인물들이 바로 조티바 풀레, 암베드카르, 그리고 간디다. 이들 가운데 조티바 풀레와 암베드카르는 달리트의 향상 운동에 전적으로 헌신한 인물이며, 간디는 힌두 사회 내에서의 개혁 정도로 제한적인 활동을 했다.[200]

암베드카르는 달리트 운동의 선구자였다고 볼 수 있는 풀레에게 그의 저서인 『수드라는 누구였나?Who were the Sudras?』라는 책을 헌정하는 글에서, 풀레에 대해 다음과 같이 평가하고 있다.

"힌두인들 가운데 하층 계급의 사람들로 하여금 상층 계급에 대

198) Rao, R. *Sangeetha: Cast System in India*, New Dehli, 1989, pp. 106-116.
199) Srivastava, *Suresh Narain: Harijans in Indian Society*, Lucknow, 1980, pp. 247-248
200) James Massey, *Dalit in India*, New Dehli, 1995, p. 50.

한 그들의 노예성을 의식하게 하고, 인도를 위해 사회 민주주의의 실현이야말로 외국으로부터의 독립보다 더욱 중요하다고 외친 현대 인도의 가장 위대한 수드라였다."[201]

암베드카르의 이러한 말은 풀레의 선구적인 노력과 정신을 표현한 것으로서 그 가운데서 '하층 계급의 사람들로 하여금 노예의 상태를 의식하게 했다고 한 것'은 아주 의미 있는 지적이다. 실제로 풀레는 말리Mali 카스트에 속한 사람으로서 거의 교육을 받지 못한 사람이었다. 1873년에 풀레는 "카스트와 상관없는 인간의 가치를 주장하는"[202] 분명한 목표를 가지고, '사티야쇼다크 사마즈Satyashodhak Samaj'[203]라 이름 하는 협회를 창설했다. 그는 그의 저술을 통하여 만인에 대한 기본적 인권을 부정하는 '카스트 체제의 폭정'에 대해 저항할 것을 독려했다. 일찍이 1851년 불과 24살의 나이에 푸네Poona에서 이른바 불가촉천민들을 위해 초등학교를 운영하기도 했던[204] 그는 인도 고대 法典인 『마누법전Manusmriti』을 비판했다. 왜냐하면 그것이 사회 개혁을 가져오는데 있어서 최대의 걸림돌이 된다고 생각했기 때문이다.[205] 풀레는 사회 변화와 달리트들의 지위 향상을 위해 모든 비 바라문 달리트들을 결속시키고자 노력했다.[206]

■

201) Dr. Babasaheb Ambedkar, *Writings and Speeches, Vol. 7*, Bombay, 1990, p. 4.

202) James Massey, op. cit, p. 51.

203) 조티바 풀레가 하층 카스트의 지위를 향상시키고자 세운 조직체의 이름으로서 사마즈는 공동체를 의미한다.

204) G. S. Ghurye, *Caste and Race in India, Bombay*, 1979(5th edn), pp. 286-287.

205) G. S. Lokhande, *Bhim Rao Ramji Ambedkar*, New Delhi, 1982, p. 9.

206) A. K. Vakil, *Gandhi-Ambedkar*, New Delhi, 1982, p. 47.

영국 식민 통치 기간 동안 달리트 문제와 관련하여 암베드카르와 간디는 함께 노력했지만, 사실 영국과 협상하는 과정에서 그들이 채택한 문제 해결 방식은 시각의 차이로 서로 반대의 입장에 서기도 했는데 이는 잘 알려진 사실이다. 간디와 암베드카르가 불가촉천민 문제를 놓고 대립했던 대결의 양상은 3가지로 구분하여 볼 수 있다. 첫째, 불가촉천민들의 편에 서서 말하고 있는 것인가? 둘째, 불가촉천민들은 힌두 공동체의 필수적인 부분이었나? 셋째, 불가촉천민들의 대표성을 보장해 줄 수 있는 적절한 방법과 수단 등, 이 3가지 점에서 서로는 의견을 달리했다.[207] 그러나 달리트 문제를 해결하고자 했던 이들의 노력은 눈부신 것이었고 그 후 전개된 인도의 달리트 역사에 커다란 영향을 미쳤다.[208] 『간디와 암베드카르 논쟁』이라는 책을 저술한 바킬A. K. Vakil[209]은, 사회 정치적 전략의 접근법과 개성이 서로 다른 간디와 암베드카르는 의견의 차이가 있었지만, 그들의 운동은 상호 보완적으로 충족시켜 줄 수 있을 만큼의 화해가 가능한 것이었다고 평가한다. 왜냐하면 그들은 모두 민족주의적 지도자로서 지향하는 목적은 같은 것이었지만 암베드카르는 공격적이며 적극적이었던데 비해, 간디는 마음의 변화를 일으키기 위한 노력을 보여주는 부드러운 개혁의 방법을 채택하고 있을 뿐이라는 것이다.[210] 간디는 인도 독립 이후 암베드카르가 법무부 장관이 될 수

■

207) M. G. Chitkara, *Dr. Ambedkar Towards Buddhism* (New Delhi: APH Publishing Co. 1997), p. 139.

208) James Massey, op. cit. p. 51.

209) A. K. Vakil, "Gandhi Ambedkar Dispute" - *An Analytical Study* (1991), p. 163, cf. M. G. Chitkara, op. cit. p. 139.

있도록 도움을 주었다. 이는 간디가 실제로 암베드카르를 의회의 테두리 밖에서 가장 영향력 있는 지도자임을 인정했기 때문이며, 암베드카르가 없이는 국가의 내각이 구성될 수 없음을 알았기 때문이었다.[211] 독립 이후 인도 헌법의 초안을 작성한 이후부터 그리고 불가촉천민의 민족적 지도자로 존경을 받으며 부상한 암베드카르는 의회의 지도력과 서열에서 진나(Mohammed Ali Jinnah, 1876~1948)와 대등한 관계를 지닐 정도였다.[212]

1919년에 인도 정부는 처음으로 법조문에서 '억압받는 계층 Depressed Classes'이라는 용어를 채택했는데, 1931년에 인도 북동부 아삼(Assam) 주의 통계국장은 정부와 개혁 운동가들이 달리트에 대해 사용해 왔던 이 '억압받는 계층'이라는 용어 대신에 '외부적 카스트Exterior Castes'라는 용어로 대치하자고 제의했다. 그 이유는 '카스트 축에도 못 드는 사람들outcaste'을 지칭하는 말보다는 더 넓은 의미를 지닌다고 보았기 때문이었다.[213]

같은 해인 1931년에 '억압받는 계층'이라는 표현에 가리어져 있는 하층 카스트의 '지정(指定)인들(Schedule, 불가촉천민들을 말함)'을 구분하기 위해 런던에서 원탁회의가 열렸는데 간디와 암베드카르가 핵심 인물이었다. 암베드카르는 그가 언제나 '불가촉천민'으로 지칭

■

210) M. G. Chitkara, op. cit. pp. 139-140.

211) Verinder Grover (ed.), Dr. B. R. Ambedkar; "Political Thinkers of Modern India" (1992), p. 138. cf. M. G. Chitkara, op. cit. p. 139.

212) M. G. Chitkara, p. 139.

213) ibid. p. 52.

했던 억압받는 계층들을 위해 그들만의 독립적인 분리 선거를 주장했다. 그리고 이 회합에서 그는 불가촉천민을 '저항 힌두인Protestant Hindus' 혹은 '비순응적 힌두인Non Conformist Hindus'이라고 부르기를 제안했다.[214] 그러나 간디는 암베드카르가 주장하는 불가촉천민들만의 분리 독립 선거 요구를 반대했고, 불가촉천민이라는 말 대신에 '신의 아들'을 뜻하는 '하리잔Harijan'이라는 용어를 사용하기를 좋아했으나 불가촉천민들에게 받아들여지지는 않았다. 불가촉천민들이 간디가 제의한 하리잔이라는 용어를 채택하지 않았던 이유는 이미 '신의 아들'이라는 의미에서 드러나듯이, 힌두교에서의 신의 이미지는 이미 불가촉천민들에게 지배 이데올로기로 작용하고 있기 때문이었고, 이들이 신명을 거론하는 것 자체를 못마땅하게 생각했기 때문이다.

간디와 암베드카르가 원탁회의에서 분리 독립 선거문제에 대해 서로 합의에 이르지 못하자, 이 문제는 협의회 의장인 람세이 맥도날드Ramsay Macdonald 수상에게 결정권이 주어졌다. 그는 1932년에 자치법을 발표하면서 그동안 사용하여 오던 '억압받는 계층'이라는 표현 대신에 '지정(指定) 카스트Scheduled Castes'라는 말을 사용했다. 1936년에는 인도 정부가 공식적으로 이 용어를 법조항으로 채택하였으며, 이 이후로 인도의 불가촉천민은 '지정 카스트'라고 불리고 있다.

간디는 지정 카스트의 제정에서 실시될 자치법에 반대했는데 그

■

214) Isaacs, Harold R. *India's Ex-Untouchables*, Bombay, 1965, pp. 39-41

이유는 보편화된 힌두 사회에서 그들이 분리되어 나가는 것을 두려워했기 때문이다.[215] 그리하여 간디는 죽기를 각오하고 단식을 하며 결의를 표명했는데, 암베드카르는 여기에서 간디가 원하는 방식으로 자치법을 변경할 것을 약속했다.[216] 이를테면 '분리' 독립 선거가 아니라 다수의 카스트 힌두교인들과 함께 '연립' 선거를 실시한다는 것이었다. 이에 대해 우펜드라 박시Upendra Baxi는 정치적 자유주의자 암베드카르가 그의 영민한 대적자 간디에게 패한 것이라고 말한다. 그리고 그 결과는 후대 인도의 불가촉천민의 역사가들에 의해 평가될 것이라고 말한다.[217]

(1) 달리트 운동의 평가

박시의 이러한 평가처럼, 암베드카르는 간디와의 협상에서 결국 패하고 만 것일까? 암베드카르는 적어도 달리트들을 위한 많은 의회의석을 확보했는데 이는 하나의 커다란 성취라고 하지 않을 수 없을 것이다. 그 실례로 인도 정부는 1935년에 억압받는 계층의 사람들(1936년부터는 지정 카스트)을 위해 의원대표제를 마련하게 되었고, 간디의 주장처럼 연합 선거를 실시하는 대신 전국 1,585개의 의석 가운데서 151개의 지정석을 마련하게 된 것이다.[218] 이것은 지

■

215) A. M. Rajasekhriah, *B. R. Ambedkar - The Quest for Social Justice*, New Dehli, 1989, p. 63.

216) ibid. pp. 66-67.

217) Baxi, Upendra, "Political Justice, Legislative, Reservation for Scheduled Castes and Social Change" (Dr. Ambedkar Memorial Lecture-1978), University of Madras, p. 9

218) Asha Krishan, *Ambedkar and Gandhi* (Mumbai: Himalaya Publishing House, 1997), pp. 157-159.

정 카스트들이 대의원으로서의 정치적 활동역량과 폭을 넓힐 수 있는 계기가 되게 함으로써, 그들의 억압적 상황과 현실을 타개할 수 있는 유리한 제도적 장치를 마련했다는 점에서 의의가 큰 것으로 볼 수 있다.

암베드카르가 지정석 확보를 위해 기여한 공은 크지만, 지정석 확보의 몫은 각 정당의 정치적 역량에 달려 있는 것이었으므로, 암베드카르는 1936년 8월에 독립 노동당Independent Labour Party을 창설하여, 선거전에서 예약된 지정석의 많은 자리를 확보하기 위한 정치적 노력을 계속했다. 노동당이라는 명칭이 지칭하듯이 이는 억압받는 계층들을 포함한 것이며, 노동자들의 권익을 동시에 꾀한다는 측면에서 단순히 불가촉천민들의 차원을 넘어선 노동자와 전체 달리트들의 정치적 연합이라는 의미를 지니기도 하는 것이었다.

그럼에도 불구하고, 영국 식민지 상황에서의 인도의 정치적 환경은 무슬림, 그리스도교, 시크교 등의 각종 집단이기주의와 분파주의적 경향으로 결코 달리트들에게 유리하게 작용하지 못했다. 또한 신설 독립 노동당은 국민회의the Congress, 무슬림 연맹, 그리스도교 연합, 시크교 등의 정치 경제적 역량을 좇아 갈 수 없었다. 더욱이 암베드카르의 신설정당이 내부 갈등이 있었다는 점과, 심지어 국민회의 내에 상당수의 지정 카스트 출신의 지도자들이 소속되어 있었다는 점[219]이나, 정당의 구성원이 주로 마하르 공동체에 제한되어 더 넓은 대중에게 호소력을 지니지 못했다는 점은 암베드카르의 달리

■
219) ibid. p. 158.

트 운동의 한계로 지적되지 않을 수 없을 것이다. 더욱이 151석으로 확보된 지정석도 1937년 2월에 개최된 주 선거 결과 여러 정당 가운데 국민회의가 78석을 차지하는[220] 51%의 점유율을 보인 것도 보수 정당의 위력을 여실히 입증하는 것이었다. 나머지 73석[221]도 여타의 정당들이 일정정도 나누어 확보하고 있는 것을 보면, 암베드카르가 이끄는 독립 노동당의 미래는 결코 밝은 것이 아니었다고 볼 수 있을 것이다. 그럼에도 불구하고 암베드카르는 봄베이의 주 선거에 주력했기 때문에, 15석의 지정석 가운데 국민회의는 4석만을 확보한 반면에, 독립 노동당은 11석을 확보하는 개가를 올렸다.

간디와 암베드카르의 협상 결과로 얻어진 지정 카스트들에 대한 지정석의 확보는 인도 역사에서 처음으로 참정권을 부여했다는 정치적 의미 외에, 실로 불가촉천민들을 위한 효과적인 정치가 얼마나 실현될 수 있었던가 하는 문제는 여전히 복잡한 해석을 낳게 하고 있다. 그러나 한 가지 분명한 사실은 지정석 확보 제도로 인해, 어느 정당도 유권자인 지정 카스트들의 투표율을 무시할 수 없게 되었다는 점은, 간디와의 협상 결과에 대해 비판적인 입장을 보였던 박시의 견해와 달리, 암베드카르의 공로로 인정하지 않을 수 없을 것이다.

(2) 달리트 운동의 또 다른 영향: 달리트 신학

암베드카르의 달리트 운동은 달리트들에게 종교 간의 벽을 넘어

■

220) ibid. p. 159.

221) ibid. p. 160.

선 또 하나의 해방운동의 길을 열어 주었다는 점에서도 큰 의의를 지닌다. 달리트 그룹에 속한 그리스도인들이 암베드카르의 달리트 운동의 결과 자극을 받아 신학적인 토착적 해방운동이 탄생했는데, 그것을 일러 달리트 신학Dalit Theology[222]이라고 일컫는다. 물론 이 달리트 신학은 1978년부터 구체적인 결실을 맺기 시작하는 것[223]이지만, 라틴 아메리카의 해방신학Liberation theology이나 미국의 흑인신학Black Theology, 한국의 민중신학과 맥락을 같이하는 눌린 자들에 대한 해방신학에 속한다. 그러나 달리트 신학은 구티에레즈Gustavo Gutierrez나 몇몇 라틴 아메리카 해방신학자들이 적용하는 바와 같은 마르크스주의 이론을 받아들이는 것이 아니라,[224] 독특한 인도적 토착신학이다. 그것은 라틴 아메리카나 미국 또는 한국의 상황이 인도와 다른 만큼 그럴 수밖에 없다. 달리트 신학이 다른 해방신학과 구분되는 가장 분명한 차이점은 카스트 제도에 있다. 인도의 개신교 목회자 아자리아M. Azariah 감독에 의하면, 이러한 카스트적 상황에서 억압받는 60만 개의 달리트 마을은 남아프리카의 흑인에 대한 인종차별적 격리 정책보다 훨씬 더 심한 것으로, 달리트로서 그리스도인

■

222) 지난 30여 년 동안 인도의 달리트 신학자들은 대략 60~70명 정도로 추산되고 있고, 그 중에서 12명 정도가 전위의 신학자로서 달리트 신학의 이론적 작업에 활발히 활동하고 있다. 이들 가운데서도 주요 신학자 5명을 거론하면 다음과 같다. 니르말 목사(Dr. A. P. Nirmal), 앤토니 라즈 목사(Fr. Anthony Raj), 고 아브라함 아리우크지엘 목사(Dr. A. M. A. Ayrookuzhiel), 그리고 『달리트 예수(Jesus the Dalit)』라는 책을 쓴 아룰 라즈 목사(M. R. Arul Raj)와 아자리아(M. Azariah) 목사다. cf. Masilamani Azariah, *A Pastor's Search for Dalit Theology* (Delhi: ISPCK, 2000), pp. 182-183.

223) 오늘날 달리트 그리스도인이라고 부르는 '지정 카스트 출신 그리스도인(Christians of Scheduled Caste Origin)'의 곤경에 대한 제일차 '국가 협의회'가 1978년 방갈로(Bangalore)에서 로마 가톨릭과 개신교 대표자들 약 200여 명이 참석한 가운데 개최된 것을 기점으로 잡을 수 있다. ibid. p. 177.

224) ibid. pp. 176-177.

이 되어도 여전히 '힌두 달리트'나 '하리잔'과 같이 차별적인 불평등대우를 받기는 마찬가지라고 주장한다.[225)]

달리트 그리스도인들이 지난 수십 년간 카스트의 속박에서 벗어나기 위한 신학적인 정초를 마련하는 데에는 달리트 지도자였던 암베드카르의 여러 저술들이 영향을 미쳤다고 볼 수 있는데, 그 가운데 특히 『누가 수드라인가?』와 『카스트의 철폐』는 큰 영향을 미쳤다.[226)] 이러한 저술들은 달리트들의 의식을 각성시킨 것은 물론 자신들의 정체성에 대해 반성적으로 자문하게 함으로써, 달리트 신학의 형성에 큰 기여를 한 것으로 볼 수 있다. 물론 달리트 운동과 관련하여 신학을 체계화시키고 연구에 기여한 대표적인 이들로는 존 웹스터John C. B. Webster와 제임스 매세이James Massey가 있다.

존 웹스터는 『종교와 달리트 해방Religion and Dalit Liberation: An Examination of Perspective』(1999)이라는 책을 통해 약 지난 1세기에 걸친 달리트 종교의 간략한 역사와 함께, 암베드카르의 종교관, 달리트 신학과 암베드카르, 암베드카르 이후의 달리트와 종교의 문제를 다룬다. 그는 달리트 해방과 종교 문제에 관한한 가장 중요한 기여를 한 인물로 단연 암베드카르를 꼽는데 주저하지 않는다.[227)] 그러면서 웹스터는 암베드카르가 모든 종교를 사회 비평적 입장에서 보기 때문에, 종교를 선택함에 있어서 자유, 평등과 우애의 관점에서 인

■

225) ibid, p. 176.

226) ibid, p. 178.

227) J. C. B. Webster, *Religion and Dalit Liberation: An Examination of Perspective* (New Delhi: Manohar, 1999), p. 100.

간에게 도움이 되는 종교를 택해야 함을 강조하고 있다고 주장한다. 그러면서도 웹스터는 암베드카르의 견해가 달리트 해방을 위한 총체적인 투쟁에 있어서 종교가 어떠한 역할을 해야 하는가 하는 문제를 성찰하는 출발점이 된다[228]고 평가하고 있다. 이러한 지적은 암베드카르의 달리트 운동이 달리트 신학뿐 아니라, 그 밖의 또 다른 달리트 종교 운동이 발생한다고 해도 여전히 그 이론적 토대는 암베드카르의 운동이론에서 일차적으로 출발하게 될 것임을 예측케 해 주는 것이다. 이로써 우리는 암베드카르의 달리트 운동이 달리트 신학에도 지대한 영향을 미치고 있음을 살펴보게 되었다. 그러면 이제 어떠한 원리와 방식으로 암베드카르가 불가촉천민 해방을 위해 투쟁했는지를 다음에서 살펴보자.

3) 천민 해방을 위한 사회적 혁명의 기초: 자유, 평등, 우애

(1) 억압받는 계층민의 현실과 암베드카르의 활약

간디와는 달리 불가촉천민으로 태어나 학창시절부터 차별대우를 받고 자라난 암베드카르는 마하르 공동체와 '억압받는 계층민들'이 억압적인 사회 풍습으로 정당한 인권을 유린당해 왔음을 일찍이 알게 되었다. 그리하여 그는 다음과 같이 불가촉천민들의 곤경을 토로하고 있다.

■

228) ibid. p. 102.

> "힌두 사회는 불가촉천민들의 차별을 주장해왔고 힌두인들의 거주지 안에서 사는 것을 허용하지 않았다. 이것이 힌두인들이 만들어 놓은 불가촉천민들의 기본적인 모습이다. … 이것은 지역적 분할을 통해 소위 '부정(不淨)하다고 생각하는 천민들'을 밧줄로 감은 새장 속에 집어넣는 것과 같은 일종의 '비상 방역선(防疫線, cordon sanitaire)'이나 다름없다. 모든 힌두 마을마다 게토(여기서는 슬럼지구와 같은 천민들이 모여 사는 마을을 지칭)가 있다. 힌두인들은 마을에 살지만 불가촉천민들은 게토에 살고 있다."[229]

암베드카르는 다음과 같이 말한다. "이와 같이 불쾌한 차별과 정당하지 못한 통치제도를 지닌 오늘날의 카스트 제도는 우리가 공동으로 안고 있는 가장 큰 민족적 취약점 가운데 하나다."[230] 암베드카르는 기회 있을 때마다 "억압받는 계층민들"의 정치적 권리와 보호를 요구했다. 그는 1918~1919년 사이에 개최된 사우스보로 위원회Southborough Committee에서 피억압민들의 정치적 권리를 공개적으로 호소했다. 그는 당시 불과 28세의 나이에 이 위원회에 호소문을 제출한 것이다. 그는 호소문을 통해 인도의 사회적 분할구도와 불가촉천민들의 위상을 설명하면서, 유권자의 수에 따른 비례 대표제를 주장하여 최소한 봄베이 의회의 의석은 "억압받는 계층민들"을 위해 9석[231]은 지정되어야 한다는 대범한 주장을 하게 되었다. 최소한의

■

229) B. R. Ambedkar, *The Untouchables - Who Were They and Why They Became Untouchables* (New Delhi: Amrit Book Company, 1948), pp. 57-58.

230) *Source Material on Dr. Babasaheb Ambedkar and the Movement of Untouchables, Vol. I*, p. 26.

231) 암베드카르의 지정석 확보를 위한 투쟁은 1919년 1월 사우스보로 위원회에서 처음 제기되었으나, 이때 지정 카스트를 위해 7명의 지정석이 보장되었고, 그 후 1919년 12월에 인도 정부 결의서(Government of India Act)는 20명으로, 1932년 8월의 상호 재정(裁定)위원회(Communal Award)는 71명으로, 1932년 9월의 푸네 헌장(Poona Pact)에서는 148명(이때 봄베이는 15명으로 지정된다)으로, 1935년의 인도 정부 결의서는 다시 151명으로 지정석의 증가를 보여주고 있다. Asha Krishan, op. cit. p. 160. cf. K. N. Kadam, *Dr. Babasaheb Ambedkar and the Significance of the Movement,*

사회 개혁을 위한 그의 이 같은 논리적 주장을 위원회에서 검토한 결과, 처음으로 봄베이 주 정부에서 불가촉천민들을 위한 1석이 지정되었다.

불가촉천민의 정치적 권리 회복에 대한 암베드카르의 활약은 1920년대와 1930년대에 두드러졌다. 1920년에 콜라푸르Kolhapur의 망가온Mangaon에서 불가촉천민을 위한 첫 회합을 주재한 이래, 같은 해 나그푸르Nagpur에서 샤후 마하라즈Shahu Maharaj를 의장으로 선출하고, 여기서 암베드카르는 지명이 아닌 선거에 의한 의원 선출을 주장했다.[232] 1924년에 솔라푸르Sholapur의 바르시Barshi에서 주 정부 차원의 억압받는 계층을 위한 회합이 개최됐는데, 여기서 억압받는 계층민의 지위 향상을 위한 중앙 조직을 결성하기로 협의했다. 같은 해 암베드카르는 봄베이에서 결성된 <봄베이 억압받는 계층민 협회 Depressed Classes Institute of Bombay>Bahishkrita Hitakarini Sabha의 회장으로 선출된다. 이러한 암베드카르의 활약상을 주목하고 있던 인도 법정 위원회인 시몬 위원회The Simon Commission는 몇 해 후 암베드카르에게 "억압받는 계층"을 위해 탄원할 수 있는 황금 같은 기회를 주었던 것이다. 1928년에 그는 다음과 같은 두 가지 기념비적인 진술을 하게 된다. 이를테면, (1) 봄베이 지구Bombay Presidency[233]의 "억압받는 계층민"의 권익보호를 위한 진술, 그리고 (2) 봄베이 지구 헌법에 관한 보고서다. 여기서 암베드카르는 "공동 유권자communal electorates"

■

pp. 76-105.

232) Dhananjay Keer, *Dr. Ambedkar -Life and Mission*, p. 42.

233) 인도 독립 이전에는 인도에 봄베이, 벵갈, 마두라스의 3대 관구가 있었다.

제도를 악법(惡法)이라고 규정하고 정치적 정의에 입각한 성인 참정권adult suffrage을 주장했다.[234] 그는 다수의 특권을 누리는 힌두 사회에서 다수의 논리에 의해 소수민이 피해를 입게 되는 "공동 유권자" 제도보다는 무슬림 또는 불가촉천민과 같은 소수민의 권익을 위한 "유권자 분리separate electorates" 제도가 낫다고 보았고, 더 나아가 "유권자 분리" 제도보다는 힌두인이 이슬람 대표를 뽑고, 이슬람교도가 힌두인 대표를 뽑을 수 있는 혼합 형식의 "연합 유권자joint electorate" 제도가 더 바람직하다고 주장했다. 왜냐하면 "연합 선거 제도와 (비례대표에 의한) 지정석 제도로 소수파는 자기 몫의 (의회) 대표를 확보할 뿐 아니라 그 이상의 효과를 얻을 수 있기 때문"이라는 것이다.[235]

암베드카르는 <봄베이 억압받는 계층민 협회>를 대표하여 "억압받는 계층민"들의 교육문제에 대하여 시몬 위원회에 다음과 같은 건의문을 제출한다.

> (가) 억압받는 계층민의 교육을 위해 주 정부는 수입원의 부담금을 우선적으로 책정해야 할 것이며, 교육을 위한 총 보조금 가운데 정당하고 공평한 몫이 억압받는 계층민에게 배당되어야 한다.
> (나) 군(軍), 경찰의 신병 모집에서 카스트와 같은 어떤 제한이 없이 억압받는 계층민들의 권리가 자유로이 보장되어야 한다.
> (다) 30년 동안 공공 또는 비공공 부문의 시민 활동 가운데 언론이나 출판의 모든 직업에서 억압받는 계층민들의 취업이 우선적으로 고려되어야 한다.

■

234) Dr. Babasaheb Ambedkar, *Writings and Speeches, Vol. I*, p. 338.

235) ibid. pp. 350-352.

(라) 모든 행정구역마다 억압받는 계층민들 가운데서 고위직 경찰 간부가 임명되어야 한다.
(마) 지방자치구에서 획득된 영향력 있는 의회의 대표권은 주 정부로부터도 인정되어야 한다.
(바) 이상에 언급된 권리를 주 정부로부터 박탈당했을 때, 억압받는 계층민들은 인도 정부에 탄원할 수 있어야 하며, 인도 정부는 문제가 있는 사안에 대해 주 정부를 추궁할 권리가 주어져야 한다.[236)]

암베드카르는 인도 법제 심의회Indian Statutory Commission에 "억압받는 계층민"이 사실 "불가촉천민"과 동의어라고 하면서 다음과 같은 사실을 강조하고 있다.

"본인이 우선적으로 주장하고 싶은 것은 우리는 힌두 공동체와는 분리된 하나의 독특한 소수파로 인정되어야 한다는 것입니다. 우리는 지금까지 힌두 공동체의 일부분으로 간주되어 옴으로써 우리 소수파의 특징이 감추어져 왔습니다. 그러나 사실 억압받는 계층민들과 힌두 공동체 사이에는 어떤 연결점도 실제로 없습니다. 두 번째로 주장하고 싶은 것은 영국령 인도에서, 그 어떤 다른 소수파보다 억압받는 계층민들에 대해 훨씬 더 강력한 정치적 보호가 필요하다는 것입니다. 그들은 교육적으로 매우 낙후되어 있고, 경제적으로 가난하며, 사회적으로 노예화되어 있어서 다른 공동체는 겪지 않는 엄청난 정치적 무능으로 고통을 받고 있다는 사실입니다."[237)]

이상의 진술을 통해서 볼 때 암베드카르는 "억압받는 계층"이라

■
236) ibid. p. 442.
237) *Indian Statutory Commission, Vol. XVI, Selections from Memoranda and Oral Evidence, Part I* (London: H.M.S.O., 1930), pp. 52-75. cf. Asha Krishan, *Ambedkar and Gandhi* (Mumbai: Himalaya Publishing House, 1997), pp. 68-69.

는 표현을 쓰고 있지만 사실은 "불가촉천민"을 지칭하고 있는 셈이다. 불가촉천민이야말로 인도 소수파 공동체 내에서 정치, 경제, 사회, 교육적으로 가장 낙후되어 정치적 보호를 받아야 하는 계층의 사람들이기 때문이다. 암베드카르는 이와 같이 천민들의 권익을 위해 법정 위원회에 대한 정치적 발언과 회합을 개최하면서 동시에 불가촉천민들을 각성시키고 대중들을 지원하기 위한 방법을 계속 찾고 있었다. 1920년대 후반에 결성된 또 하나의 조직체로서 <사회평등 연맹Samaj Samata Sangh>이 그것이다. 이 연맹의 의장으로서 암베드카르는 카스트 상호 간의 활동을 강조하고 신문을 발행했는데, 그러한 활약의 결과 불가촉천민들을 위한 베다적 전통의 결혼식이나 신성한 의례들을 수행할 수 있었다.[238] 1920~1930년대에 계속된 이와 같은 인권 향상을 위한 조직 형태의 여러 회합과 운동 가운데 가장 주목할 만한 것은 1927년 3월 암베드카르가 '콜라바 지역 억압받는 계층민 협의회Conference of the Kolaba District Depressed Classes'에서 회의를 주재하고, 그를 추종하는 수천 명의 불가촉천민들과 함께 물 공급을 위해 운동을 벌인 사건이다. 그 결과 1927년 겨울 마하드 자치구Mahad Muni가 불가촉천민들에게 '초다르 물탱크Chowdar Tank'를 공급하라고 선언했다. 그러나 카스트 힌두인들의 저항으로 마하드 자치구가 그 선언을 철회하자 불가촉천민들은 그들의 권리를 행사할 수 없었다. 이를 하나의 도전으로 받아들인 암베드카르는 1927년 12월 25일에 개최된 마하드 대회에서 다음과 같이 말한다. "만일 우

238) Asha Krishan, op. cit. p. 69.

리가 인간과 시민으로서의 우리의 권리를 주장하는 데에 실패한다면, 우리는 영원히 패배자로 남게 될 것이다."[239] 그리하여 '초다르 물탱크 시위'는 다시 시작되었고, 이는 법정 문제로 비화되면서 결국 거의 10년 후에 봄베이 고등법원은 암베드카르의 편을 들어주었다.

(2) 혁명의 기추원리: 자유, 평등, 우애

암베드카르는 마하드 의회의 의장 연설에서, 일차적으로 평등의 기치를 내세우며 사회적 장애들의 폐지를 위해 다음과 같이 주장했다.

> "본 회의는 '평등'의 횃불을 높이 들기 위해 개최되었으며, 그리하여 1789년 프랑스에서 소집된 '국민 의회Nation Assembly'와 비교될 수 있을 것입니다. 우리의 회합은 사회적, 종교적, 시민적, 경제적 문제의 동등한 성취를 목적으로 하는 것입니다."[240]

이와 같은 '평등'을 목적으로 전개된 암베드카르의 사회적 운동은 단순히 사회적 장애들의 제거만이 아니라 하나의 사회적 혁명을 실현하는 것이었다. 이러한 사회적 혁명은 누구나 높은 사회적 지위에 오를 수 있도록 '평등한' 기회를 제공함으로써 인간이 만든 모든 카스트의 장벽을 제거하는 것이며, 인간과 인간 사이의 차별을 없애고 만인에게 시민으로서의 권리를 제공하는 것이었다. 암베드카르는 차별적 카스트를 철폐하고 그 대신 하나의 카스트 속에 전 인도인이 결속되기를 희망하며 다음과 같이 말한다.

239) *The Indian National Herald*, 28 December, 1927. cf. Asha Krishan, op. cit. p. 70.

240) *The Indian National Herald*, 28 December, 1927. cf. Asha Krishan, ibid. p. 70.

"우리의 운동을 통해 전 인도인이 단 하나의 카스트로 결속될 수 있다면 우리는 인도 국가에, 특별히 힌두 공동체에 가장 큰 봉사를 하게 되는 것입니다."241)

암베드카르는 카스트 체제의 불평등성에 대해 계속해서 다음과 같이 말한다.

"카스트의 불공평한 차별과 부정(不正)한 통치 체제는 우리가 공동으로 안고 있는 가장 큰 민족적 약점입니다. 우리의 운동은 용기와 결속, 그리고 평등, 자유, 우애를 표방합니다."242)

암베드카르는 자유와 평등 그리고 동포를 사랑하는 우애에 기초하여 가능한 한 평화롭게 사회 변혁운동을 주도하고자 했다.

"비폭력으로 일관하고자 하는 우리의 결심은 우리를 적대하는 자들의 태도에 크게 달려 있다. 우리는 공격자들이 아닌데, 우리의 압제자들이 세대를 통하여 우리를 공격자라고 비난해온 것은 이상한 일입니다. 우리는 과거 '암흑시대Dark Ages'에 형성된 '법전(法典, Shastras 또는 Smrits)'들에 묶여서 통제받는 일을 거부하며, 우리의 주장을 정의와 인간애에 기초하고자 합니다."243)

그의 주장에 따라 4가지 결의 사항이 채택되었는데, 암베드카르에 의하면 이 4가지 결의안은 "불가촉천민들이 획득한 하나의 새로운 전망을 보여주는 것"244)이었다. 그 중에서도 가장 중요하다고 생

■
241) Asha Krishan, op. cit, p. 71.
242) ibid, p. 71.
243) ibid.

각되는 2가지 결의안을 살펴보자.

결의안 I: "힌두인의 권리 선언"으로 표방되는 이 첫 번째 결의안은, 잘못된 종교적 신념을 따름으로써 사회적 부정의를 묵인함으로 인해 당면하고 있는 힌두 공동체의 참상과 타락상을 보여주는 하나의 단면이자, 다음과 같은 암베드카르의 심오한 결의를 보여주고 있다. 이를테면 힌두 공동체의 타락상은 대중들이 인간의 생득권(生得權, birth right)이 무엇인지 잘 알려고 하지 않는데 일차적으로 그 원인이 있으며, 더 나아가 이기적인 사람들의 비열한 행위를 보면서도 그냥 내버려두는데 더 큰 원인이 있다는 것이다. 따라서 인간의 생득권을 알고 투쟁을 통해 인간과 인간 사이에 그리고 계급과 계급 사이에서 짓밟히지 않을 수 있다는 것을 안다는 것은 만인에게 주어진 신성한 의무에 속한다는 것이다. 첫 번째 결의안의 6가지 항목의 내용은 다음과 같다.

> (가) 모든 인도인들은 동일한 사회적 지위를 태어나면서부터 갖는다. 이러한 사회적 지위의 평등성은 죽을 때까지 지속된다. 사회적 역할 속에서는 기능적 차이는 있을 수 있다. 그러나 그것이 사회적 지위에서의 차별이어서는 안 된다. 그러므로 본 회의는 사회적 지위의 차별을 조장하는 어떤 정치적 경제적 사회적인 제반 행위들을 거부한다.
>
> (나) 모든 정치 경제 사회적 변화의 궁극적 목적은 모든 인도인들의 본래적인 평등한 지위를 보장해주는 것이어야 한다. 본 회의에서 우리는 고대와 근대를 막론하고 힌두 사회체제에 깔려서 불평등을 초래하는 악성(惡性) 교리들을 지지하는 모든 힌두 문헌을

■

244) B. R. Ambedkar, "The Revolt of the Untouchables", p. 17. cf. S. S. Rege, *Private Collection of Dr. B. R. Ambedkar Papers*. Asha Krishan, op. cit. p. 71.

거부한다.

(다) 모든 권력은 백성들로부터 나온다. 백성들에게서 부여받은 것이 아니라면, 개인이나 계급적인 어떤 특권도 정당성이 없다. 그러므로 본 회의는 백성들의 자유로운 동의 없이 『베다』나 『스므리티(법전)』, 『푸라나(古聖傳)』 등에 기초한 힌두의 어떤 계급이 즐기는 사회 종교적 특권을 거부한다.

(라) 모든 사람에게는 말과 행동에서의 생득권적 자유가 있다. 이 자유는 오직 타인의 인권을 보호하기 위한 때에만 제한된다. 더 나아가서 이 제한은 오직 백성들의 재가(裁可)에 의해서만 가능한 것이지, 그 어떤 힌두 법전Hindu Shastra의 명령으로도 제한받지 않는다. 그러므로 본 회의는 백성들로서가 아니라 힌두 법전에서 부과된 사고와 행위로 말미암는 종교 사회, 경제적 자유의 모든 제한을 거부한다.

(마) 인도인들은 생득권 외의 다른 권리들은 오직 법에 의해서만 박탈될 수 있다. 인도인은 법으로 금지되지 않는 것에 대해 자유롭게 행동해야 하며, 법적인 의무가 없는 것에 대해 강제당해서는 안 된다. 그러므로 사람들이 공공 도로나 공공 우물, 공공 사원이나 기타 모든 공공시설을 사용하는데 방해받아서는 안 된다. 법이 금지하지 않고 있는 문제를 방해하는 사람에 대해 본회의에서는 공공의 적들로 간주한다.

(바) 법이란 개인을 지배하기 위한 것이 아니며, 변화에 대한 백성의 규정이다. 그렇다면 법은 존중되어야 하며 만인의 동의로 이루어져야 하고, 어떠한 차별도 없이 만인에게 평등하게 적용되어야 한다. 사회적 구분이 사회적 목적에 따라 필요한 것이라면, 가치에 기초한 것이어야지 출생에 기초해서는 안 된다. 본 회의는 첫째로 사회에 해롭고, 둘째로 출생에 기초하고 있고, 셋째로 백성들의 재가를 받지 않은 힌두 카스트 체제를 거부한다.[245)]

이와 같은 기념비적인 선언을 통해 암베드카르는 그 자신이 장차 인도 헌법 제정의 주요 인물의 한 사람으로서 '인도 헌법의 제3부'

245) B. R. Ambedkar, "The Revolt of the Untouchables", pp. 17-19.

에 명문화되는 기본권the Fundamental Rights의 예시를 보여주고 있다. 본 대회에서의 두 번째 결의안은 『마누법전Manu Smriti』을 불태우는 것과 관련된다. 암베드카르는 다음과 같이 그의 결연한 의지를 표방한다.

> "힌두의 법을 수여하는 자 마누Manu의 이름으로 선포되는 법들은, 그리하여 힌두 법전으로 인정되고 있는 법들은 하위 층 카스트에 속한 자들을 경멸하고 있으며 그들의 인권을 박탈하고 그들의 인간성을 붕괴시키고 있다. 문명화된 전 세계의 인권의 빛에 이들을 비교해 볼 때, 본 회의는 『마누법전』이 그 어떤 존경도 받을 자격이 없으며, 거룩한 책이라고 불릴 가치도 없고 하층 카스트에 속한 사람들에 대한 심각한 경멸을 보여주고 있기 때문에, 본 회의가 끝날 무렵에 종교의 이름으로 가장하여 사회적 불평등 체제를 구체화시키는 『마누법전』을 저항의 표시로서 불태우려고 한다."[246]

불가촉천민을 억압했던 카스트 제도를 거부하는 하나의 상징으로써, 한 권의 『마누법전』을 의례적으로 불사르기로 한 것이다. 결의안에 대한 평가에서 암베드카르는 다음과 같이 말했다.

> "이 결의안들은 성격상 실로 혁명적이었습니다. … 『마누법전』을 불태우기로 한 것은 엄청난 용기의 소산이었습니다. 그것은 바로 힌두 요새에 대한 공격이었습니다. 『마누법전』은 힌두 생활과 사고의 기초로서 불평등 정신을 구체화시켰습니다. 마치 바스티유 감옥Bastille이 구 프랑스 통치 정신의 구체적인 산물이었던 것처럼 말입니다."[247]

■

246) Asha Krishan, op. cit. p. 74.

『마누법전』을 불태우기로 한 마하드 대회Mahad Conference 이후에 암베드카르는 집단행동이 단합과 용기를 가져 올 수 있다는 사실을 깨달았다. 그 후 그는 불가촉천민들의 사원 진입을 시도하는 이른바 '사원 사타그라하temple saty.grahas'[248]를 시도한다. 푸네Pune와 나시크(Nasik)이 사원 진입 운동의 주요 장소들이었다. 1929년에 마하르 사탸그라하(Mahar satyagraha, 마하르인들의 眞理把持운동)가 푸네에 있는 파르바티Parvati 사원에 들어가기 위해 시도되었다. 정부는 이 '사탸그라하'를 인정하지 않았고 지지하지도 않기로 결정했다. 이 문제에 대하여 암베드카르와 간디 사이의 직접적인 대결은 없었지만 '사탸그라하'의 실패와 의회의 지지 거부로 인해 암베드카르와 그의 추종자들은 의회와 간디를 불신하게 되었다.[249] 나시크에 있는 칼라람Kalaram 사원은 1930년부터 1935년까지 사원 진입을 위해 가장 오랜 투쟁을 하게 된 곳이었다. 암베드카르와 각 지역의 마하르 지도자들로 조직된 '칼라람 사탸그라하'는 5년 동안 수천 명의 불가촉천민들이 사원에 들어가서 매년 거행되는 사원의 의례 행렬에 참가하고자 시도했던 것이다. 그러나 이 시도 또한 푸네에서의 파르바티 사원 출입운동처럼 성공적이지 못했다. 이 사건은 사탸그라하 방법

■

247) B. R. Ambedkar, "The Revolt of the Untouchables", p. 21. cf. Writings and Speeches, Vol. 5, p. 225.

248) '사탸그라하(Satyagraha: 眞理把持)'는 간디가 즐겨 쓰던 운동의 기초 이념으로써, 진리에 입각한 진리를 따르는 운동으로, 불가촉천민들에게 허용되지 않았던 사원 출입 문제를 해결하기 위해 마하르(mahar, 불가촉천민집단) 운동의 차원에서 적용한 것이다. 사원 진입 운동의 추진력은 마하르 운동에서 커져간 것이지만 이름은 "사원 사탸그라하"라고 불려진다. 비폭력적인 행동 기법은 간디의 교훈에서 얻은 것이지만 마하르 운동은 간디나 그 계열의 조력자들과 전혀 무관하다.

249) Asha Krishan, op. cit. p. 75.

을 더욱 각성케 했을 뿐 아니라 불가촉천민들 가운데서 분리주의자들의 정치적 입장을 강화시켜 주기도 했다. 사원 진입의 사탸그라하는 1935년에 암베드카르가 더 이상 그 자신을 힌두교인으로 생각지 않는다는 욜라Yeolar에서의 선언으로 종식된다.

불가촉천민 문제와 관련해서 암베드카르가 추구한 방법은 간디와 사뭇 다르다. 간디는 힌두사회 체제의 범위 내에서 개혁을 구상한 것이었고, 암베드카르는 역사 속에서 수세기 동안 그의 공동체가 겪어 온 상처가 단순히 치유될 수 없는 성질임을 확신하고 있었기 때문에 간디의 방식이 그에게 비현실적인 것일 수밖에 없었다.[250] 따라서 그는 그의 집단이 억압적인 체제에서 벗어날 수 있도록 자유, 평등, 우애에 기초하여 그의 집단에 대한 정치적 권리와 보호를 요청한 것이다.[251]

암베드카르는 인도 국민회의Indian National Congress가 미묘한 정치적 목적으로 인해 불가촉천민들을 정치적으로 이용할 것을 두려워하여, 이상적인 언어나 입술에 발린 경건한 소망 따위를 말하지 않고 불가촉천민 해방을 위한 실천적 접근을 시도했다. 자유, 평등, 우애는 암베드카르가 불가촉천민 해방을 위해 투쟁하는 기본적 원리다. 사회 혁명의 기초 원리로서 암베드카르의 이러한 사상은 멀리는 붓다에게서, 가까이는 앞서 살펴본 바와 같이 미국의 존 듀이에게서

250) 불가촉천민의 문제는 간디나 암베드카르 모두가 해결하고자 했던 하나의 커다란 숙제였다. 그러나 그 문제를 푸는 방식은 각기 달랐다. 간디는 불가촉천민들이 힌두 공동체 내에 머물면서 카스트 힌두 체제를 개혁함으로써 그들의 생활 향상을 꾀한 것이었으나, 암베드카르는 불가촉천민들 자신이 그들의 권리를 인식하고 스스로 정치적 조직을 통해 권리를 요구할 수 있도록 하기 위한 것이었다.

251) ibid.

그리고 프랑스 혁명(1789)의 사상적 기초가 되었던 전위의 사상가들에게서 영향을 받고 있다. 암베드카르는 18세기에 일어난 세계 각국의 사회변혁을 연구하면서도 특히 프랑스 혁명의 배경을 폭넓게 연구했다.[252)]

몽테스키외(1689~1755), 볼테르(Voltaire 1694~1778), 루소(1727~1778) 같은 이들이 절대 왕정 국가 체제 내에서 개인의 자유가 철저히 침해되고, "짐이 곧 국가I am the State"라는 개념하에 항상 왕이 백성을 압제하며 군림하던 시대에, 인민의 자유와 평등을 주장하고 나섰다.[253)] 프랑스 혁명에서 '자유'는 인민의 주권을 주장하는 정치적 의미를 띤 것이었고, '평등'의 개념은 법 앞에 만인이 평등하다는 '정치적 민주주의'를 의미하는 것이었으며, '우애(동포애)'는 프랑스 혁명기간 동안에 국민의 힘과 국민의식의 형태로 나타난 것이었다. 그리하여 우애의 감정은 민족의식과 애국심으로 변했던 것이다.

암베드카르가 특히 볼테르에게서 영향받은 바는 적지 않다. 볼테르는 교황의 권력과 가톨릭의 미신적인 요소들 그리고 교회의 제반 문제들을 주로 공격했다. 교회의 맹목적 신앙과 비인간적 전통과 교회에서의 권력의 남용에 대한 볼테르의 비판은 프랑스에서뿐만 아

■

252) D. R. Jatava, *Ambedkar and Humanism* (Jaipur: ABD Publishers, 1999), p. 25.

253) 몽테스키외는 자신이 귀족 출신이었지만 왕권신수설을 비판하며 『법의 정신』(1748)에서 자유를 유지하기 위해 三權分立을 주장했고, 루소는 문명사회의 허식을 비판하고 "자연으로 돌아가라"고 주장하면서도 새로운 사회의 건설에 대한 희망을 가지고 『사회계약론』(1762)에서 밝힌 바처럼 인민의 주권을 주장하였으며, 주권은 또한 인민 전체의 '일반 의지(General Will)'의 행사라고 하여 천부적 권리로서의 자유와 평등도 주장하였다. 한편 중산층 가문의 출신인 볼테르는 그 자신이 부당한 사회 질서의 희생자가 되어 수차례 감옥에 투옥되기도 하였는데, 그는 많은 저술을 통해 교회의 부패를 공격하고 신앙과 언론 그리고 출판의 자유를 특히 강조하였다.

니라 유럽 전체에 영향력을 미친 것이었다. 암베드카르는 이점이 힌두교의 미신적 요소와 권력이라는 인도 상황과 유사하다고 판단하였고,[254] 이러한 맥락에서 그는 바라문의 독점적인 종교적 권력에 맞서게 되는 것을 볼 수 있다. 암베드카르는 볼테르와 관련하여 그의 책 『불가촉천민Untouchables』에서 다음과 같이 말하고 있다.

> "그 어떤 바라문 학자도, 볼테르처럼 그 자신이 자라났던 가톨릭 교회의 교리적 권위에 지성적인 정직성을 가지고 도전하였던 인물이 없습니다. 그리고 앞으로도 없을 것 같습니다. 바라문 학자들 편에서 볼테르만한 인물을 배출해내지 못한 것은 심각하게 반성해 보아야 할 문제인 것입니다."[255]

이로써 보면, 왜 암베드카르가 볼테르를 거론하고 있는지 하는 이유는 분명해진다. 미신과 교회 권력의 남용에 가득 찬 가톨릭교회의 권위와 억압에 도전한 지성적 자유인 볼테르에게서 그는, 인도 불가촉천민 해방을 위한 자유와 평등이라는 또 하나의 방법론적 암시를 받고 있다고 말할 수 있는 것이다.

프랑스 혁명의 원리가 된 자유, 평등, 박애는 이제 인도에서 사회개혁을 꿈꾸는 암베드카르에게서 이처럼 새롭게 적용되고 있다. 프랑스 혁명 당시의 프랑스 사회보다 18세기 인도 사회는 카스트 제도의 엄격한 규정에서 불가촉천민들은 부정과 차별대우는 물론 극심한 가난과 억압 속에서 훨씬 더 큰 고통을 당하고 있었다. 이는

■

254) Dinkar Khabde, *Dr. Ambedkar and Western Thinkers* (Pune: Sugava Prakashan, 1989), pp. 63-67.

255) B. R. Ambedkar, *The Untouchables* (Shravasti: Bharatiya Buddha Shikshan Parishad, 1969), p. XI.

비단 18세기뿐만 아니라 19~20세기에 이르도록 상황은 크게 달라진 것이 없었다. 여전히 불가촉천민들은 가축을 기를 수도 없었고, 금이나 은으로 장식된 옷을 입을 수 없었으며, 버터기름이나 훌륭한 요리가 허용되지 않았을 뿐만 아니라 좋은 옷이나 집에서 살 수도 없었고, 더러운 곳에서 살며 오염된 음식을 먹으면서 낡은 옷을 입고 살 수 있을 뿐이었다.

불가촉천민들의 가장 두드러진 특징 중 하나는 수 세기 동안 이어져 내려온 착취와 억압 속에서 빚어진 비통한 적빈(赤貧) 그 자체였다. 이들의 사회적 조건은 사실상 농노(農奴)였으며, 때때로 심한 학대를 당했고 거친 관리인들의 손에서 도망칠 수도 없었다. 그들은 침묵을 강요당했으며, 압제와 불의에 아무런 불평도 못하고 살아야 했다. 어쩌다 신발이나 양말을 신고 마을을 지나가기라도 했다가는 심한 고문에 직면해야 했다. 이와 같이 카스트 제도를 고집하는 힌두인들에 의해 야기되는 비인간적 압제와 불의의 상황에서, 암베드카르는 1936년 봄베이에서 개최된 마하르Mahar 대회의 청중들에게 좋은 옷을 입고, 수염도 기르고 용품이나 도구도 마음껏 사용하며 종교적인 축제에서 봉헌도 하라고 일렀다.[256]

20세기 초에 몇몇 정치가와 사회 개혁가들이 불가촉천민들의 지위 향상을 위해 노력해 왔지만, 불가촉천민들의 가난한 경제적 처지와 그들에 대한 부조리한 사법제도, 종교적 차별 등의 비참한 생활상을 직접 경험하고 가까이서 목격한 지성적 개혁가는 오직 암베드

■
256) ibid. p. 27.

카르뿐이었다. 그는 실로 불가촉천민의 안전과 인간으로서의 존엄성과 권리획득을 위한 달리트 운동의 아버지였다. 그는 힌두 경전과 법전을 연구한 뒤 합리적 토대 위에서 그것들의 진리를 찾아보려고 했으나, 오히려 그것들은 인간 정신에 위배되는 것이었음을 알고, 그러한 법전의 제재와 교리적 속박에서 벗어나도록 달리트를 깨우쳤다. 한마디로 암베드카르는 실로 자유와 평등의 적이었던 이러한 불평등의 족쇄를 부수고자 했던 인도 근대사의 최초의 인물이었다. 앞서 언급한 바와 같이 암베드카르의 자유, 평등, 우애의 세 가지 원칙은 프랑스 혁명의 정신에서 찾아 볼 수 있는 원리이기도 하지만, 그가 생각한 바와 같이 붓다의 가르침에서 기인하는 것이기도 했다.

붓다가 힌두 사회의 불합리한 체제에 반기를 들고 나선 인물이라는 점과 만인의 자유와 평등을 가르쳤다는 점, 그리고 수드라나 혹은 낮은 계층의 사람들을 그의 '법Dhamma'으로 수용하면서 존경받는 비구승이 되게 했다는 점, 그리고 붓다의 승가(僧伽)에는 차별이 없었고 모든 구성원들이 우애적 관계에 있었다는 점 등이 암베드카르로 하여금 붓다를 자유와 평등, 우애의 모범 인물로 여기게 되었을 것임을 짐작할 수 있다. 암베드카르에 의하면, 붓다와 그의 제자들 또한 종교 사회적인 카스트 체제의 뿌리를 내린 베다의 권위에 도전했고, 붓다는 '평등에 기초한 사회'인 '사마타바디 사마즈Samatavadi Samaj'를 최초로 건설한 인물이었다. 붓다 이후 인도 사회에서 평등한 사회를 실현하고자 노력했던 인물들[257]이 때때로 등장했지만 모

■
257) 카스트 제도에 반대하여 불가촉천민들에 대한 처우를 개선하고자 노력했던 인물들은 다음과 같다. 라

두 암베드카르와 같은 사회적 변혁을 이루어 내지는 못했다.

암베드카르는 1935년 12월에 <카스트 개혁을 위한 협회[Jat-Pat-Todak-Mandal]>의 초청으로 라호르에서 개최될 의장직 연설에서 사회개혁의 방법으로 자유, 평등, 우애의 세 가지 원칙을 천명할 계획이었으나, 회담 개최자가 연설 내용의 수정을 요구해 왔고 암베드카르는 이를 거절함으로써 회의는 연기되었고 끝내 연설은 하지 못했다. 이 연설에서 암베드카르는 베다와 힌두 법전에서 기인되고 있는 불가촉천민의 참상과 카스트 제도의 근본을 맹공격할 계획이었으나, 회의는 성사되지 못했다. 그러나 '카스트 제도의 철폐'라는 제목으로 계획된 이 연설문은 여러 언어로 발행되었고, 지금까지 여러 형태로 편집되어 간행되었다.[258] 이 연설문은 짧지만 내용이 대단히 자극적이고 힌두 법전의 오류성에 대한 진지하고도 합리적인 논쟁으로 가득 찬 것이다. 이 연설문은 간디를 성가시게 했고 실제로 이 문제에 대해 간디와 심각한 논쟁을 벌인 적도 있다.[259]

소책자로 발행된 이 짧은 연설문은 마치 다이너마이트와 같은 폭발력을 발휘했는데, 이 연설문을 놓고 보수적인 힌두인들과 반동보수주의자들은 그들의 편향된 생각만 고집할 뿐, 합리적이고 건설적

■

마누자(Ramanuja), 바사바(Basava), 차크라드하르(Chakradhar), 라마난드(Ramanand), 카비르(Kabir), 자이딘아(Chaitnya), 에그니드(Eknath), 투카람(Tukaram), 라비다스(Ravidas), 초카멜라(Chokhamela), 나낙(Nanak), 스와미 아추타만드(Swami Achutamand), 스와미 크샤마만드(Swami Kshmanand), 마하트마 풀레(Mahatma Phule) 같은 이들이다. ibid., p. 28. 이들은 불가촉천민을 박타스(Bhaktas) 즉 '신을 예배하는 자들'로 만들었지만 혁명가들이 아니었기에 사회적 혁명을 이뤄내지는 못했다. 그러나 그들의 유신론적이고 영적인 가르침들은 사회 변화의 과정을 촉진시키기에 충분한 것들이었다.

258) Ambedkar, B.R., *Annihilation of Casle*, 1944.

259) D. R. Jatava, op. cit. p. 30.

인 접근은 차치하고서라도 제대로 검토도 해 보지 않았다. 그러나 암베드카르는 이에 굴하지 않고 카스트와 불가촉성의 제도적 신념에 경도된 수드라와 불가촉천민들의 참상을 하나하나 논증했다. 사실 이 책은 하층 카스트의 사람들이 카스트를 주장하는 사람들의 손에서 어떻게 고통을 당해 왔는지를 만천하에 공개하고 있다. 보수적인 힌두교도가 사회 개혁의 필요성을 늦게나마 깨닫고 이상적인 사회 질서가 어떤 것이냐고 묻는다면 암베드카르는 다음과 같이 대답할 것이라고 말한다.

"만일 여러분이 나에게 묻는다면, 나의 이상은 자유와 평등과 우애에 기초한 사회입니다. 우애하자는데 무슨 반대가 있겠습니까? 나는 어떤 반대도 상상할 수 없습니다. 이상적인 사회는 다양한 채널로 전환이 용이하도록 충분히 유동적이어야 합니다. 이상적인 사회에서는 많은 이해관계들이 끊임없이 소통되고 공유되어야 합니다. 우애는 민주주의의 다른 이름일 뿐입니다. 민주주의는 단지 정부의 한 형태에 불과한 것이 아닙니다. 민주주의는 무엇보다 협동적인 삶의 한 양태이며, 연대적 의사소통의 경험입니다. 그것은 본질적으로 동료 인간에 대한 존경의 태도를 갖는 것입니다.

자유에 또한 반대가 있습니까? 자유로운 운동 그리고 생명과 신체적 권리라는 측면에서의 자유를 부정할 사람은 드물 것입니다. 그러나 재산과 생명과 신체적 자유를 허용하지만 카스트를 지지하는 자들은 직업 선택의 자유를 쉽사리 승낙하려고 하지 않습니다. 이러한 태도는 노예를 영속화시키는 것입니다. 카스트 체제에서는 선택에 의해서가 아니라 사회적 강요에 의해서 직업을 택해야 하는 사람들이 있습니다.

그리고 평등에 반대가 있습니까? 이 평등의 문제야말로 프랑스 혁명의 슬로건 가운데 가장 쟁점이 되었던 부분이었습니다. 모든 사람이 똑같지 않다는 이유로 평등에 반대하는 사람이 있을 것입니다. 평등이 하나의 허구일 수도 있습니다. 그러나 그럼에도 불구하고 우리는 평등을 통치 원리로 수긍해야 합니다. 한 인간의 능력은 부모에게서 물려받은 신체적 조건이나 교육, 사회학적 지식이나 유산 그리고 그 자신의 노력에 따라 분명히 다릅니다. 그러나 문제는 그들의 능력이 서로 다르다고 해서 그들을 불평등하게 차별해서야 되겠습니까? 출생, 교육, 가문, 사업, 유산 등이 서로 다르더라도, 가능한 인생의 경주에서 그 출발점은 평등해야 한다는 것입니다. 인간에게 등급을 매겨서는 안 될 일입니다.[260]

인도 헌법의 초안자로서 암베드카르는 그의 사회·정치 철학을 헌법에 반영하여 인간의 기본권에 대한 규정을 국가 정책의 지도 원리로서 헌법에 포함시키고 있다. 여기서 그는 전통적인 보수적 힌두 사회 체계를 총체적으로 부정하고 있는데, 이는 인도의 사회 변동사에서 하나의 획기적인 사건이었다.[261] 그러나 암베드카르의 사회철학과 관련하여 반드시 지적해야 할 한 가지 분명한 사실은 그가 사회 철학의 원리로서 주창하고자 하는 자유, 평등, 우애의 3가지 원리는 프랑스 혁명에서 모방한 것이 아니라, 붓다의 가르침에서 뽑아낸 것이라는 점이다. 암베드카르가 1954년 10월 3일에 <전 인도 라디오 방송국All India Radio>에서 '나의 개인적 철학'이라는 주제로 연속해서 방송한 내용을 보면 알 수 있다. 그는 다음과 같이 말한다.

"확실히 나의 사회 철학은 자유, 평등, 우애의 3가지 단어로 명시될 수 있습니다. 그러나 나의 철학을 프랑스 혁명에서 얻어 온 것이라고 말해서는 안 됩니다. 나는 결단코 그러하지 않았습니다. 나의 철학은 종교에 뿌리를 박고 있는 것이지, 정치학에 뿌리를 두고 있는 것이 아닙니다. 나의 스승 붓다의 가르침에서 이 3가지 원리를 끌어들인 것입니다."[262]

■
260) Ambedkar, B. R., *Annihilation of Caste*, 1944, pp. 38-40.
261) D. R. Jatava, *Ambedkar and Humanism*, op. cit., p. 32.

(3) 프랑스 혁명의 원리와 암베드카르의 불교사상, 무엇이 다른가?

앞서 인용한 암베드카르의 이 같은 메시지를 소개하고 있는 전기작가 키르는 암베드카르가 자신의 혁명의 원리를 프랑스 혁명의 원리에서 빌려 온 것이 아니라, 붓다의 사상에서 어떻게 인용하고 있는지 구체적으로 언급해 주지 않고 있기 때문에 명쾌한 설명을 해주지 못하고 있다. 그러나 암베드카르 자신이 방송을 통해 다음과 같이 선언하고 있는 내용과, 그의 책 『붓다와 그의 담마』라는 책을 통해 프랑스 혁명의 원리와 자신의 주장 사이의 미세한 차이점을 추론할 수 있을 것이다. 우선 방송의 연설문에서 살펴보자.

a. 개종을 위한 사명으로서의 철학: 거룩한 개념으로서의 우애와 종교

> "법law은 누구든지 깨뜨릴 수 있는바 세속적secular인 반면에, 우애나 종교는 모든 사람이 존경해야 할 거룩한sacred 것입니다. 나의 철학은 사명을 띠고 있습니다. 이른바 개종을 위한 사명입니다. 왜냐하면, 저는 '세 가지 속성Triguna'[263] 이론에 빠져 있는 이들로 하여금 그 이론을 포기하고 저의 주장을 받아들이게 하고자 하기 때문입니다. 오늘날 인도인들은 두 가지 상이한 이데올로기에 직면해 있습니다. 하나는 헌법 전문(前文)에 명시된 대로 인간의 자유와 평등과 우애를 인정하는 정치적 이념이며, 다른 하나는 자유와 평등과 우애의 실현을 종교(힌두교)가 부정하고 있는 사회적 이념입니다."[264]

■

262) Keer, Dhananjay, *Dr. Ambedkar: Life and Mission* (Bombay: Popular Prakashan, 1997), p. 459.

263) 『바가바드 기타』의 상키야 철학에 나오는 속성 이론으로서 암베드카르의 불교 탐색과정을 다루는 부분에서 상술할 것이다. 속성이론에 따르면 인간도 우열과 차별이 생긴다는 점을 비판하려는 것이다.

연설문에서 나타나는 몇 가지 내용을 근거로 왜 암베드카르가 자유, 평등, 우애의 원리를 프랑스혁명의 원리에서 빌려온 것이 아니라고 하는지를 생각해 보자. 암베드카르는 우선 법과 종교의 차이점을 세속적인 것과 거룩한 것으로 구분하여 설명하면서, 우애 또한 종교와 같이 거룩한 범주에 속하는 것으로 판단한다. 그리고 깨뜨릴 수 없는 인간의 기본권으로서 헌법에 명시된 자유와 평등 그리고 우애를 종교적 범주와 같은 연속선상에서 설명한다. 이러한 '거룩한' 개념으로서의 기본권을 힌두교라는 종교가 오히려 깨뜨리고 있다는 것이다. 그리하여 자신의 사명은 '세속성이론'에 빠져서 인간을 차별하는 힌두교의 추종자들을 개종시켜 '자유와 평등 그리고 우애'의 원리 속에서 새로운 이상사회를 건설해야 함을 주장하고 있는 것이다. 암베드카르에게 '자유와 평등 그리고 우애'는 하나의 종교적 신념이었고, 동시에 어쩌면 암베드카르의 종교 그 자체였는지도 모른다.

물론 암베드카르가 자유, 평등, 우애를 하나의 종교적 신념에 가까운 원리로 생각하게 된 배경에는 앞서 살펴본 바와 같이 민주주의 이념과 종교나 철학의 재구성을 강조한 존 듀이의 영향 또한 무시할 수 없을 것이다. 또한 그는 프랑스 혁명의 원리를 익히 알고 있었을 것이 틀림없지만, 스스로 이를 드러내지 않고 오히려 부인하는 이유는, 그만큼 붓다의 가르침이 그에게는 타국의 종교적 가르침이 아니라 자국의 종교적 가르침이라는 점에서 상대적으로 특수

■

264) D. Keer, op. cit. p. 459.

한 것이었고, 세속적인 이유와 다른 '거룩한', 즉 깨뜨릴 수 없는 불변의 진리로서 받아들일 수밖에 없었던 점을 강조하기 위함이었을 것으로 추정될 수 있다.

b. 담마에 대한 귀납법적 해석의 시도: 자유 평등 우애

결론부터 말하자면, 암베드카르의 불교 사상은 프랑스 혁명의 원리와 크게 다르지 않다. 그럼에도 불구하고 암베드카르가 그의 사상을 프랑스 혁명의 원리에서 빌려온 것이 아니라 붓다의 담마에서 뽑아낸 것이라고 주장하는 까닭은 무엇인가? 거기에는 해석학적 방법론의 차이라는 준거가 자리하고 있음을 볼 수 있다. 이를테면 프랑스 혁명의 3대 원리인 자유, 평등, 우애의 '세속적 원리'를 암베드카르는 그대로 인용하여 그의 천민 해방운동의 원리로 삼은 것이 아니라, 비록 자유, 평등, 우애의 개념이 근대적 개념이기는 하지만, 이러한 개념을 바탕으로 붓다의 담마를 귀납적으로 적용 해석하고 있다는 점에서, 새로운 이해 방식이 될 수 있다는 것으로 볼 수 있을 것이다.

그러면 이와 관련하여 암베드카르는 『붓다와 그의 담마』에서 어떻게 말하고 있는가? 그는 '붓다의 담마'를 논하는 그의 책 제3권 2장에서 자유, 평등, 우애의 문제를 언급한다. 이를테면 '붓다는 아무런 사회적 교훈도 남기지 않았던가?'라는 자문을 던지면서, 세상 사람들은 주로 비폭력과 평화의 문제를 거론하지만, 과연 붓다는 정의, 사랑, 자유, 평등, 우애를 가르쳤을 것이라고 주장한다. 다만 현대의 학자들이 이 문제를 소홀히 여기고 있을 뿐이라고 한다. 그렇다면 암베드카르는 그의 이 같은 주장을 어떻게 뒷받침하고 있는가?

담마에 관한 구체적인 해석은 그의 불교 사상에서 다루게 되겠지만, 같은 책 3권에서 담마를 3가지 차원, 즉 담마(法), 아담마(非法), 삳담마(正法)로 구분하여 설명하는 가운데, 삳담마의 해설 부분에서 정의와 자유, 사랑, 평등을 삳담마의 활동작용으로 해석한다. 그 구체적인 예를 들어보자. 우선 그가 언급하는 정의에 대한 개념부터 살펴보면, 이는 그가 생각하는 종교의 목적과 관련된다. 붓다가 가르친 대로, 인생의 목적이 '정의로 가득한 나라'에 이르는 것이듯이 올바른 행위(삳담마)를 통해 이 세상을 '정의로운 나라'로 만들도록 노력해야 한다고 암베드카르는 주장하고 있다.

사랑의 경우는 붓다의 가르침이 지혜와 자비(慈悲)에 기초하고 있는 것이므로 계행(戒行)을 통해 자비, 즉 사랑을 실천해야 함은 붓다의 근본 교설을 지키는 것과 관련되는 만큼 설명이 더 필요 없을 것이다. 한 가지 지적할 필요가 있는 사항은 암베드카르가 동정과 연민을 언급하면서, 이는 인간에 대한 사랑이지만, 자비는 생명이 있는 모든 것에 대한 사랑이라는 점을 구분하여 설명하고 있다는 점이다. 암베드카르는 우애에 관하여는 별도로 붓다의 교설을 인용하는 바가 없지만, 자비의 실현이라는 범주에 우애를 귀속시키고 있다고 볼 수 있을 것이다. 왜냐하면 이는 앞에서도 살펴본바와 같이 암베드카르는 우애를 자유와 평등에 앞서는 '거룩한' 차원의 종교적 범주에 편입시키는 점을 보아서도 알 수 있다. 결국 암베드카르가 의미하는 우애[fraternity]는 자비의 또 다른 이름이라고 보아도 틀리지 않을 것이다.

자유의 예를 들어보자. 암베드카르에 의하면, 바라문의 경우 학문의 자유는 제한적이지만, 붓다는 배움의 기회를 모든 남녀에게 자유롭게 허용하였다고 주장한다. 이른바 학문의 자유를 주장하고 있는 것이다. 암베드카르는 붓다와 바라문 로히차와의 대화를 인용하면서, '사문이나 바라문이 여자와 수드라에게 지식을 전해 주어서는 안 된다'는 로히차의 편견을 교정해 주는 붓다의 가르침을 들어, 누구에게나 베풀어야 할 학문의 자유를 주장하고 있다.

평등의 경우는 어떠한가? 암베드카르는 삳담마(正法)의 핵심을 평등에서 찾는다. 바라문에 의하면, 『베다』가 규정한 카스트 사회가 이상사회이겠지만, 이는 불평등한 서열로 통제되는 사회이므로 붓다는 이를 철저히 반대했다는 것이다. 평등을 설명하기 위해 암베드카르는 바라문 아사라야나와 붓다의 대화를 언급한다. 바라문만이 탁월한 계급이며, 다른 계급은 더럽다고 하는 아사라야나에 대해, 붓다는 이를 일축하면서, 누구나 똑같은 방법으로 태어나는데 바라문만이 특별할 수 없다고 한 점을 예를 든다. 특히 귀족 가문의 청년이 바라문의 딸을 아내로 맞이한 경우 그 아이는 인간인가 짐승인가라고 붓다가 아사라야나에게 되묻는 질문을 통해, 아사라야나가 대답하지 못한 것을 비유로 설명하고 있다.

이상의 논의를 종합해보면, 암베드카르는 자유, 평등, 우애가 프랑스 혁명의 원리가 된 근대적 개념이지만, 이러한 개념적 의식을 붓다에게서 찾아 볼 수 없는 것이 아니며, 오히려 붓다의 가르침에서 이러한 원리의 원류(原流)를 찾을 수 있다는 것이 암베드카르의 주장이다. 사회, 역사적 견지에서 볼 때, 붓다의 시대에 카스트의 차별로 인해 자유, 평등, 우애를 찾아보기 힘들었고, 붓다 또한 이에 대한 사회 개혁의 원리로서 내세운 휴머니즘의 기초 역시 이 3가지 원리와 다를 게 없다는 것이 암베드카르의 주장으로 볼 수 있다. 그는 붓다가 사성제Varna에 기초한 사회와 종교적 억압 속에 허덕이는 이들에게 참된 안식을 주었다고 보았다. 붓다는 이들에게 자유와 평등의 발판 위에 서게 했고, 승가(僧伽)를 통해 다양한 카스트의 사람들을 모아 우애를 도모했고, 하위 카스트의 사람들에게도 모두 동등한 존경심을 보냈다는 것이다. 붓다가 이처럼 그들을 포용했고 사회혁명의 의식을 일깨웠다는 점, 이것이 오늘날도 설득력 있는 붓다의 가르침에서 인간의 기본권적 이념들을 다시 주창할 수 있다는 것이다. 실제로 암베드카르는 특별히 수드라와 불가촉천민의 비인간적 사회조건에서 자유, 평등, 우애의 이상적 가치를 깨닫고, 인도인들에 만연한 사회적 병폐를 해소시키려고 했던 것이며, 이를 귀납적인 방식으로 붓다의 교설을 해설한 최초의 근대인이라고 평가할 수 있을 것이다.

4) 사회적 혁명의 방법: 교육, 조직, 운동(선동)

암베드카르의 사회적 혁명의 이념이 자유, 평등, 우애였다면 그 실천적 방법은 교육, 조직, 운동의 3가지 원리로 정리될 수 있다. 암베드카르는 매년 개최되는 다양한 행사에서 이 3가지 원리를 슬로건으로 내세워 강조했다. 그가 내건 이 슬로건은 그의 사후에 지금도 매년 4월 14일에 열리는 암베드카르의 탄생 기념일Ambedkar Jayanti이나 12월 6일의 열반입적일Parinirvana day에 전 인도에서 수많은 불가촉천민들이 모인 가운데 반복적으로 주창되고 있다. 이 슬로건은 암베드카르가 1942년에 어느 억압받는 계층민의 모임에서 내세운 것으로 당시 민족 운동 기간 인도에 내분이 끊임없이 일어나고 있을 때였다. 그해 3월 인도의 독립과정에서 새로운 인도의 연방정부를 구성할 목적으로 영국 정부가 파송한 스태퍼드 크립스 경Sir Stafford Cripps을 만난 암베드카르는 불가촉천민의 지위와 권한을 보장해 줄 만한 아무런 준비가 없음을 알고, 1942년 3월 30~31일 델리에서 억압받는 계층민의 지도자 회의를 소집한 이후, 그들의 목적 달성을 위해 7월에는 나그푸르Nagpur에서 '전 인도 억압받는 계층민 협회All India Depressed Classes Conference'를 결성하였다.265)

이 시기는 무슬림 동맹이 '파키스탄' 정부의 출범을 위해 광범위한 운동을 전개하고 있던 때였고, 인도 국민회의와 다른 정당 조직 단체들도 민족 운동의 일환으로 조직되고 있었다. 이러한 시기에 같은 달 7월 인도 총독은 암베드카르를 '집행 위원회Executive Council'의 한 사람으로 초대했는데, 억압받는 계층민들은 이를 환영했으나 국민회의와 일부 적대자들은 이를 반대했다. 암베드카르는 이때 억압받는 계층민들에게 다음과 같은 그의 소신을 밝힌다. "나는 여러분에게 확언하건대, 전투에서 나는 항복하지 않을 것입니다. 내가 집행위원회에 머무는 동안 인도 노동자들의 권익과 발전을 위해 싸울 것입니다."266) 같은 달 18~19일 나그푸르에서 장차 인도 건국 시에 정치적 권익보호를 위해 '전 인도 지정 카스트 연맹All India Scheduled Castes Federation'의 결성을 하게 되면서 암베드카르는 다음과 같이 말

■
265) D. R. Jatava, *Ambedkar and Humanism*, op. cit. pp. 40-41.
266) *Dr. Ambedkar's Statement on Cripps' Proposals*, April, 1942.

한다. “무기력하고 굴종적인 노예의 삶을 살아서는 아무 유익도 없습니다.”267)

암베드카르는 인도 총독부의 집행 위원이 된 것을 축하하는 억압 민중들의 회합에서 짧은 강연을 통해, 그는 사회 혁명의 기초로 내세운 3가지 원리인 ‘자유, 평등, 우애’를 실현하는 방법으로서, ‘교육, 조직, 운동’이라는 또 하나의 ‘삼위 일체적 원리’를 다음과 같이 주창한다.

> “우리 불가촉천민들의 이상(理想)은 힌두교도나 무슬림들처럼 동등한 자격으로 정부의 영예로운 파트너로서 인식되기를 바라는 것입니다. 저는 우리가 목표로 정한 이 이상을 실현하기 위해 노력할 것을 여러분에게 확언할 수 있습니다. 여러분은 저에게 사랑과 애정을 보여주셨습니다. 그러나 이것은 불필요합니다. 제가 여러분에게 원하는 것은 다른 종류의 확신입니다. 그것은 힘과 단결 그리고 우리의 권리를 쟁취하겠다고 하는 결의와 우리의 권리를 획득할 때까지 물러서지 않고 투쟁하겠다는 확신입니다. 우리의 투쟁은 우리의 자유를 위한 것이기 때문입니다. 힌두사회체제에서 짓밟힌 인간성을 회복시키자는 것이며, 정치적인 투쟁에서 힌두가 승리하면 우리는 패배하게 됩니다. 여러분에 대한 나의 최종적인 권고는 교육과 조직, 그리고 운동(선동)입니다. 여러분 스스로 믿음을 가지시고 결코 희망을 버리지 마십시오. 여러분이 저와 함께 하시는 것처럼 저 또한 언제나 여러분과 함께 하겠습니다.”268)

이 연설에서 우리는 암베드카르의 사회 혁명의 방법을 읽을 수

■

267) Keer, Dhananjay, *Dr. Ambedkar: Life and Mission*, 1962, p. 351.

268) 암베드카르가 1942년 7월 20일에 나그푸르에서 개최된 ‘전 인도 억압받는 계층민 회의’에서 마련된 환영행사에 대한 연설문으로, *Thus Spoke Ambedkar* (ed. by Bhagwan Das), Vol. 3, 1979, pp. 136-137.

있다. '교육, 조직, 운동(선동)'의 3가지 원리는 하층민들의 비참한 생활상에서 제창된 것이었다. 3가지 원리가 선언될 당시 1942년 초의 상황을 미루어보면, 불가촉천민들은 교육을 받을 권리가 없었고, 이들에게는 학교에서의 제반 교육행정 시설의 접근이 엄격히 금지되어 있었다. 그 주된 이유 중의 하나는 카스트 제도를 지지하는 힌두교인들에게는 무지한 불가촉천민들이 유용하다는 일반적인 통념이 자리하고 있기 때문이다. 불가촉천민들이 교육을 받거나 경전의 가르침을 듣는 것은 베다적 행위에 어긋나는 것으로 간주되었다.[269] 이러한 불가촉천민에 대한 교육의 제한은 힌두 사회의 교사들에 의해, 불가촉천민들에 대한 높고 낮은 사회적 장벽들이 쌓이게 된 것이다. 불가촉천민들에 대한 이러한 힌두 사회의 장벽은 수드라와 불가촉천민들로 하여금 무지와 문맹을 영속화시키는 것이었다. 이 결과 독립이 된 지 수십 년이 지난 오늘날도 상상할 수 없을 정도의 천한 대우를 받거나 지독히 비위생적인 환경에서 살도록 강요받게 된 것이다.

따라서 불가촉천민들은 어떠한 교육의 기회도 얻지 못했을 뿐 아니라 그들에게 가해진 부당 행위들에 대한 원한을 풀 수 있는 조직도 갖출 수 없었다. 그리고 압제와 부정에 대한 어떠한 여론의 환기(운동)도 그들에게는 뜬구름을 잡는 일과 같았다. 사실 암베드카르 자신도 이러한 힌두 사회의 병폐적인 환경 속에서 고난을 겪어야 했다. 따라서 그가 사회 혁명적 방법으로 내세운 두 번째의 '삼위 일

■
269) D. R. Jatava, *Ambedkar and Humanism*, op. cit. p. 43.

체적 원리'인 '교육, 조직, 운동'은 억압받는 계층민으로서의 그 자신의 삶과 체험적 인식에 근거한 것이라고 말할 수 있다.

인도의 독립운동이 한참 진행되던 당시 힌두, 무슬림, 시크, 그리스도교, 배화교, 기업가, 농부, 노동자 등의 각계각층에서 각각의 지도자들이 저마다 자유와 평등을 주장하며 저들의 권리를 주장했지만, 아무런 희망과 지지를 얻지 못한 달리트-불가촉천민들은 감히 어떠한 요구도 할 수 없는 상태였다. 그러나 이때 강력한 리더십으로 이들의 처지와 형편을 대변하며 권익을 요구하고 나선 자가 바로 암베드카르였다. 그는 인도 전역을 열정적으로 순회하면서 교육, 조직, 운동이라는 슬로건을 내걸고, 불가촉천민들이 그들의 자존과 인권이 회복될 때까지 교육, 조직, 운동에 충실할 것을 호소했다.

암베드카르 자신의 생애에서도 보았듯이 '교육'은 하나의 커다란 진보와 향상을 의미한다. 그가 교육을 받은 후에 그는 전사가 되었고, 교수가 되었으며, 변호사가 될 수 있었다. 교육을 받는다는 것은 자신뿐 아니라 특별히 사회의 소외된 자들에게 선하고 훌륭한 일을 할 수 있는 광범위한 식견을 지닌다는 것이며, 그것에 대한 새로운 정신과 용기 그리고 확신을 얻게 되는 것을 의미한다. 그러므로 교육은 단순히 학교생활을 통해 학위를 얻는 것만을 뜻하지 않고, 인간 존재와 관련된 제반 상황을 이해하고 해결할 수 있는 인간 문제의 총체적 파악과 해결 능력을 키우는 것을 의미한다.

'조직' 또한 인간에게 특별한 의미를 지닌다. 자타바(D. R. Jatava, 1933~)[270]의 증언에 의하면, 잘 교육을 받았던 암베드카르는 자신의 몸과 마음을 통제함으로써 미국, 영국, 독일에서의 수많은 유혹의 와중에서 자신을 잃지 않았으며, 화려한 생활의 유혹을 외면하고 억압받는 불가촉천민들의 해방과 조국의 자유를 위해 싸웠다는 것이다. 오히려 그가 보다 많은 교육을 받을 수 있었던 것도 잘 조직된 인격 때문이라는 것이다. 교육을 받은 자로서의 암베드카르는 인도에 사회적 혁명을 가져오기를 희망하면서 가난한 불가촉천민 해방의 굳은 신념을 가지고, 이를 성취하기 위한 노력의 일환으로 불가촉천민들에 대한 교육과 조직을 강조했다. 이로써 그는 억압받는 계층민들에게 자존과 사회적 평등에 이르는 사다리를 제공한 셈이다. 이것은 교육과 조직과 운동의 창(窓)을 열었음을 의미한다.

잘 '교육'을 받고 마음이 잘 수련되어 인격적 '체계'가 확립된 사람은 노예적인 예속의 상태에서 벗어날 수 있는 '운동'이 가능하다. 이 운동의 사례를 적절히 잘 보여준 사례가 바로 암베드카르의 경우였다. 비록 교육, 조직, 운동이라는 3가지 원리를 한꺼번에 실천하는 것이 어려울지 몰라도 가난하고 억압받는 민중들의 총체적인 구원을 위해서는 이 원리가 필요하다고 암베드카르는 주장하였고, 그 자신이 입증한 바다. 그에게서 '운동'은 조직 후에 어떤 남녀 지도자들을 단순히 선동하는 것이 아니라, 정확한 이슈를 가지고 거리로 나와 압제의 세력과 싸움을 시작하는 것을 말하는 것이지, 아요디야의 라마 사원을 둘러싼 힌두-무슬림들과의 싸움이라든가, 이권 문제를 놓고 다투는 이기적인 정치집단이나 테러리스트들의 슬로건과 같은 것이 아니다.

■

270) 자타바는 교육자로서 1963년에 '암베드카르의 사회 철학'이라는 주제로 박사학위를 받았다. 사회 활동가이기도 한 그는 영어로 17권, 힌디어로 25권의 책을 저술할 만큼 사회, 정치, 철학, 종교 부문에 많은 글을 남겼다.

5) 사회, 정치적 혁명의 수행 – 새로운 사회적 질서를 향하여

(1) 헌법의 입안: 평등을 위한 출발

암베드카르는 인도 사회의 균열된 특성에서 비롯되는 소수민족이나 억압받는 계층들에 대한 다수파의 지배의 위험성을 일찍이 지적하고 그들에 대한 보호를 위해 노력했다. 무슬림들은 1909년의 인도 심의회 법안에서 대의원 선거권을 얻었고, 1916년에는 독립선거를 요구했으며, 그 후 1918년에는 의회의 3분의 1석을 독립선거에 의해 충당하도록 하는 러크나우 협정Lucknow Pact이 인도 정부 법안에 반영되었다. 이러한 무슬림들의 주장에 비해 상대적으로 소외되고 있던 억압받는 계층을 위해 암베드카르는 이들에 대한 특별 보호를 요청하고 나섰다. 당시 러크나우 조약과 의회는 무슬림의 독립적 정체성을 인정하면서도 불가촉천민에 대해서는 어떠한 독립적인 대표제를 허용하지 않았다. 시몬 위원회Simon Commission가 열리기 전의 지방의회Provincial Legislature와 원탁회의Round Table Conference에서 암베드카르는 소수파로 취급당하는 억압받는 자들의 권리와 보호를 위해 싸웠다.[271)]

원탁회의에서 무슬림들은 분리 독립 선거를 주장하는데 비해, 의회가 이를 반대하여 연합선거를 주장함으로써 회의는 교착 상태에 빠지게 되었고, 결정권이 영국 수상에게로 넘어가게 되었다. 결국 1932년 8월 영국 정부의 '상호 재정(裁定)Communal Award' 위원회의 결

■
271) Thomas Matthew, op. cit, p. 102.

정으로 무슬림, 피억압 계층, 시크교도, 인도 그리스도인, 그 외의 다른 소수파들 이를테면 상인, 기업, 지주, 대학, 노동자 등의 권익을 위한 단체들의 대표제와 분리 선거를 승인했다. 이를 반대한 예라바다Yerwada 감옥에 있던 간디가 무기한 단식 투쟁에 들어가자, 암베드카르는 간디의 의견을 들어주면서 새로운 푸네 협정Puna Pact을 체결하여 불가촉천민들이 손수 그들의 의회 대표 4명을 선출하여 마지막 총선에 임할 수 있도록 했다.[272]

그러나 분리선거가 아닌 통합선거로는 지정 카스트가 선거에서 실패할 수밖에 없었다. 암베드카르는 1946년 2월에 실시된 선거에서 지정 카스트들의 선택권을 확보해 줄 수 있으리라고 기대했던 푸네 협정이 완전히 유명무실해지게 된 사실을 제헌 의회에 제출한 외교 각서에서 지적했다. 지정 카스트 입후보자들은 예비 선거에서 압도적인 지지를 얻었어도 마지막 선거에서는 카스트 힌두인의 선택에 따라 패배하게 된다는 것이다. 이는 분리 선거가 아닌 통합선거 체제로는 카스트 힌두인에 비해 지정 카스트의 수적 열세에 따른 투표권의 극심한 불균형 현상으로 인해 지정 카스트들에게 참된 대표권 행사의 기회를 줄 수 없다는 것이다. 결과적으로 "푸네 협정은 지정 카스트들의 선거권을 완전히 박탈한 것으로 아주 잘못된 것"이라고 암베드카르는 주장했다.[273]

이 같은 푸네 협정의 결점을 알고 난 후 암베드카르는 다시 지정

■
272) ibid.

273) *Dr. Babasaheb Ambedkar-Writings and Speeches, Vol. 8*, (Bombay: Govt. of Maharashtra, 1990), pp. 431-432.

카스트의 권익보호를 위한 국가 차원의 제도적 개선책을 제시했다. 이는 생명과 자유의 권리를 보장하는 선한 정부로서 사회·정치·경제적 불평등을 제거하고 빈궁과 두려움으로부터의 자유를 제공해 주는 "인도 합중국the United States of India" 건설의 비전을 보여주는 것이었다.[274] 이 제안서의 내용에는 법 앞의 평등과 만인에 대한 시민권의 평등, 거주 이전과 표현의 자유, 문화와 종교의 자유, 기타 기본권을 침해하는 모든 것을 교정할 수 있는 자유가 포함되어 있다. 이 기본권은 인종, 교의, 사회적 지위 등의 이유로 차별해서는 안 된다는 것과 경제적 착취로부터의 보호도 언급하고 있다. 특히 흥미 있는 주장 가운데 하나는 핵심 산업이 국가에 의해서 통제되어야 한다는 것이며, 농업에 관한 한 정부 주도의 집단 농장체제를 도입함으로써 지주도 없고, (지주에게 예속된) 소작인도 없고, 땅 없는 노동자도 없게 하여, 모든 마을 사람들에게 카스트나 교의의 차별 없이 토지가 공유될 수 있도록 해야 함을 역설하고 있다는 사실이다.[275] 암베드카르는 분명히 국가 사회주의 건설을 주장했던 것이다. 물론 그것은 의회민주주의와 의회 다수파의 의지를 무시하지 않는 경우를 말한 것이다. 그는 자본주의가 유럽에서 그랬던 것처럼 부의 불평등을 초래했고, 그것이 인도에 하나의 경고가 되고 있다고 했다. 따라서 집단 농장의 형태만이 땅 없는 불가촉천민들을 도울 수 있다고 주장했던 것은 주목할만한 일이다.[276]

■
274) ibid. p. 387.
275) ibid. p. 397.
276) ibid. p. 408.

암베드카르는 이 같은 기본권과 그 침해에 대한 보호법안을 제안했을 뿐만 아니라, 헌법제안서에서는 소수민족과 지정 카스트의 보호도 포함시키고 있다. 그는 소수민족과 지정 카스트를 포함하는 내각과 전 의원에 의해 선출된 수상이 이끄는 행정부를 제안했고,[277] 소수민족과 지정 카스트의 사회·경제·교육적 후진성을 탈피하도록 보상해 주어야 한다고 주장했다.[278] 그러나 1950년에 채택된 인도 헌법에는 암베드카르가 소수민족과 카스트의 보호라는 입장에서 주장했던 많은 기본권들이 배제되었다. 비록 그가 제헌 위원의 의장으로 임명되기는 했지만 인도 사회의 경제적 재건이라는 부분에 대해서는 목소리를 높일 수 없었던 한계가 있었던 것이다. 이러한 사실은 1949년 11월에 있었던 다음과 같은 암베드카르의 첫 의회 연설에서 잘 나타나고 있다.

> "경제 분야에 관해서 우리는 극심한 빈곤 속에 살고 있는 많은 사람과 대조적으로 거대한 부를 누리는 소수의 사람과 함께 살고 있습니다. 1950년 1월 26일자로 우리는 모순된 삶의 영역으로 들어서게 됩니다. 정치적으로 우리는 평등을 누릴지 몰라도 사회, 경제적인 생활에서 불평등을 경험하게 될 것입니다. 정치적으로 우리는 1인 1표one man, one vote와 1표 1가치one vote, one value의 원리를 인정하겠지만, 사회, 경제적인 생활에서는 그 구조로 인해 1인 1가치의 원리를 계속 부정하게 될 것입니다. 얼마나 오랫동안 우리가 이러한 모순적인 삶을 살아야 하겠습니까? 얼마나 오랫동안 우리는 사회, 경제적 생활의 평등을 부정해야만 합니까? 우리가 이 평등을 오랫동안 부정하는 동안 우리의 정치적 민주주

■

277) ibid. p. 398.

278) ibid. pp. 401-402.

의를 위험 속에 빠뜨리게 될 것입니다. 우리는 이러한 모순을 가급적 빨리 제거해야만 합니다. 그렇지 않으면 불평등 속에 시달리는 자들이 제헌의회가 수고하여 건설한 정치적 민주주의의 골격을 부숴버릴 것입니다."[279]

그러나 이러한 문제들에도 불구하고, 헌법이 내세우고 있는 지향적 원리들의 중요성은 오늘날도 압제와 착취 속에서 민주주의의 발전을 위해 투쟁하는 자들에게 하나의 헌장이 되고 있다는 점에서 무시될 수 없는 것이다.

(2) 그 밖의 문제들: 언어, 여성

암베드카르는 인도의 복잡한 언어 문제를 놓고 마하라스트라 연합United Maharashtra과 비살 안드라Vishal Andhra 그리고 다중언어국가(linguistic states, 주(州)에 따라 언어가 다른 나라)라는 맥락에서 그의 언어관을 피력한다.[280] 그에 의하면 단일 언어국가의 영속성은 공감fellow feeling적인 상호 이해를 바탕으로 한다. 이것은 우호적인 일치감정을 의미하는 것으로 서로 간에 친족감정을 느끼도록 해준다는 것이다. 이 친족감정은 다시 2가지 상이한 감정을 지니게 되는데, 자신의 친족에 대해서는 우호적이지만 그렇지 않은 경우에는 비우호적이게 된다는 것이다. 이러한 감정은 경제적 갈등이나 사회적 계층화에서 야기되는 모든 문제점들을 무시해 버리면서 자기 친족 편

■

279) D. C. Ahir, *The Legacy of Dr. Ambedkar* (Delhi: 1990), p. 119.

280) B. R. Ambedkar, "Thoughts on Linguistic States", reprinted in *Dr. Babasaheb Ambedkar-Writings and Speeches, Vol. I*, p. 144.

으로는 강한 결속력을 보이는 반면에 친족이 아닌 경우에는 그들을 분리시켜 버린다. 이것은 다른 그룹에는 소속되고자 하지 않기 때문이다.

한편으로 이러한 공감적 감정은 안정되고 민주적인 국가의 기초가 된다. 공감적 이해가 확산되어 있는 단일 언어국가에서는 언어와 혈통이 혼합된 국가의 행정에서 불가피한 파벌싸움과 차별이 극복될 수 있다. 그리고 인종적 문화적 갈등 또한 최소화될 수 있다. 그러므로 다중언어국가는 민주화로 가는 도정을 손쉽게 해야 하고 인종적 문화적 긴장을 제거해야 한다는 것이다. 암베드카르는 스위스와 캐나다 그리고 남아프리카와 같은 이중 언어 사용국을 예로 들면서, 이들 국가가 이중 언어를 사용하면서도 연합되어 있는 반면에 인도는 분리되어 있다는 사실을 잊어서는 안 된다고 강조했다.[281]

암베드카르는 지방 언어가 지니는 인종적, 언어적, 문화적 창조성을 인정하면서도, 중앙 정부가 행정적 통제의 어려움을 겪는다는 점을 지적하고 있다. 동일 인종(人種)이 동일 언어를 사용하는 지역보다 언어와 혈통이 혼합된 다중언어를 사용하는 지역은 통제가 어렵다는 것이다. 따라서 그는 힌디어Hindi를 공용어로 사용하자고 제시한다. 1955년에 발표한 논문에서 그는 "인도인들이 하나의 공통 문화를 결속하고 발전시키기를 원하기 때문에 힌디어를 공용어로 사용하는 것이 모든 인도인들의 필수적인 의무다"[282]라고 주장한다.

■

281) ibid. p. 145.

282) "Maharashtra as a Linguistic Province", ibid. p. 105.

공용어에 대한 암베드카르의 견해는 식민지 문화와 그 운송수단인 영어에 반대하여, 민주 문화적 결속에 대한 특별한 열망을 강조하는 것이었다. 그는 다양한 언어집단에서 힌디어를 공용어로 채택함으로써 문화적 결속을 다지고자 했던 것으로 볼 수 있다. 그러나 실제로 힌디어는 영어에 뒤이은 제2의 공용어일 뿐이다. 지배 계급은 대중이 쓰는 언어와 다른 언어를 사용함으로써 지배체제를 더욱 용이하게 하는데, 영어가 아직도 변함없이 공용어로 사용되고 있는 이유도 바로 그런 점에 있다. 언어의 장벽은 대중을 권력으로부터 멀어지게 하고 민주 발전을 저해할 뿐만 아니라, 심각한 문맹을 낳게 한다. 인종과 계급을 포괄하는 역동적인 언어로서 힌디어가 민주문화를 꽃피우는 수단과 상징이 되기를 암베드카르는 바랐던 것이다. 물론 암베드카르가 지방 언어와 문화를 무시하고 힌디어를 공용어로 채용하자고 한 것은 아니다. 그가 생각하기로는 하나의 지방 언어보다는 공용어가 지방 문화를 더욱 "상호 교류를 위한 유동적인 열린 창"의 구실을 할 수 있다고 보았기 때문이다. 여성문제에 대하여 암베드카르는 젊은 날 뉴욕에서 유학하던 시절에 그의 아버지의 친구에게 보낸 편지에서 여성 교육 문제를 특별히 강조한바 있다.[283] 그는 일찍이 인도 여성 해방 운동에 선구적인 인물인 마하트마 조티바 풀레Mahatma Jyotiba Phule를 잘 알고 있었다. 풀레는 여성의 압제 문제에 대해 끊임없이 저항하면서 남성들과 동등한 대우를

■

283) Dhananjay Keer, *Dr. Ambedkar, Life and Mission* (Bombay: 1987). 이 책에서 암베드카르는 다음과 같이 말한다. "… 만일 여성교육이 남성교육과 나란히 병행해서 추신된나면, 우리의 미래가 보디 나이질 것이며 우리의 진보가 가속화될 것입니다."

받고, 교육을 받을 수 있는 권리를 위해 투쟁했다. 특히 불가촉천민 여성들을 위해 학교를 개설했던 인물이다. 그에게서 영향을 받은 암베드카르는 서양에서의 생활을 통해 여성 문제의 핵심으로 여성 교육 문제를 떠올리게 된 것이다. 그는 가족에서의 핵심적인 위치로서 여성의 역할을 중시했고 이들에 대한 교육이 전체 사회에 미치는 영향이 크다는 것을 알았다. 그리하여 그는 소명의식을 가지고 착취로 고통당해 왔던 '수드라 중의 수드라'인 불가촉천민 여성의 교육을 위해 헌신하기로 결의했던 것이다.[284] 카비르Kabir의 전통과 풀레의 여성 해방 운동의 영향과 그 연장선에서 암베드카르는 점차 사회적 혁명을 위한 기본적 법칙들을 생각해 낸다. 그 법칙들 가운데 하나는 사회혁명이 그 사회의 가장 밑바닥에서부터 시작되어야 한다는 것이다. 오직 가장 낮은 계층 사람들의 부활만이 혁명을 가능케 한다는 것이다.[285] 이러한 여성 압제의 문제는 암베드카르가 20대의 젊은 나이에 창간한 잡지 'Mook Nayak'과 'Bahishkrit Bharat'에서부터 주요 의제가 되어 왔는데, 주로 불가촉천민의 사회 경제 문화적 향상에 초점을 둔 것이었다. 그는 모든 사회적 혁명의 투쟁 현장에 여성들을 동참시켰다. 마하드 사탸그라하(Mahad Sathyagraha, 초다르 물탱크가 있는 마하드 지역에서의 진리파지운동)에서도 여성들을 참여시켰는데, 불가촉천민들이 공공 우물에서 물을 먹을 수 있는 권리를 쟁취하기 위한 역사적 행진의 맨 선두에 약 500여 명의

284) Thomas Matthew, op. cit, p. 71.

285) ibid.

여성들을 앞장서게 했던 것이다.

힌두 전통사회에서 『마누법전』은 여성의 지위를 수드라의 위치에 둔다. 관련된 구절을 보면 다음과 같다.[286]

> "어떤 여자아이도 어떤 젊은 여자도 혹은 어떤 나이든 여자라도 독립적으로 살 수 없다. 심지어 그녀의 집에서도. 여자는 베다에 기록된 매일의 제사를 드릴 수 없다. 만일 제사를 행하면 그녀는 지옥에 갈 것이다. 아내나, 아들이나, 노예는 재산을 가질 수 없다. 이들이 벌어들인 수입은 이들이 속한 남자에게 귀속된다."

이와 같은 전통적 힌두 사회 체제의 불합리성과 비인간성에 대해 암베드카르는 (족내혼적인) '출생'으로 결정되는 사성제를 거부하고 '가치'에 입각한 사회제도를 주장했다. 사회제도가 이른바 '가치'에 기초한다면 여성에 대한 종교와 교육의 항구적 권리 박탈이라는 문제는 정당화될 수 없다는 것이다.[287] 이상에서 본 바와 같이 암베드카르는 남성과 여성의 동등한 권리를 주장하면서, 민주적인 교육과 여성의 참정권에 이르기까지 그가 실행했던 끊임없는 사회혁명의 노력은 헌법에 반영되기까지 많은 영향을 미쳤던 것이다. 여성의 권리가 헌법에 반영된 몇 가지 사례를 보면 다음과 같다. "힌두 사회에 팽배한 서로 다른 결혼제도의 철폐, 오직 법적 제도 안에서 일부일처주의의 확립, 여성의 재산권 행사와 정당 입후보자의 공천권 부여, 부부 동거권과 재판상의 별거 허용"[288] 등이다. 헌법을 초안하

■

286) ibid. p. 72.

287) ibid.

는 과정에서 암베드카르는 자유, 평등, 우애의 기초 위에 그 이상을 실현하고자 했다. 그는 원래 인도에는 카스트와 여성 압제의 제도가 없었고 남성과 동등하게 재산을 소유할 수 있었다고 지적한다. 또한 일부다처제는 남성을 위한 것이고 여성을 영구적으로 노예화시키는 것으로써 여성들은 그들의 남편에게서 자유를 누릴 수 없다는 것이다. 그리고 그는 여성들이 약혼을 파기할 수 있는 자유도 주장했으나 "힌두문화의 중요한 골격을 파괴시키는 일"이라고 하는 일부 의회 의원들의 완강한 반대도 있었다.[289] 이에 대해 암베드카르는 인도의 문화가 '생존'해 온 것은 그저 '굴종과 노예'의 문화적 양식으로 지속되어 온 것일 뿐이라고 반박했다. 그는 인도 사회가 붓다의 가르침 중에 본질적인 요소인 '평등'의 원리를 배제한 채, 단지 '아힘사(비폭력)' 같은 원리만 채택했다고 말한다. 수드라와 여성의 노예적 불평등에 기초한 사회 구조 속에서, 아힘사는 결국 '힘사(폭력)'나 마찬가지며 붓다의 아힘사 정신을 기만한 것에 불과하다는 것이다.[290] 여성의 권리 회복을 위한 헌법 조문의 명문화와 같은 암베드카르의 노력에도 불구하고 힌두 정통주의자들의 완강한 반대로, (결혼과 이혼에 대한) 법안이 실제로 기각되면서 자유주의의 실현은 현실적으로 여전히 벽에 부딪히고 있었다. 그리하여 그는 1951년 저항의 표시로 네루[Nehru] 수상에게 보내는 사직서에서 이렇게 쓰고 있다. "… (여성의 인권문제에 관한 여러 가지 조항들 중에서도)

■

288) D. C. Ahir, *The Legacy of Dr. Ambedkar* (Delhi: 1990), p. 129.

289) Thomas Matthew, op. cit, p. 73.

290) ibid.

결혼과 이혼의 법조항은 최소한 제한된 범위에서 상정된 것이었습니다. 그러나 그것마저도 파기되었습니다. 더 이상 귀하의 내각에 한 위원으로 남아있을 생각이 없습니다."[291]

암베드카르가 힌두법안Hindu Code Bill으로 제시했던 대부분이 나중 1955~1956년에, '결혼', '상속', '소수민족과 보호', '생계'에 관한 4가지 조항으로 반영되었다.[292] 그러나 실제로는 법률상의 이혼 조항이 있음에도 불구하고, 그 권리가 효과적으로 실행되지는 못했다. 여성의 재산권 문제도 점점 불확실해졌다. 상업화에 따른 부르주아적 가치체계도 여성들을 '상품'으로 전락시켰으며, 많은 여성들이 가정과 법률 사이에서 수난을 겪고 있다. 신부의 혼인 지참금dowry 요구는 특히 도시 중심가에서 꾸준히 증가되고 있고, 문맹률과 후진성이 여성들에게 더욱 심화되고 있다. 이들은 여전히 수드라의 상태에 있고, 암베드카르가 추구한 남여 평등의 꿈은 많은 노력에도 불구하고 여전히 미완의 상태로 남아있는 숙제다.

■

291) 힌두 법안(Hindu Code Bill)은 1951년 9월 17일에 인도 국회에 암베드카르에 의해 상정되었지만, 같은 해 9월 27일에 이 법안이 기각되었고, 이에 대한 항의로 암베드카르는 내각에서 사직했다. ibid. p. 74.

292) ibid.

Ⅳ
암베드카르의 힌두교 포기와 불교 개종 배경

1. 힌두교 포기와 '욜라 선언'

암베드카르가 불교로 개종하게 되는 해는 1956년이다. 그러나 그가 불가촉천민들과 함께 개종식을 갖기 이전에 힌두교를 포기하기로 공식적인 선언을 한 해는 1935년이었다. 무려 21년이라는 장구한 세월이 흐른 후에 불교로 개종하게 된 데에는 여러 가지 이유가 있다. 힌두교에서 타 종교로 개종을 결심하고 공식 선언한 1935년 이후에 여러 종교들의 지도자들은 자기 종교에로의 개종을 권했는데, 암베드카르는 일정 기간의 탐색과정을 거친다. 일련의 탐색과정을 거치면서 결국은 최종적으로 불교를 선택하게 된다. 이러한 불교 개종의 배경은 다음에서 다루기로 하고 힌두교 포기를 공식적으로 알렸던 '욜라 선언'을 먼저 살펴보기로 하자.

암베드카르가 힌두교를 포기하고 불교로 개종하게 되는 배경을 잘 이해할 수 있는 최초의 단서는 1935년 10월 13일 나시크Nasik의 거리에 있는 욜라Yeola에서 행한 그의 연설('욜라 선언'이라고도 함)에서 잘 나타나고 있다. 그는 불가촉천민들의 지위 향상을 위해 헌법 개정을 촉구하고자 마련한 집회에서, 하이데라바드의 주 정부 대표들과 중부 내륙의 주 정부 대표들을 포함하여, 1만 명이 넘게 모인 불가촉천민 군중들[293] 앞에서 다음과 같이 말한다.

> "불행하게도 나는 힌두 불가촉천민으로 태어났습니다. 그것을 예방한다는 것은 내 능력 밖의 일이었습니다. 그러나 천민으로서 무시당하는 굴욕적인 상황에서 살기를 거부하는 것은 내 능력 안에 있습니다. 나는 그대들 앞에서 엄숙히 말하건대, 나는 힌두교인으로는 죽지 않을 것입니다."[294]

비자야쿠마르Vijayakumar의 진술에 의하면 "당시 집회에 참가한 약 1만 명 정도의 이들 '억압받는 계층the Depressed Classes'은 힌두교를 떠나 그들에게 사회·종교적 평등을 제공하는 어떤 다른 종교를 선택할 결심을 보였다. 그러나 어떤 종교를 선택할 것인지는 그 집회에서 결정하지 않았다"[295]고 한다. 그렇지만 그 다음해 1936년 푸네Poona에서 열린 집회에서 새로운 대안적 종교가 숙고되었다. 그러나 그들의 '지정 카스트 운동'에서 시급한 문제는 개종의 문제보다 단결의 문제였다[296] 이 집회에서 암베드카르의 비중은 거의 절대적인 것이었고, 이들 '억압받는 사람들'은 암베드카르 외에 그 어떤 성자

293) Dhananjay Keer, op. cit. p. 252.

294) Verinder Grover(ed.), *B. R. Ambedkar* (New Delhi: Deep & Deep Publications, 1998), p. 513. cf. E. M. Zelliot, *Dr. Ambedkar and the Mahar Movement*, p. 137.

295) Vijayakumar, W. R. "A Historical Survey of Buddhism in India", *Ambedkar and the Neo-Buddhist Movement*, p. 28. K. David Pandyan, *Dr. B. R. Ambedkar and the Dynamics of Neo-Buddhism* (New Delhi: Gyan Publishing House, 1996), p. 80에서 재인용.

296) Vijakumar, op. cit. p. 30.

나 『베다』, 혹은 『기타』나 사도들을 요구하지 않았다. 따라서 '대안적 종교'의 선택 문제도 암베드카르의 몫이었다.[297]

그러나 암베드카르는 다시 이들 '억압받는 사람들'에게 개종이 사회적으로나 종교적으로 평등을 보장해 줄 것이라는 낙관적 기대에 대해 경고하면서 다음과 같이 말한다. "어디든지 가십시오. 우리는 우리의 복지를 위해 싸울 것이고, 싸워야만 할 것입니다. 그러므로 우리 앞에 놓인 싸움은 어느 곳에서건 불가피한 것입니다."[298] 이와 같이 불가촉천민들에게 인간의 기본적 욕구도 부정하는 억압받는 힌두교의 카스트 체제에서 새로운 종교로의 개종 문제는 불가피한 것이긴 했지만 인내와 투쟁을 요구하는 것이기도 했다.

한편 1935년의 '욜라 선언' 당시에 밝히게 되는 암베드카르의 개종의 결심은 판디안K. D. Pandyan의 지적처럼 영적인 문제보다는 불가촉천민들의 사회적 물질적 필요를 채워주기 위해 시작된 것이며(이는 암베드카르의 불교 사상을 다루는 부분에서 상술하게 될 것이다), 나중에 선언하게 되는 불교로의 개종도 '애국심'에 기반하여 다른 외래 종교보다는 자국의 종교였던 불교를 택하게 된 것으로 볼 수 있을 것이다. 따라서 그의 불교 사상은 그의 생애 후반기에 점차 형성된 것으로 보아야 할 것이다.

암베드카르가 불교로 개종하게 된 일차적인 이유는 그가 어려서부터 그의 천민 출신 계급으로 인해 힌두 사회에서 심한 차별을 받

■

297) ibid. p. 30.

298) ibid. p. 30.

게 된 것이다.[299] 그러나 그의 주요 관심사는 불교의 부흥만큼이나 사회 개혁을 향한 것이었다. 그리고 그의 개혁은 이미 19세기에 불가촉천민들을 돕고자 했던 여러 가지 사회 개혁의 노력들에 기초한 것이다. 이를테면 1885년 인도 국민회의The Indian National Congress는 봄베이에서 사회 개혁안을 채택했는데, "인간간의 우애를 증진하고, … 인종적 지역적 차별을 근절시킨다 …"는 요지였다.[300] 이러한 민족적 운동은 정치적인 문제와 관련되는 것으로 힌두 사회에서 모든 사회적 해악들, 이른바 어린이 결혼, 사티(Sati, 인도에서 남편이 죽으면 아내도 따라 산채로 화장되던 풍습), 문맹, 카스트, 불가촉천민제도 등을 제거하려는 운동이었다.

전통적인 업(業, Karma)의 이론에 의하면, 인간은 지금의 삶 혹은 전생(前生)의 삶에서 자유롭게 선택한 삶의 방식에 따라서 다음의 삶의 양식이 결정된다는 것으로, 이는 카스트의 불평등성을 논리적으로 변호해 준 역할을 해 왔다.[301] 『마누 法典』에서도 카르마(業)의 이론은 사회적 계급 형성의 구분을 정당화시키는 역할을 함으로써 직업과 결혼의 선택 그리고 먹는 것과 사회적 활동 등을 엄격히 제한하게 되었던 것이다. 이러한 사회적 제도를 뒷받침해 왔던 근거는 "정결(淨潔, Suddha)과 부정(不淨, Asuddha)"에 대한 강한 의식으로서, 이러한 의식이 힌두인들 사이에 자리 잡고 있었으며, 사회적 집단으

■
299) Harold G. Coward, op. cit. p. 284.

300) D. L. Ramteke, op. cit. p. 67.

301) 카르마(業)에 대한 이론서로는 H. W. Tull, *The Vedic Origins of Karma* (Albany: State University of New York Press, 1989); Wendy Doniger O'Flaherty(ed.), *Karma and Rebirth in Classical Indian Traditions* (Berkerley: University of California Press, 1980) 등이 있다.

로서의 불가촉천민들은 '부정함의 화신'으로서 기피 대상이 되어 왔다.302)

이와 같은 전통적 힌두 사회의 철저한 차별주의는 중세의 무슬림 통치 기간에도 변하지 않고 계속되었다. 영국 통치와 더불어 정착한 그리스도교의 선교사들도 불가촉천민 제도를 변화시키기에는 역부족이었다. 브라흐모 사마즈Brahmo Samaj와 아리아 사마즈Arya Samaj 같은 19, 20세기의 일부 사회 개혁운동은 카스트의 불평등을 제거하고자 노력했고, 시크교Sikh의 주요 교리 또한 마찬가지였으나, 카르마의 이론과 카스트의 차별, 그리고 정결과 부정함의 의식은 인도인의 영혼에 깊이 각인된 것303)이어서, 운동의 결과들은 그다지 성공적인 것이라고 할 수 없었다. 정부 특히 국민회의가 주도한 개혁도 무슬림과 여성 그리고 여타의 인권에 대한 것이었지 불가촉천민에 대한 인권은 아무도 돌보지 않은 상태였다.

이같이 가혹한 불가촉천민의 환경에서 태어난 암베드카르는 힌두교의 포기를 알리는 '욜라 선언'이 있기 9년 전인 1927년에 불가촉천민의 역사에서 아주 중대한 두 가지 큰 상징적 저항행위를 시도한다. 이른바 '마하드의 반란The revolt of Mahad'이라고 불릴 수 있는 마하드 지역의 초다르의 물탱크를 불가촉천민들도 사용할 수 있는 기본적 권리를 주장하며 평화적 시위를 벌이던 일(이에 카스트 힌두인들은 잔인한 공격을 퍼부었다)과 그해 12월에 힌두 근본주의

■

302) Harold G. Coward, op. cit. p. 284.

303) Ibid. p. 285.

의 초석이 되고 있는 『마누법전』을 공개적으로 불태운 일이다.[304] 사실 마하드의 투쟁은 불가촉천민들에게 각성의 기회를 주고 각 지역에서 참여한 불가촉천민의 대표들은 부정의에 대한 조직적 저항의 가능성을 깨닫게 해 주었다는 점에서 엄청난 영향을 주었을 뿐만 아니라 정부와 정통 힌두교에도 커다란 충격을 준 사건이었다.[305]

이처럼 불가촉천민 해방운동과 관련하여 암베드카르가 급기야 힌두교를 포기하고 새로운 종교로의 개종을 시도하고자 하는 점에서, 그는 불가촉천민 해방운동을 지지하던 마하트마 간디와는 종교적 관점에서 의견이 서로 달랐다. 1935년 '욜라 선언' 이후 탁월한 힌두 지도자들인 사바르카르Veer Savarkar와 자야카르Jayakar는 그해 11월 10일 암베드카르를 만나 개종의 결심을 철회해 줄 것을 요청했고, 간디 또한 이점에 우려를 나타내면서 다음과 같이 말하고 있다.

> "암베드카르의 연설은 믿을 수 없는 일이다 … 만일 힌두교와 완전히 단절하고 평등을 추구하기 위해 다른 어떤 신앙을 선택하기로 결심했다면 말이다. 그것은 불행한 일이다. 불가촉천민의 문제는 이제 서서히 사라져 가고 있다. 그러나 종교라는 것은 외투를 갈아입듯 마음대로 바꿔 입을 수 있는 것이 아니다. 종교는 인간의 몸보다는 자아의 완전을 추구하는 것과 관련된다. … 나는 암베드카르가 분노를 누그러뜨리고 입장을 다시 고려하여 조상으로부터 물려받은 종교의 좋은 점만을 생각하고 신실하지 못한 종교적 약점들을 생각하지 않기를 바란다."[306]

■

304) K. N. Kadam, op. cit. pp. 6-7.

305) Dhananjay Keer, op. cit. p. 105.

306) Sangharakshita, *Ambedkar and Buddhism* (Glasgow: Windhorse, 1986), pp. 63-64.

이에 대해 암베드카르는 다시 간디에게 다음과 같이 대답한다.

> "나는 종교가 필요하다는 점에서 간디와 동의하지만, 만일 종교가 인간의 행위를 적절히 통제해주지 못하고, 혹은 인간의 삶을 보다 나은 방향으로 영감을 제공해 주지 못하는 것이라면, 사람이 반드시 그 조상의 종교를 지키고 따라야 한다는 것에는 동의할 수 없다."[307]

마하트마 간디가 힌두교 내에서 불가촉천민을 위해 노력한 훌륭한 지도자였다면, 암베드카르는 오직 불교야말로 불가촉천민의 문제를 극복할 수 있는 유일한 기초가 될 수 있다고 보았는데, 암베드카르가 여러 종교들 가운데서 오직 불교를 선택해야 했던 이유는 다음 항목에서 상술할 것이다. 간디는 불가촉천민을 위한 공간을 힌두교 내에 마련해 보고자 했던 반면에, 암베드카르도 간디의 뜻과 같이 수년간 노력해 보았으나 마침내 힌두 전통이 카스트와 환생(還生) 개념을 버리지 않으려는 것을 알고 힌두교를 포기하게 된다.[308]

암베드카르는 불가촉천민을 엄격한 힌두 카스트 제도에서 벗어나게 하는 유일한 길이 종교적으로는 힌두교에서 떠나고, 정치적으로는 헌법과 선거제도에서 어떤 보장을 받아 내는 일이라고 생각했다. 한때 힌두교 내에서의 평등성을 보장받기 위해 암베드카르는 힌두 사원의 예배가 허용되도록 불가촉천민들의 '사원 출입 운동 Temple entry movements'을 시도하려 했으나 간디는 처음에 반대했다.

■
307) ibid. p. 64.
308) H. Coward, op. cit. 245.

그리하여 암베드카르는 그와 그의 추종자들이 힌두교와 카스트 제도를 완전히 떠나 새로운 종교를 찾아야 한다고 결론을 내렸던 것이다. 간디를 따라 국민회의당에 가입한 마하라슈트라의 차마르 Chamar 공동체[309] 한 곳을 제외하고 대부분의 불가촉천민들은 암베드카르의 이러한 급진적인 행동을 지지했다.[310]

암베드카르는 1936년 라호르(Lahore)에서 열린 연례 회의에서 "카스트의 철폐"라는 제목의 강연을 계획했는데, 주최 측은 암베드카르의 급진적인 주장을 위험하다고 판단하여 놀라서 회합을 무기한 연기해 버렸다. 그러나 암베드카르는 그의 강연 원고를 소책자로 출간했는데,[311] 그 가운데서 그는 새로운 독립국가에서 스스로 통치해 나갈 힌두인들에게 다음과 같이 질문한다.

> "그대들은 불가촉천민 같은 많은 동족이 공립학교에 다니는 것을 허용하지 않고도 올바른 정치를 할 수 있겠는가? 그리고 공공 우물을 사용하도록 허락하지 않고도 올바른 정치를 할 수 있겠는가? 그들이 좋아하는 장식이나 옷을 입을 수 없도록 하고서도 올바른 정치를 할 수 있겠는가? 그들이 좋아하는 음식을 못 먹게 하고서도 올바른 정치를 할 수 있겠는가?"[312]

암베드카르는 힌두 개혁가들이 과부의 재혼이나 어린이 결혼과

■

309) 차마르는 마하드(Mahad) 지역에 있는 마을로서 신발이나 샌들을 생산 공급하는 상업지역이다. 비록 불가촉천민 마을이지만 그들은 카스트 힌두인들과 가깝기 때문에 암베드카르와의 연합이 어려웠을 것이다. Dhananjay Keer, op. cit. p. 104.

310) Harold G. Coward, op. cit. p. 287.

311) B. R. Ambedkar, *Annihilation of Caste* (New Delhi: Arnold Publishers, 1990).

312) Ibid. pp. 36-37.

같이 바르지 못한 가족의 풍습 등에 대해 비판하기는 했지만, 카스트 제도의 철폐를 주장하는 용기는 없었다고 지적한다. 그리고 카스트 제도는 단지 필요한 사회적 노동의 구분에 지나지 않는다고 주장하는 이들에 대해 암베드카르는 "카스트 제도는 단순한 노동의 구분이 아니다. 카스트 제도는 또한 노동자들에 대한 차별이다"[313] 라고 반박한다. 한편 카스트 제도는 힌두 사회를 와해시키고 비도덕화 했기 때문에 인간을 정화시키는 수단으로도, 경제적인 효율성의 주장으로도 변호될 수 없는 것이며,[314] 공공의 정신과 자선을 말살케 했다고 주장하면서, 카스트 제도가 폐지되고 인도 사회가 자유와 평등, 그리고 우애에 기초할 때만이 이러한 모든 부정적 효과가 극복될 수 있다고 말한다.[315] 이러한 원리가 실현되기 위해서 카스트의 차별을 지지하는 베다의 경전들이 포기되어야 하고 상호 결혼과 상호 간의 식사가 이루어져야 한다고 주장한다.[316] 그러나 궁극적으로는, 암베드카르가 보기에, 모든 인류와 시대에 보편적으로 적용될 수 없고, 단지 사회적 명령과 금지 조항들만을 수집했다고 볼 수 있는 힌두교를 포기해야만 한다는 것이다.[317] 지금까지 한 인간이 다른 인간을 사회적 절름발이로 만들도록 가르치는 종교에 몸담아 왔기 때문에 종교를 바꾸는 것만이 유일한 치료법이라고 암베드카

■

313) Ibid. p. 47.

314) Ibid. p. 52.

315) Ibid. p. 64.

316) Ibid. pp. 82-84.

317) Ibid. pp. 94-97.

르는 말하고 있다. 그가 새로운 종교의 필요성을 공개적으로 말한 것은 1935년의 '욜라 선언'이었고, 힌두 신앙을 마침내 떠나고 50만 명이 넘는 그의 추종자들과 함께 불교를 받아들인 것은 1956년에서였다. 그러면 우리는 왜 암베드카르가 21년이라는 긴 세월이 흐른 후에야 불교 개종을 군중 앞에서 공식적으로 선언하게 되었던가 하는 배경을 잠시 더 세부적으로 고찰해 봐야 할 것이다.

2. 타 종교에 대한 검토와 개종의 권유들

암베드카르가 욜라에서 힌두교 포기를 선언하자 '억압받는 계층'에 속한 공동체의 구성원들 내부에서도 의견이 갈라졌다. 이를테면 암베드카르의 천민 해방운동을 초기부터 도왔던 인물 중의 한사람으로서 자신도 마하르 공동체의 일원인 반소드Ambedkar Kisan Fagoji Bansod는 암베드카르의 개종의도를 비판하고 나섰다. 람테케의 지적에 의하면, (하층민 출신인) 람Jagjivan Ram의 지도하에 1934년에 창설된 '억압받는 계층 동맹Depressed Classes League'도 암베드카르의 선언에 반기를 들고 나섰다. 1935년 11월 15일 '억압받는 계층 동맹'의 펀잡Punjab 지방 의장인 차만 랄Dewan Chaman Lal은 암베드카르의 선언을 '위험한 움직임'으로 규정했다. … 1935년 12월 22일에는 아삼Assam 지역의 동맹회의에서도 만달Mr. B. N. Mandal은 암베드카르와의 연합을 거부했다. 암베드카르는 이러한 반대에 대해 결코 두려워하지 않고, 가까운 장래에 개최될 마하르 대회Mahar Conference에서 개종의 문제가 결정될 것이라고 선언했다.[318]

이와 같이 암베드카르의 힌두교 포기 선언과 관련하여 내부적으로 많은 사람들이 비난하거나 노선을 달리한 사람들 외에, 많은 사람들이 암베드카르를 회유하여 힌두교를 떠나는 결정을 철회하도록 촉구하기도 했다. 그러나 여전히 암베드카르는 하층민들과 그 자신이 속한 마하르 공동체의 지위 향상을 위해, 그가 '악마적diabolic' 종교라고 혹평한 바 있는 힌두교를 떠날 결심을 굽히지 않았다.[319] 그리하여 그는 1935년 아내가 사망하는 불운을 겪으면서도 개인적으로는 불가촉천민의 정체성과 그 기원에 대한 의문을 가지면서 1938년 봄부터 1948년까지 본격적인 연구에 들어간다. 그 결과물 중의 하나로 1945년에 "의회와 간디가 불가촉천민들에게 해 준 일은 무엇인가?"라는 글을 발표하고, 그 후 다양한 정치적 활동과 역정 가운데서도 "불가촉천민들"(1948년), "혁명과 반혁명"(1956년), "힌두교의 수수께끼"라는 글을 발표한다. 이러한 일련의 글들은 '욜라 선언' 이후 약 20여 년이라는 긴 세월에 걸쳐서 나타난 것으로 개종이 그렇게 쉽게 이루어지지 않았음을 반증해 주는 것이다.

이제 암베드카르가 1935년 욜라에서 힌두교 포기 선언을 한 이후 타 종교들에서의 반응은 어떠했으며, 암베드카르는 어떠한 반응을 보였는가를 좀 더 자세히 살펴보자. 우선 이슬람에서의 반응을 살펴보자.

■

318) D. L. Ramteke, *Revival of Buddhism in Modern India* (New Delhi: Deep & Deep Publication, 1983), pp. 87 88.

319) K. David Pandyan, op. cit. p. 85.

1) 이슬람과 그리스도교의 개종의 권유들

상가락시타의 진술에 의하면, "이슬람 지도자 가우바K. L. Gauba는 암베드카르에게 전보를 쳐서 전 인도의 이슬람교인들은 암베드카르와 불가촉천민들을 환영하고 존경하며, 완전한 정치, 사회, 경제, 종교적 권리를 약속한다고 밝혔다. 그 가운데서도 특히 (당시 세계에서 가장 부유한 사람 중 하나였던) 니잠Nizam of Hyderabad은 암베드카르가 전 불가촉천민을 이슬람으로 개종시키면 그에게 4천만~5천만 루피(rupees, 1루피는 한화로 약 25원)를 주겠다고 약속하기도 했다."[320] 이 밖에도 이슬람 지도자들의 여러 가지 개종 권유가 있었으나, 암베드카르는 인도에서의 이슬람이 우선 사회 개혁적이지 않다는 이유로 반대했다. 이를테면 인도 이슬람은 터키의 진보적 이슬람 지도자 카말 파샤Kamal Pasha가 보여준 바와 같은 사회 개혁적 성향을 보여 주지 못한다는 것이다. 그런 점에서 힌두와 별 차이가 없는 것이며, 특히 일부다처제와 축첩, 그리고 얼굴이나 몸에 휘장을 두르는 등의 전통은 여전히 여인에 대한 차별을 강화하고 있다는 점이다. 암베드카르는 이점에 대해 다음과 같이 말하고 있다.

> "사실 무슬림은 힌두의 모든 사회적 악을 지니고 있으며 그보다 더하다. 그보다 더한 점은 무슬림 여인들에 대한 푸르다(Purdah, 대중 앞에 나설 때의 가리개)의 강제적 제도다. … 그리고 인도에서의 무슬림 공동체는 사회생활뿐만 아니라 정치에서도 정체되어 있다."[321]

■
320) Sangharakshita, op. cit. p. 61.

더 나아가서 암베드카르가 이슬람이나 그리스도교로의 개종을 반대한 이유는 1936년 7월 24일에 보도된 '타임스 오브 인디아Times of India'지에 잘 나와 있다.

암베드카르는 다음과 같이 진술한다.

> "이슬람이나 그리스도교로의 개종은 '억압받는 계층'으로 하여금 국민성을 박탈하게 만들 것이다. 이들이 만일 이슬람으로 넘어가게 된다면 무슬림의 수는 배가 될 것이고, 무슬림 통치의 위험이 현실화될 것이다. 만일 이들이 그리스도교로 넘어가게 된다면 그리스도인의 숫자가 5천만~6천만 명이 되어서 영국의 인도 지배력을 강화시켜 주게 될 것이다."[322]

이와 같은 이유들로 암베드카르는 이슬람과 그리스도교로의 개종을 반대했는데, 그리스도교로의 개종 권유를 좀 더 자세히 살펴보자. 당시 그리스도교의 반응은 어떠했던가? 감리교 감독 배들리Badley는 암베드카르의 '욜라 선언'에 대해 다음과 같이 피력하고 있다. "그리스도교 교회는 암베드카르의 선언을 환영한다. 왜냐하면 '억압받는 계층'의 사람들이 보다 나은 삶을 추구하고 있기 때문이며, 그들을 위한 새로운 시대가 밝아오고 있기 때문이다."[323] 이러한 반응에 대해 암베드카르는 어떠했는가? 해외 유학을 통해 그리스도교의 교리에 친숙하고 그리스도에 대해 연구한바 있는 암베드

■

321) Paradkar, B. A. M., "The Religious Quest of Ambedkar", *Ambedkar and The Neo-Buddhist Movement*, pp. 52-55. K. D. Pandyan, op. cit. p. 88. 재인용.

322) Presler, H. H., *India Cultures Quarterly*, Quarter Four (Jabalpur: 1964), p. 11.

323) Sangharakshita, op. cit. pp. 61-62.

카르는, 인도에서의 그리스도교의 행태는 그러한 복음에 위배되는 것이라고 판단하고 1937년 12월 31일 솔라푸르Sholapur에서 인도 그리스도교인들에게 행한 연설을 통해 그의 의견을 밝힌다. 이를테면 남인도에서 '이중 종교인co-religionists'[324]으로 생활하는 자들은 교회 내에서도 카스트를 준수하고 있고, 또한 이들은 정치적으로도 뒤떨어져 있다는 것이다. 만일 마하르 소년이 그리스도인이 된다면 그는 장학금의 혜택도 받지 못할 것이고, 따라서 경제적 유익도 없다. 그리고 인도의 그리스도인은 사회적 부정의에 대해 결코 투쟁하지 않았다고 비판한다.[325]

1944년 8월 마드라스에서 암베드카르는 '타밀 나두의 피억압자 협회Tamil Nadu Depressed Classes Association'로부터 하나의 통신문을 전해 받는데, 그 통신문에 의하면 타밀 나두 지역에서 그리스도교로 개종한 사람들이 그들의 사회, 경제적 지위를 변화시키지 못했다는 것이다. 이전에 카스트에 속했던 힌두인들은 개종 이후에도 여전히 카스트를 유지하고 있거나 아니면 '억압받는 계층의 그리스도인들Depressed Class Christians'을 냉대하고 있고, 그리스도교 선교사들도 그리스도인들 사이의 그러한 카스트 지향적 행태를 묵인해 왔다는 것이다. 그리하여 암베드카르는 "카스트 체제 속의 그리스도인들로부

■

324) '이중의 종교인'이라고 표현한 것은 실제로 인도에는 하나의 종교를 겉으로 표방하면서도 내면적으로는 다른 종교를 가지고 있는 경우가 허다하다. 겉으로는 그리스도인이지만 내면적으로는 힌두교인이거나 아니면 그 정반대인 경우도 있다. 한편 모든 종교를 동시에 포괄하는 경우도 있는데 이러한 특징들이 오히려 다른 어느 나라보다 종교적 다원성을 잘 보여주는 경우라고 할 수 있을 것이다. 그리하여 힌두-크리스천 혹은 크리스천-힌두가 가능하기도 한 것이 인도적 상황이라고 볼 수 있을 것이다.

325) K. D. Pandyan, op. cit, p. 89.

터 불가촉천민outcaste 그리스도인들"을 구하고자 결심했다.[326]

암베드카르는 그리스도의 가르침과 바울의 해방의 메시지가 이처럼 몰락한 인간의 위상을 다시 세워주는 하나의 강력한 '해독제'가 되어 주리라 믿었지만, 선교사들의 행위는 '이질적인 감정'만을 야기할 뿐이었고, 특히 서부 인도에서의 선교는 불가촉천민 출신의 그리스도인들을 비사회화 시킴으로써 '이기적이고 자기중심적인' 사람들로 만들고 말았다고 비판한다.[327]

2) 시크교와 불교에 대한 개종의 고려

시크교Sikhism에 대해 암베드카르는 어떻게 생각했고 그들로부터는 어떤 제의를 받았던가? 판디안Pandyan의 지적대로 암베드카르는 최종적으로 불교를 선택하기 전까지는 시크교를 가장 염두에 두고 있었다.[328] 불가촉천민들을 보다 더 강력한 공동체로 만들기 위해 그는 가장 마음속에 우선적으로 고려했던 종교가 시크교였던 것이다. 1936년 1월 13일에 솔란키Solanki 박사와 함께 시크 브하잔Sikh Bhajan에 참석한 것을 시작으로, 4월 중순에는 시크 선교회Sikh Mission Conference에 참석하여, 시크교 지도자들과 대화를 나누게 된다. 이때에는 펀잡과 케랄라 그리고 북부 프라데시와 중부 프라데시 등지에서 억압받는 계층의 사람들이 함께 모였는데, 이들의 지위 향상을

■

326) Presler, H. H., op. cit. p. 10.

327) K. D. Pandyan, op. cit. p. 89.

328) ibid. p. 90.

도모하는 자리에서 암베드카르는 시크교가 주장하는 평등의 원리는 인정하지만, 어느 종교를 선택해야 할지는 결정하지 못했다고 대답했다.[329] 그러면서도 그는 몇 개월 후 '타임스 오브 인디아'지 1936년 7월 24일자에서 시크교에 대한 그의 선호를 분명히 하고 있다. 그는 이렇게 말한다.

> "순전히 힌두적 관점에서 대안적 신앙을 찾는다면 어느 것이 최선이겠는가? 이슬람교, 그리스도교 아니면 시크교? 분명히 시크교가 최선이다. 만일 '억압받는 계층' 사람들이 이슬람교나 그리스도교와 결합한다면 그들은 힌두 종교에서뿐만 아니라 힌두 문화에서도 벗어나게 될 것이다. 반면에 그들이 만일 시크교도가 된다면 힌두 문화에 남아있게 된다. 이것은 힌두인에게 결코 적은 소득이라고 할 수 없다. 오히려 인도의 정치 발전에 도움이 될 것이다. … 본인이 대안적 종교를 선택하는데 오랜 기간이 걸리는 것은 힌두인의 운명에 대한 어느 정도의 책임감을 느꼈기 때문이다…."[330]

이러한 암베드카르의 진술을 미루어 보면, 암베드카르는 힌두교를 인도 혹은 인도문화와 구별하여 생각하고 있고, 시크교를 포함한 힌두 종교를 힌두 문화권 안에서 긍정적으로 검토하고 있는 반면에, 힌두교는 힌두 문화권에 속하는 것이지만 배척함으로써, 힌두교를 배제한 힌두 종교와 힌두 문화에 여전히 충실하고 있음을 볼 수 있다. 이같이 힌두 문화 속의 종교인 시크교를 어느 정도 선호하게 되면서, 암베드카르는 1936년 9월 18일에 암리차르Amritsar에 있는 시크

■

329) ibid. p. 90.

330) ibid. pp. 90-91.

선교회Sikh Mission 본부에 13명을 파송하여 시크교를 배우게 하였다.[331)]

그러나 끝내 암베드카르가 시크교로의 개종을 포기한 이유는 '억압받는 계층'의 사람들을 위한 의석의 확보문제가 어렵기 때문이었다. 만일 시크교로 개종한다면 이들 '억압받는 계층'의 사람들은 오직 펀잡Punjab 지역 외의 다른 주에서는 실제적인 정치적 혜택을 누릴 수 없기 때문이었다.[332)] 이와 같이 암베드카르는 시크교를 이슬람이나 그리스도교보다 더 선호했으나 결국 불가촉천민들의 지위향상을 위한 정치적 노력에는 한계가 있음을 인식하고 펀잡 지역이나 마하라스트라 주를 넘어서 전 인도의 불가촉천민들에게 평등과 정치적 자유를 실현할 수 있는 새로운 종교를 찾지 않을 수 없었던 것이다.

그러면 이제 불교 교단에서는 암베드카르에게 어떤 개종의 권유가 있었던가를 살펴보자.

'욜라 선언' 이후 여러 종교에서의 개종 권유가 있었던 것처럼, 불교에서도 그러한 요청이 있었다. '욜라 선언' 이후 캘커타에 모였던 미얀마, 태국, 티베트, 중국의 불교 대표들이 암베드카르의 선언을 환영하면서 불교 교단에 가입하기를 요청하는 전보를 보냈다. 마하보디협회Mahabodhi Society와 사르나트Saranath에서도 전보를 보내, "귀하(암베드카르)의 힌두교의 포기 결정을 듣고 매우 놀랐다. '억압

■

331) ibid. p. 91. cf. Paradkar, B. A. M., op. cit. pp. 53-57.

332) ibid. p. 91. cf. Presler, H. H., "The Neo-Buddhist Stir in India", India Culture Quarterly, 1964, Quarter Four, p. 11.

받는 사람들'이 힌두교의 울타리를 완전히 떠나야 한다는 결심에 우려를 표명한다. 제발 신중하게 재고해 주기를 바란다. 그러나 만일 귀하가 여전히 다른 종교를 선택하기를 고집한다면, 귀하와 귀하의 공동체가 아시아에서 가장 많이 신앙하고 있는 불교에 가입하는 것을 대단히 정중하게 환영한다. 불교도들 가운데는 종교적, 사회적 차별이 없다. 우리는 개종자들에게 동등한 지위를 부여한다. 우리에게는 카스트의 차별이 없다. 우리는 기꺼이 조력자들을 보내겠다."[333]

이에 대해 암베드카르의 반응은 어떠했던가? 이슬람이나 그리스도교 그리고 시크교에 대해 응답했던 바와 달리, 놀랍게도 그는 긍정이나 부정의 어떤 대답도 하지 않는다. 그것은 아마도 판디안의 지적처럼 암베드카르가 그 제안을 너무도 신중하게 고려했던 까닭이라고 볼 수 있을 것이다.[334]

3. 불교 사상의 탐색과 개종 연설

암베드카르가 불교에 대해 처음으로 진지한 관심을 가진 시기는 1908년 대학 입학 자격시험에 통과했을 때 선물로 받았던 책『붓다』를 읽게 되고서부터일 것이다. 우리가 그의 교육배경을 고찰하면서

■

333) Bhagwan Das (ed.), Thus Spoke Ambedkar Vol. 4(Bangalore n.d.), p. 257. 여기서 우리는 '마하보디협회'의 적극적인 개종 권유보다는 다소 친힌두적인 모호한 양면성을 보게 된다. 불가촉천민들이 힌두 울타리를 떠나지 않게 되기를 바라면서도 한편으로는 불교로의 개종을 유도하고 있는데, 이는 당시 '마하보디협회'가 현실적으로 당면하고 있는 정치적 위상의 애매성과도 관련이 있으며, 또한 상가락시타의 지적대로 '마하보디협회의 벵갈인 브라흐민 의장과 싱할리족(스리랑카의 주요 종족)의 불교 대표단과의 타협'을 보여주는 것이기도 하다. Sangharakshita, op. cit. p. 62.

334) Pandyan,, op. cit. p. 93.

살펴보았듯이 불과 17세에 불교를 처음으로 접하게 된 그는 이 책을 여러 번 읽고 숙고한다. 그러나 그의 불교관이 확고한 사상으로 굳혀지기까지는 '욜라 선언' 이후에도 20여 년간 줄곧 불가촉천민의 사회적 지위 향상과 해방이라는 측면에서 불교를 재해석하면서 형성된 것이다.

암베드카르의 생애를 잠시 되돌아보면, 1908년부터 박사학위를 받은 다음해인 1917년까지는 인도와 미국 그리고 영국에서 정치와 경제학에 몰두하는 시기다. 따라서 불교에 대해 관심을 가지고 구체적으로 연구하기 시작한 것은 1920년대 중·후반기부터라고 볼 수 있다. 이 시기에 그는 영국의 두 번째 체류를 마치고 인도에 귀국하여 공적인 활동을 전개하기 시작하는 기간이다. 그러나 20년대 이전에도 그의 사고 속에는 철저히 불교적 사고를 보여주는 일면이 있다. 다소 무리한 주장이기도 하지만, 상가락시타는 암베드카르가 1918년에 버틀란드 러셀Bertrand Russell의 『사회 재구성의 원리The Principles of Social Reconstruction』(1917년)라는 책을 서평하면서, 러셀의 개념인 '성장의 조건으로서의 활동성Activity is the condition of growth.'을 강조하는데, 이는 바로 불교의 'Virya' 곧 '정진(精進)'을 연상케 하고 있다는 주장이다.[335] 불교적 수행 개념인 '정진'을 사회적 '활동성'으로 해석한다는 것은 무리한 해석임에 틀림없다. 그러나 후술하겠지만

■

335) 암베드카르는 러셀이 '힘'을 강조하는 것은 전쟁을 일으키는 '힘'을 말하는 것은 아니지만 그렇다고 정적주의(quietcism)를 말한 것은 아니라고 하면서, 러셀에 의하면 '힘(활동)'은 성장으로 이끌지만 정적주의는 죽음과 다름없는 것이라고 설명한다. 그리고 이어서 암베드카르는 이 '힘'의 개념을 존 듀이의 용어를 빌려 다시, "폭력으로서의 힘"이 아니라 "에너시로서의 힘"을 의미하는 것이라고 설명한다. Sangharakshita, op. cit. pp. 52-53.

암베드카르의 불교 사상이 사회학적 입장에서 출발하고 있다는 것을 감안한다면, 전혀 근거가 없는 것도 아니다. 암베드카르는 힌두교적 명상의 정적주의(靜寂主義)보다는 불교적 실천의 정진(精進)을 더 선호한 것으로 볼 수 있고, 특히 '사회 재구성의 문제'에 관해서는 러셀뿐 아니라 실용주의자 존 듀이의 영향에서도 살펴본 바와 같다.

1927년 3월과 12월에 각각 초다르 물탱크 시위와 『마누법전』을 불사르고, 1935년 힌두교 포기를 선언한 암베드카르는 이제 서서히 그의 공적 활동과 집회를 통해 그의 불교적 사상의 단초를 서서히 보여주기 시작한다. 그러나 그의 불교사상의 선호는 이미 1927년 '물탱크 시위' 직전에 있었던 제1차 마하드(Mahad, 초다르 물탱크가 있고 마누법전을 불사른 마을) 집회에서 남루한 옷을 입은 채 모여든 무지한 불가촉천민들에게 행한 개회사에서 그는 어렴풋이 불교적 정화의 세 가지 형태를 밝힌다. "우리가 우리 자신 스스로 정화의 세 가지 과정을 거치지 않으면 지속적인 발전이란 있을 수 없다. 우리는 일반적인 '행동' 양식을 발전시켜야 하고 '말'을 조절할 줄 알아야 하며 우리의 '생각'을 다시 활성화시켜야 한다."[336] 여기서 암베드카르가 말하는 세 가지 정화의 과정은 상가락시타의 지적대로 불교 문헌 전반에서 볼 수 있는 '신(身), 구(口), 의(意)'의 세 가지 업(三業)의 정화를 말한다고 볼 수 있을 것이다.[337] 이 세 가지 형태

■

336) Sangharakshita, op. cit, p. 56.

337) ibid. pp. 56-57.

의 '업(業)'과 정화의 길은 힌두교의 베다Veda나 베다 후기의 문헌에는 나타나지 않는다는 사실을 주목해 볼 필요가 있다. 이로써 보면 암베드카르는 1927년의 '초다르 물탱크' 시위운동 이전에 이미 불교 경전에 친숙해졌다고 볼 수 있고, 특별히 불교적 관점에서 사고하고 행동하기 시작했음을 알 수 있다.

이 같은 사실을 더욱 구체화시켜주는 사례가 있는데, 그것은 『마누법전』을 불태운 사건 바로 이틀 후에 암베드카르는 그의 측근들과 함께 마하드의 이웃 마을에서 파괴된 붓다의 유적을 발굴하고 깊은 감동을 받으면서, 붓다의 제자들이 어떻게 그 가난한 삶을 살았으며, 자선을 베풀고 무욕(無慾)의 정신으로 공동체를 위해 헌신했던가 하는 감회를 그의 측근들에게 술회하였던 점이다.[338]이로부터 다시 6년 후인 1933년 2월에는 간디에게 힌두교 포기를 알리기도 하는데[339] 이때는 아직 불교로의 개종을 공적으로 밝히지 않은 때이다. 사실 판디안의 지적처럼 1929년부터 1935년까지는 '힌두로 사느냐 아니면 힌두로 살지 않느냐To be or not to be a Hindu' 하는 문제를 결정하는 중대한 시기였다. 그러나 일단 '욜라 선언'에 이르기까지는 바쁜 정치적 일정 가운데서도 많은 불교 서적을 탐독한 시기였다고 볼 수 있다.[340]

■

338) ibid. p. 58.

339) 암베드카르는 간디에게 '나는 솔직히 힌두교인이라 말할 수 없다. 이 같은 비인간적 처우와 비난을 받고 있는데 어떻게 힌두교를 자랑할 수 있겠는가?'라고 반문한다. Sangharakshita, op. cit. p. 59.

340) K. D. Pandyan, op. cit. p. 94.

1) 불가촉천민의 기원과 불교도의 관계

한편 암베드카르는 1938년부터 "억압받는 계층"을 위한 그의 활발한 활동에서 잠시 물러나 '불가촉천민'의 기원에 대한 본격적인 연구를 시작한다. 그는 '불가촉천민은 누구인가?', 그리고 '왜 그들은 불가촉천민이 되었는가?', '왜 카스트 힌두들은 그들을 오늘날까지 비인간적으로 대우하며 또 그럴 권리가 있다고 주장하는가?'라고 하는 이러한 의문을 가지고 수년간 씨름하며 연구를 시작했던 것이다. 그러한 끈질긴 탐색의 결과물이 1945년에 쓴 『의회와 간디는 불가촉천민을 위해 무엇을 했는가?What Congress and Gandhi Have Done to the Untouchables』, 1946년에는 『수드라는 누구인가?Who were the Shudras?』[341]라는 책과 더불어 1948년에 출간한 『불가촉천민Untouchable』이라는 책이다. 그런데 그는 『불가촉천민Untouchable』이라는 책에서 놀랍게도 불가촉천민의 기원과 그 뿌리는 불교도들이었다고 주장한다.[342]

암베드카르가 불가촉천민의 뿌리를 불교도라고 주장하고 나선 근거에 대해서는 역사적으로 혹은 과학적으로 입증할만한 아무런 실증적 자료가 없기 때문에, 그의 불가촉천민의 기원 연구는 가설에

■

341) 이 책에서 그는 수드라가 검은 피부를 한 비아리안족이 아니라 아리안 공동체 자신들의 종족 중에서, 원래 있었던 세 계급(브라만, 크샤트리아, 바이샤)에 들어가지 못한 계층이라고 한다. 그리고 계속된 수드라의 왕들과 브라만들과의 폭력적인 투쟁과정에서 브라만들이 전제적 힘을 행사하게 되었고, 원래 크샤트리아였던 수드라들이 사회적으로 강등됨으로써 바이샤 계급보다 더 아래인 제4의 계급으로 전락하게 되었다는 것이다. B. R. Ambedkar (Bombay 1946. Reprinted 1970), pp. xi-xv.

342) Sangharakshita, op. cit. p. 94.

불과하다. 이것은 물론 순전히 그 자신의 오랜 숙고와 상상적 통찰에 근거한 것으로, 그가 힌두교를 배척하는 과정에서 얻어낸 나름대로의 불교적 지향성의 결과라고도 볼 수 있다. 불교에 대한 그의 정서적 지향성이 없었다면, 상가락시타의 지적처럼 암베드카르가 "불(佛), 법(法), 승(僧) 삼보(三寶)에 귀의하는 최종적 선택"을 할 수 없었을 것이다.[343] 불가촉천민의 정체성을 밝히려는 10년간의 노력 끝에 쓴 600여 쪽 분량의『불가촉천민Untouchable』이라는 책에서, 암베드카르가 착안하고 있는 점은 '시체(屍體, dead body)'와 '오염(汚染, pollution)'에 관한 것이다.[344] 힌두 사회에서 불가촉성(不可觸性, Untouchability)은 오염의 개념에 근거하고 있다. 이 오염은 또한 죽음death과 같은 사건의 발생이나, 정화의 의례를 통해서만 제거될 수 있다고 여겨지는 오염된 어떤 사물 혹은 사람에 대한 접촉으로 발생한다고 여겨진다. 이러한 관념은 비단 인도뿐 아니라 이집트, 아프리카, 그리스, 로마 등의 고대 사회에서도 볼 수 있는 것이지만, 유독 인도에서는 약 5천만~6천만 명에 달하는 사람들 중에서 429개의 공동체에 세습적인 불가촉성이 존재한다는 사실이다. 이 사람들은 개인의 능력이나 행위와 관계없이 출생에 의해 세습적으로 부정하게 여겨진다. 그리고 이들은 마을 외곽에 따로 살게 된다.[345] 그런데 이들이 마을 외곽에 살게 되는 데는 또 다른 사회 역사적 이유가 있다.

■

343) ibid. pp. 94-95.

344) ibid. pp. 86-87.

345) ibid. p. 87.

암베드카르에 의하면 이들은 원래 원시 사회 이래 끊임없는 유목민끼리의 싸움에서 희생된 제3의 집단이다. 이들이 곧 '몰락한 사람들Broken Men'로서 전쟁에서 패배하여 흩어져 남아있는 사람들이며, 혈연 공동체로 맺어진 다른 종족에 소속될 수도 없는 거류민으로서 끊임없는 공격의 위험 속에 살고 있는 사람들이다. 그런데 이들은 정착민 못지않게 외부로부터의 침입을 방어해야 하는데 결국 정착민의 수하에 들어가서 그들을 외부의 침입으로부터 막아주는 대신 식량을 공급 받게 된다. 그러나 이들은 같은 혈연 공동체가 아니므로 함께 살 수 없게 되고 따라서 마을 외곽에 살면서 이들 정착민을 지키는 수호역할을 맡게 된다.[346)] 따라서 암베드카르는 불가촉천민이 힌두 사회에서 말하듯 태생적으로 세습되는 부정한 자들이 아니라, 유목민들과의 전쟁에서 패배한 '몰락한 사람들'이라는 새로운 결론을 얻게 된다.

그러면 이와 같이 '몰락한 사람들'이 곧 불가촉천민이라고 주장하는 근거와 불가촉천민으로 대우받게 되는 그 기원은 무엇인가? 이 점에 대해 암베드카르는 두 가지 가능한 기원설을 제시하고 있다. 하나는 인종적 기원인데, 이들은 비아리아인 계통으로서, 드라비다인Dravidian에 의해 정복당한 비드라비다족의 토착민이라는 경우이고, 다른 하나는 직업적 기원으로서 더럽고 정결치 못한 일에 종

■

346) ibid. pp. 88-89. 암베드카르는 천민들이 마을 외곽에 살게 된 배경에 대해 인도 이외의 다른 나라의 경우를 조사해 본 결과, 놀랍게도 고대 아일랜드의 '이방인-소작인(Fuidhirs: stranger-tenant)'과 고대 웨일즈 지방의 '노예-소작인(Alltudes: unfree-tenant)'과 같은 유사한 경우를 발견하게 된다. 이들이 모두 변방에 살게 된 까닭은 혈통이 다르기 때문으로서 인도의 경우와 같은 보편적 현상을 보여주고 있다는 것이다. 그러나 인도 이외의 나라에서 '몰락 민(民)'은 점차 정착민에 흡수되어버리지만, 유독 인도에서는 '불가촉천민'으로 여전히 구별되어 차별화되고 있다는 것이다. ibid. p. 91.

사하는 사람들의 경우를 말한다. 이에 대해 암베드카르는 이러한 기원설에 조목조목 반박하면서 인류학적 혹은 민족지학적 입장에서 아리아인이나 드라비다인이나 제3의 토착민이거나 모두 같은 종족에 속한 것임을 주장하고, 직업적 기원설에 대해서는 바라문이나 크샤트리아, 바이샤, 수드라 모두 때때로 아주 불결한 직업에 종사하게 될 수도 있다는 것이다.[347] 이러한 이유로 암베드카르는 인구 조사에서 드러난 통계에 관심을 보이면서 자신의 독창적 연구의 결과로 불가촉천민의 기원을 다음과 같이 밝힌다.

인구 조사에 의하면 1910년 이후부터 힌두인들은 3범주로 구분되었는데, 힌두교인들, 정령을 숭배하는 부족들 그리고 '억압받는 계층민들' 즉 불가촉천민들이다. 설문조사에서 드러난 바에 의하면 불가촉천민들은 브라흐만들로부터 만트라의 전수[mantra initiation]를 받아들이지 않았고 가족의 사제로서 브라흐만 사제도 없었다. 그리고 그들은 소고기를 먹었고 소를 숭배하지 않았다. 그리고 특히 주목해야 할 것은 브라흐만들이 불가촉천민을 기피하고 있다는 것이다. 하지만 이점에 대하여 암베드카르는 설문조사가 조사자에 의해 일방적으로 작성된 것이기에 그 이면을 살펴보면, 불가촉천민 역시 브라흐만을 기피하고 있고, 따라서 그들 자신의 사제를 가지고 있다는 것이다. 놀라운 것은 브라흐만들이 불가촉천민을 부정(不淨)하게 보는 것만큼이나 불가촉천민들도 브라흐만들을 부정하게 본다는 점이다. 암베드카르는 여기에서 불가촉천민의 기원을 찾는 숨겨진 실마리를

■

347) ibid. pp. 91-92.

얻어낼 수 있다고 하면서, 브라흐만과 불가촉천민의 상호 반감(反感)이야말로 '몰락한 사람들(원래의 불가촉천민들)'이 불교도들이었다는 가설을 뒷받침해 줄 수 있다고 한다. 이를테면 불가촉천민들은 불교도들이었기 때문에 브라흐만들을 존경하지 않았고, 그들을 사제로도 수용하지 않았으며, 그들을 부정한 것으로 여겼다. 그리고 '몰락한 사람들'은 불교도들이었기 때문에 브라흐만들은 그들을 증오하고 경멸했으며 그 결과 '몰락한 사람들'이 불가촉천민들로 간주되었다는 것이다.[348)]

물론 암베드카르는 이러한 '몰락한 사람들'이 불가촉천민들이며 이들은 또한 불교도였다는 공식에 어떤 직접적인 증거가 있다고는 말하지 않지만, 그렇다고 증거가 꼭 필요한 것만은 아니라고 한다. 인도 역사에서 '몰락한 사람들'이 실제로 불교도들이었다는 직접적인 역사적 증거는 없지만 브라흐만들의 심중에 불교도들을 '증오'해왔던 사례는 종종 있어 왔다.[349)] 암베드카르는 '몰락한 사람들'이 불교도였다는 점에 대해 다음과 같은 사실을 들어 더욱 그의 심증을 굳힌다고 본다. 즉 브라흐만교가 한때 불교를 정복했을 때 다른 종교와 달리 불교도들은 쉽게 브라흐만교에 귀속되지 않았는데, 바로 이점이 왜 불가촉천민들이 브라흐만들을 기피했던가 하는 이유가 된다는 것이다. 결국 암베드카르는 불가촉천민의 기원에 대한 최

■

348) ibid. pp. 92-93.

349) 이점에 대해 암베드카르는 잘 알려진 전통적인 드라마의 한 장면을 예로 들어 설명한다. 즉 '작은 점토 수레(Mrichchhakatika, Little Clay Cart)'라는 극에서 극중 영웅에 의해서 악의가 없는 불교 수도승이 불길하게 외면당하거나, 다른 극중 인물들에 의해 학대받고 얻어맞는데, 이런 장면들이 브라흐만들의 불교 경멸을 잘 보여주는 사례라고 지적한다. ibid. p. 93.

종적인 결론을 다음과 같이 내린다.

> "'몰락한 사람들'은 바라문들을 증오했다. 왜냐하면 바라문들은 불교도들의 원수들이었고, 바라문들은 '몰락한 사람들'이 불교를 떠나지 않는다는 이유로 그들에게 불가촉성Untouchability을 부여했다. 이러한 이유로 불가촉성의 근원의 하나는 바라문들이 불교도들에게 조장해낸 '증오'와 '경멸'에 뿌리를 두고 있다고 말할 수 있다."[350)]

이와 같이 암베드카르가 불가촉천민과 불교도와의 숨겨진 연관성을 찾아내고 또한 이 양자를 동일시한 것은 상가락시타도 지적했듯이, 암베드카르 자신이 불가촉천민 출신으로서 이미 어느 정도 불교에 대한 지적 혹은 정서적 호감과 연관성을 지니고 있었기 때문일 것이다.

그러나 이상의 설명만으로는 왜 '몰락한 사람들'이 '불가촉천민'이 되었는가 하는 문제에 대해서는 충분한 답변이 되지 못한다. 이를테면 '몰락한 사람들'이 불교에 달라붙어서 불교를 포기하지 않았기 때문에 바라문들로부터 불가촉천민으로 여겨졌다는 기원설에 대해서는, "바라문들이 증오한 대상은 불교도들이었지 '몰락한 사람들'이 아니었다"는 반론이 있을 수 있으므로, 암베드카르는 이에 대해 1910년의 인구 조사의 자료를 통해 또 하나의 가능한 가설로 답변한다. 그 자료에 의하면 힌두교인으로부터 불가촉천민을 구별하

350) B. R. Ambedkar, *The Untouchables*(Third edition, Balrampur, 1977), p. 101. cf, Sangharakshita, op. cit. p. 94.

는 기준은 소고기를 먹는 문제와 관련된다. 즉 '몰락한 사람들'이 불가촉천민으로 취급받게 된 것은 그들이 소고기를 먹기 때문이라는 것이다.[351)]

암베드카르는 불가촉성의 문제가 소고기를 먹는 것과 관련된다고 하는 점을 고대 힌두 법률서의 저자들도 매우 잘 알고 있는 문제라고 하면서, 불가촉천민의 기원은 결국 '몰락한 사람들'에 대한 바라문들의 경멸과 '몰락한 사람들'이 소고기를 먹었던 이 두 가지 사실에서 찾을 수 있다고 한다. 암베드카르는 다음과 같이 말함으로써 불가촉성의 주된 이유를 밝히고 그 기원에 대한 장황한 추적 끝에 결론을 내린다.

> "비록 '몰락한 사람들'이 그들이 불교도라는 이유로 경멸과 멸시를 받았지만, 그 불가촉성의 주된 원인은 소고기를 먹는 문제였다."[352)]

2) 불교 사상의 탐색

암베드카르가 불교로 개종하기까지는 일정한 기간의 탐색기를 거치게 된다. 1935년 '욜라 선언' 당시 이미 그는 '힌두교인 교인으로는 죽지 않을 것'이라는 결심에서 엿보이듯이 이미 그 이전에 암베드카르는 어느 정도 불교에 대한 탐색이 있었다고 볼 수 있다. 그

■

351) Sangharakshita., op. cit, p. 95.

352) B. R. Ambedkar, *The Untouchables*, p. 105.

러나 그의 불교 사상의 본격적인 탐색은 '욜라 선언' 이후부터 『불가촉천민』(1948년)이라는 책을 출판한 이후 2년 뒤인 1950년에 <마하보디Maha Bodhi>지353)에 "붓다와 그의 종교의 미래The Buddha and The Future of His Religion"354)라는 논문을 발표하기까지 계속된다고 볼 수 있다. 이 작은 논문은 암베드카르의 불교 사상 결정체인 『붓다와 그의 법The Buddha and His Dhamma』(1957년)과 함께 현대 인도 불교사 연구에 아주 소중한 자료로서, 전자의 논문이 특히 그의 불교 사상 탐색기를 보여 주는 단계라면, 후자의 책은 그의 불교 사상을 집약해 놓은 것이라고 볼 수 있다.

암베드카르의 불교 사상의 탐색은 어디까지나 그의 해방 실천적 지향성으로 인해 불교를 나름대로 재해석하고 있는 것이기 때문에, 보편적으로 수용할 수 있는 전통적 의미의 불교 사상적 성격을 지닌다고 보기는 어렵다. 그가 그의 생애 마지막까지 불교 사상을 탐색하면서 재해석하고 실천했던 그의 불교 사상을 살펴보기 위해 우선 그의 논문 "붓다와 그의 종교의 미래"에서 드러나고 있는 그의 불교관을 고찰해 보자.

암베드카르는 그의 논문 서두에서 우선 세계 종교의 창시자 네 명, 곧 붓다, 예수, 무함마드, 크리슈나에 대한 인물의 비교부터 시

■

353) 〈마하보디〉지는 1892년에 다르마팔라(Anagarika Dharmapala)가 불교의 공식 기관으로서 '마하보디 협회(Maha Bodhi Society)'를 창설하고, 영문 불교 잡지를 간행하여 발행 부수는 적어도 세계적으로 널리 읽히던 당시의 주요 불교 잡지다.

354) 이 논문은 암베드카르가 법무부 장관으로 재직할 당시에 기고한 글로서, 외국의 불교 학자나 세계 모든 곳의 불교 학자와 철학자들과 자신의 불교관을 공유하기를 희망하면서 쓴 글이다. "Buddha and The Future of His Religion" (Reprinted from the Vaisakha Number of Maha Bodhi, Vol. 58, Afril-May, 1950).

작한다.[355] 이들 가운데서 붓다는 다른 세 인물에 비해 몇 가지 독특한 대조를 보인다. 첫째는 자기 부정self abnegation이다. 예수는 자신이 하느님의 아들이라 하며 자신을 인정하지 않으면 하늘나라에 들어갈 수 없다고 한다. 무함마드는 한 걸음 더 나아가 자신이 지상에 온 마지막 하느님의 사자(使者)라고 한다. 크리슈나는 이들 둘보다 더 넘어선다. 그는 단지 신의 아들인에 만족하지 않고 그 자신이 "지고한 신Parameshwar"이라고 하고, 그를 믿는 자들은 그를 "신 중의 신Devādhideva"이라고 부른다. 붓다는 결코 자신에게 그러한 호칭을 부여하지 않았다. 그는 사람의 아들로 남는 것에 만족했다. 그리하여 붓다는 "길을 안내하는 사람Margadata"의 역할을 수행한 반면 다른 이들은 "구세주Mokshadata"의 역할을 하고 있다.

또 하나의 대조를 이루는 것은 예수와 무함마드는 그들이 가르치는 바가 하느님의 말씀으로서 의문의 여지가 없이 정확 무오(無誤)한 것이라고 주장하고, 크리슈나는 그의 가르침이 자기 자신의 주장에 따라 신들 중의 신으로써 말씀한 바이며 오류가 없는 것이라고 한다. 이에 비해 붓다는 『대반열반경Mahaparinibbāna Sutta』에서 아난다Ananda에게 이르기를 그의 종교는 이성과 경험에 기초한 것이기 때문에 자신의 가르침이 단지 자신에게서 나왔다는 이유만으로 옳다고 추종해서는 안 된다고 하면서 쓴 글이다. 이를테면 붓다의 말씀이라 해도 어떤 특정 시기와 주어진 상황에서 적용될 수 없는 것이

■

355) "The Buddha and The Future of His Religion", op. cit. p. 1. cf. "Buddha and The Future of His Religion"(Reprinted from the Vaisakha Number of Maha Bodhi, Vol. 58, April-May, 1950).

라면 버릴 수도 있다는 것이다.[356] 암베드카르는 여기서 자신의 독특한 사상을 과감히 전개하게 된다.

> "붓다는 그의 종교가 '과거의 고목(枯木)[the dead wood of the past]'[357]으로 방해받는 것을 원하지 않으며, 늘 푸르고 쓸모 있는 것이 되기를 원했다. 이것이 바로 붓다가 그의 제자들에게 상황의 필요에 따라 나무를 자르고 다듬을 수 있는 자유를 준 이유다. 다른 종교 지도자들은 그러한 용기를 보여주지 못했다."[358]

이와 같이 붓다는 이성과 경험에 기초하여 상황의 요구에 적용이 가능한 것만을 진리로 인정하며 그렇지 못한 것을 수정할 수 있는 자유를 주었다고 주장한 반면, 다른 종교 지도자들은 왜 그러한 용기가 없었는지를 하나씩 비교하며 검토하고 있다.

전반적으로 불교와 힌두교를 비교 평가하면서 논의를 진행하는 암베드카르는 정기간행물에 기고한 논문의 지면 관계상 우선 힌두교의 핵심적인 두 가지 문제점을 지적하고 있다. 하나는 힌두교가 도덕성에 기초하여 설립된 종교가 아니라는 것이다. 힌두교가 도덕성을 지닌 바가 있다 해도 그것은 완전한 것이 아니며, 사회적 필요에 의해서 지탱되는 것에 불과하다는 것이다. 힌두교의 베다에서 '다르마(Dharma, 法)'는 붓다가 그 의미를 도덕적으로 혁신시키고 심

■

356) ibid. p. 2.

357) '과거의 고목(枯木)(the dead wood of the past)'이라는 비유는 미국의 실용주의 사상가 존 듀이의 표현으로서, 암베드카르가 유학 시절에 그에게서 직접 교육을 받으며 영향을 입은 실용주의적 사상을 여기서 재현해 보이고 있는 셈이나.

358) ibid. p. 2.

화시킨 것과 달리, 도덕적 의미를 지니지 못하고, 단지 브라흐만들이 말하는 대로 신(神)에게 제사를 행하는 등의 의례 수행적 의미에 불과하다는 것이다. 암베드카르는 붓다의 '담마(Dhamma, 法)' 개념을 다음과 같이 해석한다.

> "붓다가 사용한 단어 '담마'는 의례와 전혀 상관없다. 붓다는 의례를 종교의 본질로 규정하지 않았다. 의무로서의 행위(karma) 대신에 도덕성을 종교의 본질로 삼았다. 비록 '담마'라는 단어를 브라흐만 교사와 붓다가 같이 사용하기는 하지만 그 내용은 근본적으로 다르다. 사실 도덕성을 종교의 본질과 근본으로 삼은 자는 붓다가 처음이었다. 크리슈나도 『바가바드 기타』에서 낡은 의례적 개념을 탈피하지 못하고 있다. … 『바가바드 기타』에서 크리슈나가 말한 '무욕의 행위Nishkam Karma, Anasaktiyoga'도 보상을 기대하지 말고 행하라는 자기 수양적 의미를 가질 뿐이다."[359]

힌두교와의 비교에서 나타나는 두 번째 문제점은 힌두교가 표방하는 복음이 '불평등'이라는 점이다. 사성제(四姓制, Chaturvarna, 카스트)의 교리가 그 구체적인 불평등의 예가 되는데, 붓다는 이에 대하여 평등을 표방하면서 사성제와 대항하여 싸웠다. 힌두교에서 수드라와 여인들은 종교 지도자가 될 수 없을 뿐만 아니라 '산야신(Sannyasin, 방랑하는 걸인 수도승)'이 될 수도 없고 신에게 이르지도 못한다. 그러나 붓다는 수드라를 비구승(比丘僧, Bhikshu Sangha)으로 받아들였고, 여인들이 비구니(比丘尼)가 되도록 허용했다. 왜 그랬던가? 이점에 대해 암베드카르는 "붓다가 불평등의 복음을 폐지시키

■

359) ibid. p. 3.

기 위해 구체적인 조치를 취하기 원했다"고 말한다.[360)]

암베드카르에 의하면 붓다는 사성제에 대한 저항을 포기하지 않았는데, 이것이 불교가 브라흐만들로부터 자이나교보다 더 미움을 샀던 이유다. 힌두교는 붓다의 저항을 받아들이지 않고 오히려 『바가바드기타』에서 사성제에 대한 새로운 철학적 정당화만 발전시키고 있다고 비난한다. 이를테면 크리슈나는 신으로서 사성제를 만들어 냈는데, '모든 개인은 자신의 내적 속성[Gunas]에 따라 지위와 신분이 규정된다'는 '속성-업[Guna Karma]' 이론을 새롭게 발전시켰다는 것이다. 이는 사성제가 베다[Vedas]의 권위에 기초한 것이라는 옛 이론에 대한 새로운 이론이다. 이에 대해 암베드카르는 "붓다가 베다의 무오류성(無誤謬性)에 대해 공격함으로써 사성제의 낡은 기반의 정당성이 상실되었다. (그러나) 사성제를 포기하려 하지 않는 힌두교는 보다 나은 기반을 세우기 위해 『바가바드기타』에서 크리슈나를 통해 이를 새롭게 정당화시키고 있다"고 비판한다.[361)]

암베드카르는 『바가바드기타』의 '속성[guna] 이론'이 상키야[Sankhya] 체계[362)]에서 빌려온 것으로, 이때 하나의 속성이 강하게 될 때(태어나면서도 마찬가지) 다른 속성을 지배한다는 이론이 사성제에도 적

■

360) ibid. p. 3.

361) ibid. p. 4.

362) 상키야 철학의 이론 체계에 의하면 신은 없다. 그러나 신은 프라크리티(Prakriti, 물질)가 죽은 것으로 여겨질 때만 필요하다. 그러나 물질은 죽지 않고 활동한다. 이 물질은 세 가지 속성인 라자스(Rajas, 활동력, 운동), 타마스(Tamas, 비활동력, 정지), 사트바(Sattva, 명상력, 조화)의 성질을 갖는다. 이 세 가지 속성이 평형 상태를 유지할 때만이 프라크리티(Prakriti, 물질)는 죽은 것처럼 된다. 이 세 가지 속성 중에 하나가 두드러지게 강하게 되면 물질은 활동하게 된다. ibid. p. 4. cf. Zimmer, *Philosophies of India* (New York: Princeton University Press, 1989), p. 293, p. 230.

용되고 있다는 것이다.[363] '크리슈나는 벽돌이나 쌓는 사람이 어떻게 세상을 다스리겠는가 하는 의문을 가졌을지 모른다. 그러나 물질에 대한 분석으로서의 속성이론이 옳다고 해도, 문제는 세 가지 속성의 상대적 입장이 항상 변화하고 있기 때문에 개개인의 프라크리티(물질)는 항상 변하고 있다'는 점을 암베드카르는 강조하며 크리슈나를 비판한다. 즉 "속성이 항상 변하는데 어떻게 직업과 신분의 차이가 항상 변하지 않겠는가"라고.[364] 이와 같이 암베드카르는 『바가바드기타』의 오류성을 지적하면서, 대다수의 힌두교인들은 얼빠진 상태에서 『기타』의 그럴듯함에 속아 노예가 되어 있고, 그 결과 사회적 불평등의 복음인 『기타』를 가지고 사성제도를 유지하면서 살아간다고 지적한다.

이상과 같이 힌두교의 신념체계를 공격하면서 새로운 종교, 즉 대안적 종교로서의 불교를 탐색하는 가운데, 암베드카르는 불교에 대한 적극적이고 확신에 찬 신념을 가지고, 불교는 다음과 같은 네 가지 요구 조건을 충족시켜 줄 수 있는 훌륭한 종교가 될 수 있음을 강조한다.

> "첫째, 사회는 법과 도덕의 강제력이 함께 있어야 한다. 그 어느 한쪽을 잃으면 사회는 균열된다. 둘째, 종교는 과학적 지식(science)과 일치해야 한다. … 다시 말해서 종교가 제대로 기능하기 위해서는 단지 과학적 지식의 다른 이름인 이성reason과 일치해야 한다. 셋째, 사회도덕 법전으로서의 종교는 자유, 평등, 박애

■
363) ibid. pp. 4-5.
364) ibid. p. 5.

의 기본적 교의를 인정해야 한다. 만일 종교가 이 세 가지 기본적 사회생활의 원리를 인정하지 않는다면, 그 종교는 소멸될 것이다. 넷째, 종교는 빈곤을 신성시하거나 고상하게 해서는 안 된다. 부자가 재산을 포기하는 것은 축복된 상태일 수 있다. 그러나 빈곤은 그렇지 않다. 빈곤을 축복의 상태라고 주장하는 것은 종교를 악용하는 것이고 악과 범죄를 영속시키는 것이며 세상을 생지옥으로 만드는 것이다."[365]

대안적 종교가 갖추어야 할 요건으로서 이들 네 가지 문제를 동시에 만족시켜 줄 수 있는 종교가 있는가를 스스로 자문하면서, 암베드카르는 "지금까지 자신이 알고 있는 바로는 오직 불교밖에는 없다"고 말한다. 대안적 종교로서 갖추어야 할 4가지 요건 가운데서 암베드카르가 제시한 첫 번째 원리는 불교와 직접적인 관련이 없어 보이지만, 불교를 포함한 종교를 하나의 '도덕'으로 이해하는 그의 입장-이 문제는 그의 종교관에서 후술할 것이다-을 고려해 보면, 이해할 수 있는 문제이다. 암베드카르가 보기에 이상의 4가지 요건을 충족시켜 줄 수 있는 종교는 불교밖에 없다는 것이다. 이른바 "새로운" 세계가 "새로운" 종교를 필요로 한다면 오직 붓다의 종교만이 가능하다는 것이다.[366] 그러면 어째서 불교가 그러한 이상을 충족시켜 줄 수 있다는 말인가? 이에 대해 암베드카르는 붓다의 가르침이 자유와 평등에 기초하고 있음을 주장한다.

"붓다는 '비폭력Ahimsa'만을 말한 것이 아니라, … 종교의 일부로서

■
365) ibid. pp. 6-7.
366) ibid. p. 7.

사회적 자유, 지성적 자유, 경제적 자유, 정치적 자유를 가르쳤다. 그리고 그는 사람과 사람 사이의 평등뿐만 아니라 남자와 여자 사이의 평등을 가르쳤다."[367)]

그리고 또한 힌두교의 '산야신(방랑 수도자)'과 불교의 '비구승(比丘僧)'을 비교하면서 전자는 '세상과 아무 관계를 맺지 않고, 세상에 대하여 죽은 자'이지만, 후자는 '세상과 적적인 관계를 맺고 있다'고 주장한다. 이를테면 불교의 비구 승가를 설립한 붓다의 의도를 적극적으로 해석하고 있는 셈이다.

암베드카르에 의하면, 붓다가 비구 승가를 설립한 목적은 우선 불교의 원리 속에 구체화된 불교도들의 이상을 생활 속에 구현할 수 있는 하나의 사회를 건설하는 것이고, 그리하여 평신도들에게 하나의 모델을 제공하는 것이다. 붓다는 보통 사람들이 불교의 이상을 실현한다는 것이 어렵다는 것을 알았을 테지만, 그래도 평범한 사람들이 그 이상이 무엇인지를 알고 실천할 수 있도록 하기 위해 승가를 만들고 계율(Vinaya, 戒律)을 마련한 것이다. 그밖에도 승가를 설립한 데에는 평신도들에게 편견 없는 진리를 전해주고자 하는 목적이 있었다. 비구들의 사유 재산을 금지시킨 것도 소유에 대한 집착 없이 자유로운 사고를 할 수 있게 하기 위함이었고, 승려들의 결혼을 원하지 않은 것도 사람들에게 자유롭게 봉사할 수 있도록 하기 위함이었다.[368)] 그러나 암베드카르는 오늘날의 불교 승가는 불교의

■
367) ibid. p. 7.
368) ibid. p. 8.

이상과 거리가 멀다고 비판한다. 오늘날의 불교를 보면 명상이나 하면서 게으르게 시간을 허비하는 단지 '산야신'에 불과할 뿐 학문에 대한 연구나 봉사의 기미가 보이지 않는다는 것이다. 따라서 그는 라마크리슈나의 선교회나 그리스도교의 예수회Jesuists 단체처럼 학문과 사회봉사에 철저해야 할 것을 주장하고 있다. 그는 그의 논문 『붓다와 그의 종교의 미래』를 끝맺으면서 인도에서뿐만 아니라 세계에서 불교가 그 올바른 기능을 감당하기 위해서는 좋은 불교도가 되는 일 못지않게 "불교를 전파하는 것이야말로 인류에게 봉사하는 일임을 믿고 불교 전파에 힘써야 한다"고 주장한다.369)

이로써 보면 암베드카르는 1950년에 이 논문을 발표하기까지 '욜라 선언' 이후 15년간 길고 긴 불교 사상의 탐색기를 가지면서 나름대로 상당한 수준의 불교관을 지니고 있었음을 볼 수 있다. 그의 불교사상에 대해서는 다음 장에서 상세히 고찰한 후에 종합적인 평가를 내려 볼 것이다. 이제 불교에 대한 긴 탐색기를 끝낸 암베드카르는 1956년에는 드디어 그를 추종하는 수백만 명의 불가촉천민들과 함께 자유, 평등, 우애의 이상적인 사회 공동체의 실현을 꿈꾸면서 전격적인 불교 개종 연설을 하게 된다. 다음에서 이를 살펴보자.

3) 불교 개종식과 개종 연설

암베드카르는 1956년 10월 14일 나그푸르Nagpur의 딕샤 브후미

■

369) ibid. p. 10.

Diksha Bhumi에서 40만 명에 달하는 그의 추종자들이 모인 가운데 드디어 불교로의 개종식과 함께 개종 연설을 하게 된다. 10월은 인도에서 우기가 끝나고 여행이 비교적 자유로운 계절이다. 그리고 14일 이날은 힌두교의 '다사라Dasārha'[370] 축제가 있는 날이다. 상가락시타의 지적대로 이날을 선정한 이유는 이제 더 이상 전쟁에서 돌아온 '라마의 승리'를 기념하는 것이 아니라, 불교이 법을 실천하는 '아소카 왕의 귀환'을 알리는 것이며, '전쟁의 승리yuddhavijaya'가 아니라 '의로운 법의 승리dharmavijaya'를 의미하는 것이고 동시에 브라흐만교에 대한 불교의 승리를 의미하는 것이기도 했다.[371]

선택된 장소인 나그푸르도 마드야 프라데시Madhya Pradesh 주의 수도로서 인도의 중심지에 자리하고 있으면서, 위대한 불교 학자였던 나가르주나(Nagarjuna, 龍樹)와도 관계있는 지역이다. 그리고 나그푸르라는 지명은 불교 초기 시대에 불교 전파에 힘썼던 '나가Nagas인들'의 도시라는 점과도 의미 연관이 있다. 암베드카르에 의하면 나가인들은 비아리아인들로서 아리아인들과는 적대적인 관계에 있었으며, 특히 아리아인들은 나가인들을 산채로 불에 태워 죽이기도 했다는 것이다. 그리고 나가인들은 그들을 구해줄 한 위대한 인물을 찾고 있었는데, 그가 바로 붓다였으며, 붓다의 종교를 전 세계에 알리기 시작한 것도 나가인들이라는 점에서 불교 개종 연설지로서의 장소

370) 힌두 전통에서 '다사라' 축제는 '비자야 다사미(Vijaya Dasami, 열 번째 승리)'라고도 불리는데, 이는 라마(Rāma)가 열 개의 머리를 가진 랑카(Lankā)의 마왕(魔王) 라바나(Rāvana)를 살육하고 수도로 돌아온 승리를 기념하는 날이다.

371) Sangharakshita, *Ambedkar And Buddhism* (Glasgow: Windhorse, 1986), pp. 127-128.

를 나그푸르로 선택한 충분한 이유가 되는 것이다. 그리고 무엇보다 암베드카르 자신도 "우리는 나가인들의 후손이라고 짐작된다"고 말하는 것을 보아서, 그는 그의 추종자들과 함께 그들의 정신적 뿌리를 나그푸르에서 찾고 있는 것을 알 수 있다.[372)]

각종 교통수단으로, 교통수단이 없는 자들은 걸어서, 전국 각처에서 개종 연설의 집회에 참여하고자 하얀 옷을 입고 모여든 수많은 군중들은 "바바 사헤브(Baba Saheb, 암베드카르에 대한 존칭)가 부르셨다. 누구든지 불교를 받아들이자", "하늘을 감동시키고, 땅을 감동시키자! 불교로 돌아가서 새롭게 살자!"라는 슬로건을 내세우며, "붓다 승리!", "바바 사헤브 암베드카르 승리!"를 외쳐댔다.[373)] 아침 9시 15분 열광하는 군중을 바라보며 단상에 오른 암베드카르는 인도에서 가장 연장자인 고승(高僧) 찬드라마니U. Chandramani와 함께, 그리고 마하보디회의 신할라족Sinhalese 총서기 발리신하D. Valisinha와 그 밖의 초대된 비구들과 함께, 불법승(佛法僧) 삼보(三寶)에 귀의하는 의식을 거행한다. 고승 찬드라마니가 팔리어로 된 귀의 송(歸依頌)을 영창했다. "붓담 사라남 가차미(Buddham saranaṃ gachchhāmi, 붓다에게 귀의합니다), 담맘 사라남 가차미(Dhammam saranam gachchhāmi, 법(法)에 귀의합니다), 상감 사라남 가차미(Sangham saranam gachchhāmi, 승가(僧伽)에 귀의합니다)". 이 귀의송이 세 번씩 되풀이 될 때마다 암베드카르와 그의 아내는 빛나는 황동(黃銅) 불상을 향해 머리를 조

■

372) Bhagwan Das(ed.), *Thus Spoke Ambedkar Vol. 2*(Jullundur n.d.), pp. 141-142.

373) Sangharakshita, op. cit. p. 130.

아리며 고승의 영창을 따라 되뇌었다.[374] 그리고 고승 찬드라마니를 따라 살생하지 않을 것(不殺生), 도둑질하지 않을 것(不偸盜), 음행하지 않을 것(不邪淫), 거짓말을 하지 않을 것(不妄語), 술을 마시지 않을 것(不飮酒)의 '오계(五戒)'를 다시 서약했다.[375] 암베드카르가 '힌두인으로 태어났지만 힌두인으로 죽지 않겠다'고 욜라에서 선언했던 1935년 이후, 실로 21년 만에야 불교도가 되어 그 약속을 실천하는 날이기도 했다.

그리고 오계의 서약에 이어서 암베드카르는 자신이 스스로 준비해 온 22가지 서약을 선포했다. 이를테면 힌두의 신들과 여신을 믿지 않고, 그들에게 절하지 않으며, 붓다를 비쉬누Vishnu의 화신으로 여기지 않고, 죽은 자를 위해 힌두 의례를 행하지 않을 것이며, 종교의례를 위해 브라흐만을 초빙하지 않을 것이고, 붓다가 보여 준 길을 걸어갈 것 등[376]이다. 그의 22가지 서약을 요약해 줄 수 있는 암베드카르의 말을 들어보자.

> "나는 인간과 인간의 발달에 해로운 힌두교를 버립니다. 왜냐하면 그것은 불평등에 기초한 것이기 때문입니다. 따라서 나는 나의 종교로 불교를 택합니다. 내가 확신하건대 붓다의 종교는 유일한 참 종교입니다. 나는 (정신적인) 거듭남을 체험하고 있음을

■

374) 상가락시타에 의하면, 암베드카르는 인도의 당시 불교 승가(僧伽)가 제거되어야 할 "고목(枯木, dead wood)의 일부와 같다고 보아서, 처음에 '삼보'에 귀의하지 않고 '불(佛)'과 '법(法)' 두 곳에만 귀의하려고 했다. 그러나 당시에 초대받은 발리신하(D. Valisinha)가 승가에 귀의하지 않으면 불교계에서 불교도들로 인정을 받을 수 없다는 권고를 암베드카르는 받아들인다. ibid. p. 136.

375) ibid. p. 137.

376) 암베드카르기 제시한 '22개의 서약' 내용은 인도 문화권에서 아주 독특한 것으로 구체적인 것은 다음 문헌을 참조하라. K. D. Pandyan, op. cit. pp. 137-139.

믿습니다. 나는 엄숙히 선언하고 단언하건대 지금 이후로 나의 일생을 붓다와 그의 법Dhamma의 가르침과 원리에 따라 살아갈 것입니다."[377]

연단을 둘러싼 40만 명의 군중들을 향하여 불교로 개종하기를 원하는 사람은 이 자리에 일어서 달라는 암베드카르의 육성이 스피커에 울려 퍼지자, 군중들은 준비해온 '연꽃 봉오리'를 손에 들고 일제히 일어섰다. 다시 암베드카르가 삼보에 귀의하고 오계와 22개 서약을 되풀이하자 군중들도 일제히 큰 소리로 되풀이하며 그를 따라했다.[378] 실로 비관주의자들이 생각했던 바와는 달리, 불과 30여 분 진행된 개종식에서 40만 명이 불교도가 되는, 그리하여 인도 불교 역사의 새로운 전기를 맞이하는 역사적인 순간이었다.

이와 같은 암베드카르의 불교 개종식은 40만이 넘는 집단 개종 외에도 두 가지 점에서 커다란 역사적 의미를 지닌다. 첫째는 비구승(比丘僧)이 있는 앞에서 평신도로서의 암베드카르가 직접 삼보와 오계 그리고 22개 서약 등의 내용을 되풀이하여 낭송함으로써, 서약식의 선포와 함께 귀의의 게송을 선창하는 의례를 직접 수행한 것으로, 이는 적어도 동남아시아 불교 국가에서는 상상하기 어려운 전통에 위배되는 일을 한 셈이다. 비구와 평신도로 엄격히 구분된 상황에서 평신도가 비구의 임무로 생각되어 오던 것을 감행했다는 것은 전통 파괴적인 행위를 한 셈이고 비구들의 커다란 반감을 살 수

■

377) *Thus Spoke Ambedkar Vol. 2*, p. 148.

378) Sangharakshita, op. cit. p. 138. cf. Dhanjay Keer, op. cit. p. 501.

있는 일이기 때문이다. 그러나 암베드카르는 동남아시아의 불교 전통을 깨뜨리면서까지 평신도와 비구승의 차별을 없애려고 했던 것이다. 이는 마치 종교 개혁자 마르틴 루터가 가톨릭의 전통에 대항하여 '만인 사제직'을 거론하면서 누구나 하느님께 나아가 성직자의 도움 없이도 '평신도-사제'로서의 직무를 수행할 수 있다고 주장했던 바와 유사한 경우라고 볼 수 있을 것이다. 개종의식에서 또 하나의 역사적 의의를 찾는다면, 개종식의 핵심부분이라고 할 수 있는 22개의 서약 항목을 암베드카르 자신이 직접 만들어서, 그동안 인도 불교사에서 취약했던 일반 재가 신도들의 자기 정체성과 정신적 동일성을 부여해 주는데 기여했다는 점이다. 다시 말해서 불교 신도들에게 행동 지침을 제공해 줌으로써 유연하고 다양한 의례를 지닌 힌두교에 다시 흡수되지 않도록 조치를 취하고 있다는 점이다. '삼보'에의 귀의와 '오계'의 수용만으로는 불교도로서의 구체적인 실천 방법이 미약하다고 판단했기에 보다 더 실천적인 측면에서 구체적인 행동 지침을 마련한 것이다.

개종식이 있었던 다음날인 10월 15일에도 같은 장소인 나그푸르의 딕사 브후미에서 두 번째 개종식을 갖는데, 전날 미처 참석하지 못했던 군중들이 10여만 명이 몰려와 삼보와 오계 그리고 22개 서약을 마쳤다. 이리하여 이틀 만에 50만여 명이 불교로 개종하게 된 셈이고 이를 지켜본 나그푸르 시의회에서도 암베드카르에게 환영인사를 전한다. 그는 환영인사에 답하면서, 우선 당시의 지배 정당인 국민회의Congress Party의 불공평한 정책에 대해, 특히 수상 네루Pandit Nehru를 신랄하게 비판한다.[379] 그러면서 한편으로 그를 추종하는 새로운 불교도들의 자세가 어떠해야 하는가 하는 점을 다음과 같이 피력하고 있다.

> "나는 (불교도들이) 맹목적인 추종자들이 되지 않기를 바랍니다. 나는 양 같은 심성을 좋아하지 않습니다. 붓다에게 귀의하고자 하는 사람은 대가를 지불해야만 합니다. 왜냐하면 불교는 실천하기가 그만큼 힘들기 때문입니다."380)

암베드카르는 새로이 개종한 불교도들에게 무엇보다 실천하는 불교도로서의 '정열enthusiasm'을 강조하고 있다. 그는 "정열이 없으면 인생은 고역일 뿐이고 태어나는 것이 짐스러울 뿐이다. 정열이 없으면 아무런 성취도 없다"고 하면서, "정열이 결핍된 이유는 삶을 고양시킬 기회를 얻을 수 있는 아무런 희망이 없기 때문이다"라고 하여, 보다 나은 삶을 위한 정열을 강조하면서 동시에 그러한 기회가 주어질 수 있도록 정치적인 자유와 평등이 동시에 실현되어야 함을 강조하고 있다. 만일 불교도들이 이러한 실천적 정열이 없다면 불가촉천민들은 여전히 불평등과 부정의의 이데올로기로 무장한 힌두교의 속박 아래에서 노예 생활을 지속할 수밖에 없을 것이고, 소

■

379) ibid. p. 142. 그러나 네루는 사실 개인적으로 암베드카르의 불교 개종을 간접적으로 도와주었던 인물이기도 하다. 네루도 불타의 가르침의 윤리적, 사회적, 인간적 특징에 이끌렸고, 인도에서의 불교의 중흥을 돕기도 하였다. 예를 들어 1931년에는 사르나트 사원(Sarnath Vihara)의 개원식에 참가한 후에도 때때로 그곳에 방문하기도 했고, 1949년에는 불타의 두 제자인 사리불(Sariputta)과 목련존자(Moggallana)의 聖遺物을 런던에서 다시 본래 있던 자리인 산치(Sanchi)로 이송하는데 공식적으로 기여했다. 그러나 무엇보다 네루의 가장 중요한 기여는 불타의 成佛 2500주년을 맞는 1956년에 거행된 암베드카르의 개종식을 도와준 것이다. 이를테면 네루의 지도력하에 인도 정부는 델리에서 집회를 가지고 아시아인들과 함께 영국 식민지에서의 해방과 그들의 토착 종교인 불교를 기념했던 것이다. 참석자 가운데는 네루와 관계를 가졌던 달라이라마도 참석했는데, 후에 달라이 라마가 인도로 망명을 갈 수 있었던 계기를 마련한 셈이었다. 네루는 1956년 5월 23일 델리의 붓다 자얀티 공원(Buddha Jayanti Park)에서 불교 기념행사를 지원했는데, 이 축제는 1년간 지속되었고 그 후 많은 불교 사원을 개축하거나 증축하게 되었다. cf. Harold G. Coward, op. cit. pp. 290-291.

380) *Thus Spoke Ambedkar, Vol. 2*, p. 147.

수의 승려들은 자기의 뱃속만 채우려고 급급해질 뿐이라고 그는 주장한다. 그리하여 그는 힌두교적 속박으로부터의 자유와 함께 새로운 삶으로의 발전을 위한 영감의 필요성을 다음과 같은 말로 요약하여 설명한다. "인간은 오직 그의 마음이 발전을 향해 자유로울 때만이 영감을 얻을 수 있다."381)

암베드카르는 그의 개종 연설에서 불교는 카스트 제도를 거부하고 있고 합리적이면서도 자비로운 가르침이 있음을 지적하고 있다. 그는 확실히 인간에게 종교는 필요하다고 역설하면서 다음과 같이 언급한다. "종교가 끝나면, 사회도 끝날 것이다. 정부는 다르마(Dharma, 法)가 할 수 있는 것처럼 결국 인류를 보호하거나 훈육할 수 없다."382) 암베드카르는 불교로 개종하면서 인도에서 불교가 황금기를 누렸던 아소카왕의 시대를 언급하고, 독립되어 가는 인도도 국가의 상징(인도의 국기에 새겨진 다르마의 法輪, Dharma-Chakra 같이)이 되고 있는 아소카의 불교로 되돌아가야 한다고 주장했다. 뿐만 아니라 암베드카르의 불교에 대한 기대는 더욱 커서 불교는 불가촉천민뿐만 아니라 인도를 해방시켜 줄 것이고 나아가서 전 세계를 해방시킬 수 있을 것으로 전망했다. 이를테면 "세계의 제반 문제와 더불어 불교는 세계 평화를 위해 불가피한 것"383)이라는 점이다. 암베드카르가 보기에 불교만이 신(神)이나 특정 경전에 대한 믿음

381) ibid. p. 150.

382) Sanghasen Singh, (ed.), *Ambedkar on Buddhist Conversion and Its Impact* (Delhi: Eastern Book Linkers), p. 44.

383) Ibid. p. 47.

없이도 이 세상에서 자유와 평등, 그리고 동포애의 이상을 실현시킬 수 있는 도덕적 자비의 가르침을 가지고 있다고 생각했다.

합리적 이성주의자로서 암베드카르와 그의 추종자들이 불교를 선택해야 했던 이유는 다음과 같은 몇 가지로 요약 될 수 있다. 첫째, 다소 설득력이 없는 주장이지만 초기 인도 불교의 흔적들이 마하르Mahars에 있음을 주장하고자 했고, 둘째, 그리스도교나 이슬람교와는 달리 불교는 인도 종교라는 것이며, 셋째, 불교는 과학의 도전과 현대 세계에도 응답할 수 있으며, 넷째, 불교도로서의 불가촉천민들은 세계 불교 공동체와 연합할 수 있으며 그리하여 세계 동포애를 위한 발판을 마련 할 수 있다는 것이다.[384] 이를테면 종교가 납득될 수 있기 위해서는 다른 사람에 의한 가난과 압제를 종교적 입장에서 정당화해서는 안 되며, 그 도덕률은 자유와 평등과 우애에 일치하는 것이어야 한다는 것이다. 암베드카르는 불교가 이 모든 요구 사항에 부합될 뿐만 아니라 또한 인도의 종교라는 점을 다음과 같이 강조하고 있다. "불교는 인도 문화Bharatiya culture의 한 부분이며 덩어리다. 나는 나의 불교로의 개종이 인도의 전통과 문화 그리고 역사를 해치지 않는다고 생각한다."[385] 그리고 또한 암베드카르에 의하면, 불교는 마르크스주의에 대한 해답이 될 수 있다고 보며, 그 어떤 종교도 인도와 세계에서 성공하기 위해서는 자유, 평등, 우애의 원칙을 성공적으로 수행할 수 있어야 한다고 보았다.[386]

■

384) Ibid. p. 60.

385) Ibid. p. 63.

386) D. L. Ramteke, op. cit. p. 185.

이제 개종한 불교도들은 사회적으로, 경제적으로, 문화적으로, 정신적으로, 발전을 위한 자유의 문턱에 들어선 셈이다. 이제는 암베드카르의 말대로 '영감'을 얻어 '정열'적으로 자유와 평등 그리고 우애의 실천만이 남아있게 되었다. 그러나 애석하게도 암베드카르는 개종 연설이 있은 이후 불과 6주 후에 생을 마감하게 되고 만다. 그리하여 그를 추종하던 불교도들은 그가 남긴 교훈과 가르침 그리고 몇몇 작품을 통해 영감을 얻고, 힌두교의 속박에서 벗어나 자유와 평등 그리고 우애의 정신에 입각한 붓다의 제자들로서의 이상을 실현하며 살아야 했다. 이제 다음에서 암베드카르의 불교 사상은 구체적으로 어떻게 형성되었고 그 영향은 무엇인지를 살펴보자.

V
암베드카르의 불교 사상

1. 사회적 가르침으로서의 종교: 합리적 믿음과 복지로서의 붓다의 가르침

암베드카르는 종교를 개인 영혼의 영적 구원을 위한 수단으로 본 것이 아니라 인간과 인간 사이의 의로운 관계를 확립하기 위한 '사회적 가르침social doctrine'으로 이해했다.[387] 또한 그에게서 철학이란 "단지 인간의 행위를 평가하기 위한 하나의 준칙일 뿐이다."[388] 암베드카르는 신(神)이 우주를 창조했다는 사실을 받아들이지 않았고, 또 신을 믿는 것이 종교의 본질이라고 생각지도 않았다. 종교가 만일 신(神)에 의해 기초되어지는 것이라면 그것은 인간에게 무가치한 것이라고까지 주장한다.[389] 그의 종교에 대한 이해는 신을 전제로

■

387) L. Kenadi, *Revival of Buddhism in Modern India: The Role of B. R. Ambedkar and the Dalai Lama XIV* (New Delhi: Ashish Pub., 1995), p. 32.

388) Keer, Dhananjay, *Dr. Ambedkar: Life and Mission* (Bombay: Popular Prakashan, 1962), p. 455.

389) *Dr. Babasaheb Ambedkar: Writings and Speeches, Vol. 11*, (Bombay: Education department, Goverment of Maharashtra, 1992), p. 251.

하기보다는 인간 붓다의 가르침을 현대적으로 재해석하는 합리적인 믿음에 기초하고 있다고 볼 수 있다. 그리하여 그는 불교경전 특히 팔리 텍스트를 임의적으로 선택하여,[390] 붓다의 생애도 자유롭게 재해석하고 있다. 암베드카르는 나름대로 붓다의 가르침의 정당성을 두 가지 기준에서 높이 평가한다. 그것을 그는 다음과 같이 말한다.

> "분명히 말하건대, 붓다가 합리적이고 논리적이지 않다면 그는 아무 것도 아니다. 그러므로 합리적이고 논리적이고 평등한 것이라면 어떤 것도 붓다의 말이 될 수 있다. 두 번째 붓다는 인간의 복지에 유익한 것이 아니라면 어떤 탁상공론도 개입하지 않았다. 그러므로 인간 복지에 관련되지 않는 붓다에 관련된 그 어떤 것도 붓다의 말이라고 할 수 없다."[391]

이와 같이 암베드카르에게서 불교는 합리적 논리성과 인간 복지라는 두 가지 측면에서 이성을 기초로 한 계몽적인 사고와 사회학적 관점에서 그의 불교 사상은 철저하게 전개된다. 일반적으로 유신론적 종교는 신(神)이 종교의 핵심적 요소가 되고 있지만 암베드카르는 신의 개념을 도입하려고 하지 않는다. 따라서 그는 사성제(四姓制)하에서의 신의 사회적 통치 따위는 받아들이지 않는다. 왜냐하면 거기에는 자유로운 직업의 선택도, 경제적 독립이나 안전도 보장될 수 없다는 것이다. 그와 같은 신의 통치는 본성을 심각하게 왜곡시키는 각기 다른 카스트의 계층적 위계질서를 만들어 낸다. 따라서

■

390) 암베드카르가 그의 책 『붓다와 그의 담마』에서 인용하고 있는 대부분의 경전은 『팔리어 三藏(Pali Tripitaka)』이다.

391) *Dr. Babasaheb Ambedkar: Writings and Speeches, Vol. 11*, op. cit. pp. 350-351.

이러한 질서는 인간을, 특히 수드라sudra를 더욱 착취하게 한다는 것이다. 그러므로 그는 자유와 평등과 우애를 부정하는 기초 위에 세워진 신적 사회질서를 부정한다. 물론 암베드카르는 개인의 삶의 목적이 영혼의 해탈에 있다는 이론을 받아들이지 않는다.

그리고 업karma에 의한 윤회 사상도 받아들이지 않는다. 왜냐하면 그는 불교의 '무아(無我, an-atta)' 이론을 받아들이기 때문이다. 모든 것이 영원한 것이 없는데(無常), 영원한 영혼이 어디 있겠는가라는 것이다.[392] 이와 같이 암베드카르의 불교 사상은 크게 '합리주의rationalism'와 '사회적 복음social gospel'이라는 두 중심적 기둥에 세워져 있다고 해도 과언이 아닐 것이다.

2. 새로운 해석: 『붓다와 그의 법』

이제 이러한 그의 기본적 불교 사상을 염두에 두고, 암베드카르 자신의 불교 사상을 단적으로 보여주는 그의 주요 사상적 저술인 『붓다와 그의 법(담마)The Buddha and His Dhamma』을 통해서 그의 불교관을 고찰해 보자. 그의 이 저서는 1951년부터 그가 사망한 해인 1956년 사이에 쓰인 것으로, 이듬해인 1957년 11월 '민중교육협회People's Education Society'에서 출판되었다. 이 책 서문에서(이 서문은 1980년 9월에 출판된 그의 책에 첨부 수록되었다) 암베드카르는 그가 이전에 썼던 『붓다와 그의 종교의 미래The Buddha and the Future of

■

392) L. Kenadi, op. cit. p. 37.

His Religion』라는 책을 회상시키며 그 글의 아이디어를 발전시키고 있음을 밝힌다. 그 책에서 그가 이미 밝혔듯이, 붓다의 종교는 '과학적 지식science'으로 각성된 집단이 수용할 수 있는 유일한 종교였다. 그렇지 않으면 붓다의 종교는 소멸될 수밖에 없을 것이라고 했다. 그리고 붓다의 종교가 인도에서 그 발전 속도가 느렸던 이유 중의 하나루 "불교의 문헌이 너무도 방대하여 아무도 그 문헌을 모두 읽을 수 없고, 그리스도교의 성서처럼 한 권의 책으로 되어 있지 않다"는 것이다. 그리하여 그가 『붓다와 그의 종교의 미래』라는 책을 출간할 때 주위에서 한 권의 책을 쓰도록 많은 요청을 받았는데, 그 요청의 결과가 바로 『붓다와 그의 법』이라는 책이다.[393]

이와 같이 『붓다와 그의 법』은 한 권으로 된 불교의 경전을 쓰고자 했던 암베드카르의 노력의 산물이라고 볼 수 있다. 이것은 또한 그가 1951년에 언급한 것처럼 이상적인 불교의 전파가 실현되기 위해서는 그에게서 '아주 필요한' 조치이기도 했다. 그러면서 그는 이 책을 쓰면서 자신의 독창성을 주장하지 않고 단지 편집자로서 자신이 소의 경전으로 삼았던 『팔리어 三藏』의 여러 니카야Nikāya들을 간단하고 명료하게 했을 뿐[394]이라고 (최근에 발행된) 서문에서 밝힌

■

393) Bhagwan Das (ed.), *Rare Prefaces Written by Dr Ambedkar* (Jullundur 1980), pp. 28-29. 바그완 다스는 편잡 지방의 유명한 불교 학자로서 1980년에 암베드카르가 기록했던 서문을 첨부해서 발행했다. Sangharakshita, op. cit. p. 145. p. 149.

394) 『팔리어 三藏(Pali Tripitaka)』에서 인용하여 편집한 사례를 보면, 제2권 제2부 2~6장의 초전법륜(120~132쪽)에 대해서는 Vinaya(Mahavagga), Majjhima Nikaya, Samyutta Nikaya에서, 제3권 제3부의 담마란 무엇인가?라는 장(227~245쪽)에서는 Anguttara Nikaya, Digha Nikaya, Majjhima Nikaya, Samyutta Nikaya, Dhammapada, Vinaya에서, 제3권 제4부의 비담마(Adhamma)란 무엇인가?라는 장(249~278쪽)에서는 Anguttara Nikaya, Digha Nikaya, Majjhima Nikaya, Dhammapada에서, 세3권 제5부의 止法(Saddhamma)이란 무엇인가?라는 장(281~309쪽)에서는 Anguttara Nikaya, Digha Nikaya, Majjhima Nikaya, Dhammapada, Dhammapadatthakatha, Sutta-Nipata에서, 제4권의

다.[395] 물론 불교 문헌의 방대함에 압도당하여 일반 대중이 읽기 쉽게 한 권의 책으로 편찬한 사람이 암베드카르가 처음 인물이 아님은 말할 필요도 없다. 폴 카루스Paul Carus는 암베드카르 이전에 일찍이 『붓다의 복음』The Gospel of Buddha(1894년)을 썼는데, 이는 에드윈 아놀드 경Sir Edwin Arnold이 붓다의 일생을 장편 서사시로 썼던 명저 『아시아의 빛Light of Asia』(1879)과 대조를 이루면서, 그 어떤 책보다 불교를 널리 전파하는데 기여 했다.[396]

이 이후의 서양의 불교 전파는 워런Henry Clark Warren의 다소 학문적인 작품인 『번역을 통해서 읽는 불교Buddhism in Translation』(1881)가 인기를 끌었고, 몇십년이 지난 후 우드워드F. L. Woodward의 『붓다의 주요 언설Some Sayings of the Buddha』(1925), 고덧D.Goddard의 『불교 경전A Buddhist Bible』(1932), 토마스E. J. Thomas의 『초기불교경전Early Buddhist Scriptures』(1935), 제닝스J. G. Jennings의 『붓다의 베단타 불교The Vedantic Buddhism of the Buddha』(1947), 콘즈E. Conze의 『세대에 걸친 불교 경전Buddhist Text trough the Ages』(1954), 버트E. A. Burtt의 『자비로운 붓다의

■

제1부 제3장의 종교의 목적과 담마의 목적(318～322쪽)이라는 주제에 대해서는 Digha Nikaya에서, 제4권 제2부의 還生과 業(Karma) 그리고 輪迴를 다루는 항목(337～349쪽)에서는 Majjhima Nikaya, Samyutta Nikaya, Milindapanha에서, 제4권 제3부의 불자의 생활방식(355～372쪽)에서는 Dhammapada에서, 제4권 제4부 항목 5의 담마에 대한 설교(398～404쪽)에서는 Anguttara Nikaya, Digha Nikaya, Majjhima Nikaya, Dhammapada, Sutta-Nipata에서, 제5권 제4부 제3장의 비구와 우바새를 위한 담마(452～455쪽)에서는 Sutta Nipata에서, 제5권 제5부 재가신도를 위한 계율(450～467쪽)에서는 Digha Nikaya에서 인용하고 있다. cf. D. C. Ahir, *The Legacy of Dr. Ambedkar*, pp. 276-277. 이 가운데서 암베드카르는 제4권 제3부의 불자의 생활방식을 다루는 부분에서 『담마파다, 法句經』만을 인용하고 있는데, 이는 지금도 그를 추종하는 신불교도들이 주로 『담마파다』를 생활의 소의 경전으로 하고 있음을 보게 된다.

395) ibid. 29.

396) Sangharakshita, op. cit. p. 146.

가르침The Teachings of the Compassionate Buddha』(1955) 등의 유명한 저술들을 통해 불교가 서양에 활발히 소개되었다.

이들은 주로 두 그룹으로 분류될 수 있는데, 하나는 한 특정 불교 언어의 문헌에서 발췌한 것으로, 이를테면 우드워드의 작품이 상좌부Theravada의 팔리Pali 문헌을 거의 전적으로 번역한 것이라고 보면, 또 하나는 앞서 언급한 에드워드 콘즈의 작품으로서, 이는 팔리어, 산스크리트어, 중국어, 티베트어, 일본어 그리고 소승·대승의 중세 인도의 비속어Apabharamsa와 금강승 계통의 전승까지도 아울러 번역 발췌하고 있다. 한편 이들 두 그룹의 작품들은 다시 각각 두 하부 그룹sub-group으로 나뉘는데, 하나는 오직 교리 부분만 취급하고 하나는 붓다의 삶과 가르침을 조명하고 있다. 전자의 대표적인 경우는 고닷의 『불교 경전』이고, 후자는 카루스의 『붓다의 복음』이다.

이들의 책 가운데서 암베드카르의 『붓다와 그의 법』은 독특한 지위를 차지한다. 이를테면 우드워드(팔리 문헌 중심 소개)나 에드워드 콘즈(소승·대승의 다양한 학파와 언어층 소개)와 같은 일차적 문헌 중심의 번역 작품과 달리, 암베드카르는 오히려 편집적 작품에 속한다고 볼 수 있는 고닷(팔리, 산스크리트, 티베트 등의 여러 언어로 된 불교 교리를 제한적으로 번역 해석하고 『불교 경전』을 쓴 저자)이나 카루스(『붓다의 복음』을 쓴 저자)의 경우와 가깝다는 것이다.

암베드카르는 붓다의 삶에서 조명된 그의 실제적 가르침을, 그의 책 제6권(붓다와 동시대의 주요 인물들), 7권(붓다의 마지막 여행), 8권(인간 고타마 싯다르타)에서 암베드카르 자신의 언어(혹은 생각)로 기술하고 있다. 이 부분에서 우리는 암베드카르가 생각하는 불교의 독특한 재해석을 엿볼 수 있다.

암베드카르는 그의 책을 카루스의 『붓다의 복음』과 같이 8권으로 구성하고 있어 표면상 닮은 점이 있으나 내용 면에서는 다르다. 암베드카르의 『붓다와 그의 법』이 훨씬 더 체계화되어 있고, '설명적 첨가부분'도 훨씬 더 많고 구체적이다. 그러나 가장 큰 차이점은 각각 다른 독자를 겨냥하고 있다는 점이다. 카루스가 그의 책을 주로(반드시 그런 것은 아니지만) 교육받은 부유한 미국인이나 유럽인을 대상으로 한 것이라면, 암베드카르는 주로(반드시 그런 것은 아니지만) 아주 가난한 불가촉천민들인 인도 불교도들을 대상으로 하고 있다는 점이다. 또 하나의 큰 차이는 카루스의 책이 다소 그리스도교에 환멸을 느끼는 사람들을 염두에 두고 쓴 것이라면, 암베드카르의 경우는 힌두교에 환멸을 느낀 사람들을 겨냥하고 있다는 점이다. 그리고 또 다른 점은 카루스가 붓다의 삶을 종교 철학적 관점에서 조명한 것이라면, 암베드카르는 사회 정치적 관점에서 그 중요성을 기술하고 있다는 것이다.[397]

암베드카르의 불교 사상은 이와 같이 철학적이고 신비적인 것이기보다는 사회 윤리적 의미를 강하게 띠고 있는 것이 특징이다. 물론 그의 책 『붓다와 그의 법』이 문체의 양식이 거칠고 참고 문헌이 충분히 보완되지 못하고 있는 것이 사실이지만, 그의 바쁜 정치적 일정 속에서 붓다와 그의 가르침에 헌신하고 이를 사회 정치적인 가르침의 표본으로 삼고자 했던 점에는 하나의 기념비적 작품이라 아니 할 수 없는 것이다. 그러면 이제 그가 그의 책 속에서 기술하고 있는 불

■
397) ibid. p. 148.

교의 사상은 무엇인가를 보다 구체적으로 살펴보기로 하자.

3. 내용과 구성

총 8권을 한 권으로 엮은 이 책은 430쪽[398]에 달하며, 이 책의 4분의 3은 불교의 정경, 비정경 부분 할 것 없이 불교 문헌에서 채택된 글이고, 나머지 4분의 1 정도는 암베드카르 자신의 '설명적 첨가부분'이다. 정경적 문헌에서 빌려온 대부분의 텍스트는 상좌부 팔리어의 삼장(Tipitaka, 三藏) 가운데 경장(Sutta Pitaka, 經藏)이나 율장(Vinaya Pitaka, 律藏)에서이고, 그 중의 일부만이 대승 경전에서 채택된 것인데, 이는 암베드카르가 논장(Abhidhamma Pitaka, 論藏)을 명백히 후기의 첨가물로 보고 있기 때문이다.[399] 비정경적 문헌 가운데서는 아쉬바고사(Ashvaghosha, 馬鳴)의 잘 알려진 서사시 『붓다의 생애, Buddhacharita』에서 대부분 취해지고 있다. 이 밖에도 팔리어로 된 주석서들이나 『밀린다 왕의 질문Milinda panha』 그리고 심지어는 중국어 번역으로 되어 있는 무량광불(無量光佛)인 아미타불Amitabha에 대한 기도에 이르기까지 다양한 내용이 포함되었다.

전체 8권 중에서 5권은 붓다의 생애를 서술하고 나머지 3권은 암베드카르 자신의 해석을 첨가하는데, 처음 5권도 붓다의 탄생과 출

■

398) 이 책은 싯다르타 출판사(Siddharth Publication)에서 1957년에 출판한 이래 1974년에 2차 개정판, 1984년에 3차 개정판, 1991년에 4차 개정판을 내었다. 그 후 마하라슈트라 정부(Govt. of Maharashtra) 소속 교육부(Education Department)에서 1992년에 개정 신판을 다시 발행하였다. 이 책은 총 599쪽에 달하며, 초판을 50,000부 발행하였다.

399) ibid. p. 151.

가 그리고 집을 떠난 후 깨달음에 이르는 과정까지의 서술은 전통적 방식을 따르지 않고 있다. 이를테면 "붓다가 출가한 이유는 늙고 병든 사람을 보고 그리고 시체를 보고 무상(無常)함을 느꼈기 때문이 아니라, 고대 경전인 경장(經藏, Sutta-Pitaka) 제5부분의 <숫타니파타Sutta-nipatta>의 붓다의 일생을 말해주는 문구에서 힌트를 얻어 붓다의 출가 배경을 해석하기 때문이다."[400] 오래된 이 경전의 한 문구에 의하면 붓다는 그의 아버지 혈족인 샤카Shakyas족이 그의 어머니 혈족인 콜리야Kolia족과 더불어 전쟁터에 나가야 한다는 샤카족의 결정에 반대한 결과로서 출가했다는 것이다. 물론 암베드카르의 이러한 주장은 아쉬바고사(馬鳴)의 『붓다의 생애Buddhacharita』에서 영향을 받은 것이기도 하다.[401] 이와 같이 붓다의 초기 삶에 대한 암베드카르의 진술은 엄격한 학술적 연구에 근거한 것이기보다는 다소 상상적 산물이기 때문에 전통적 의미의 불교 학자들에게는 받아들여지지 않고 그의 추종자들에게만 받아들여지고 있다.

붓다의 깨달음 직후에 행해진 최초의 설법인 초전법륜(初轉法輪)과 다섯 명의 유행자(遊行者, Parivrajakas)의 개종, 그리고 붓다 자신의 친척들의 개종, 그리고 천민들과 여성들의 문제가 『붓다와 그의 법』 제2권에서 다루어지고 있다. 여기서 암베드카르는 일련의 개종의 문제를 다루면서 개종에는 두 종류가 있음을 밝힌다. 하나는 비구(比丘) 승단the Order of Bhikkhus에 관한 것이고, 하나는 재가신도(在家信

■
400) Sangharakshila, op. cit. p. 152.
401) ibid.

徒, Upasaka)에 관한 것이다. 이렇게 두 종류의 개종을 언급하면서 암베드카르는 개종자가 반드시 수도승이 될 필요는 없다는 것과 비구승이나 재가신도 모두 전체 불교 공동체 안에서 근본적으로 차별이 없는 하나라는 점을 강조했다. 그리고 그는 삼보(三寶: 佛, 法, 僧)에의 귀의와 오계(五戒)[402]를 그의 추종자들에게 알리고 자신이 직접 기술한 22가지의 맹세[403]를 개종 의식의 핵심으로 삼았다.

전통적인 불교의 가르침에 따르면, 붓다는 사르나트(녹야원)에서 다섯 명의 유행자들에게 행한 초전법륜에서 중도(中道)와 사제(四諦) 그리고 팔정도(八正道)를 가르친 것으로 전해진다. 그러나 암베드카르는 이러한 설명을 아주 못마땅하게 생각한다. 왜냐하면 붓다가 사제설을 정말 가르쳤는가하는 문제는 차치하고라도 이러한 가르침은 '비불교도들이 불교의 가르침을 받아들이는데 있어서 하나의 커다란 걸림돌이 된다'[404]고 보았기 때문이다. 사실 암베드카르에 의하

402) 인도 원시 불교의 교리에 의하면, 신자들이 지켜야 하는 오계는 살생(殺), 도둑(盜), 음행(邪淫), 망어(妄語), 음주(飮酒)를 하지 않는 것이었다. 이를 암베드카르도 그대로 수용한다.

403) 22가지의 맹세는 세계 불교도 연맹에서 신불교도들의 정체성을 말해주는 인도적 상황에서 기술한 것으로 독특하다. 이를 살펴보면 다음과 같다. 1. 나는 브라흐마, 비쉬누, 마헤쉬(Mahesh, 이는 마하 이쉬와라를 말함)를 인정하지 않을 것이며, 그들을 숭배하지 않을 것이다. 2. 라마와 크리슈나를 신으로 인정하지 않을 것이며, 그들을 숭배하지 않을 것이다. 3. 고와리(Gowri)와 간파티(Ganpati)를 신으로 인정하지 않을 것이며, 그들을 숭배하지 않을 것이다. 4. 신의 성육신 이론을 믿지 않는다. 5. 붓다를 비쉬누의 성육신으로 믿지 않는다. 6. 조상들에게 제사(shradh)를 지내지 않을 것이며, 신에게 예물도 바치지 않을 것이다. 7. 불교에 유해한 어떤 일도 하지 않을 것이다. 8. 바라문을 통해서 어떠한 종교적 의례도 수행하지 않을 것이다. 9. 모든 인간이 평등하다는 원리를 믿는다. 10. 평등을 실현하기 위해 노력할 것이다. 11. 붓다의 8정도를 따를 것이다. 12. 붓다가 선언한 십바라밀을 지킬 것이다. 13. 모든 생물에 동정을 베풀며 돌볼 것이다. 14. 도둑질하지 않을 것이다. 15. 거짓말하지 않을 것이다. 16. 간음하지 않을 것이다. 17. 술을 마시지 않을 것이다. 18. 戒(Sheel), 慧(Gyan), 慈悲(Karuna)의 불교의 3가르침의 원리에 따라 살 것이다(여기서 암베드카르는 전통적인 戒定慧 三學에서 定 대신에 慈悲로 대체한다). 19. 인간을 차별하여 인류의 번영에 해로운 낡은 힌두 종교를 버리고 불교를 받아들인다. 20. 불교가 정법(正法, Saddhamma)임을 전적으로 믿는다. 21. 나는 지금 다시 태어남을 믿는다. 22. 나는 지금부터 붓다의 담마에 따라 살아 갈 것을 서약한다. cf. K. D. Pandyan, op. cit. pp. 137-139; Ambedkar Lehar, London, 1978, p. 3.

면, 붓다는 법[Dharma]을 전함에 있어서 중도(中道)와 사제(四諦)뿐만 아니라, 정화의 길[the Path of Purity], 의의 길[the Path of Righteousness], 덕의 길[the Path of Virtue]이라는 관점에서 정신 발달의 3가지의 연속적인 차원으로 제시하고 있다. 즉 '정화의 길'은 삶의 원리로서의 오계(五戒)를 인식하는 것이고, '의의 길'은 팔정도(八正道)를 따르는 것이며, '덕의 길'은 십바라밀(十波羅蜜, [ten Paramitas])[405]을 실행하는 것이다. 이때의 십바라밀은 상좌부의 전통을 따른 것이지만 내용은 선정과 같은 관념적인 부분을 생략하고 실천적인 덕목으로 개정한다.

한편 암베드카르는 붓다의 가르침에 따라 개종한 사람들을 '높고 거룩한[High and Holy]' 계층과 '낮고 비천한[Low and Lowly]' 계층으로 구분하여 설명하는데, 전자의 예로써는 귀족의 아들 야사[Yashas], 불을 숭배하던 가섭[Kassapa] 삼 형제, 젊은 브라흐민들이었던 사리불[Sariputta]과 목건련[Moggallana], 마가다 왕국의 빔비사라[Bimbisara] 왕 등을 들고 있고, 후자의 예로는 이발사 우팔리[Upali], 청소부 수니타[Sunita], 불가촉천민인 소파카[Sopaka]와 수피야[Suppiya], 농부 수만갈라[Sumangala], 도공(陶工) 드하냐[Dhaniya], 문둥병자 수파붓다[Suppabuddha] 등등으로서, 이들은 모두가 승단(僧團)에 받아들여지고 있음을 말하고 있다. 그리고 붓다가

■

404) B. R. Ambedkar, *The Buddha and His Dhamma* (Second edition, Bombay, 1974), p. 80.

405) 십바라밀은 바라밀(Paramitas)의 음역으로, 도피안(度彼岸) 즉 피안(열반)으로 건너가는 것을 의미하는 바라밀의 열 가지 행동원리를 말하는 것이며, 그 열 가지는 전통불교에 소개된 십바라밀과 다르다. 그 순서를 보면 다음과 같다. 1. 지계(持戒, Sila), 2. 보시(布施, Dana), 3. 무집착(無執着, Uppekka), 4. 세상의 쾌락을 버림(Nekkema), 5. 정진(精進, Virya), 6. 인욕(忍辱, Kanthi), 7. 진리(Succa), 8. 바른 결정(Adhishana), 9. 연민(慈, Karuna), 10. 원수를 포함한 만인 사랑(悲, Maitri)이다. 여기서 전통 불교의 십바라밀에 포함되는 선정(禪定), 지혜(智慧), 방편(方便), 원(願), 력(力), 지(智)가 생략되고 3, 4, 7, 8, 9, 10번이 대체되어 관념적 요소보다 실천적 요소가 가미되고 있음을 알 수 있다. cf. K. D. Pandyan, op. cit. pp. 136-137.

여성들을 개종시켰던 사례, 이를테면 그를 양육한 양모(養母) 마하프라자파티 가우타미Mahaprajapati Gautami와 그의 예전의 아내, 그리고 하층 소녀 프라크리티Prakriti, 그리고 라자그리하(Rajagriha, 왕사성)의 이름 없는 부랑자들, 잔인한 앙굴리말라Angulimala와 같은 강도들을 개종시켰던 일화를 암베드카르가 열거하는 이유는 붓다가 그의 개종 활동에 있어서 카스트나 성(性)이 차별이 없었음을 말해주고자 한 것뿐이었다. 붓다가 이와 같이 카스트나 성에 있어서 아무런 차별이 없었던 것 또한 암베드카르와 그의 추종자들이 불교를 포용하게 된 주요한 원인 중의 하나였고, 따라서 암베드카르가 붓다의 가르침에 특별한 주의를 갖게 된 것은 당연한 일이었다.[406]

이제 다음에서 암베드카르의 불교사상의 내용이 어떠한 것인지 구체적으로 살펴보자.

1) 담마(法)의 3가지 차원

『붓다와 그의 법』 제3장에서 암베드카르는 '붓다의 가르침이 무엇인가?'를 설명하고, '종교와 법Dhamma'을 설명하는 제4장의 1부와 2부에서는 주로 철학적인 내용을, 3부와 4부에서는 주로 윤리적이고 심리적인 문제를 다룬다. 여기서 암베드카르는 붓다의 가르침의 본질, 즉 붓다의 법Dhamma을 담마Dhamma, 아담마(Adhamma, 비담마), 삳담마(Saddhamma, 正法)라는 세 가지 차원에서 설명한다.[407] 이 세

■
406) Sangharakshita, op. cit. pp. 154-155.

가지 구분은 담마(法)의 철학적 의미의 또 다른 명칭이다. 이를테면 담마는 현세적 삶 속에서의 완전을 추구하면서 신(身), 구(口), 의(意)의 정화(淨化)를 포함한 삶 속에서의 정화purity는 물론이고, 탐(貪), 진(瞋), 치(癡)에서 벗어난 자유로운 삶, 즉 열반Nirvana의 삶을 사는 것과 관련된다. 그리고 이 '담마'는 욕망을 포기하고, 일체 모든 것이 무상(無常)함을 믿으며, 업(業, Karma)의 법칙[408]이 도덕적 질서의 수단임을 믿는 것과 관련된다.

한편 담마의 속성이 아닌, 그리하여 담마와는 반대개념인 비담마Not-Dhamma로서의 '아담마'는 사물 사건의 원인이라 생각되는 초자연적인 것을 믿고, '담마'가 브라흐만Brahman과의 합일에 기초하고 있음을 믿으며, 동물 희생 제의를 포함한 제의나 혹은 자아와 우주의 기원과 관련된 사색 또한 종교의 일부임을 믿고, 베다Veda와 같은 성스러운 책이 오류가 없음을 믿는 일과 관계된다. 따라서 이는 힌두교적 의미에서의 '담마'로서 붓다는 이를 비담마적인 것으로 보고 거절했다고 암베드카르는 믿고 있다.

'담마'의 세 번째 특징인 '삳담마(正法)'는 우선 마음을 청결하게 하고, 그 다음에는 세상을 의로운 나라로 만드는 일과 관계된다. 이 같은 '삳담마'의 차원이 되기 위해서는 '담마'가 '지혜Prajnā'를 증진시켜야 하는데, 이때 이 지혜는 만인에게 열려 있는 것이어야 하고, 자칫 현학적으로 치우치는 탁상공론 형식으로서가 아니라, '올바른

■

407) B. R. Ambedkar, *The Buddha and His Dhamma* (Second edition, Jullundur 1980), p. 159.

408) 앞에서 케나디가 지적한 것처럼 업(業)에 의한 윤회사상을 받아들이는 것은 아니지만, 일반적으로 알려진 업의 법칙을 단지 도덕적 질서 유지를 위한 하나의 방편적 예방책으로 이해하고 있는 것이다.

생각(正思)'으로서의 '지혜'여야 한다는 것이다. 더구나 이 지혜는 '실라(Śīla, 戒律)' 즉 '올바른 행위(正行)'를 수반해야 하는 것이며, 그럴 때만이 '담마'는 '삿담마'가 된다. 이를테면 올바른 생각으로서의 지혜와 올바른 행동으로서의 실천이 병행해야 한다는 것이다. 특히 암베드카르에게서 '올바른 행위'는 가난한 자들과 무력한 이들에 대한 '연민(Karunā, 悲)'과 만인에 대한 '사랑(Maitrī, 慈)'이다.

암베드카르는 담마의 실천적 측면인 삿담마가 온전히 실현되기 위해서, 담마는 인간과 인간의 장애를 헐어버리는 것이어야 하며, 출생 신분이 아니라 가치가 존중되어야 하고, 인간 간의 평등이 조성되어야 한다고 주장한다. 이와 같이 암베드카르는 붓다의 가르침으로 알려진 삼학(三學) 즉 계(戒 Śīla), 정(定, Samādhi), 혜(慧, Prajnā)를 계(戒), 혜(慧), 자비(慈悲, Maitrī-Karunā)라는 새로운 도식의 '삼학(三學)'으로 삿담마라는 이름의 차원에서 제시하고 있다. 암베드카르가 제시하는 새로운 도식의 '삼학(三學)'은 '선정(禪定, Samadhi)' 대신에 '자비(慈悲)를 강조한 것에서 드러나듯이, 어디까지나 붓다의 메시지를 사회 실천적 차원에서 재해석하고 있는 것으로 볼 수 있다.

2) 종교, 담마, 도덕

암베드카르에게서 종교는 2가지로 구분하여 설명될 필요가 있다. 하나는 그의 책 『붓다와 그의 담마』 제4권 1부 1장에서 정의하고 있는 종교관과 다른 논문이나 글에서 피력한 자신의 종교에 관한 진술을 종합적으로 분석해서 얻어질 수 있는 암베드카르 자신의 종교관을 찾아 볼 수 있다. 우선 그의 책 『붓다와 그의 담마』에서 암베드카르는 종교를 어떻게 이해하고 있는지를 살펴보자. 여기서 암베드카르는 진화론적 입장에서 종교를 정의하고 이를 다시 비판한다. '종교란 무엇인가?'라는 장에서 암베드카르는 다음과 같이 말하고 있다.

> "종교라는 단어는 고정적인 의미로 한정할 수 없는 단어다. 많은 의미를 지니고 있는 단어다. 종교(라는 정의)가 여러 가지 단계를 거치고 있기 때문이다. 각 단계마다(앞선 단계 혹은 나중 단계) 종교라는 개념이 달라질지라도 각 단계마다 종교적 개념이 있다."409)

종교라는 개념이 단계마다 변화를 겪는데, 암베드카르는 이를 3단계로 구분하여 설명한다. 제1단계와 2단계의 종교 개념을 다음과 같이 정의한다.

> "번개, 비, 홍수와 같은 대부분의 현상을 원시인들은 이해할 수 없었고, 이러한 현상을 지배하기 위해 특별한 행위를 했는데 이를 주술(呪術)이라고 한다. 그러므로 종교는 주술과 같은 것이다. 다음 단계(2단계)는 종교의 진화 속에서 이루어진다. 이 단계에서 종교는 신념, 의례, 의식(儀式), 기도, 봉헌과 같은 것이다. 두 번째 단계의 종교의 핵심은 원시인들이 알지 못했던, 자연 현상을 유발하는 어떤 힘이 있다는 것을 믿는 믿음에서 출발한다."410)

첫 번째 단계의 종교 개념을 '주술'과 동일시한 반면에 두 번째 단계에서의 종교 개념은 진보된 개념이라 하면서 신념체계나 의례

■

409) Ambedkar, *Dr. Babasaheb Ambedkar Writings and Speeches, Vol. 11*, "The Buddha and His Dhamma" (Education Department Gov. of Maharashtra: 1992), p. 315.

410) ibid.

와 같은 것으로 정의한다. 두 번째 단계에서는 주술이라는 개념이 배제된다. 두 번째 단계에서 말하는 '어떤 힘'은 원래 악의적이었던 것이었으나 나중에 호의적인 힘으로 여겨졌다고 한다. 믿음이나 의례 혹은 봉헌은 이 호의적이거나 노여워하는 어떤 힘을 지닌 자를 달래거나 환심을 사기 위해 필수적인 요소가 되고 있고, 이 힘이 나중에(다음단계) 신이나 창조자가 되었다고 암베드카르는 말한다. 이제 그가 말하는 3번째 단계의 종교 개념을 살펴보자.

> "세 번째 단계는 세계와 인간을 창조한 신을 믿는 단계다. 이 단계에서는 인간이 영혼을 지니고 있고, 영혼은 영원하며 세상에서 인간이 행한 행동에 대해 신에게 책임을 져야 한다고 믿는다. 한마디로 이것은 종교 개념의 진화다. 이것이 종교가 이루어진 과정이며, 종교가 내포하는-신을 믿고 영혼을 믿으며 신을 예배하고 잘못된 영혼을 치유하며, 기도와 의례와 봉헌 등으로 신을 달래는- 것이다."[411]

이와 같이 암베드카르는 종교를 서구 신학자나 종교학자들이 정의하는 방식을 따라 진화론적인 입장에서 종교를 3단계로 구분하여 설명하고 있는데, 이러한 3단계를 거친, 이른바 진보된 최종 형태의 종교관마저도 암베드카르는 거부한다. 왜냐하면 그는 신 개념과 결부된 종교관을 거부하고 있기 때문이다.

암베드카르는 서구 신학자나 진화론적 종교관에 입각한 종교 개념을 거부하는 대신에 자기 나름대로의 종교관을 지니고 있는데 이

■
411) ibid. pp. 315-316.

는 오로지 사회 윤리적 종교개념이다. 그러나 그에게도 종교적 감정은 있다고 고백한다. “종교는 누군가 주장하듯 아편이 아니다. 내 마음 속에 선한 것이 있다면, 내가 사회에 던지는 교육상의 어떤 유익이 있다면, 내 속에 있는 종교적 감정에서 기인하는 것이다. 나는 종교를 원하지만 종교의 이름으로 위선적이게 되는 것을 원치 않는다.”[412] 암베드카르에게서 종교적 감정은 각 개인의 인격과 행동을 결정하는 하나의 ‘영향력’이다. 그런 점에서 그는 또 이렇게 말한다. “인간은 빵만으로 살 수 없다. 사고에 필요한 음식으로서의 정신mind[413]을 소유하고 있다. 종교는 인간에게 희망을 불어 넣고 활동하게 한다.”[414] 암베드카르는 원칙principle과 규정rule을 구분하는데, 종교는 원칙의 문제에만 해당되지 규정의 문제와는 관계될 수 없다는 것이다.[415] 원칙은 어떤 경우에도 지켜져야 하는 절대적인 하나의 내재적 원리라면, 규정은 상황에 따라 변동될 수 있는 성질의 것이기 때문이다. 종교가 원칙을 벗어나 규정에 얽매이게 되는 순간 종교는 참된 종교적 행위의 본질인 책임성을 소멸하게 된다는 것이다. 그러므로 종교는 도덕적 감정 속에서 각 사회를 지배하는 통제 원리로서 기능해야 한다고 한다. 그러므로 그에게서 종교는 사회적 윤리에 기초하여 판단되어야 한다.[416] 이러한 사회 윤리적 기초로서의 종

412) D. C. Ahir, op. cit. p. 301.

413) 암베드카르는 영혼(Soul)과 정신(Mind)을 구분한다. 영혼은 불교적 無我說에 입각하여 없는 것으로 본다.

414) ibid.

415) ibid.

416) ibid.

교는 그가 사회적 개혁의 기초 원리로 삼고 있는 '자유, 평등, 우애'의 기본적인 신조와 부합되는 것이어야 하며, 종교가 이러한 사회적 기본 원리를 인식하지 못할 때는 그 생명력을 잃고 만다는 것이다. 그리고 종교는 가난을 신성시하거나 고상한 것으로 부추겨서도 안 된다고 말한다.[417)]

이상에서 보았듯이, 암베드카르의 종교관은 2가지로 분석될 수 있다. 즉 미신이나 주술적 종교는 물론 신학이나 신관에 입각한 종교를 거부하며, 과학적 이성에 입각한 합리적 사유의 사회 도덕적 원리와 기틀로서의 종교만을 인정하고 있다는 점이다.

이제 암베드카르에게서 종교와 담마의 구분 점을 살펴보자. 그에게서 종교는 앞서 살펴보았듯이 도덕에 기반 한 '사회적 가르침social doctrine'이다. 그러므로 그는 사회적 가르침에 입각하여 종교와 도덕을 구분하는데, 그러한 관점에서 불교와 종교도 구분하여 설명하고 있다. 그가 종교와 도덕을 구분하여 설명하는 몇 가지 기준 가운데 핵심적인 것은 종교는 앞서 언급한 바와 같이 '신'과 '인간'의 관계를 다룬다는데 초점을 두고 있다. 따라서 그에게서 종교는 도덕적일 수도 있지만, 그렇지 못할 경우가 더 많기에 (특히 신과 관련된) 종교에 대한 견해는 부정적일 수밖에 없다. 그러나 붓다의 종교는 신을 말하고 있지 않고 합리적이고 이성적이기에 이상적이라고 판단하고 있다. 붓다의 법(法) 곧 담마는 완전한 도덕성에 기초한 것이므로 담마와 도덕성은 등식관계가 성립되지만, 종교[418)]와 도덕성은

■
417) ibid. p. 302.

그렇지 못하다는 것이다. 이를테면 종교에 도덕성이 개입될 경우도 있고, 그렇지 못할 경우가 있는데 후자가 더 지배적이라는 입장이다. 이러한 입장에서 암베드카르는 그의 책 제4권 제1부에서 종교와 담마를 구분하여 설명하고 있다.[419] 이점은 암베드카르의 불교 연구 중에 아주 중요한 한 부분이기도 한 것으로, 암베드카르는 그 차이점을 다음과 같이 말한다.

> "붓다가 말하는 담마는 종교와 근본적으로 다르고, 유럽의 신학자들이 말하는 종교와도 다르다. 종교는 개인적인 것이라고 말할 수 있다. 그러므로 누구든지 종교는 그 자신이 지키는 것이어야지, 공공 생활 속에서 드러내 놓고 강요하는 것이어서는 안 된다. 이와는 반대로 담마는 근본적으로 사회적이다. 담마는 모든 인간생활의 영역에서 인간과 인간과의 정의로운 관계를 의미하는 의(義)다. 그러므로 인간이 홀로 있을 때는 담마가 필요 없다. 그러므로 사회는 담마 없이는 성립되지 못한다. 담마는 무엇이며, 왜 담마가 필요한가? 붓다에 의하면, 담마는 지혜Prajna와 연민Karuna을 겸하고 있기 때문이다."[420]

이와 같이 암베드카르는 담마를 붓다의 법에서 찾고 있는데, 지혜와 자비를 '담마의 두 모퉁이 돌two corner-stones of His Dhamma'로 묘사하고 있고, 지혜를 통해 미신을 추방하며, 자비를 통해 사랑의 사회를 건설해야 한다는 것이다. 이것이 담마에 대한 붓다의 정의라고 하면서, 고대의 정의이지만 현대에 부합되는 정의라고 주장한다.[421]

■

418) 여기서 말하는 종교는 비이성적인 것을 내포하는 초월적 신관에 기초한 종교를 말하고 있다.

419) Ambedkar, *Dr. Babasaheb Ambedkar Writings and Speeches, Vol. 11*, "The Buddha and His Dhamma", pp. 316-325.

420) ibid. pp. 316-317.

계속되는 장에서 암베드카르는 종교의 목적과 담마의 목적을 설명한다.

'종교의 목적은 무엇이며, 담마의 목적은 무엇인가?'라는 의문을 던지면서 그는 이에 답하기 위해 두 가지의 대화를 인용하여 설명한다. 하나는 붓다와 수나카타Sunakkhatta, 다른 하나는 붓다와 바라문 포타파다Potthapada의 대화다. 암베드카르는 전자와의 대화 속에서 "종교는 사물의 기원과 관계하지만 담마는 그렇지 않다"는 것을 밝히고, 후자와의 대화 속에서 "종교의 목적은 세계의 기원을 설명하는 것이며, 담마의 목적은 세계를 재건하는 것이다"라고 주장한다.[422] 이어서 그는 도덕과 종교의 관계를 다룬다. 암베드카르가 말하는 도덕과 종교는 무엇인가? 그는 이렇게 말한다.

> "종교 안에서 도덕의 위치는 무엇인가? 사실 도덕은 종교 안에 있지 않다. 종교가 다루는 내용은 신, 영혼, 기도, 예배, 의례, 예전, 봉헌이다. 도덕은 오직 인간과 인간이 관계할 때만 존재한다. 도덕이 종교 속에 들어가는 경우는 평화와 질서를 유지하게 하는 힘으로서이다. 종교는 삼각형의 일부분이다. '이웃에게 선을 행하라. 그대들은 모두 신의 자녀들이기 때문이다'라고 말하는 것이 종교가 주장하는 바다. 모든 종교가 도덕을 설파하지만, 도덕은 종교의 뿌리가 아니다. 도덕은 종교에 덧붙여진 하나의 수레에 불과하다. 그것은 경우에 따라 붙여지거나 떨어질 수 있는 것이다. 종교의 기능에서 도덕적 활동은 그러므로 임의적인 것이고 효과적인 것이 못 된다.[423]

■

421) ibid. p. 317.

422) ibid. pp. 318-322.

423) ibid. p. 322.

담마와 관련하여 볼 때 도덕성은 종교와 다르다. 왜냐하면 암베드카르에 있어서, 도덕성이 담마이고 담마가 도덕성[424]이기 때문이다. 담마와 도덕성에 대하여 암베드카르는 다음과 같이 말한다.

> "담마에 있어서 도덕성이란 무엇인가? 간단하게 말하면, 도덕은 담마이고 담마는 도덕이다. 환언하면 담마에서 도덕이 차지하는 위치는-담마에 비록 신이 개입할 여지가 없지만- 신의 위치를 차지한다. 담마에는 기도나 순례, 의례 혹은 봉헌 따위가 필요 없다. 도덕은 담마의 본질이다. 도덕 없이는 담마도 없다. 담마에서 도덕은 인간이 인간을 사랑하게 하는 직접적인 필요성에서 기인하는 것이고, 신의 재가(裁可)를 필요로 하지 않는 것이다. 인간이 도덕적이게 된다는 것이 곧 신을 기쁘게 하는 것이 아니며, 인간이 인간을 사랑해야 하는 것도 그 자신의 선함으로 인한 것이다."[425]

이상에서 우리는 암베드카르의 종교, 담마, 도덕의 관계와 그의 정의를 살펴보았다. 즉 종교와 도덕은 차이가 있지만 도덕과 담마는 같은 것이다. 그리고 종교는 신과 인간 사이의 개인적인 관계로 본다면, 담마는 신을 배제한 인간과 인간 사이의 도덕적 관계로 파악하고 있음을 볼 수 있다. 이렇게 볼 때, 도덕은 종교에 포함될 수 있어도 종교는 도덕에 포함될 수 없다. 이는 인간 행위에 있어서 도덕을 최상의 가치로 여기고, 도덕이야말로 담마(法)의 본질임을 말하는 암베드카르의 도덕관과, 신에 기초한 종교를 부정적으로 보는 그의 종교관을 알 수 있다. 이와 같이 암베드카르가 신적 개념을 싫어

■

424) ibid. p. 322.

425) ibid. p. 323

하게 된 배경에는 물론 힌두교적 신에 의한 카스트의 조장이라는 측면도 있겠지만, 앞서 살펴본 바와 같이 존 듀이에게서 영향받은 합리적인 이성의 사유에 대한 신념이 자리하고 있다고도 볼 수 있을 것이다. 암베드카르는 종교를 전적으로 부정한 것만은 아니다. 다만 신적인 기반에서 논의되는 비과학성과 비도덕성을 비판하고 있다는 점이다. 이점은 암베드카르가 "종교가 기능하려면 과학이라는 이름의 이성에 부합되어야 한다"[426]고 말한 점을 미루어 보아서도 알 수 있다.

암베드카르는 도덕이 거룩하고 보편적인 것이어야 한다는 것도 역설한다. 그에 의하면 인간의 사회는 원시적인 사회와 발전된 사회가 있다. 그리고 거기에는 성(聖)과 속(俗)으로 간주되는 어떤 신념이 있다. 그리고 어떤 사물이나 신념이 거룩한pavitra 단계에 도달하게 되면 그 신념은 더 이상 깨뜨려질 수 없는 것이 된다. 그러나 이와는 반대로 어떤 신념이나 사물이 속apavitra된 단계에 이르면 그 신념은 깨어지게 된다. 이 단계에서는 어떤 두려움이나 양심의 가책이 없어지게 된다. 성스러움이란 어떤 거룩함을 말하는데, 이러한 거룩함을 깨뜨리는 것은 일종의 신성모독이다.[427] 여기서 암베드카르가 '신성모독'을 말하는 것은 신의 존재를 인정해서가 아니라 '거룩함'을 파기하는 행위 그 자체를 말하는 것이다.

그는 계속해서 왜 사물(사건)이 거룩하게 되며, 도덕은 왜 거룩해

■

426) D. C. Ahir, op. cit. p. 301.

427) Ambedkar, *Dr. Babasaheb Ambedkar Writings and Speeches, Vol. 11*, "The Buddha and His Dhamma" (Education Department Gov. of Maharashtra: 1992), p. 323.

져야 하는가? 하는 문제를 던지면서, 도덕을 거룩하게 해주는 3가지 요소를 다음과 같이 말한다. 첫째, 적자생존과 생존 경쟁 사회 속에서 요청되는 최선책을 위한 사회적 필요성이다. 여기서 자연히 두 번째 요소가 파생된다. 즉 강자만이 최고가 아니라 약자를 보호할 필요가 생기는데, 여기에 도덕의 기원과 필요성이 있다는 것이다. 그런데 이때의 도덕은 거룩해져야 할 필요가 있다는 것이다. 왜냐하면, 도둑들 사이에도 도덕이 없는 것이 아니며, 장사꾼 사이에도 도덕이 있고, 동료 카스트인들 사이에도 도덕은 있으며 강도들의 두목에게도 도덕은 있다고 보기 때문이다. 그러나 이때의 도덕은 그 집단의 이익을 고려하는 것이기 때문에 '고립되고 배타적인 것'으로서 반사회적이라는 것이다.[428] 이와 같이 암베드카르에게서 도덕은 특정 집단의 이익을 보호해주는 반사회적 도덕성이 아니라, 강자로부터 약자를 보호해 주면서 공통의 모델과 규칙을 제공해 주는 것으로서의 '거룩한 도덕'을 말한다. 세 번째 요소는 개인의 성장과 발달을 지켜 주는 것으로써, 이때 도덕이 거룩하고 보편적이어야 할 것이 요청된다는 것이다. 암베드카르에 의하면, 생존경쟁과 집단의 규율 속에서 개인의 이익은 안전하지 못하게 된다. 노예는 여전히 노예로 태어나게 되고 차별과 부정의는 존속되며 계층이 형성된다. 이는 만인을 위한 것이 아니라 특정인을 위한 자유와 평등이 된다. '그 처방책은 무엇인가?'라고 질문을 던지면서, 이에 대한 유일한 대답으로 그는 보편적 효과가 있는 '우애'를 강조한다. 이 우애는 형제애

■
428) ibid. pp. 323-324.

로서 도덕의 또 다른 이름이라는 것이다. 이것이 곧 붓다가 담마는 도덕이며, 담마가 거룩한 것처럼 도덕도 거룩하다고 설파했던 이유라는 것이다.[429)]

이제 우리는 암베드카르의 불교 사상의 이론적 기초를 어느 정도 살펴보았다. 그러나 그의 책 『붓다와 그의 담마』의 후반부에 속한다고 볼 수 있는 제5권에서 제8권은 전반부의 제1권에서 제4권의 절반 정도의 분량을 기술하고 있는데, 이는 이 책이 그가 죽음을 맞이하기 바로 얼마 직전에 가서 완성되고 있기에 충분한 분량을 다루지 못하고 있다는 것이 일반적인 견해다. 그러나 그 짧은 분량에도 불구하고 전반부에 비해 간결하게 잘 조직화되어 있고, 특히 불교 문헌의 직접, 간접적인 인용 이후 그 자신의 견해를 수록한 '설명적 첨가부분'은 더욱 그의 사상을 잘 요약해 주고 있다.

제5권에는 강제 규정은 아니지만 비구의 개종에 따른 의무조항이 있고, 비구와 재가신도(우바새, 優婆塞, Upasaka)의 관계, 재가신도의 계율Vinaya이 수록되어 있다. 제6권에서는 붓다와 그를 후원했거나 혹시 적대했던 동시대인들에 대한 기록이 있고, 제7권은 '붓다의 마지막 여행'이라는 제목이 시사하듯이 붓다와 가까이하고 아꼈던 사람들을 만난 후 바이샬리Vaishali를 떠나 열반에 이른 쿠쉬나라Kushinara에 이르는 과정의 이야기들을 수록하고 있다. 이때의 기록은 대부분이 팔리어로 된 『대반열반경(大般涅槃經, Mahaparinibbana Sutta)』에 근거한 것이다. 다음에서 이를 살펴보자.

■
429) ibid. p. 325.

3) 신분 차별이 없는 승가: 비구와 우바새 모두가 지켜야 할 담마

제5권은 '승가(僧伽, Sangh)'에 대해 기술하고 있다. 거기서 암베드카르는 수도회의 조직과 규정에 관한 간략한 개요를 설명하는데, 입회에 관한 한 카스트나 성(性) 또는 어떤 사회적 신분도 차별이 없이 평등함을 강조하면서 다음과 같이 말하고 있다. "부처님께서 말씀하신 것처럼, 승가는 바다와 같고, 비구(比丘)는 바다에 흘러들어가는 강물과 같다."[430] 그밖에도 비구의 서약이나 규율을 어긴 자에 대한 형벌 규정들이 있다.[431] 비구의 서약을 살펴보면 다음과 같다. 독신 생활, 도둑질하지 말 것, 자랑하지 말 것, 살생하지 말 것 이외에 다음 8가지를 준수해야 한다. 세 가지의 의복 즉 하의Antarvaska, 상의Uttarasang, 추위를 대비한 외투Sanghati와 허리에 두르는 띠, 시주받는 그릇(布施器), 면도칼, 바늘, 물 여과기를 소지한다. 이 외에도 비구는 가난을 서약해야 하며, 음식을 구걸하여 하루 한 끼의 시주로만 살아야 한다. 사원이 없으면 승가를 이루어 나무 아래에서 살아야 한다. 비구는 복종의 서약을 해서는 안 되지만, 신참 수행자가 고참 수행자를 존경할 것이 요구된다. 고참자에게 복종할 것이 아니라 담마에 복종해야 한다. 고참자라고 해서 초자연적인 지혜를 가진 것이 아니며, 사죄(赦罪)의 권한을 가진 것도 아니다. 비구는 오직 그 자신에 의해서 수행에 성공하거나 또는 실패할 수 있다. 그러므로

■

430) ibid. pp. 415-416.

431) ibid. pp. 417-420.

그는 열린 사고를 지향해야 한다. 이상의 서약을 깨뜨리는 자는 승가에서 추방된다.[432]

또한 암베드카르는 '우포사트(Uposath, 布薩)'라고 불리는 '참회 Confession'에 대해 언급하면서 "비구의 조직과 관련하여 부처님께서 만드신 가장 독창적인 제도"로 묘사하고 있다.[433] 암베드카르가 생각하기에, 붓다가 '참회'의 제도를 도입한 것은 규율에 대한 중대한 위반 사항이 아니고 가벼운 위반 행위에 대해서는 엄격한 제한 조항을 강화할 수 없었기 때문에 비구들의 양심 회복 수단의 일환으로 사용되었다는 것이다.[434]

제5권의 비구와 우바새(재가신도)에 대한 설명은 특히 중요하다. 암베드카르는 비구와 우바새에 대한 전통적 구분인 양자의 차이점을 인정하면서도 동시에 불교 공동체의 근본적 통일성을 강조하고 있는데, 그에게서 원칙적으로 '담마는 양자 간에 동일하다는 것'이다. 양자 간의 차이점에 대해서 암베드카르는 다음과 같이 열거하고 있다. 비구는 독신으로 집이나 재산을 소유할 수 없지만 재가신도는 그렇지 않다. 비구는 살생을 해서는 안 되지만 재가자는 경우에 따라 그렇지 않을 수도 있다. 오계는 양자에게 동일하다. 그러나 비구에게는 형벌이 따르는 서약으로서 강제규정이지만, 재가자는 자발적으로 따르기만 하면 된다.[435] "부처님께서는 왜 이러한 구분을 하

■
432) ibid. pp. 417-418.
433) ibid. p. 420.
434) ibid. pp. 420-421.
435) ibid. pp. 433-434.

셨는가?"라고 암베드카르는 자문하면서, 거기에는 선한 이유가 있다고 밝힌다.

> "의심의 여지 없이, 부처님께서는 그의 담마를 통해 지상에 정의로운 나라a kingdom of righteousness의 기초를 세우고자 했기 때문이다. 이것이 부처님께서 비구와 재가자의 구분 없이 만인에게 그의 담마를 설하신 이유다. 그러나 부처님은 보통사람들이 담마의 설법만으로는, 정의에 기초한 이상 사회를 건설하지 못할 것으로 알고 계셨다. 하나의 이상은 반드시 실천되어야 하고 사람들은 이를 위해 노력해야 한다. 이러한 이상을 보통 사람들에게 실천적으로 보여 줄 수 있는 가시적 공동체의 모델이 필요한데, 이것이 부처님께서 설하신 담마를 실천하는 승가다. 부처님께서 비구와 재가자의 구분을 만드신 이유가 여기에 있다. 비구는 붓다가 그린 이상사회의 횃불을 치켜든 자이며, 재가자들은 가능한 가까이서 비구를 따라야 한다."[436]

암베드카르는 계속해서 비구의 역할에 다음과 같이 말한다. 비구는 자기 자신을 수련해야 할 뿐 아니라, 사람들을 인도하고 봉사해야 한다. 그러므로 비구는 완전한 사람이 되도록 해야 하며 의롭고 깨달은 최선의 사람이 되어야 한다. 비구는 가정을 떠나지만 세계를 등져서는 안 된다. 비구가 출가하는 이유는 슬픔과 불행에 가득 차서 스스로는 어쩔 수 없는 무기력한 재가자들을 자유롭게 도울 수 있는 기회를 갖기 위함이다. 담마의 본질이 자비(慈悲)일진대 비구나 우바새 구분 없이 모두가 사랑하고 섬기는 자비를 실천해야 함이 마땅하다. 비록 자기 수양이 완벽하다 할지라도 인류의 고뇌에 동참

436) ibid. p. 434.

하지 않는 비구라면 그는 전혀 비구라고 할 수 없다.[437]

이 밖에도 암베드카르는 제5권에서 비구의 의무조항과 비구와 재가신도의 상호 영향 그리고 비구와 재가신도가 지켜야 할 각각의 담마를 설명하고 있다.[438] 비구는 개종함에 있어서 기적으로나 힘으로 되는 것이 아니며, 고상한 덕목인 담마의 확산을 위해 세상에서 전사(戰士)가 되어야 함을 말하고 있다. 특히 비구와 우바새가 지켜야 할 담마를 논하는 부분에서는 종교로서의 불교의 가치를 논한다. 그는 이렇게 말한다.

> "몇몇 불교 비평가들은 불교가 종교가 아니라고 주장한다. 이러한 주장에는 주의를 기울일 필요가 없다. 그러나 대답해 주자면, 불교야말로 유일한 참된 종교다. 이 사실을 인정하지 않으려는 자는 그들이 생각하는 종교의 정의를 수정해야 한다. … 간혹 불교가 종교라고 말하는 자들은 비구와 관련해서만 말하지 일반인들과 관련해서 말하는 것은 아니다."[439]

이 문제를 분명히 하기 위해서 암베드카르는 비구와 재가자에 관련되는 담마의 기능을 묻는다. (붓다의) 설법이 비구들이 모인 가운데 행해졌다는 이유만으로 가르침 자체가 그들에게만 한정된 것으로 생각해서는 안 되며, 붓다는 마음속에 재가자들을 염두에 두고, '오계'와 '팔정도'와 '십바라밀'을 지킬 것을 설했다는 것이다.[440]

■

437) ibid. p. 435.

438) ibid. pp. 439-447

439) ibid. p. 452.

440) ibid. pp. 452-453.

이와 같이 암베드카르는 붓다가 가르친 오계, 팔정도, 십바라밀과 같은 고상한 덕목으로서의 담마는 비구에게만 제한된 것이 아니라, 집을 떠나지 않은 재가신도들도 실제의 삶에서 반드시 실천해야 한다는 점에서 비구나 재가자 모두가 동일하게 부여받은 가르침이라고 주장한다. 오히려 이러한 규율들은 집을 떠났기에 실생활과 관계가 먼, 그래서 계율을 어기리라고 생각되지 않는 비구들보다는 재가신도들에 대한 가르침이라고 보는 것이 옳은 것이며, 따라서 붓다가 그의 담마를 설법했을 때, 그것은 주로 재가자들을 위한 것이었다[441]고 암베드카르는 주장하고 있다. 그는 이것이 단순한 추정이 아니라, 사위성Srāvastī의 제타Jeta 숲에 있는 기원정사에 붓다가 머물 때, 재가신도인 담미카Dhammika가 500명의 재가자들과 함께 앉아서 질문을 던졌던 내용을 인용하여 설명하면서 주장하고 있다.[442] 이러한 질의와 대답 속에서 붓다는 재가자들에게 완전에 이르는 행동지침을 설법하고 있는데, 이를 암베드카르는 구체적으로 열거하고 있다.[443] 이 부분에서도 암베드카르는 비구가 지켜야 할 오계는 재가자들도 지켜야 함을 강조하고 있고, 다만 차이가 있다면, 비구들은 계율을 범해서는 안 되지만 재가자들은 자발적으로 지켜야 할 도덕적 의무만이 있을 뿐이라는 것이다. 그리고 2가지 다른 차이는

■

441) ibid. p. 453.

442) ibid. pp. 453-454.

443) 붓다가 설하는 재가 신도들의 행동지침에 대해 암베드카르가 인용하고 있는 부분을 요약하면 다음과 같다. 살생하지 말라. 강하건 약하건 살아있는 것에 대해 폭력을 행사하지 말라. 도둑질하지 말라. 불같은 성욕을 절제하라. 거짓말하지 말라. 술 마시지 말고 다른 사람에게도 권하지 말라. 경건한 마음으로 팔정도를 지키라. 먹을 것과 마실 것으로 시주하라. 부모를 잘 봉양하라. ibid. p. 454.

비구는 개인적으로 재산을 소유할 수 없지만 재가자들은 소유할 수 있다는 것과, 비구들은 자유로이 열반에 들 수 있지만(열반에 들 준비가 되어 있다는 뜻), 재가자들에게는 열반에 들어가는 것이 (가능성으로) 열려 있다는 것이다. 이것이 비구와 재가자들 사이의 유사성이자 차이점이지만, 담마는 양자에게 동일한 것이라고 밝힌다.[444)]

이 밖에도 암베드카르는 승가를 다루는 제5권 마지막 제5부에서, 재가신도들을 위한 戒律[Vinaya]을 다루고 있는데, 재가자들은 단순히 승려들의 후원자로서만이 아니라 이들이 마땅히 지켜야 할 윤리적 정신적 수련의 지침을 말하고 있다. 제5부의 각 장에서 그는 부(富), 가장(家長), 어린아이, 학생, 남편과 아내, 주인과 하인, 그리고 여자의 戒를 설명한다. 이들 각 장에서 암베드카르는 주로 붓다와의 대화 속에서 나타나는 관련된 주제들을 각 경전에서 발췌하여 인용하고 있다.[445)] 한 가지 예를 들면, 가장을 위한 戒의 부분에서 암베드카르는 붓다가 젊은 가장 시갈라[Sigala]와 나눈 대화를 통해 戒를 밝히고 있다. 암베드카르가 인용하고 있는 붓다와 시갈라와의 대화 내용을 인용해 보자.

> (붓다가 시주하기 위해 이른 아침에 라자그라하[Rajagraha]에 들어갔을 때, 젊은 시갈라를 만나 묻기를) "왜 그대는 하늘과 땅에 있는 것들에게 경배하는가?" 시갈라는 대답하기를, "나의 아버지가 임종하시기 전에 유언으로 말씀하시기를, 하늘과 땅에 있는 것들에 예배하라 했기 때문입니다." 이에 붓다는 "어떻게 그것이 세상

■
444) ibid. p. 455.
445) ibid. pp. 459-467.

사람의 참된 종교가 될 수 있겠는가?"라고 물었다. 시갈라는 "그러면 무엇이 사람의 종교가 될 수 있습니까?"라고 되물었다. 붓다는 "사람의 종교가 되기 위한 종교a religion to be a religion of man는 사람에게 나쁜 행위를 금지하도록 가르쳐야 한다. 살생과 도둑질과 음행과 거짓말하는 일은 사람이 금해야 할 4가지 악덕이다. 시갈라여, 악한 행위는 불공평과 증오, 어리석음과 두려움에서 비롯된다. 종교가 사람의 종교가 되기 위해서는 사람에게 자신의 재산을 낭비하지 않도록 가르쳐야 한다. 재산을 낭비하는 것은 술을 탐닉하여 취하는 것, 여자를 쫓아다니는 것, 도박에 빠지는 것, 게으르고 악한 자들과 함께 어울리는 것이다.[446]

이 밖에도 암베드카르는 음주 등과 같이 재산을 낭비하게 되는 이상에 열거한 위험성들에 따른 6가지 위험성을 추가하여 구체적으로 인용하여 소개하고 있고, 사람의 종교가 되기 위한 종교는 사람에게 누가 참된 친구인가를 가르쳐 주어야 한다는 것 등의 재가자들이 지켜야 할 상세한 계율들을 소개하고 있다.[447]

4) 비판과 변증 속에 드러나는 붓다의 법, 담마: 암베드카르의 사회, 경제적 해석학

암베드카르는 제6권에서 붓다와 동시대인들을 다루고 있고, 제1부에서는 그를 도와주었던 인물들 이를테면, 빔비사라Bimbisara 왕, 아나타핀디카Anathapindika, 지바카Jeevaka, 암브라팔리Ambrapali, 비샤카Vishakha를 소개하고 있는데,[448] 죽림정사(Veluvana, 竹林精舍) 유원(遊

■
446) ibid. pp. 460-461.
447) ibid. pp. 461-463.

園)을 기증한 빔비사라 왕은 단순한 추종자가 아니라 붓다의 담마를 훌륭히 조력했던 위대한 지지자였다고 소개한다. 제타바나 정사 Jetavana Vihara를 지어 세계 모든 형제자매들이 사용하도록 기증한 개종자 아나타핀디카는 고아를 돕는 가난한 자의 친구로서 주요 기증자Chief Almsgiver 명단에 수록된 80명의 제자들 가운데 하나로 소개한다. 의사였던 지바카는 붓다가 라자그라하(王舍城)에 머무는 동안 하루에 두 번씩 방문하였고, 자신의 정원인 암바바나Ambavana를 기증하면서 비하르를 지어 기증하겠다고 서원했을 때 붓다는 침묵으로 그 제의를 수용했다고 밝힌다. 귀족의 정부(情婦)인 암브라팔리는 붓다가 그의 제자 아난다를 포함한 일행과 함께 베살리Vesali에 갔을 때, 그녀의 망고 정원에서 붓다의 일행을 정중히 맞이하고 하룻밤을 유숙하게 하면서 붓다에게서 법문을 들었다고 소개한다. 또 다른 붓다의 후원자 비사카는 많은 자녀와 손자들을 둔 스라바스티(Shravasti, 舍衛城)의 부유한 여인으로서, 붓다가 스라바스티에 머물 때에 숙식을 도와주었고, 붓다의 공동체에 '동방의 정원Purva Aram'을 기증하였으며, 첫 번째 재가 여성 제자가 되었다고 밝힌다.

제6권 제2부에서 암베드카르는 붓다와 그의 적대자들을 언급하고 있다.[449] 이를테면 기생충처럼 살아가는 자들, 행복한 가정을 파괴하는 자들에 대한 붓다의 경고와 부도덕한 자이나교도들에 대한 폭로를 소개하고 있다. 질투가 많았던 붓다의 사촌 데바다타Devadatta

448) ibid. pp. 473-482.
449) ibid. pp. 485-501.

는 붓다가 승단에서 사리불과 목갈라나(목건련)를 주요 책임자의 자리에 앉히자 이를 원망하여 붓다를 죽이려 했던 일과 그 실패담을 소개하고 있는 점 또한 흥미롭다. 이 밖에도 암베드카르는 제6권의 제2부 마지막 장에서 바라문들과 붓다 사이에 일어난 일들을 다룬다.[450] 그는 바라문들이 붓다가 그들의 마을로 들어서면 불과 2, 3일 내로 모든 마을 사람들을 개종시켜 버릴 것을 대비하여 붓다 일행의 접근을 막기 위해 강의 배와 다리를 부수고 우물마저 파괴해 버리는 일과, 음식도 주지 말 것을 마을에서 동의하는 일들을 소개하고 있다. 우여곡절 끝에 붓다의 일행이 바라문의 마을에 들어서서 나무 아래서 휴식을 취하고 있을 때 곁을 지나던 바라문의 소녀 노예 하나가 이들이 목말라하는 것을 보고 측은히 여겨 붓다에게 물을 주었으나, 바라문 주인에게 이 사실이 알려지자 소녀는 주인에게 맞아 죽은 사실을 열거한다. 암베드카르는 같은 장 제2절에서 바라문 도나[Dona]와 붓다와의 긴 논쟁을 소개하는데, 바라문 도나가 붓다의 설법에 굴복하여 그의 제자가 될 것을 부탁하는 장면으로 본문을 끝낸다.

제6권 제3부에서 암베드카르는 붓다의 교리에 대한 비판을 다룬다.[451] 붓다가 재가자들은 물론 누구나 승가에 들어올 수 있게 한 점에 대해 비판한 사람들이 있었는데, 그러한 비판은 잘못된 것임을 다음과 같이 말하고 있다. "부처님은 해방(해탈)-선한 法으로 목욕하

■
450) ibid. pp. 494-501.
451) ibid. pp. 505-513.

는-의 탁월한 물로 목욕탕을 만드셨습니다. 누구든지 죄로 얼룩진 사람들은 이 목욕탕에서 목욕함으로써 그의 모든 죄를 씻을 수 있게 하는 것이 부처님의 바람이었습니다."[452] 그러면서 암베드카르는 비판자들이 붓다가 소수의 사람들에게만 혜택을 베푼 것이 아니라 누구든지 그 혜택을 누리게 하였다는 사실을 간과하고 있다고 지적한다. 서원(誓願, vows)의 규정에 대해서도, 비판자들은 '오계로만 충분하지 않느냐?', '서원은 왜 필요하느냐?' 하는 질문에, '서원'은 붓다가 고안한 것으로 서원을 하는 사람은 단지 계율을 지키는 것과는 달리 내적인 성장뿐만 아니라 서원 그 자체로 타락하지 않을 수 있는 하나의 예방책이 되고 그 서원을 스스로 지킴으로써 해방(해탈)을 얻게 된다는 것이다. 암베드카르는 서원의 삶과 계율의 삶의 차이에 대해서 이렇게 기술한다. "서원의 삶a life of vows은 매우 힘들다. 그러나 계율의 삶a life of precept은 그렇지 않다. 인류가 서원의 삶을 살도록 하는 것이 필요하다. 이와 같이 부처님께서 계율과 서원의 삶을 설하셨다."[453]

이어지는 3장에서 암베드카르는 아힘사의 교리를 비판하는 자들에 대해 다소 길게 변증하고 있다. 아힘사를 비판하는 자들의 요지는 악에도 저항하지 않고 복종하는 것이 아니냐는 점이다. 이에 대해 암베드카르는 다음과 같은 몇 가지 근거를 제시하며 반박하고 있다. 첫째, 국경의 수비를 위해 침입자들을 방어하고 평화를 유지

■

452) ibid. p. 505.

453) ibid. p. 506.

하기 위해 군인의 의무를 회피하고 승가에 가입하는 일은 없어야 된다는 것이다. 국경수비를 위해 왕이 군대의 출병 명령을 내리자 무관(武官)들이 딜레마에 빠졌다. 여래의 가르침을 따르자면, 전쟁에 가담하고 싸우기를 좋아하는 것은 악을 행하는 것인데, 왕의 명령은 침입자를 잡아 죽이라는 것이었다. 이들 무관들은 붓다의 승단에 들어가면 이 딜레마를 벗어날 수 있으리라 생각했다. 당시의 왕들이 담마를 어기고 비구들을 괴롭히고 있었던 것을 붓다도 잘 알고 있었지만, 붓다의 반응은 단호했다. "아힘사라는 이름으로 병사가 그의 왕과 국가에 대한 의무를 버리고 승가에 들어오는 것을 나는 결코 허용할 생각이 없다."[454]

암베드카르가 인용하고 있는 두 번째의 경우는 마하비라(Mahāvīra, 자이나 교조)의 추종자인 군대장관 싱하Sinha와의 대화를 통해 아힘사의 또 다른 측면을 변증하고 있다. 싱하가 붓다의 담마에 대해 의문을 품고 묻기를, 자신은 왕으로부터 임명받은 군인으로서 전쟁에 가담하게 되는데, 이는 여래가 주장하는 가르침에 위배되는 것이 아니냐는 것이다. 이에 대해 붓다는 다음과 같이 대답한다. "형벌을 받아야 할 자는 형벌을 받아야 하고, 상을 받아야 할 자는 상을 받아야 한다. 그러나 상해를 입히지 말고 사랑과 자비로 대해야 한다. 이것은 모순되지 않는다. 재판관이 죄인에게 형벌을 내릴 때 죄인의 가슴에 증오를 품지 않게 해야 하며, 비록 살인을 한 자가 사형을 받더라도 그 자신의 행위의 결과임을 깨닫게 해야 한다. 형벌이 그

■
454) ibid. p. 508.

의 영혼을 정화시켜 줄 것임을 깨닫는 즉시 그는 더 이상 그의 운명을 탄식하지 않고 기쁘게 맞이할 것이다."[455]

암베드카르는 이 같이 붓다의 말을 인용한 후에, 이 말을 적절히 이해하게 되면 붓다가 설한 아힘사의 근본적인 취지를 깨닫게 될 것이라고 밝힌다. 그러면서도 그는 "그러나 그것은 절대적인 것이 아니었다"고 부언하고 있다. 이는 붓다도 절대적 비폭력을 말한 것이 아니라 경우에 따라서는 폭력을 행사할 수 있다는 뜻으로 이해할 수 있다는 상대적 해석의 여지를 강하게 암시하는 암베드카르 특유의 해석학적 입장이라고 볼 수 있을 것이다. 덧붙여서 변증하는 그의 서술에 의하면, "부처님은 아힘사를 표방합니다. 그분은 폭력을 비난했습니다. 그러나 그분은 악에 의해서 선이 파괴되는 것을 막기 위한 최후의 수단으로 사용되는 폭력을 부인하지 않았습니다."[456] 암베드카르는 이렇게 기술함으로써 붓다는 위험한 교리를 가르친 것이 아니며, 비판자들이 붓다가 가르친 깊은 뜻을 잘못 이해하고 있음을 반증해 보이고 있다.

계속되는 4장에서 암베드카르는 슬픔의 원인으로서의 고통dukkha을 다루고 있다.[457] 암베드카르는 고통이 원래 불안과 동요(動搖)에서 기인하는 것이며, 특히 고통과 슬픔을 가져오는 불안의 원인을 사회, 경제적 원인으로 설명하고, 붓다의 설법을 인용하면서 구체적으로 빈곤이 슬픔의 원인이라고 지적한다. 암베드카르가 인용하는

455) ibid. p. 509.

456) ibid.

457) ibid. pp. 510-511.

붓다의 말을 들어보자.

> "수도자들이여, 빈곤이 세상에서 고통이 아닌가? … 언제 사람이 가난하고 궁핍하게 되는가? 빚을 지게 됨으로써가 아닌가? 빚을 갚지 못했을 때 독촉을 받게 되지 않는가? … 그러므로 수도자들이여, 빈곤과 빚 독촉에 시달리는 이것이 세상에서 겪는 고통이 아닌가?"[458]

암베드카르는 이상의 인용문을 근거로 제시하면서 '붓다가 설하는 고통의 개념은 물질적인 것이다'라고 주장한다. 그는 또한 슬픔의 원인을 무상(無常)이라고 설명한다.[459] 고통의 원인을 무상에서 찾는 것이 일반적인 견해인 만큼 이는 전통적인 불교 사상에 부합하는 것이라고 볼 수 있다. 다만 암베드카르는 고통의 원인을 추상적인 것보다 사회, 경제적 이유에서 찾고 있고, 더욱 구체적으로 경제적인 빈곤을 고통의 우선적인 문제로 제시하고 있다는 점이다. 그리고 무상의 문제와 관련하여서는 붓다의 가르침이 염세적이라고 하는 이가 있지만, 그것은 '영원한 것이 없는데, 영원한 것으로 착각하는' 데서 비롯된다고 반박한다. 그러면서 그는 죽음의 문제에 대해서도 해석하기에 따라서는 즐거움일 수 있다고, 미얀마의 장례식 축제를 들어 비유하고 있다.[460]

고통[dukkha]을 말한다고 해서 붓다의 담마가 염세적이라면, 칼 마르

■

458) ibid. p. 511.

459) ibid.

460) ibid.

크스 또한 '세상에 착취가 있고 부익부 빈익빈이 있다'고 말했는데, 마르크스의 이론에 대해서는 왜 염세적이지 않다고 말하는가라고 암베드카르는 반문한다. 붓다가 생로병사(生老病死)를 고통이라고 했다지만 이는 강조를 위한 과장된 문학적 표현임을 알아야 한다고 지적한다. 생(生)이 고통이라고 붓다가 말했던 것은, 붓다가 설법을 할 때 인간으로 탄생하는 것이 매우 귀중한 일이라고 한 것을 미루어 보면,[461] 그 말이 과장된 표현임을 알아야 한다는 것이다. 붓다는 고통의 제거를 말하기 위해 고통의 실존을 말한 것이었기에, 고통의 제거를 위해 노력하는 한 결코 염세주의라는 비난을 받을 근거가 없다고 암베드카르는 주장하고 있다. 이렇게 볼 때 암베드카르는 불교가 결코 염세주의가 아니며 고통을 제거하기 위한 붓다의 적극적인 해법으로서의 담마로 이해하면서, 일상적으로 생각하는 생로병사의 고통에 대한 이해를 '과장적 표현'이라고 해석하는 나름대로의 해석학적 입장을 내놓은 셈이다.

5장에서 암베드카르는, 붓다가 가르치기를 영혼은 없고(無我, no Soul) 재생rebirth은 있다고 했는데, 영혼이 없이 어떻게 재생이 있는가라고 반문한다면, 이 둘 사이는 모순되지 않는다고 주장한다. 비유를 들어 설명하기를, "망고 씨는 망고나무를 싹틔우고 망고 나무는 다시 망고 열매를 맺는다. 여기에 망고의 재생이 있다. 그러나 영혼은 없다. 그러므로 영혼은 없지만 재생은 있다"[462]라고 말한다. 이

■

461) ibid. p. 512.

462) ibid. p. 513.

렇게 볼 때 암베드카르는 철저한 무아론에 입각해 있으면서 자연적 순환론에 입각한 유물론적 재생이라는 이론을 받아들이고 있음을 알 수 있다. 이점은 평가 부분에서 상술할 것이다.

암베드카르는 6장에서, 붓다의 제자인 비구 아리타Arittha가 붓다를 영혼소멸론자annihilationist로 오해한 점에 대해 붓다가 해명해 주고 있는 내용을 서술하고 있다. 붓다가 아리타에게 이르기를 "몇몇 은둔자들과 바라문들이 나를 곡해하여 영혼 소멸론자로 말하고 있지만, 내가 과거나 지금이나 끊임없이 설파하는 바는 '질병의 존재'와 '질병의 종식'이었다"라고 한다.[463] 이상에서 암베드카르는 그의 책 6권을 통해 붓다의 기본적 교리에 대해 오해하고 있는 자들을 일일이 반박하는 내용을 소개하면서 자신의 사회학적 불교 해석을 곁들이고 있음을 볼 수 있다.

5) 붓다의 마지막 여행과 유훈(遺訓): 천민도 주류(主流)가 될 수 있다

제7권에서 암베드카르는 붓다의 마지막 여행을 다룬다.[464] 제1부 1장에서는 붓다가 방문한 지역을 언급하는데, 대표적인 장소로 쉬라바스티Shravasti와 라자그라하Rajagraha를 들어 각각, 75회와 24회를 방문했다는 내용과 함께, 그밖에 붓다가 방문했던 많은 장소를 언급하고 있다. 붓다의 이러한 여행은 그의 제자들이 사원을 짓기까지

■

463) ibid.

464) ibid. pp. 533-561.

거처할 곳이 없어서 나무 아래에 유숙하곤 했던 점과, 수많은 사람들에게 지칠 줄 모르는 가르침을 편 붓다는 비구로서 세 벌 옷 이상을 가지지 않았고, 하루에 한 끼씩 먹었으며 매일 아침 이집저집으로 걸식을 했다고 소개한다. 그리고 암베드카르는 붓다의 어머니(養母) 마하프라자파티[Mahaprajapati]와 아내 야쇼드하라[Yaśodharā] 그리고 아들 라훌라[Rahula]를 마지막으로 만나, 어머니는 아들에게 '담마의 우유'를 마시게 해 준 것에 대해, 아내는 남편을 만나 질병을 극복할 수 있는 힘을 주었던 점에 대해 감사를 표하고 있음을 소개한다. 붓다가 그의 아들에게도 사랑과 자비심으로 살아야 할 것과 타인의 복리를 기뻐하고 평정을 유지하면서 썩어질 육신을 명상하고 무상을 생각하면서 자랄 것을 훈시하는 내용도 서술하고 있다. 이 밖에도 암베드카르는 붓다가 그의 제자 사리불[Sariputta]을 500여 명의 동료와 함께 마지막으로 만나는 장면을 소개한다. 사리불의 죽음 이후 그의 재를 받아든 붓다가 모여든 무리들에게, 수행자로서의 사리불의 훌륭했던 면모를 칭찬한다. 한편 암베드카르는 사리불과 함께 붓다의 주요 2제자 중에 한 사람인 마하목갈란[Mahamogallan]이 붓다의 적에게 시해되었다고 언급한다. 암베드카르는 이들이 '법의 수호자[Dharma Senapati]'로 불리고 있다는 사실과 함께, 붓다가 이들의 도움으로 그의 법을 전했다고 서술한다.

제7권 제2부에서 암베드카르는 붓다가 제자 아난다와 함께 라자그라하를 떠나 베살리[Vesali]로 향하는 내용을 싣고 있다. 여행 도중에 제자들과 종교적 담화를 나누는 내용, 마하비라의 출생지인 베살리의 마을 사람들을 개종시키는 내용을 소개하고, 그 후에 쿠쉬나라를 지나면서 마지막 개종자이자 마지막 제자인 수브한다Subhadda를 승가에 입단하는 내용을 묘사하고 있다.

암베드카르는 이와 같은 일련의 여행담을 기록한 후에 붓다의 마지막 유훈을 자기 나름대로 해석하여 그의 책 제7권 제3부 3장에 독특하게 편입시킨다.[465] 그의 서술을 인용해 보면, 붓다는 아난다에게 이렇게 말한다. “아난다여, 내가 죽고 없어도 내가 즐겨 가르친 규범Norm과 규율이 너의 스승이 될 것이다.” 붓다는 계속해서 아난다에게 이르기를, 신참 수련자에 대해서는 그의 이름을 부르거나 ‘형제’라고 호칭할 것이며, 반면에 신참 수련자는 고참 수련자를 ‘주Lord’[466] 또는 ‘스님Your reverence’으로 존칭할 것을 말한다. 그리고 붓다는 자신의 사후에 승단에서 원한다면, 사소한 규정들은 철폐시켜도 좋다고 말한다. 붓다는 놀랍게도 그의 사후에 규정을 어기고 완고하며 고집 센 찬나Channa에게 중벌extreme penalty을 가할 것을 아난다에게 지시한다. 암베드카르가 이와 같은 내용을 편집하여 서술하고 있는 것은 승단의 엄격한 규율을 선호하는 암베드카르의 성격과도 무관하지 않을 것이다.

암베드카르는 계속해서 500명의 형제들이 모인 가운데 주어지는 붓다의 유훈을 기록하고 있다. 붓다가 모여든 형제들 가운데 한 사람이 자신(붓다)과 승가의 규범이나 규율, 혹은 팔정도를 의심할 자가 있으리라고 세 번씩이나 말하지만, 형제들은 모두 침묵하고 있

■

465) ibid. p. 551.

466) 본 논문을 위한 현지조사에서 신불교로 개종한 신도들이 암베드카르를 ‘주’라고 지칭하는 사례를 볼 수 있었던 것은 바로 이와 같은 맥락에서 비롯된 것이라고 볼 수 있다.

고, 오직 아난다만이 '그럴 리가 있겠습니까?'라고 반문하지만, 붓다는 여래(如來, Tathagata)의 마음으로 이 사실을 알 수 있다고 말한 후, 다음과 같이 말한다. "아난다여, 나의 500형제들 가운데 비록 지극히 천한 자most backward일지라도 성자의 위계에 든 자(śrotapanna, 예류과로서 四果 중의 첫 단계)가 될 것이며 천민출신Downfall일지라도 지고한 지혜를 얻게 될 것이다." 이같이 말한 후 붓다는 임종을 맞이하기 전에 최후의 한마디를 더한다. "자 형제들이여, 나는 그대들에게 상기시키노니, 모든 합성물(육신)은 소멸하게 마련이다. 이점을 염두에 두어라."[467]

암베드카르의 편집적 서술에서 우리는 한 가지 중요한 사실을 발견하게 된다. 우선 붓다와 제자들과의 대화 중에 '너희 가운데 누군가 나를 의심하리라'는 내용이 예수가 죽음을 앞두고 제자들과의 최후의 만찬에서 한 말과 유사한 편집적 내용을 싣고 있다는 점도 흥미롭지만, 무엇보다 중요한 사실은 암베드카르가 불가촉천민을 의식하고 붓다의 최후 진술에 자신의 사상을 삽입시키고 있다는 점이다. 이를테면 '수도생활에 가장 처진 자'[468]일지라도 '성자의 위계에 든 자'가 될 수 있을 것이며, '몰락한 민중Downfall일지라도 지고한 지혜를 얻게 될 것이다'라는 대목이 그것이다. 인도에서 하층민backward은 사회적으로 소외된 계층인데, 최하층민most backward은 바

■

467) ibid. p. 553.

468) 이를 암베드카르는 '지극히 천한 자(most backward)'로 표현함으로써, 붓다의 승단에도 천민들이 함께 있었고, 그들이 평등한 혹은 더 높은 성자의 위계까지 들 수 있는 것으로 표현하고 있다. 이어지는 표현 '몰락한 민중(downfall)'이라는 표현도 같은 맥락이다.

로 불가촉천민을 지칭하는 것으로 볼 수 있다. 이는 그 자신이 불교로 개종한 이유도 바로 불가촉천민들로 하여금 힌두 사회에서 주류적인 인물이 될 수 있게 하고자 함이었기 때문이다.

이와 같이 붓다의 최후 진술과 같은 권위 있는 발언을 불가촉천민의 지위 향상과 주류사회로의 전환 가능성을 그의 책 『붓다와 그의 담마』 7권에서 수록하고 있는 셈이다. 그의 편집적 기술은 앞서 언급한 성서의 복음서에 나타난 예수의 최후의 만찬에서 나눈 내용과 흡사한데, 천국에서는 누가 큰가 하는 논쟁이 제자들 사이에 벌어지자, 예수는 지극히 낮고 겸손한 자가 천국에서는 큰 자가 될 것이라는 역설을 한 것과 비교된다. 이 또한 암베드카르 자신의 성서 연구와 전혀 무관한 것은 아니라고 볼 수 있다. 이러한 성서와의 유사성은 다음에서 보게 될 그의 책 8권 2부 붓다의 인격을 다루는 부분 1장 '大悲Maha Karunik' 편에서도 볼 수 있다. 명상을 방해하는 여러 가지 악마의 유혹을 물리치라는 권면의 교훈을 주고 있는 이 장 마지막 절에서 암베드카르는 붓다의 긴 서술을 요약하여, 단적으로 붓다의 입을 통해 이렇게 말하고 있다. "원수를 사랑하라.Love your enemies"469)

6) 사회학적 해석의 한 단면: 빈곤을 싫어한 붓다

암베드카르는 제8권에서 '인간 고타마 싯다르타'를 간략히 언급

■

469) ibid. p. 574.

하면서 붓다의 인격에 대한 자신의 이야기를 진술한다.[470] 이를테면 붓다의 용모와 인격 그리고 그의 가르침은 매혹적이어서 숱한 남녀들의 마음을 사로잡았고, 존경을 받으면서도 그는 겸손하였으며, 자기의 유익을 구하지 않고 누구나 평등하게 대했으며, 자비로 충만하여 병들어 슬퍼하며 고통당하는 자들의 치유자가 되었다는 것이다. 그리고 암베드카르는 8권 3부에서 붓다가 선호하고 싫어했던 것을 구분하여 설명하고 있다.[471] 이 또한 암베드카르의 독창적인 서술 형식으로서 붓다의 사상을 사회학적으로 해석한 일면이 있다. 1장의 내용이 단적인 예가 된다. 암베드카르에 의하면, 붓다는 빈곤을 싫어했고 탐욕본능acquisitive instinct을 싫어했다. 그 대신 붓다는 아름다움을 사랑하는 자Lover of Beautiful였고 사랑스러움을 사랑한 자였다고 진술한다.

붓다가 빈곤을 싫어했던 점에 대해 암베드카르는 아나타핀다카와의 대화를 들어 설명하고 있다. 아나타핀다카가 붓다에게 왜 부자가 되어야 하는지 이유를 묻자, 붓다는 합법적으로 열심히 노력하여 부를 얻어 행복해진 부유한 아리아인 제자의 경우를 들어 설명한다. 그 제자는 부를 통해서 부모와 처자 그리고 집안의 하인까지 행복하게해 주었다는 것이다. 이것이 부요해져야 하는 첫째 이유요, 둘째는 부를 통해 그의 친구와 동료를 행복하게 해 줄 수 있기 때문이라는 것이다. 셋째는 천연의 재난이나 약탈에서 물건을 지킬 수 있

■
470) ibid. pp. 567-591.
471) ibid. pp. 587-591.

다는 점, 넷째는 5가지 의무를 떠맡을 수 있다는 점이다. 예를 들면, 친족, 손님, 조상, 왕, 신들에 대한 의무를 말한다. 다섯째는 보다 높은 목적을 위한 봉헌을 할 수 있다는 점이다. 이처럼 붓다가 5가지의 이유를 들어 설명하자, 아나타핀다카는 붓다가 왜 가난을 찬양함으로써 가난한자들을 위로하지 않고, 또한 가난을 인간이 살아가야 할 행복의 조건이라고도 예찬하지 않았던가를 알게 되었다는 것이다.[472)]

붓다가 빈곤을 싫어했다는 점을 암베드카르가 그의 책에서 밝히는 이유는 분명하다. 불가촉천민은 암베드카르 당시에 절대빈곤층에 속한다. 이들에게 붓다의 복음이 가난을 예찬하는 것이 될 수는 없는 것이었다. 그의 책 8권은 책의 편집적 구조상 첨가부분에 속한다. 7권으로 구성이 끝날 수 있었음에도 8권을 첨가하여 암베드카르 자신의 이 같은 견해와 주장을 첨가하고 있는 것이다. 3부에서의 서술 순서도 1장에서 빈곤을 싫어한 이유를 먼저 다룬 다음에, 일반적으로 알고 있는 '탐욕본능'의 문제를 2장에서 다루고 있다. 그만큼 붓다는 탐욕의 본능도 싫어하는 문제였지만, 붓다는 그보다 더 빈곤을 우선적으로 싫어한 것처럼 말하고 있는 것이다.

이와는 대조적으로 붓다가 좋아한 것을 설명하는 부분에서, 암베드카르는 붓다가 사카라Sakkara라는 곳에서 사캬인들과 함께 머물 때, 아난다와 나눈 대화를 인용하면서, 붓다가 사랑한 것이 무엇인지를 논증한다. 아난다가 붓다에게, 거룩한 생활의 절반은 사랑으로

■
472) ibid. p. 587.

엮어진 우정과 협동과 친밀함이 아니겠느냐고 물었을 때, 붓다는 절반이 아니라 전부라고 하면서, 사랑으로 엮어진 우정과 협동과 친밀함을 말하고 있다. 이어서 암베드카르는 붓다의 입을 통해 '사랑으로 엮어진 우정과 협동과 친밀함'이야말로 팔정도(八正道)를 이루는 길이라고까지 설명을 덧붙인다.[473]

짧은 결론부에서 암베드카르는 '붓다의 담마를 널리 선파하려는 서약A Vow to Spread His Dhamma', '그의 조국에 다시 붓다가 탄생할 것을 기원하는 기도A Prayer for His Return to His Native Land'를 덧붙인다. '서약문'은 보살의 사홍서원(四弘誓願[474])과 다름 아니며, '기도문'은 아미타불(Amitabha, 無量光佛)에 대한 기원으로, 인도의 대불교학자 세친(世親, Vasubandhu)이 『수카바티-브유하(Sukhavatī vyūha, 淨土經)』 경전에 대해 쓴 정토론을 인용함으로써 599쪽에 달하는 그의 저술을 끝맺는다.[475]

암베드카르는 애국심으로 '극락정토Sukhavatī vyūha'가 아미타불의 서방정토가 아니라 인도라고 지목하면서, 세친이 서방정토에서 태

■

473) ibid. pp. 590-591.

474) 고통당하는 모든 중생을 다 제도하려는 소원(衆生無邊誓願度), 번뇌가 한이 없어도 다 끊으려는 소원(煩惱無盡誓願斷), 법문이 한량없지만 다 배우려는 소원(法門無量誓願學), 위 없는 불도를 이루려는 소원(佛道無上誓願成)이다.

475) 기도문의 내용은 다음과 같다. "오 존귀하신 자여, 시방세계에 두루 광명하신 여래께 전심으로 의뢰하나이다. 그리고 당신의 나라에서 태어나기를 열망하나이다. 꿈에서도 당신의 나라가 나타나길 바라나니 삼세에 두루 걸쳐있음을 아나이다. 당신의 나라는 광대무변하여 하늘처럼 모든 것을 감싸고, 의로움을 따라 모든 세속적인 것을 넘어서는 당신의 자비가 넘치나이다. 당신의 광명은 해와 달의 거울과 같아서 미치지 않는 곳이 없사오니, 그곳에서 태어난 모든 만물이 붓다 자신처럼 진리를 선포하게 하소서. 이제 이 글을 기록하고 이 기도문을 낭송하옵나니, 오 붓다이신 그대여, 얼굴과 얼굴을 마주하며 뵈옵기를 원하옵고 나의 모든 동료들과 축복의 땅에서 태어나기를 원하나이다. ibid. p. 599. cf. *Encyclopedia of Religion & Ethics*, Vol. X, p. 169.

어나기를 열망한 것처럼, 그의 모든 동료들과 함께 아미타불과 같이 진리를 선포하기 위해 자신의 조국에서 다시 태어나 인도의 불교 중흥을 위해 계속 힘쓰기를 소원하고 있다.

이상에서 우리는 암베드카르의 불교 사상을 그의 불교 해석서라고 볼 수 있는 『붓다와 그의 담마』를 통해 살펴보았다. 그의 불교 해석이 전통적인 방식을 따르고 있지는 않지만 사회 참여적 관점에서 그리고 인간의 평등과 해방의 실천이라는 관점에서 붓다의 가르침을 재해석하고 있는 것이고 보면, 그 나름대로의 시대 현실에 충실한 또 하나의 훌륭한 해석학적 지평을 연 것이라고 아니 할 수 없다. 특히 불교의 주된 수행의 하나인 계(戒), 정(定), 혜(慧) 삼학(三學)을 계, 자비(慈悲), 혜로 수정한 것이나, 오계(五戒), 팔정도(八正道), 십바라밀을 각각 '정화의 길', '의의 길', '덕의 길'로 구분하여 설명한 것도 모두 자칫 사변에 치우치기 쉬운 교리를 사회적 실천의 차원으로 해석하고 있는 것이 그의 독특한 해석이라 할 수 있다. 더구나 담마와 아담마 그리고 삳담마의 구분에서 초월적 신의 영역과 관련되는 아담마보다는, 담마와 삳담마의 일치를 말하면서 실천이 따르지 못하는 지혜를 거부하고 실천적 지혜로서의 정사(正思)와 정행(正行)의 일치를 추구한 것도 발전된 해석의 하나라고 볼 수 있을 것이다. 정행(正行, Sila)을 수반한 지혜는 카루나(悲)와 마이트리(慈)에서 가능하며 이는 또한 보편적 인류애의 기반이 되는 것이다. 암베드카르의 자비(慈悲)에 근거한 보편적 인류애 사상은 도덕과 종교를 구분하는 그의 사상에서도 명백히 드러나는데, 그에게서 '도덕은 담마이고 담마는 도덕'이기에 도덕 없는 담마는 생각 할 수 없다. 그러나 그가 본 '종교'는, 신의 이름으로 규정된 명령이 때때로 부도덕 할 수 있기에 '종교'의 이름으로 행해지는 도덕은 임시적인 것에 불과하고 항구 불변한 보편성을 가질 수 없다는 것이다. 여기서 우리는 종교에 대한 또 다른 많은 논의가 필요한 것이기는 하지만, 오늘날 학문적 의미에서 논의되고 있는 종교학적 지식이 미비 된 20세기 초·중반에 살았던 인도인으로서 암베드카르가 본 종교에 대한 이해를 제한적으로 받아들이고 해석해야 할 필요가 있는 것이다. 암베드카르가 바라본 힌두교에 대한 부정적 경험과 종교적 이해에 대해서는 다음의 분석과 평가를 다루는 부분에서 좀 더 언급하고자 한다.

이 밖에도 암베드카르는 비구와 우바새 모두가 지켜야 할 담마의 중요성을 역설하였다. 오계와 팔정도, 십바라밀로서의 담마에 대해 비구는 의무로서 지켜야 하고, 재가자는 자발적으로 지켜야 하는 차이가 있을 뿐, 담마의 근본 취지는 양자에게 동일한 것으로서 비구가 보다 철저한 수행의 모범을 보여줌으로써 이상적인 나라를 건설하고자 했던 붓다의 의도를 승가가 대변해 주어야 한다고 주장했다. 폭력의 문제에 대해서는, 붓다도 아힘사를 표방하지만 악에 의해서 선이 파괴되는 것을 막기 위한 최후의 수단으로 사용되는 폭력을 부인하지 않았다고 함으로써, 절대적 비폭력을 말한 것이 아님을 주장하였고, 이는 국가 간의 전쟁에 정당한 방위의 목적으로 참여할 수 있음을 인정한 것이며, 가축에 대한 살생의 문제도 필요에 따라서는 가능한 것임을 상대적으로 주장하고 있는 셈이다. 또한 암베드카르가 고통의 원인을 경제적 빈곤에서 찾고 있는 것이 흥미롭다. 전통적인 해석이 고통의 원인을 무명(無明)이나 탐욕에서 일차적으로 기인하는 것으로 보는 것과 달리, 그는 경제적 빈곤을 주된 이유로 찾고 있다는 점이다. 그리고 붓다 또한 빈곤을 싫어했다는 주장을 펼침으로써 그의 불교적 해석의 근거가 사회, 경제적 관점에서 기인하는 것임을 여실히 볼 수 있는 것이다. 이로써 우리는 암베드카르가 도덕과 붓다의 가르침인 담마를 중심으로, 불평등한 인도인의 해방이라는 차원에서 더 나아가, 인류의 보편적 해방이라는 차원으로 불교를 해석하는 인간 해방 운동가의 불교의 사회학적 해석의 면모를 엿보게 되었다.

4. 암베드카르 불교 사상의 분석과 평가

이상에서 살펴본 암베드카르의 불교 사상을 종합적으로 분석하고 평가해 보기 위해서는 먼저 암베드카르의 종교관을 살펴보아야 한다. 암베드카르가 종교를 이해하는 방식이 전통적인 혹은 일반적인 이해와 다르며, 그가 이해하는 종교관에 따라 불교를 나름대로 새롭게 이해하기 때문이다. 그러므로 암베드카르의 불교 사상을 올바로 분석하기 위해서 그가 이해하는 종교관이 일반적인 학문적 종교의 이해와 어떤 차이가 있는지 먼저 검토한 후에, 그의 불교관을 차례로 고찰해 보고자 한다.

1) 암베드카르의 종교관에 대한 분석: 도덕적 원리와 '영향력'으로서의 종교

종교를 이해하는 학문적 접근 방법은 다양하다.[476] 그 중에서도 다니엘 팔스Daniel Pals는 종교를 7가지 이론으로 구분하여 설명한 바 있다.[477] 이는 종교에 대한 전통적 이해 방식의 7가지 범주를 보여주고 있는데, 그 구분은 아직도 유용한 것 같다. 정령과 주술이론의 테일러와 프레이저, 종교를 심리학적으로 이해하는 프로이드, 사회적 이념에 종교의 거룩성을 부여하는 뒤르켕, 종교를 소외로 보는 칼 마르크스, 성(聖)의 실재를 말하는 엘리아데, 인간의 심성 구조를 통해 종교를 이해하는 인류학적 관점에서의 에반스 프리차드, 종교를 문화 체계로 이해하는 클리포드 기어츠, 이들이 종교에 대한 이해를 독특하게 하는 7가지 유형으로 설명되고 있다. 암베드카르의 종교관은 이들 7가지 유형 가운데 어느 유형에도 일치하지 않는다.

정령과 주술이론에 입각한 종교는 미신적이라 하여 거부하고 있고, 그렇다고 프로이트적인 심리학적 방식으로 종교를 이해하는 것도 아니며, 마르크스적인 소외론에 입각하여 종교를 이해하고 있는 것도 아니다. 그에게서 성(聖)의 개념이 없는 것은 아니지만, 그것도 어디까지나 초월적 실재를 전제하지 않는 범위 내에서다. 다만 시각에 따라서는 종교를 사회학적 시각에서 분석하는 뒤르켕의 이론에 가깝다고 볼 수 있을지도 모르지만, 암베드카르는 종교와 담마를 논하는 곳에서 종교는 개인적이고, 세계의 기원에 관계하는 반면에, 담마는 사회적이고 인간과 인간 사이의 관계라고 말하는 것을 보아서, 뒤르켕의 범주에도 속하지 않는 것이다. 그럼에도 암베드카르는 종교라는 개념보다는 담마에 더 도덕적 우위성을 두고 있기 때문에,

■

476) 특히 사회학적 의미에서 종교를 구분하는 경우에는 이분법적 구분 방식이 주를 이룬다. 뒤르켕은 聖과 俗, 탈콧 파슨스는 自然과 超自然, 피터버거는 노모스와 코스모스, 롤란드 로버트슨은 경험적인 것과 초경험적인 것 등으로 구분하여 설명하는 바와 같다. cf. Peter Beyer, *Religion and Globalization* (London: Sage Publications Ltd, 1994), p. 5.

477) Daniel L. Pals, *Seven Theories of Religion* (Oxford: Oxford University, 1996)

담마야 말로 그에게는 '성스러운 것'이다. 그렇다면, 암베드카르에게서 담마적인 것이 뒤르켕이 말하는 사회적인 종교성과 유사한 개념이라고 볼 수 있을 것이다.

이상에 언급한 7가지의 범주를 떠나 암베드카르의 종교 개념과 관련하여 볼 때, 그의 종교 개념은 캔트웰 스미스가 제안하는 '경건성'이라는 개념과 오히려 비교될 수 있다고 본다. 왜냐하면 스미스도 오류에 차기 쉬운 축적된 전통 속에서, 의미가 애매모호해진 종교라는 개념보다는 개인 인격체적 신앙으로서의 '경건성'을 더 중요시하고 있기 때문이다.[478] 암베드카르가 규격화되고 규정에 갇힌 종교보다는 원칙에 입각한 종교로서의 도덕적 '영향력'을 중시하는 점에서, 스미스가 제안하는 종교적 개념의 또 다른 이름인 '경건성'은 공통적으로 시사하는 바가 많다고 할 것이다. 스미스가 종교를 대신할 만한 새로운 명칭으로써, '경건성'을 언급했듯이, 암베드카르는 종교를 대신 할만한 3가지 '신성[deity]'을 언급하고 있다. 그것은 문맹을 제거하는 지식[vidy.], 인격의 자존감, 목표 지향적 성격[Sheel]이다.[479] 암베드카르는 이 세 가지를 하나의 종교처럼 경건하게 받들고 있기 때문이다. 결국 암베드카르는 어디까지나 '신성'을 말한다 해도 초월이 아닌 합리적 영역 안에서의 신성을 말하는 것이므로 지금까지 언급한 어떤 종교적 이론의 전통이나 범주에도 속하지 않는 것임을 확인할 수 있는 것이다.

■

478) W. C. Smith, *The Meaning and End of Religion*, 『종교의 의미와 목적』, 길희성 역, (왜관: 분도출판사, 1991), p. 258.

479) Oneil Biswas, *A Phenomenon named Ambedkar* (Delhi: Blumoon Books, 1998), pp. 137-140.

앞서 언급한 7가지 범주의 종교 이론과 달리, 암베드카르의 불교 운동을 연구한 바 있는 피츠제랄드Timothy Fitzgerald는 암베드카르의 신불교 운동을 분석하기 위해서 '종교'라는 개념은 별로 도움이 되지 않고 오히려, 의례, 정치학, 구원론이라는 3가지 범주로 이해하는 것이 필요하다고 주장하고 있다.[480] 물론 의례와 구원론이라는 용어 자체가 종교학의 범주에 들어가는 것이기는 하지만, 그가 굳이 종교라는 개념을 등장시키지 않는 이유는 암베드카르가 종교라는 개념에 집착하여 불교 개종운동을 벌인 것이 아니라, 오히려 불가촉천민의 현실이라는 정치적인 문제로 인해 불교 운동을 벌인 것인 만큼, 정치적인 측면을 부각시켜 해석하고 있다. 물론 그의 주장은 설득력이 있다. 하지만 암베드카르는 분명히 오랜 기간 동안 불교 개종을 위한 탐색 과정을 거쳤고, 하나의 종교로서 불교를 택하기까지는 나름대로 불교에 대해 깊이 있는 연구과정을 거쳤던 것이다. 그 연구 결과물이 『붓다와 그의 담마』로 나타났고, 그 책 속에는 종교가 어떠해야 하는지 하는 그의 종교관이 분명히 드러나 있다. 그러한 종교관에 입각하여 그는 힌두교를 버리고 새로운 구원(해방)의 수단으로서 불교라는 종교를 채택하게 되는 것이다.

이렇게 볼 때, 피츠제랄드가 분석하고 있는 의례, 정치, 구원이라는 범주는 사실상 암베드카르가 마음속에 지니고 있던 종교의 범주를 드러내 주는 구체적인 또 다른 한 양상에 불과한 것이다. 그러므로 '암베드카르 불교' 연구를 분석하기 위해서 종교라는 개념이 별

■
480) Timothy Fitzgerald, op. cit. pp. 121-133.

반 도움이 되지 않는다는 것은, 그만큼 암베드카르의 불교가 사회정치적 배경을 띠고 있다는 뜻이 되겠지만, 그러나 그렇다고 암베드카르의 종교관을 배제한 채 사회학적인 분석만으로는 암베드카르의 의도를 총체적으로 파악하는 데는 실패하게 될 것이다.

암베드카르에게서 종교는 어디까지나 도덕으로서의 종교다. 앞에서 살펴본 것처럼 그는 그의 소논문인 『붓다와 그의 종교의 미래』에서 밝히고 있듯이 "붓다의 종교는 도덕이다. 도덕이 아니라면, 아무것도 아니다"고 했다. 그에게서 종교가 이와 같이 도덕과 같은 것이라면 종교라는 말은 왜 언급하는 것인가? 붓다의 종교는 일반적인 도덕에 기초하고 있지만, '일반적인 도덕'이 수행하지 못하는 '거룩한 도덕'이 내재하고 있다고 보기 때문이다. 그에게서 '거룩함'은 숭고함일 것이다. 이는 그가 도덕을 두 가지로 구분하는 점에서 드러난다. '강도에게도 도덕은 있다. 그러나 보다 더 거룩한 도덕이 있다.' 그러므로 암베드카르에게서 종교의 자리는 거룩한 도덕의 자리일 것이다. 암베드카르에게서 거룩함의 의미는 세속적인 법률과 종교를 구분하는 데서도 드러난다. 그에 의하면, 법은 누구나 깨뜨릴 수 있는 세속적인 반면에 '우애'나 '종교'는 모든 사람이 존경해야 할 거룩한 것이다. 우애를 종교의 자리에 비유한 까닭은 자유와 평등이 상황에 따라서 상대적으로 제약을 받는 상대적인 개념이라면, 우애는 언제나 마땅히 실천해야 하는 하나의 '원리Principle'로서 종교와 같은 위치에 있기 때문이다.

종교의 유형적 구분과 학문적 정의는 앞에서 언급한 7가지 이론으로 끝나는 것은 아니다. 종교에 대한 탐문은 아직도 계속 생성되고 있다고 볼 수 있기 때문이다. 그러한 내용을 잘 보여주는 것이 『

형성 되고 있는 종교Religion in the Making』라는 책이다. 이 책은 19세기 유럽의 종교학의 정착과 그 후의 변천 과정(특히 네덜란드를 중심으로 하는 신학에서 종교학으로)을 소개하고 있는데, 종교학의 변천은 곧 종교를 어떻게 이해하고 있는가 하는 시각의 차이에서 나타나는 당연한 현상으로 보고 있는 것이다.

특히 이 책이 2부에서 이반 스트렌스키Ivan Strenski가 '경험주의와 역사주의에 대한 반란'을 주제로 다루고 있는 내용[481]은 암베드카르의 종교 이해를 분석하는데 도움이 될 수 있는 흥미로운 부분이다. 존 듀이의 실용주의와 경험주의적 사고에 영향받은 암베드카르는 그의 종교 이해 또한 실용주의적이기 때문에, 종교학적 관점에서 경험주의와 역사주의의 한계를 지적하는 이반 스트렌스키의 주장대로 합리주의의 한계를 인식한다면, 암베드카르의 종교 이해는 제한적인 것일 수밖에 없다고 보아야 할 것이다. 암베드카르가 종교에 대해 '존경심'을 표현할 때는 언제나 종교가 과학에 일치할 때이다. 그러므로 그에게서 종교는 과학주의와 경험주의의 한계를 넘어서지 못하는 아쉬움이 있다. 양자이론에 따라 오늘날 우리는 불확정성의 원리 속에 살고 있지 않는가? 과학에 대한 지나친 경시도 경계해야 하지만, 과학에 대한 지나친 맹신도 종교를 이해하는데 걸림돌이 될 것이다.

종교학에서 '과학적'인 심성과 '종교적' 심성을 구분하여 설명할

■
481) Arie L. Molendijk and Peter Pels(ed.), *Religion in the Making: The Emergence of the Sciences of Religion* (Leiden: Brill, 1998), pp. 159-177.

때, 과학적 심성은 오직 인간 심성의 활동에 관한 자료만을 취급하는 반면에, 종교적 심성은 초월적 실재에 대한 신앙을 출발점으로 한다. 암베드카르가 거부하는 것은 바로 이 초월적 실재와 관계하는 종교적 심성이다. 인도 역사에서 불가촉천민들에게 억압의 이데올로기로 작용해 왔던 힌두교의 신들에 대해 깊은 반감을 지니고 있는 암베드카르로서는 신들에 대한 이해가 부정적일 뿐만 아니라, 서구의 하느님에 대한 개념도 같은 맥락에서 부정적으로 보고 있는 것이 사실이다. 그러나 그럼에도 불구하고 에릭 샤프의 말대로 '거짓 신들도 있을 수 있고, 또 신에 대한 잘못된 신앙도 있을 수 있다. 그러나 적어도 이를 근거로 해서 모든 종교 신앙을 선험적으로 의심할 이유는 없을 것이다.'[482]

암베드카르 자신도 1956년 불교 개종식에서 '정신적'인 거듭남의 체험을 고백한 적이 있다. 이때의 거듭남의 체험을 그는 구체적으로 언급하지 않고 있다. 그러나 그의 다른 저술과 진술에 미루어 보면, 어디까지나 과학적 심성에서의 거듭남 체험을 말하고 있는 것이라고 볼 수 있다. 그의 체험을 일러, 윌리엄 제임스William James가 그의 책『종교 체험의 다양성The Varieties of Religious Experience』 제3강연에서 말하듯, '우리에게 주어진 감각 이외에 또 다른 실재를 느낄 수 있는 감각이 있다'[483]는, 이른바 보이지 않는 존재의 실재성을 경험했다

■

482) Eric J. Sharpe, *Comparative Religion*, 『종교학』, 윤이흠·윤원철 옮김, (서울: 한울 아카데미, 1986), p. 185.

483) William James, *The Varieties of Religious Experience*, 『종교체험의 여러 모습들』, 김성민 역, (서울: 대한기독교서회, 1997), pp. 79-109.

고 말할 수는 없는 것이다. 그에게서 종교는 어디까지나 사회적 의무감으로서 도덕적으로 기능해야 하기 때문이다. 더욱이 그는 신, 영혼, 불멸성을 인정하지 않고 오직 마음mind으로서의 정신과 이성만을 신뢰하기 때문이다. 이러한 그의 합리주의적 사고와 이성을 중시하는 태도는 그의 불교 사상과도 밀접하게 연관되고 있다.

암베드카르에게서 종교의 목적은 이 세상에 '정의로운 나라'를 세우는 것이다. 그것은 오계, 팔정도, 십바라밀을 통해서 가능하다고 보았다. 이러한 목적을 위해서 종교는 무엇이 옳고 그른지를 판단할 수 있는 기준으로서의 '원칙'을 제시해 줄 수 있어야 한다. 또한 그에게서 종교는 '마음의 수련'과 '올바른 행위에의 용기'와 관련된다. 그러므로 종교는 이러한 용기를 길러주는 역할을 하는 것이며, 그러한 용기를 통해 종교는 이 세상에 정의로운 나라를 세우는데 기여하게 된다는 것이다. 그것을 가능하도록 끊임없이 뒷받침해 줄 수 있는 3가지 신성한 요소로, 암베드카르가 평생 신성시하며 존중했던 것은, 지식과 자존 그리고 목표를 향해 정진하는 기질이었던 것이다. 이러한 암베드카르의 종교적 관점에서 그의 불교 사상은 어떠한 것인지를 다음에서 분석하고 평가해 보고자 한다.

2) 암베드카르 불교 사상의 분석과 평가

주지하다시피, 불교는 세상을 창조했다고 믿는 신을 인정하지 않는 무신론적 종교로 묘사된다. 1993년 시카고 세계 종교회의에서 불자들은 다음과 같이 선언하고 있다. 그 선언문의 일부를 보자.

> "불교의 창시자 석가모니 붓다는 하느님도 아니며, 어떤 신도 아니다. 그는 명상을 통하여 완전한 깨달음을 얻은 인간으로서 우리에게 정신적 각성과 자유의 길을 보여주었다. 그러므로 불교는 신의 종교가 아니다. 불교는 지혜와 깨달음과 자비의 종교다. … 우리와 근본적으로 다른 신을 믿는 자들과 달리, 불자들에게 '깨달은 자'를 의미하는 '붓다'는 불성(佛性), 혹은 불심(佛心)으로 거한다."[484]

암베드카르도 이 같은 일반적인 불교의 통념은 그대로 수용하고 있다. 그리고 암베드카르는 붓다가 인도의 현자들이 추구하는 바처럼 궁극적 실재나, 영혼의 본성, 죽음 이후의 삶, 세계의 기원과 같은 형이상학적 질문에는 대답하지 않는 '무기(無記)'도 수용하고 있다. 그렇다면 암베드카르는 전통적인 불교 사상과 어떤 점에서 맥락을 달리하고 있는가?

(1) 담마(dhamma)에 대하여

일반적으로 불교도들이 말하는 담마(法)는 붓다가 깨달은 진리 혹은 붓다와 그의 제자들이 공적으로 가르친 설법(說法)을 말한다.[485] 이를 좀 더 세분해서 말하면, 담마는 3가지 차원으로 구분하여 설명되기도 한다. 즉 경전^pariyatti^의 전승, 수행^paṭipatti^, 깨달음^paṭivedha^이라는 3가지 범주의 의미를 내포하고 있다.[486] 경전이라 함은 불교 경전에 수록된 불교 이론의 총합을 말하며, 수행이라 함은 경전의 가

■

484) Mary Pat Fisher, *Religions Today: An Introduction* (London: Routledge, 2002), pp. 78-79.

485) Etienne Lamotte, *History of Indian Buddhism: From the Origins to the Śaka Era* (Louvain-La-Neuve: Institut Orientaliste, 1988), p. 23.

486) Rupert Gethin, *The Foundations of Buddhism* (Oxford: Oxford University Press), pp. 35-39.

르침을 실천하는 것이고, 깨달음은 수행의 결과로서 얻어지는 직각(直覺)적 통찰을 의미한다. 붓다 자신은 그의 가르침을 기록하지 않았지만, 약 45년 동안 가르친 그의 설법은 제자들에 의해서 경전으로 체계화되었고, 그러한 체계화된 경전의 전승과 수행 및 깨달음을 통틀어 담마라 한다. 물론 인도에서 다르마(dharma, 혹은 dhamma) 개념은 불교에서만 통용되는 배타적인 개념이 아니라, 인도의 철학, 종교, 사회, 정치사상의 통전적 의미로 사용되기도 한다. 인도 사상에 따르면, 다르마는 사물의 본질 속에 내재한 근본으로서, 그 존재 방식은 사물과 세계에 대한 진리로 규정된다.[487]

이에 더하여 다르마 개념에는 인간 행동의 당위성까지도 결부되어 있다. 왜냐하면 인간의 행동은 자타(自他) 간에 해를 입히지 않는, 이른바 사물의 존재 방식인 진리에 부합하는 것이어야 하기 때문이다. 다시 말해서 궁극적으로 유일한 참된 행동양식은 다르마에 일치해야 한다는 것이다.[488] 이와 같이 인도 사상에서 다르마의 개념은 사물의 존재방식을 설명하는 기술(記述)적 측면과 인간 행동의 당위성을 말하는 규범적 측면의 두 가지 방식으로 설명이 가능하다. 이 같은 배경에서 인도의 철학과 종교들은 다르마에 대해 제각기 약간씩의 견해차를 보인다. 왜냐하면 사물의 존재 방식에 대한 견해(darśana)가 다르면 행동양식에 대한 이해가 다를 수밖에 없기 때문이다.

다르마에 대한 이해가 이처럼 3가지 범주에서 이해되는 점을 고

487) ibid. p. 35.

488) ibid.

려해 보면, 붓다가 깨달은 다르마의 지식은 단지 학문적인 연구의 대상으로만 머무를 수 없고, 실천적인 차원까지 포함하는 이유를 알 수 있게 된다. 전통적인 불교에서 말하는 다르마의 지식은 구체적으로 3가지 인식기능의 상호작용에서 비롯된다. 즉 듣는 것śruta, 심사숙고하는 것cintā, 그리고 정신적 수행bhāvanā이다.489) 그러므로 붓다의 가르침인 다르마에 대한 지식은 '수행(修行, śikṣā)' 체계와 관련되고 있다. 게틴R. Gethin의 비유처럼, 붓다의 가르침을 기록한 경전(經典)이 악기와 같다고 할 때, 수행법은 악기를 연주하는 법과 같다. 이렇게 볼 때 다르마는 경전과 수행이라는 중요한 두 가지 축을 이루고 있고, 이 두 가지 요소를 기초로 한 심신의 수련을 통해 깨달음이라는 또 하나의 다르마를 완성하게 되는 것이다. 이때의 수행체계는 붓다가 그의 제자들을 가르친 것처럼 스승이 제자에게 직접적으로 가르치는 형식으로 전수되고 있는데, 그 처음 형식이 승가(僧伽)의 형태로 나타났고 점차 재가자들에도 전달되었던 것이다. 이처럼 붓다의 다르마는 승가와 재가자를 통해 전달되어 왔다.

결국 전통적 의미에서 볼 때, 다르마는 경전, 수행, 깨달음이라는 3가지 범주에서 이해될 수 있는 반면에, 암베드카르는 이러한 범주의 구분보다는 담마를 '담마(法)', '아담마(非法)', '삳담마(正法)'로 구분하면서, 붓다의 담마를 올바로 실천하는 삳담마에 강조점을 두고 있는 것이 특징이다. 그리고 이 삳담마의 실천은 다름 아닌 팔정도의 수행인 것이다.

■
489) ibid. p. 36.

암베드카르의 담마 개념이 전통적인 불교와 뚜렷한 차이를 보이는 한 가지 주목할만한 사실은, 붓다의 가르침인 담마도 때로는 상대적으로 해석해야 한다는 점에 있다. 전통적인 의미에서 붓다의 설법으로서의 담마는 붓다의 깨달음에서 시작하여 열반Nirvāṇa에 이르기까지 참되고 거짓이 없는 것으로 불자들에게 받아들여진다. 그러나 이점에 대하여 암베드카르는 이이를 제기한다. 붓다의 가르침으로서의 담마는 지고한 도덕으로서의 가치를 지니는 것이지만, 붓다 또한 인간이기에 말에 있어서 영원불변의 진리만을 말할 수 없다는 것이 암베드카르의 주장이다. 이를 조금 더 급진적으로 해석하면 붓다의 말에도 실수가 있을 수 있다는 가정이 세워진다. 이는 불자들의 편에서 볼 때 대단히 혁명적인 발상이다. 철저한 이성주의자 암베드카르에게는 그 같은 주장이 너무도 당연한 것인지도 모른다. 한 가지 실례를 든다면, 붓다의 아힘사에 대한 주장이 그러하다는 것이다. 붓다는 절대적 비폭력으로서의 아힘사를 말했는지는 모르지만, 이는 시대에 따라 상황이 달라지면, 상대적 폭력이 필요하다고 보는 것이 암베드카르의 주장이기 때문이다.

이렇게 본다면 담마와 관련지어 볼 때 붓다의 위치는 상대적인 관계에 빠지고 만다. 이는 "달과 별과 함께 하늘이 무너져 내리고, 산과 숲들이 땅과 함께 하늘로 치솟고, 대양이 말라도 위대한 현인께서는 잘못된 말을 하지 않을 것이다"[490]고 하는 전통적인 견해와 어긋나는 부분이다. 암베드카르의 이 같은 상대론적 해석방법에 따

■

490) ibid. p. 24. cf. Divyāvadāna, pp. 268, 272; T. 310, ch. 102, p. 574a; T190, ch. 41, p. 843b.

라 붓다의 중심적인 가르침인 사제(四諦)의 설명 중에 고(苦, duḥkha)에 대해서도 전통적인 해석과 다른 견해를 보이고 있다. 이를 다음에서 살펴보자.

(2) 고(苦)에 대하여

고(苦)는 붓다의 교설의 기초가 되는 사제(四諦, Cattāri Ariyasaccāni) 가운데 중심되는 가르침으로서, 녹야원에서 초전법륜(初轉法輪) 시에 5명의 수행자들에게 붓다가 설법한 것으로 전해진다. 붓다가 가르친 사제라 함은 고(苦, 팔리어로는 dukkha, 산스크리트어는 duḥkha), 고의 발생 원인이 되는 집(執, samudaya), 고의 소멸을 말하는 멸(滅, nirodha), 고의 소멸로 이끄는 길인 도(道, magga)를 말한다.

고(苦)에 대한 전통적인 불교 사상을 이해하기 위해서 이를 잘 대변해 주는 불교학자 라훌라W. Rahula의 견해를 인용해 보도록 하겠다. 그는 지금까지 수많은 불교 학자들이 사제 가운데 첫 번째의 진리인 고제(苦諦, dukkha ariyasacca)에 대해, '삶은 고(苦)일 뿐'이라고 잘못 해석함으로써 불교를 염세주의적인 것으로 오해하게 했다고 비판한다.[491] 그는 불교가 비관적이지도 낙관적이지도 않다고 말하면서, 오히려 고제(苦諦)는 인간의 존재가 무엇이며 인간을 둘러싼 세계가 무엇인지를 정확히 객관적으로 말해줌으로써, 인간에게 완전한 자유와 평화, 평온, 그리고 행복에 이르는 길을 제시해 주는 것이라고 말한다.[492] 고(苦)를 지칭하는 팔리어 dukkha가 일반적으로 '고

491) Walpola Rahula, *What the Buddha taught* (London: The Gordon Fraser Gallery Ltd., 1978), p. 16.

(苦), 고통, 슬픔, 불행'을 의미하고, 이에 반대되는 개념인 팔리어 sukha가 '행복, 위로, 편안함'을 의미하는 것이지만, 붓다가 사제로 설명하는 고(苦)의 개념은 이러한 용어상의 의미보다 훨씬 깊고 넓은 철학적 의미와 함축을 지니고 있다는 것이다. 이를테면 라훌라는 사제로서의 고의 개념이 '불완전imperfection', '무상(無常, impermanence)', '공(空, emptiness)', '무실(無實, insubstantiality)' 등의 개념과 관계된다는 것이다. 그러므로 그는 고의 개념을 단편적으로 이해해서는 안 되고, 단순히 고통이라는 식의 오역(誤譯)보다는 차라리 번역을 하지 않고 그대로 내버려 둠으로써 원래의 의미를 살리는 것이 낫다고 주장한다.[493]

이 같은 전통적 해석에 따르면, 붓다도 초기 경전인 앙구타라 니카야(Aṅguttara nikāya, 增支部)에서 가족생활의 행복이나 은둔 생활, 감각적 기쁨, 방기(放棄) 등의 온갖 물리적 정신적 행복에 대해 말하고 있지만, 이 모든 것이 고(苦)의 영역에 포함되는 것이며, 심지어 행복sukha이나 불행dukkha의 감각적 차원을 떠난 자유로운 선정(禪定, dhyāna)의 상태에서도 인간은 고(苦)의 영역을 벗어나지 못한다. 왜냐하면 마지흐마 니카야(Majjhima nikāya, 中部)에 의하면, 붓다는 여러 가지 禪定의 정신적 행복을 말한 후에도 그러한 것들은 결국 '변화에 종속되는 무상(無常)함 때문에 고(苦)anicca dukkhā vipariṇāmadhammā'가 된다. 여기서 붓다가 고dukkhā라는 용어를 사용하고 있는 점에 주목해 볼

■
492) ibid. p. 17.
493) ibid.

때, 이는 세상에서의 '고통'을 의미하는 것이라기보다는 '무상(無常)하기 때문에 고(苦)yad aniccaṃ taṃ dukkhaṃ'라는 것이 분명해진다.[494]

고(苦)에 대한 전통적인 개념을 좀 더 세분해서 살펴보자. 라훌라는 이를 세 가지 개념으로 분석하고 있다. 즉 일반적인 고통의 의미로서의 고(苦)dukkha-dukkha, 변화로 말미암는(無常) 고(苦)vipariṇāma-dukkha, 조건적 상황에서의 고(苦)saṃkhāra-dukkha를 말한다.[495] 첫 번째 범주에 해당하는 일반적 의미에서의 고는 생로병사(生老病死)를 포함하여, 원증회고(怨憎會苦), 애별리고(愛別離苦), 구부득고(求不得苦)와 같은 모든 정신적 물리적 고통이 여기에 속한다. 두 번째 범주의 무상(無常) 즉 고는 삶에서의 행복한 느낌이나 조건 또한 영원하지 않다는 점에서다. 언제나 변화가 있게 마련이며, 이러한 변화는 고통과 불행을 야기한다. 세 번째 범주에서 말하는 조건적 상황에서의 고는 사제(四諦) 가운데 가장 핵심적인 개념이 되고 있다. 이는 '존재', '아(我)' 혹은 '개아(個我)'라고 부르는 개념에 대한 비판적인 분석을 요구한다. 불교 철학에서 볼 때 이러한 개념은 늘 변화하는 정신적 물리적 요소의 한 조합에 불과하다. 이러한 하나의 조합을 일컬어 오온(五蘊, pancakkhandha)이라고 한다. 붓다는 '한마디로 오온의 결합이 고'라고 했다.[496] 결국 고(苦)와 오온(五蘊)은 둘로 분리될 수 있는 성질이 아니다.

■

494) ibid. pp. 17-18.

495) ibid. p. 19.

496) Saṃkhittena pañcupādānakkhandhā dukkhā, S V(PTS), p. 421. cf. W. Rahula, op. cit, p. 20. 오온(五蘊)에 대한 구체적인 설명은 W. Rahula의 책 pp. 20-28을 참조하라.

이러한 오온(五蘊, pancaskandha: 色 rūpa, 受 vedanā, 想 saṃjnā, 行 saṃskāra, 識 vijnāna)은 다시 인식작용의 대상인 십이처(十二處, āyatana), 십팔계(十八界, dhātu)[497]로 나누어 설명 되고 있다.[498] 앞서 말한 바와 같이 오온은 서로 불가분의 관계에 있다. 왜냐하면 인식의 감각 기능이 모두 함께 작용하기 때문이다. "수(受), 상(想), 식(識)은 서로 협력하는 것이지 분리된 것이 아니다. 각각의 차별성을 보여주기 위해 분리시킨다는 것은 불가능하다. 느끼면(受) 인식(想)하고, 인식하면 알게(識) 되기 때문이다."[499] 이와 같이 전통적인 불교교리에서, 고에 대한 이론은 오온에 대한 인식의 바탕에 기초하여 무상과 무아로 인한 일체개고의 원리를 설명한다.

이에 대해 암베드카르는 고(苦)를 어떻게 해석했던가? 그는 인간의 고통의 원인을 사회학적인 경제적 빈곤에서 찾았던 것을 볼 수 있다. 한마디로 그에게서 고통의 원인은 빈곤에 있었고, 고통의 문제 해결은 사회의 경제적 정의를 실현함으로써 빈곤을 퇴치시키는 데 있는 것이다. 그러므로 그는 그의 대표적 저술인 『붓다와 그의 담마』에서 "붓다는 빈곤을 싫어했다"고 쓰고 있다.

사제(四諦)의 전통적인 설명 중에 고의 원인은 무상과 무아를 제대로 깨닫지 못한 무명에서 오는 執着에서 비롯된다고 보고 있다. 그리하여 집착을 버리는 길(滅道)로써 팔정도를 설하고 있는 것이다.

■

497) 십팔계(十八界)는 根(Organs)의 6가지, 즉 眼(cakṣus), 耳(śrotra), 鼻(ghrāṇa), 舌(kāya), 身(kāya), 意(manas)를 바탕으로 한 대상의 境(Object)의 6가지, 즉 色, 聲, 香, 味, 觸, 法과 根과 境을 합쳐서 발생하는 眼, 耳, 鼻, 舌, 身, 識의 6가지 인식을 통칭하는 것을 말한다.

498) Etienne Lamotte, op, cit, p. 28. cf. Saṃyutta, III, pp. 140-142.

499) ibid. cf. Majjhima, I. p. 293.

이에 대해 암베드카르는 고에 대한 전통적인 이해 방식인 무아와 무상으로 설명되는 관념적 이해를 분명히 거부했고, 실용적이고 실천적인 방식으로 불교의 교리를 자의적으로 해석하고 있는 것이다. 왜냐하면 그에게서 붓다의 담마는 높은 도덕성을 지닌 사회적 가르침이기 때문이다.

(3) 카르마와 윤회에 대하여

암베드카르는 힌두교에서 카르마karma를 환생과 관련하여 해석하는 것을 사기jugglery라고 혹평한다. 전통적인 불교에서도 대승불교를 포함하면, 카르마는 윤회와 관련이 있다. 고(苦)의 원인이 집착이고, 집착이 행동karma을 낳으며 그 결과 다시 태어나는janman 윤회가 계속된다는 것이다.[500)]

전통적인 불교의 견해에 따르면, 카르마와 윤회 곧 재생의 문제는 인간 의식의 흐름consciousness process과 밀접한 관계가 있다. 마음의 작용에 따라 행동하게 되고 그 행동의 결과는 재생을 낳게 된다는 것이다. 이때 마음의 작용은 두 가지 기본적인 형태로 설명된다. 괴틴은 이점을 잘 설명해 주고 있다.[501)] 즉, 심(心) 작용은 식(識)의 흐름(轉變) 속에 있는 심(心)vīthi-citta과 식(識)의 흐름을 벗어난 자유로운 심(心)vīthi-mutta으로 구분된다. 전자는 대상을 능동적으로 인식하고 반응하는 반면에, 후자는 심 작용의 소멸을 말하는 것이다. 이 상

■

500) ibid. pp. 33-34.

501) Rupert Gethin, op. cit. pp. 215-218.

태는 깊고 꿈 없는 수면의 상태와 같다. 이러한 심 상태의 두 가지 측면을 괴틴은 거미줄에 있는 거미에 비유하고 있다. 이를테면 깊은 휴면 상태에 있는 심의 상태는 거미줄에 가만히 있는 거미와 같고, 심의 활동 작용은 거미줄에 곤충이 걸리는 순간 거미가 그곳으로 달려가서 곤충의 진액을 빨아먹으며 즐기는 것과 같다는 것이다.[502] 이러한 마음의 작용은 여러 감각 기관의 작용을 종합하여 아주 빠른 순간에 일어나는데, 이때 마음에 제시되는 감각자료의 특징은 이전의 행위의 결과에 따라 결정된다는 것이다. 인간이 색(色), 성(聲), 향(香), 미(味), 촉(觸)을 본질적으로 '욕망ittha'할 때마다, 이전에 유익했던 지각(知覺)을 경험하는 것이며, 색, 성, 향, 미, 촉을 본질적으로 '욕망하지 않을aniṭṭha' 때는 이전의 해로웠던 지각을 경험하는 것이다. 그러므로 인간이 현재 지니고 있는 기본적인 경험들은 자신이 과거에 행한 카르마의 결과물이며, 동시에 자신의 직접적인 통제를 넘어서는 것이다.[503] 그러나 심 작용은 인식 대상을 선택하여 즐길 수 있는 기능을 지니고 있기 때문에, 해롭거나(惡, akuśala) 유익한(善, kuśala) 지각활동을 하게 되고, 따라서 미래의 결과를 낳게 되는 씨를 뿌리게 된다는 것이다. 이러한 설명 또한 연기(緣起)론이 배경이 되고 있다.

인간의 의식작용이 카르마와 어떻게 연관되는 것인가를 살펴보았는데, 이제 카르마는 다시 윤회(재생)와 어떤 연관성이 있는가를

■

502) ibid. p. 215.

503) ibid. p. 216.

좀 더 자세히 살펴보자. 앞서 언급한 심작용의 소멸bhavaṅga 상태는 깊은 꿈 없는 수면 상태로서, 한 생(生)에서 다음 생으로 넘어가는 '이음새paṭisandhi'를 형성하는 모태에서 수태하는 순간에 발생하는 마음의 상태다. 심 작용의 소멸(심의 휴면상태)의 특징은 저마다 다르며, 각각의 개별적인 존재적 특성을 이루며 재생하게 된다. 이때 하나의 인간으로 재생하게 되는 기반은 이전의 선한 카르마(善業)의 결과로써 얻어진 제8식(八識)의 작용의 결과이다. 이 선한 카르마는 수많은 전생(前生)에 이루어진 것일 수도 있고, 혹은 보다 더 중요한 바로 직전의 전생에 이루어진 것일 수도 있다.[504] 이상의 내용이 전통적인 의미에서 말하는 카르마와 윤회에 대한 불교 교리다.

그런데 암베드카르는 카르마와 윤회를 어떻게 이해하고 있는가? 그는 카르마를 결코 윤회이론과 결부시키지 않으며, 오히려 그것을 죄악시한다. 카르마가 업(業)으로서 작용한다고 할지라도 그것은 어디까지나 현생에서 받는 업의 결과 정도로만 해석할 뿐이지, 내세와 연관 짓지 않는다. 카르마는 도덕을 위한 수단적 이론에 불과한 것으로 평가하고 있다. 이 또한 과학주의와 합리주의적인 사고의 결과라고 할 수 있을 것이다. 카르마를 현재적 삶에서만 적용하는 암베드카르의 이론은 그가 주장하듯 카르마를 윤회와 연결시킴으로써 인도의 천민적 상황을 더욱 악화시키는, 이른바 과거의 업으로 오늘날의 천민적 상황이 있다는 논리를 거부하는 것이기도 하지만, 동시에 오늘날 고통당하고 있는 천민들의 상황에 대해, 내세에서라도 새

■
504) ibid. pp. 216-217.

롭게 탄생한다는 희망의 이데올로기로서 작용할 수 있다면, 카르마의 이론이 반드시 부정적인 기능을 갖는 것일까 하는 의문도 제기될 수 있을 것이다. 그러나 그럼에도 불구하고 암베드카르는 카르마를 윤회의 논리에 대입하는 것을 철저히 거부함으로써 계몽주의적 이성의 힘으로 오히려 미신을 타파하며, 현재적 윤리 도덕의 실천에 도움이 되는 종교로서 불교를 해석하고 있는 것이다.

암베드카르는 앞에서 살펴보았듯이 붓다가 가르친 재생을 믿는다. 그러나 영혼의 윤회는 부정한다. 이를테면 육체가 죽으면 地水火風으로 흩어지는데, 이들 요소가 공간을 떠돌다가 다시 결합되게 되면 재생이 이루어진다고 본 것이다. 그러나 이 재생은 죽은 사람의 요소와 같은 것일 수 없고 다른 사체(死體)의 요소와 결합될 수 있기에 같은 신체의 같은 재생으로 보지는 않는다는 것이다. 여기서 영혼의 유전 또한 부정되는 것으로 영혼의 윤회는 더욱 없다는 것이다. 붓다에게서 영혼에 관해서는 소멸론자이지만, 물질에 관해서는 소멸론자가 아니라는 것이 암베드카르의 주장이다. 그리하여 붓다의 주장은 에너지 불변의 법칙과 일치하는 과학적 진리와도 일치한다고 주장한다. 그러므로 암베드카르에게서 재생은 일시적 죽음으로 중단된 에너지가 죽음을 통해 대자연의 에너지와 합류하는 과정이며, 그 합류를 통하여 재생이라는 형식의 에너지가 발생된다는 에너지 불변의 원칙에 입각한 또 다른 재생에 불과한 것이다. 이때에는 여전히 재생 시에 발생하는 영혼은 무엇인가 하는 숙제가 남는데 여전히 영혼의 존재는 처음부터 부정하는 것이고, 다만 정신(마음)이 있는데 이 또한 에너지의 생산작용 정도로 이해하고 있다고 보아야 할 것이다. 그렇다면 그의 정신작용은 유물론적 사고에 입각한 것이라고도 볼 수 있을 것이다.

(4) 열반(涅槃)에 대하여

전통적인 의미에서 열반nirvāṇa은 지상에서의 모든 욕망에서 벗어나 일체의 탐욕을 종식시키는 것으로, 사제(四諦) 가운데 세 번째인 멸(滅)과 관련된다. 이것은 곧 고(苦)의 제거duḥkhanirodha를 의미한다.[505] 그리하여 생로병사의 모든 고통의 영역에서 벗어나는 것을 의미한다.[506] 열반은 욕망의 중지와 고의 중지라는 두 가지 측면을 내포하고 있다. 그리하여 이 세상에서의 열반은 거룩하게 사는 것arhattva과 다름 아니며, 탐(貪), 진(瞋), 치(癡)를 소멸시킴으로써 가능한 것이다.[507]

불교학자 라모떼의 위와 같은 설명 외에도 전통적인 의미의 열반에 대한 설명으로는 괴틴의 분석이 적절하다. 그는 열반을 3가지 차원으로 설명한다. 첫째, 깨달음의 순간에 일어나는 어떤 사건이다. 둘째, 깨달음의 순간에 마음으로 체득하게 되는 어떤 경험의 내용이다. 셋째, 죽음 이후에 붓다들(깨달은 자들)이나 아라한들이 즐기게 되는 어떤 상태다.[508] 이를 좀 더 구체적으로 살펴보면, 열반이라는 용어의 문자적 의미는 '불이 꺼지다', '소멸하다'는 뜻이지만, 팔리어나 산스크리트어로 된 경전들이 주로 가리키는 내용은 탐(貪), 진

■

505) Etienne Lamotte, op. cit. p. 40. cf. Vinaya, I, p. 5.

506) ibid. cf. Vinaya, I, pp. 1-2.

507) ibid. p. 41. cf. Samyutta, IV, pp. 251-252.

508) Rupert Gethin, op. cit. p. 75.

(瞋), 치(癡)의 '불'을 끄는 사건을 의미한다. 붓다가 고집멸도(苦集滅道)를 깨닫는 순간 탐, 진, 치의 불이 꺼졌으며, 이 과정은 깨달음에 이르는 모든 사람에게 동일하다. 그런 점에서 이것은 하나의 사건이다. 두 번째는 유여열반(有餘涅槃, sopadhiśeṣa nirvāṇa)이라고 불리는 것으로, 붓다가 깨달음 이후에 일체의 탐, 진, 치의 번뇌klesha에서 벗어나 관용과 우애와 지혜의 삶을 살 수 있었던 것처럼 사는 것을 말한다. 세 번째는 무여열반(無餘涅槃, nir upadhiśesa nirvāṇa)이라고 불리는 것으로, 인간 존재를 구성하는 육체적 정신적 현상의 오온(五蘊)의 작용이 중단되는 죽음으로써 비롯되는 것을 말한다.509) 이상의 3가지 관점으로 열반에 대한 전통적인 견해는 종합된다고 볼 수 있다. 다만 사후의 열반에 관해서는 그것이 존재론적으로 실재하는가 하는 문제를 놓고 학파에 따라, 소멸한다는 견해uccheda vāda와 항존한다는 견해śāśvata vāda로 각각 의견이 대립되기도 하지만 존재와 비존재, 소멸과 항존 사이의 중도적 입장을 유지하는 것이 일반적인 주류를 이루고 있다.510)

이상에서 논의한 전통적인 견해에 대해 암베드카르는 신(身), 구(口), 의(意)의 정화를 통한 탐, 진, 치에서 벗어난 자유로운 삶을 열반이라고 보고 있다는 점에서는 크게 다르지 않다. 다만 열반에 대한 이해를 사후로 확장시키는 것을 반대하고 현재적 입장에서의 열반에 대한 논의를 전개한다. 그는 붓다의 가르침 중에서 열반이 중

■
509) ibid. p. 76.
510) ibid. p. 78.

심 교의라고 하면서, 붓다가 가르친 열반에 대한 3가지 사상을 소개한다. 첫째, 영혼의 구제가 아닌 인간의 행복, 둘째, 사후의 영혼 구제가 아닌 생존 시의 행복, 셋째, 항상 불타는 정념(情念)의 제거다. 이로써 보면 암베드카르는 죽음 이후의 열반에 대해서는 언급하지 않는다. 그리하여 그는 열반에 대해 사람들이 오해하고 있는 부분이 있다고 하면서, 열반을 어원적 의미에 따라 '불이 꺼지는' 것과 같은 소멸로 이해해서는 안 된다는 것이다. 열반을 죽음으로 이해하거나 모든 인간적 감정의 소멸로 보아서는 안 되며, 다만 타오르는 불길에 기름을 붓듯 정념의 불길에 욕망으로 부채질하지 말라는 뜻으로 이해해야 한다는 것이다.

암베드카르는 우다나udāna의 시구(詩句) 중에, "완전한 열반은 신체가 멸하고 모든 지각이 정지하여 감각이 상실되고 활동이 중단되어 의식이 없어졌을 때 일어난다"고 하는 말을 인용하면서, 이는 열반의 의미와 전혀 다르다고 주장한다. 그에 의하면 열반은 사람이 올바른 길로 나아가고자 하는 열정을 갖는 것이며, 그 외의 아무것도 아니라고 한다. 그에게서 열반이란 '올바른 생활'을 의미하는 것이고, 붓다도 라다와의 대화를 통해 '열반은 정념에서 자유로워지는 것'이라는 점을 분명히 하고 있다고 밝힌다. 또한 붓다가 자리를 비운 사이에 사리불과 붓다의 제자들 간에 주고받은 대화를 예로 들면서, "열반은 고귀한 팔정도 이외의 아무것도 아니다"고 하는 사리불의 말을 인용한다. 그리고 암베드카르는 이어서 모든 것의 근절도 완전한 소멸도 모두 극단이며, 열반은 중도(中道)라고 주장한다. 이와 같이 열반을 생존 시에 팔정도를 행하는 올바른 삶의 길이라고 주장하고, 사후의 열반을 인정하지 않음으로써 전통적인 열반의 이해와는 다른 새로운 해석을 내리고 있는 것이다.

(5) 계(戒), 정(定), 혜(慧), 삼학(三學)에 대하여

전통적인 교설에 의하면, 붓다가 바라나시의 담화[Discourse of Vārānasī]에서 팔정도를 설할 때, 삼학(三學)이라고 부르는 戒[śīla], 定[samādhi], 慧[prajnā]를 말한다.[511] 이때 계는 신(身), 구(口), 의(意)의 잘못된 행위를 삼가고 오계(五戒, [panca-śīla])를 지키며, 비구들은 대략 250가지, 비구니들은 약 500가지의 계를 지키는 것을 말한다. 이러한 계에 대해서 암베드카르는 '의(義)의 길'로서의 오계를 인정할 뿐, 비구나 비구니들이 지켜야 하는 복잡한 계를 인정하지 않는다. 복잡한 계를 대신하여 힌두교의 교리를 버리고 신불교도로서 살아야 할 22개의 서약으로 대신한다. 그리고 계를 보다 적극적으로 해석하여 "계행(戒行)이 없는 지혜는 매우 위험한 것"이라 말하면서 지식보다 계행을 더욱 중시하고 있음을 보여준다. 또한 "계행은 지식의 시작이며 의지처다. 계행은 모든 선(善)을 낳는 부모이며 모든 선의 최고 상태다"라고 하면서 무엇보다 계행을 최우선시하고 있음을 보게 된다. 그리고 이 계행은 곧 자비(慈悲)에서 비롯되는 것임을 말하고 있다. 그러므로 그에게서 계는 자비와 불가분의 관계에 있다.

전통적인 의미에서, 삼매(三昧)로서의 定은 한 가지에 마음을 집중하는 것이다. 이는 기본적으로 산란한 마음을 없애고 정신적인 고요함[śamatha]을 이루는 것이다. 이때 정(定)은 9가지의 정신적 단계

■
511) Etienne Lamotte, op. cit. p. 42. cf. Dīgha, II, pp. 81, 84; Itivutaka, p. 51.

navānupūrvavihāra를 거쳐 선정(禪定, dhyāna)에 이르는 것이다.[512] 이 선정은 5가지 감각기관(根)과 그 대상(境)에 사로잡힘이 없이, 명상을 방해하는 5가지 요소(탐욕, 증오, 나태, 후회, 의심)를 물리침으로써 가능하다. 이러한 집중을 통해서 처음엔 거친 사유vitarka와 미세한 사유vicāra에 들어가고, 다시 두 번째 단계에서는 양자를 버림으로써 기쁨prīti에 이르게 된다. 세 번째 단계에서는 다시 기쁨을 버리고 평온(upekṣaka한 행복의 상태에 이르게 된다. 네 번째 단계에서는 행복도 고통도 버림으로써 어떠한 개념적 방해를 넘어서 '무한한 영역(ākāśānantyāyatana, 空無區處)'을 경험하게 된다. 이 무한한 영역을 다시 넘어서면, 무(無)의 영역(āiṃcanyāyatana, 無所有處), 인식(認識)도 비인식(非認識)도 아닌(naivasaṃjnān āsaṃjnāyatana, 非想非非想處) '무한의식(vijnānānantyāyatana, 識無區處)'을 경험하게 된다. 마침내 이 모든 영역을 넘어서면서 인식과 감각이 중지되고 깨달음을 통해 정념이 파괴된 이른바 현세(現世)에서의 열반을 경험하게 된다.[513] 이러한 집중의 수련은 위파사나vipaśyanā라는 직각적 통찰을 통해 이루어진다. 위파사나는 여러 단계의 통찰을 요구하는 수련의 방법이다.

이와 같은 명상을 통해 선정에 들어가는 정(定)의 단계를 암베드카르는 삼학(三學)에서 빼고 대신에 자비(慈悲, maitrī karuṇā)를 삽입한다. 요가적 명상을 의미하는 선정(禪定)보다는 가난한 자들에 대한 비(悲, karuṇā)와 만인에 대한 사랑(愛, maitrī)이 더 우선적이라는 것이

■

512) ibid. pp. 42-43. cf. Digha, II, p. 156; II, pp. 165, 290; Aṅguttara, IV, p. 410.

513) ibid. p. 43. cf. Vinaya, III, p. 4; Dīgha, I, pp. 37, 73, 172; Majjhima, I, pp. 21, 40, 89, 117, 159.

다. 사회적 정의와 평등 그리고 우애의 실천을 강조하는 암베드카르로서는 삼학의 가르침 가운데 하나인, 고요한 선정에 드는 것 정도로는 비통한 현실에 처해 있는 민중들에게 별반 도움이 되지 못할 것이라고 판단했기 때문일 것이다.

지혜(慧)에 대해서도 암베드카르는 삳담마(正法)를 다루는 부분에서, 현학적 지식은 경계되어야 하며, 붓디가 말한 것처럼 명상의 단계를 거쳐, 번뇌의 원인을 파악하고 번뇌를 소멸시킴으로써 지혜로 해방을 얻는 것을 말하고 있다. 이점은 전통적인 교의에서 지혜prajnā 혹은 통찰vipaśyanā이 열반에 이르는 핵심적인 수단이 된다고 가르치는 것과 같다.

전통적인 의미에서 지혜(慧)는 제행무상(諸行無常), 제법무아(諸法無我), 일체개고(一切階苦)를 통찰하는 것이다.[514] 지혜(慧)에 대한 전통적인 견해는 학파에 따라 약간씩 차이가 있을 수 있으나, 사물세계에 대한 불교의 철학적 통찰 즉 지혜는 무상(無常, anitya), 고(苦, duḥkha), 무아(無我, anātman)를 통찰하는 것에서 크게 벗어나지 않는다.[515]

암베드카르에게서 지혜(慧)는 전통적인 의미와 크게 다를 바가 없지만, 고(苦)를 이해하는 방식에서 지혜(慧)의 내용도 달라져야 하는 문제가 따르게 된다. 이를테면 앞서 고찰한 바와 같이 고(苦)에 대한 이해는 무명(無明)이나 집착의 결과라는 분석보다는 고(苦)를 유발하

■

514) ibid. p. 44.

515) Rupert Gethin, op. cit. p. 187.

는 경제적 빈곤의 퇴치를 위한 노력과 혜안(慧眼)이 더 중요하다는 것이다. 그런 점에서 지혜(慧)는 계행을 뒷받침하는 것이어야 하며, 계행이 없는 지혜(慧)는 위험할 뿐이므로, 언제나 계(戒)와 혜(慧)는 동전의 양면처럼 상호 보충적이어야 한다. 그러므로 지혜(慧)는 계(戒)를 위한 수단이 된다. 계(戒), 그것은 곧 올바른 삶의 수행과 다름 아닐진대, 그리고 그 실천적 수행인 팔정도가 열반일진대, 열반에 이르는 길로서의 첫 단계인 지혜(慧)는 계(戒)를 위한 기초가 될 뿐임을 암베드카르는 역설하고 있다. 이 같은 그의 견해는 지혜(慧)를 일방적으로 파악하려는 일면이 있으나, 그럼에도 불구하고 그의 실천적, 민중 해방적 시각에서 비롯되는 시대적 상황에 따른 탁견으로도 볼 수 있을 것이다.

(6) 승가(僧伽)에 대하여

붓다가 창시한 승가samṃgha는 기본적으로 네 종류의 구성원, 즉 비구bhikṣu와 비구니bhikṣuṇ ī, 재가남자upāsaka와 재가여자upāsikā 신도로 이루어진 공동체다. 출가를 통한 거룩한 진리의 추구는 물론 생활 속에서도 사심 없는 봉사와 덕을 실천하기 위함이었다. 전통적 교리에 의하면, 비구가 되고자 하는 자들에게 붓다는 출가를 하여 노란 또는 붉은색kāṣāya의 승복을 입고 팔정도를 따라 살면서 해탈하여 열반에 이르기를 권했다. 비구에게는 살인이나 도둑질 등의 금지 조항을 시켜야 하는 10가지 규정(daśaśikṣāpada, 十戒)이 주어졌는데, 이를 더욱 세분하여 8가지의 항목별로 약 250여 가지의 상세한 규정이 주어졌다.[516] 규칙을 강화하기 위해 규정을 어긴 자들에게는 형편에 따른 다양한 형벌이 주어졌다.[517]

승가는 범죄자나 치명적인 질병을 앓고 있는 자 외에는 모든 이들에게 열려 있었고, 붓다 자신은 "귀족층의 젊은 청년들 가운데서 출가 비구승이 되기"518)를 원했지만, 어떠한 카스트의 신분도 차별은 없었다. 승려가 되었다 해서 다시 환속할 수 없는 것도 아니었다. 비구가 되는 데는 두 가지 절차가 필요했는데, 출가pravrajyā와 성직수임(upasampadā, 受戒)식이다.519) 비구니에 대한 규정은 훨씬 더 까다롭고 복잡하여 비구의 두 배에 달하는 500가지 정도가 된다.520)

승려들은 개인적인 소유를 버리고 세 벌 옷과 면도기, 벨트, 이쑤시개 등의 최소도구만 가지고, 침묵 속에서 눈을 낮게 뜨며 매일 아침 탁발을 통해 일일 일식으로 살아가도록 허용되었다. 음주는 엄격히 제한되었고, 고기나 생선도 승려를 위해 죽임을 당한 것이 아니라는 사실을 보아서나 들어서 의심하지 않을 수 있을 경우에만 허용되었다.521) 이 밖에도 우기(雨期) 동안의 규정과 일상생활의 규정이 세세히 정해져 있다. 이러한 일련의 규정들은 승려로 하여금 온화하고 평온하며 가난하고 겸손하게 완전한 무소유의 이상적인 삶을 살아 갈 수 있게 하기 위함이었다. 승가의 모범은 붓다가 통찰한 바와 같이 위계질서와 인간의 권위를 주장하지 않고 인간의 합리성

■

516) Etienne Lamotte, op. cit. pp. 54-55.

517) 형벌의 예를 보면, 훈계(trajanīya), 지도 감독(niśraya), 일시적인 추방(pravāsanīya), 화해(pratisaṃharaṇīya), suspension(utkṣepaṇīya), 완전한 추방(naśana)이다. ibid. p. 55.

518) ibid. cf. Vinaya, I. p. 9.

519) ibid. p. 56.

520) ibid. p. 57. cf. Vinaya, IV, pp. 271-272.

521) ibid. p. 58. cf. Vinaya, I. p. 238.

에 기초한 가르침[doctrine]을 존중하며 따르는데 있었다.[522] 승가에서 특별히 개인에게 권위를 부여하는 법은 따로 없고, 다만 성직을 수임받은 기간을 기준으로 존경할 따름이었다. 붓다는 임종이 가까워 올 때 그의 제자들에게 오직 법(法)과 율(律)만을 따라야 할 이상으로 제시하였던 것이다.[523]

재가자들 또한 승가에서 차지하는 역할은 인도 불교 역사에서 중요하다. 전승에 의하면 재가 불자[upāsaka]의 자체적인 단체는 시기적으로 승가 이전에 있었다. 석존이 보드가야에서 처음 깨달음을 얻었을 때, 트라푸사[Trapuṣa]와 브할리카[Bhallika]라는 상인이 지나가고 있었는데, 어떤 신적인 존재가 그들에게 붓다의 깨달음을 알리고 붓다에게 존경을 바치게 했다. 이들은 석존에게 밥과 꿀을 제공했고, 석존이 나무로 된 그릇에 음식을 받아들자, 이들은 석존의 발 앞에 엎드려 말했다. "존자(尊者)시여[Lord], 우리는 붓다[Buddha]와 다르마[Dharma]에 귀의 합니다. 지금부터 우리를 평생토록 귀의처를 가진 우바새(upāsakas, 재가신도)로 여겨주십시오." 이에 붓다는 동의하면서 이들에게 머리카락과 손톱을 유물로 건네주면서 말했다. "이 머리카락과 손톱 위에 탑[stūpa]을 만들어라. 그대들이 탑을 세울 돌도 마련될 것이다."[524] 상인들이 박트리아[Bactria]로 돌아왔을 때, 수도에서 약간 떨어진 곳에 처음 것으로(추정되는) 두 개의 유물을 담은 탑을 세웠다.[525]

■

522) ibid. p. 62.

523) ibid. p. 64.

524) ibid. p. 66. cf. Vinaya, I, p. 4; Aṅguttara, I, p. 26; Udāna Comm., p. 34; Jātaka, I, p. 80.

525) ibid. cf. Hsi yü chi, T 2087, ch. 1, p. 873a.

붓다가 이들의 제의를 받아들인 까닭은 비바라문적인 그들의 종교적 섹트가 자국인들의 자발적인 도움이 없이는 생존할 수가 없었기 때문이었다. 비구는 소유를 금하게 되어 있기에 재가자들의 자선에 따라 살아갈 수밖에 없기 때문이다. 인도인들에게 보시(布施)는 축복된 일이었던 반면에, 승려들은 '재시(財施, amiṣadāna)'에 대해 자비로운 종교적 가르침, 곧 '법시(法施, Dharmadāna)'를 해야 했다.[526] 이 같은 상호 협력을 통하여, 승려들은 의복과 음식을 제공받아 재가자들로 하여금 이 세상에 다르마를 실천하고, 행복의 목적지인 환희를 지닌 신들의 세계에 이르는 길로 이끌었다.[527]

재가자가 추구하는 이상은 비구보다 열등한 것이었다. 승려의 이상은 열반에 이르기 위한 것으로 계(戒), 정(定), 혜(慧)의 본질인 팔정도(八正道)를 수행하는 것이다. 이는 이웃보다는 자신의 구원(해탈)에 더 치중하는 편이다. 반면에 재가자는 극락을 염원하여 신들이나 인간세계에 훌륭한 환생을 원하는 것이다. 재가자들은 열반에 이르는 팔정도를 수행하는 것이 아니라, 저마다의 공력에 따라 천한 이 세상을 떠나 도달할 신들devatā의 세계에 이르도록 덕을 쌓는 것이다. 이러한 덕목은 '고귀한 제자들ārya śrāvaka'에게도 해당되는 것으로 5가지 덕목이 있다.[528] 5가지 덕목은 믿음(信, śraddh.), 계율(戒, śīla), 자선(慈善, tyāga), 경전의 이해śruta, 지혜prajnā다.

재가자들이 지켜야 할 첫 번째 덕목인 믿음(信)은 불법승(佛法僧)

■

526) ibid.

527) ibid. p. 67. cf. Itivuttaka, p. 111.

528) ibid. cf. Majjhima, I, p. 465; III, p. 99; Saṃyutta, IV, p. 250; Aṅguttara, I, p. 270.

삼보(三寶)에 대한 믿음이다. 두 번째의 계(戒)는 자연의 법을 지키고 범행을 삼가는 것이다. 오계(五戒)나 팔정도(八正道), 십바라밀(十婆羅密)의 수행은 강제조항이 아니고 자발적인 것이다. 세 번째의 자선(慈善)은 물질적 선을 베푸는 것이다. 여기에는 봉헌(奉獻, pūjā)과 신애(信愛, bhakti)도 포함된다. 여기서 전통적인 불교 경전들에 의하면, 재가자들에게는 경전에 대한 이해와 지혜는 특별히 요구하지 않는다. 이것은 재가자들에 대한 학문적 기대를 가지지 않고 있기 때문이기도 하다.[529] 이해는 그러하다 해도 지혜는 붓다의 가르침을 이해하는데 핵심적 역할을 하는 것으로 중요시 되어 왔지만, 그럼에도 불구하고 재가자에게 기본적으로 중요했던 것은 믿음(信), 계율(戒), 자선(慈善)이었다. 그 중에서도 계율(戒)이 중시되었는데, 가정을 이끄는 재가의 주인으로서 우바새는 음주나 도박, 나태, 나쁜 친구들과의 사귐 등을 삼가야 했다.

비구와 재가자들의 이상(理想)의 차이점을 요약하자면, 명상과 지식, 깨달음과 열반을 추구하는 비구는 삼학(三學)과 팔정도(八正道)의 수행을 중시한 반면에, 현세의 복락과 내세의 극락을 누리고자하는 재가자들은 믿음(信)의 기초를 배우고 자연의 법들과 재가자들이 지켜야 할 도덕적인 준칙들을 배워야 했던 것이다.

이상의 승가에 대한 전통적인 규정과 교의에 대해 암베드카르의 주장은 무엇인가? 우선 승가의 입단과 허락에서 석존이 제시한 8가지 원리를 내세우면서 '개방적이고 카스트의 차별이 없이 평등하며,

■
529) ibid. pp. 67-74.

승가에서의 서열은 태생에 있지 않고, 그 사람에게 달려 있다'는 내용을 밝힌다. 이는 철저히 카스트 철폐를 부르짖는 그의 입장을 가장 절실히 보여주는 대목이기도 하다. 승단의 허입을 위해서는 출가와 수계(受戒)를 받아야 하는 내용과 비구의 서약과 갖가지 제약도 소개하고 있다. 특히 승가에서의 고백제도(우포사타)를 붓다가 창안한 가장 독특한 규약으로 정한 것은 비구의 양심을 함양하기 위한 것이었다고까지 말한다.

암베드카르의 주장이 돋보이는 점은 비구의 개념과 존재방식 그리고 재가자와의 관계를 집중적으로 규명하고 있는 점에서다. 암베드카르는 붓다의 입을 빌려 다음과 같이 비구의 존재 방식을 설명한다.

> "자신의 죄를 씻지 않고 진리를 무시하는 사람은 승복을 입었다 해도 그 옷값을 못하는 사람이다. 탁발을 한다고 해서 비구가 아니다. 모든 법(다르마)을 추구하기에 비구다. 악을 초월하고 더러움 없이 주의 깊게 이 세상을 건너는 사람이 참으로 비구다. 계율이나 서약만이 아니고, 지식만도 아니며, 명상만으로도 아니다. 번뇌를 제거한 자만이 해탈의 기쁨과 확신을 얻는 것이다. 자비심을 갖고 행하고 나의 가르침에서 기쁨을 발견하는 자는 열반에 이를 것이다. 자기를 채찍질하고 자기를 잘 반성하라, 자기야말로 자기의 주인이며 의지처다."

비구는 이처럼 붓다의 가르침을 따라 자신에게 엄격한 수행을 해야 하는 모범이어야 한다고 암베드카르는 소개하고 있다. 그에 의하면 비구는 또한 극단적인 고행자일 필요도 없고, 바라문처럼 신, 영혼, 원죄(原罪)를 다루는 사제(司祭)로서의 행위도 필요치 않다고 주장한다. 여기서 암베느카르는 신을 중심으로 진행되는 바라문의 온갖 종교적 행위를 강하게 부정하고 있음을 보여준다. 그는 '바라문은 바라문으로서 태어나지만 비구는 이루어지는 존재'라고 주장한다. 바라문이 되는 것은 도덕적 정신적 수양이 필요 없지만, 비구가 되기 위해서는 비구로서의 행실이 중요하다고 차별성을 부각시킨다.

반면에 비구와 우바새의 관계에 대해서는 규범상 확실한 구별이 있다고 설명하고, 오계는 양자에게 공통되지만 비구는 의무조항이고 재가자는 자발성이 강조되는 것이 차이일 뿐이라고 하여 이점도 전통적인 이해와 차이가 없다. 다만 붓다가 구별한 이유에 대해서 암베드카르의 독특한 추론적 해석을 보여준다. "의심할 여지없이 이 세상에 정의로운 나라의 기초를 세우고자 하셨기 때문"이라는 것이다. 그에 의하면 이상적 사회는 실천되어야 하고 그 실천의 모범이 필요하므로, 승가를 통하여 이러한 모범을 보여주고자 했다는 것이다. 승가야말로 붓다가 설한 법을 구현할 수 있는 사회적 모델이었으며, 그것이 비구와 재가자를 구별하여 설명한 이유라고 그는 주장한다. 그의 주장은 다음의 짧은 진술로도 충분히 뒷받침된다.

> "인간의 고통에 무관심한 비구는 아무리 수련을 쌓았다 해도 더 이상 비구라고 할 수 없다."

암베드카르가 내세우는 비구의 의무는 개종에 힘쓰는 일과 다르마를 널리 펴기 위해 투쟁해야 한다는 것이다. 개종은 초인간적인 기적이나 힘에 의존해서는 안 된다는 것을 말하고 있다. 그는 또 다르마 즉 진리의 '법이 위기에 처했을 때'에는 전사(戰士)로서 '싸움을 회피하지 말라. 입만 앞세우는 자가 되어서는 안 된다'라고 말함으로써 비구에 대한 의무의 진술을 최후로 마친다. 이는 암베드카르 자신이 불가촉천민 해방을 위해 투쟁했던 모습을 연상케해주는 부분이기도 하다.

이상에서 암베드카르가 전통적인 불교의 교리와 조금씩 다르게 혹은 특별히 강조하는 부분들을 6가지 세목으로 구분하여 살펴보았다. 담마와 고(苦), 카르마와 윤회, 열반, 계·정·혜 삼학(三學)의 새로운 이해와 함께 승가의 해석을 살펴본 것이다. 이들 항목의 해석에서 공통적으로 들어나는 것은 다르마에 대한 충실성, 곧 팔정도의 실천을 통한 현재적 열반을 실현하기 위한 불자들의 노력을 강조하고 있다는 점이다. 그리하여 내세적 삶보다는 현세적 경제 정의의 실현, 그리고 평등한 이상사회의 건설을 위해 전투적인 자세를 지니고 법의 실현에 비구와 재가신도들이 함께 힘써야 함을 강조하고 있는 것이다.

Ⅵ

맺는말: 암베드카르에 대한 평가와 현대 인도 불교의 전망

이상에서 우리는 불가촉천민의 해방 운동가이자 '인도 헌법의 아버지'이며 정치가이자 현대 인도불교의 중흥가인 암베드카르의 생애와 사상을 살펴보았다. 본인 스스로 불가촉천민의 가문에서 태어나 힌두 카스트 사회의 온갖 불평등 대우를 받으면서도 인내와 용기로 학문을 중단하지 않고 끝내 학자로서, 인도의 초대 법무부 장관으로서, 그리고 헌법의 초안을 마련한 제헌(制憲)자로서 정의와 평화가 깃드는 평등 사회의 구현을 위해 일생을 바친 한 사상가를 조명하면서 다음과 같은 몇 가지 교훈과 그가 남긴 영향 및 그 한계점을 살펴보면서 향후 인도 불교의 미래를 전망해 보는 것으로 결론을 대신하고자 한다.

1. 암베드카르 이후의 사회적 유산(1956년에서 2000년까지)

람테케D. L. Ramteke는 암베드카르가 인도 불교의 중흥을 위해 남긴 유산들 가운데 아주 중요한 제도 3가지를 들고 있다. 그것은 봄베이에 있는 '민중교육협회The People's Education Society', '인도불교협회The Buddhist Society of India', '인도 공화당The Republican Party of India'이다. '민중교육협회'는 암베드카르의 지도하에 억압받는 계층의 교육을 강화하기 위해 1946년에 싯다르타 대학Siddharth College of Art and Science을 설립했고, 그리고 이 협회는 아우랑가바드Aurangabad에도 대학을 설립하여 예술과 과학, 경제, 법학, 팔리어, 불교학을 가르치고 있다. 이 밖에도 억압받는 계층을 위해 9개의 대학과 19개의 대학 기숙사를 지원하고 있다. 1956년과 1966년의 10년 사이에 이들 교육기관은 13,000명의 빈곤에 허덕이는 억압받는 학생을 교육했다. 암베드카르는 불교의 도덕적 분위기 속에서 주어지는 교육은 불가촉천민들을 일깨워주고 도덕적, 사회적 민주주의 국가로서의 현대 인도를 건립하는 최상의 희망이 될 수 있다고 믿었던 것이다. 한편 1953년에 암베드카르가 설립한 '인도불교협회'는 대중들에게 붓다의 삶의 길을 가르쳤고 비구와 같은 수도승들은 공동체에서 스승guru으로 활동할 수 있게 했다.[530]

암베드카르는 불교로 개종한 1956년, 그해 12월 6일에 생을 마감했는데, 그가 조금만 더 살아서 그와 더불어 개종한 불가촉천민들에 대한 불교의 가르침을 더 강화했더라면 더 많은 사회적 유산을 남길 수 있었겠지만, 그럼에도 불구하고 그의 인도 불교의 중흥에 미친 영향력은 실로 강력한 것이었다. 그 결과 통계조사에 의하면 1951년에 마하라슈트라의 불교도는 2,487명이던 것이 1961년에는 2,789,501명으로 10배 이상의 증가율을 보였고, 인도 전체에는 같은

■
530) Harold G. Coward, op. cit. p. 291.

해에 16배 이상(1,670.71%) 증가한 3,250,227명으로 나타났다.[531] 같은 시기에 마하라슈트라 주 이외의 곳에서도 개종 운동이 일어났는데, 마드야 프라데시Madhya Pradesh에서 113,365명, 우타르 프라데시Uttar Pradesh에서 12,893명, 펀잡Punjab에서 14,957명으로 증가했고, 마이소르Mysore와 구자라트Gujarat에서도 각각 8천 명과 5천 명이 개종을 하였던 것으로 나타났다.[532] 이러한 개종 운동의 결과 마하라슈트라 주에서는 마하르 카스트 전 인구의 75%가 불교도가 되었다. 우타르 프라데시에서는 주로 아그라Agra와 자타브Jatav를 중심으로, 펀잡 지역의 개종운동을 통해서는 줄룬두르Jullundur와, 잠무Jammu에서 카쉬미르Kashmir까지 불교도가 늘어났다.[533]

1971년 인구조사 통계에 의하면 다른 종교보다 가장 낮은 서열에서 다섯 번째 서열로 올라갔다. 전 인구의 1%를 차지함으로써 자이나교도Jains보다 수적으로는 앞서게 되었고, 절대다수의 힌두와 무슬림 이외 그리스도교와 시크교Sikhs에 약간 뒤질 뿐이었다. 그 후 1981년의 인구 조사에 의하면 전 인구 6억 6천5백만 명 가운데 불교도는 4,719,796명으로서 네 번째의 종교 인구를 기록하게 되었다.[534]

아히르Ahir는 인도의 불교 신자의 네 가지 부류를 다음과 같이 요약하여 설명한다. 첫째, 불교 시대 이후 이어져 내려온 부류, 둘째,

■

531) Heinrich Dumoulin (ed), *Buddhism in the Modern World* (London: Collier Macmillan 1976), p. 141.

532) ibid. cf. *Census of India, Paper No. 1*, 1963; *1961 Census-Religion* (New Delhi, 1963). Eleanor Zelliot, "The Social and Political Significance of the Buddhist Conversion"(미간행 논문, 1965).

533) Heinrich Dumoulin, op. cit. p. 141.

534) D. C. Ahir, "Ambedkar's Conversion and Its Impact", *Ambedkar on Buddhist Conversion and Its Impact*, p. 8. H. G. Coward, op. cit. p. 292 재인용.

이웃 나라로부터 들어온 불교 인구의 유입, 셋째, 마하보디회의 선교 활동의 결과로 기인한 불교도들, 넷째, 암베드카르의 추종자들이다. 이 모든 집단들 가운데 네 번째가 가장 우세한 집단이며 인도 전 불교도의 90%를 차지한다.[535] 이러한 놀라운 성과에도 불구하고 암베드카르의 운동은 그가 기대했던 것만큼 부응하지는 못하였다. 암베드카르의 운동을 주도했던 영국인 개종자 상가락시다 Sangharakshita에 의하면, 암베드카르의 개종 이후 약 4개월 동안 그리고 암베드카르 사후 2개월 동안(1956년 12월~1957년 2월)의 개종운동이, 임박한 3월 총선거로 인해 일시 중지된 것이 무엇보다 암베드카르 운동의 활성화를 가로막았던 결정적 장애 요인이었다. 그는 말하기를, "총선거가 끝나면 개종운동이 계속될 뿐만 아니라 더욱 강화될 것이라는 기대가 있었다."[536]는 것이다.

선거[537] 이후 개종운동은 계속되었지만 규모는 작았고, 결코 처음의 순간만큼 성공적이지 못했다. 그러나 암베드카르는 특히 불가촉천민들로부터 계속 존경을 받았으며, 급기야 암베드카르 자신이 싫어했던 일종의 영웅 숭배로까지 발전되어 갔다. 대체로 가난하고 교육받지 못한 농부들은 암베드카르의 이름을 부르며 기도할 정도가 되었지만 그들은 불교의 가르침과 의례에 대해서는 별반 알지

■

535) D.C. Ahir, p. 9

536) Sangharakshita, *Ambedkar and Buddhism*, (Glasgow: Windhorse Pub., 1986), p. 163.

537) 인도에서의 선거는 일종의 무혈의 전투와 같은 분위기를 자아낸다. 필자가 현지 조사를 행하던 2월은 온통 선거 열기로 마하라슈트라 주 전체가 들썩거렸다. 각 당을 지지하는 자들의 열성은 다른 운동을 전개할만한 기회와 여유를 주지 못한다. 이 점이 암베드카르 운동의 사후의 연속성을 일시적으로 가로막았던 이유가 될 수 있을 것이다.

못하였다. 명목상으로는 불교도였지만 그들은 종종 암베드카르가 극복하고자 했던 힌두의 풍속과 의례를 따르곤 했다.[538] 비록 개종이 일부 불가촉천민을 변화된 삶으로 해방시킨 것은 사실이지만, 많은 사람들이 개종의 결과로 얻은 것은 별로 없었다. 암베드카르의 희망처럼 외국 불교도들의 구체적인 도움도 없었고, 해외에서 온 몇몇 승려들도 언어문제와 마하르 마을의 낮은 생활수준에 잘 적응할 수가 없어 오래 체류하지도 못했다. 이러한 어려움 속에서도 상가락시타는 지방언어를 배워서 1959년부터 1961년 사이에 몇 차례 포교여행을 한 후, 대중들에게 붓다의 가르침을 전하기 위해 푸네Poona에 본부를 세우고 대학생들을 모아 훈련시키기도 했다. 그러나 그도 1964년 런던으로 돌아가 영국에서의 불교 전파에 힘썼다. 상가락시타에 의하면, 암베드카르의 추종자들이 봄베이, 델리, 아메다바드, 푸네에서 다소 증가하는 추세를 보이고 있다고 하지만 힌두의 카스트제도 내에서 더 나은 대우를 받는 것도 아니며, 개종 운동이 마하라스트라Maharashtra 주와 마하르 공동체를 벗어난 증거는 찾아보기 어렵다는 것이다.[539]

상가락시타의 영국인 제자 테리 필칙Terry Pilchick은 시골의 개종한 마하르 공동체를 방문했는데, 그곳의 불교도들은 불교에 대해서 아는 바가 별로 없는데다가 이따금씩 여전히 힌두인들로부터 불가촉천민 취급을 받아오고 있다고 기록하고 있다. 그리고 그들의 종교

■

538) ibid., pp. 165-166

539) Ibid., p. 171

생활은 그들이 잘 알지 못하는 불교 의례보다는 암베드카르의 이름을 경배하고 있다는 것이다.[540] 이점은 필자가 2002년 현지 방문 조사를 하는 기간에도 볼 수 있었던 사실로서 가정이나 신불교도의 사원에서는 주로 암베드카르의 주 저서인 『붓다와 그의 담마』를 주로 사용하고 있었고, 추가로 『법구경』을 같이 사용하는 정도였다. 그것도 아주 교육을 받은 가정에서나 가능한 일이었고 일반적인 가정에서는 경전 공부 자체가 불가능했다. 사실 개종 이후 그들을 가르칠만한 교사들이 없었던 것도 그들이 불교를 잘 알지 못했던 주된 이유였다.

암베드카르의 운동이 인도 불교 중흥의 기폭제가 되었다면, 중국의 티베트 침공에 의한 약 10만 여명의 티베트 난민의 유입이 인도 불교 중흥의 새로운 계기가 되었다. 상당수의 티베트인들은 풍부한 구전(口傳) 전통과 경전들을 지니고 들어온, 불교 전통을 제대로 이수받은 사람들이었다. 이들은 엄청난 양의 불교 문헌을 재출간 하는 등 불교의 학문적 연구와 실천에 커다란 기여를 했고, 불교는 인도 지식인들의 마음속에 새롭게 각인되기 시작했다. 암베드카르의 운동 전략과는 대조적으로 티베트 불교는 인도의 지식인층으로 파고들어가 성공한 것이다. 그러한 증거로서 우리는 인도 정부의 지원으로 사르나트에 티베트학 고등 연구소Higher Institute of Tibetan Studies를 세운 것을 알 수 있다.[541] 이와 같이 암베드카르에 의해 불가촉천민

■

540) Terry Pilchik, *Jai Bhim! Dispatches from A Peaceful Revolution* (Glasgow: Windhorse Pub., 1988), p. 28

541) Harold G. Coward, op. cit. p. 294

을 중심으로 한 불교의 개종과 티베트인들의 이주로 인도의 현대 불교는 다르마팔라와 마하보디회에 의해 시작된 인도 불교 중흥의 새로운 발판을 함께 다지게 되었다.

2. 암베드카르의 교훈

우선 그가 남긴 교훈으로 가장 먼저 꼽을 수 있는 것은 무엇보다 사성제(四姓制)의 카스트 계급에도 들어가지 못하는 불가촉천민을 위한 해방운동을 들 수 있다. 그 운동의 결과는 첫째, 헌법에 '지정 카스트'의 대우를 촉구하는 법률을 명시할 수 있었다는 것이다. 둘째로, 불가촉천민들에게 희망과 용기를 불어넣어 주었다는 점이다. 불가촉천민 출신으로서도 민족적 지도자가 됨으로써 사회적 냉대 속에서도 불굴의 희망을 잃지 않고 불의에 저항하면서 인간다운 삶을 쟁취하고 살아야 한다는 꺼지지 않는 양심과 저항의 모범을 보여주었기 때문이다. 셋째, 정의와 평화가 실현되는 사회를 위해서 요구되는 평등과 인권의 존엄을 회복하기 위해, 전통적인 힌두 종교의 낡은 카스트적 관습으로는 불가능하다고 보고, 불교의 사상에서 평등과 자비의 사상을 되찾고 있다는 점이다. 이는 인도 민족의 절대 다수의 문화적 뿌리라고도 할 수 있는 힌두교의 폐단을 과감히 지적하고, 또 하나의 본래적인 인도 사상인 불교에서 새로운 평등과 인권의 회복을 찾았다는 점에서 그의 과감한 개혁정신을 보게 된다 그 결과 1956년 암베드카르와 더불어 일시에 집단적으로 불교로 개종한 불가촉천민의 숫자가 나그푸르Nagpur와 찬다Chanda에서만 75만 명에 달하고, 암베드카르 사후 2개월간의 개종운동의 결과로 신불교도의 인구는, 상가락시타의 분석에 따르면, 4백만 명이 넘는 숫자를 기록했다.[542] 그들 대다수는 천민의 압박과 착취에서 벗어나, 불교가 평등사상과 자비의 사상에 입각한 정의와 평화의 실현을 가져다 줄 수 있다고 믿었던 것이다. 넷째, 민족주의 노선에서는 입헌과정에서 보수주의와 급진주의의 중도적 입장에서 극단주의를 취하지 않으면서도 소수민족과 지정 카스트와 같은 하층민을 위해 봉사했다는 점이다. 이상과 같이 암베드카르는 인권 운동가로서 불교적 평등사상을 가지고 사회적 불평등과 압제와 같은 부정의(不正義)를 위해 싸웠던 불굴의 해방 운동가였음을 볼 수 있다. 그러나 우리는 또한 그의 놀라운 영향력에도 불구하고 여전히 해결되지 않는 해묵은 인도의 관습과 굳어진 전통 속에서 암베드카르의 운동의 한계를 지적하지 않을 수 없다. 다음에서 이러한 문제를 잠시 생각해 보자.

■

542) Sangharakshita, op. cit. p. 161. 참조, Shri Sankarananda Shastri, "A Report on the Conversion Movement", *The Maha Bodhi* (Calcutta), vol. 65, pp. 128-130. 통계숫자는 다소 차이가 있을 듯하다. 1961년의 통계 조사에 의하면 불교인구가 3,250,227명으로 기록되고 있고, 1971년의 조사에 의하면 모두 3,812,325명으로 집계되고 있기 때문이다. 그러나 통계조사에서보다는 실제의 불교 인구가 훨씬 더 많은 것으로 추정된다. Sangharakshita, p. 164 참조. 실제로 정확하지는 않지만, 어느 한 자료에 의하면 1959년 3월까지 '거의 1천5백만 명에서 2천만 명의 불가촉천민들이 불교로 개종했다'고 보고한다. S. N. Shastri, M. A., M. O. L., "Revival of Buddhism in India", The Maha Bodhi(Calcutta), vol. 67, p. 67 참조. 이러한 추정 자료들이 아주 터무니없다고 말할 수 없는 까닭은 현지 조사에서 살펴볼 수 있었던 바와 같이 현재 1억에 달하는 마하라슈트라 주의 약 25%의 인구가 불가촉천민 출신인데 대부분의 이들 마하르 출신은 거의 90% 이상이 불교 신자임을 보아서도 알 수 있다. 상가락시타의 분석에 의하면, 인도에서의 불교인 집계는 실제 숫자와 차이를 많이 보이는 두 가지 이유가 있다. 하나는 통계 분석가들이 힌두 카스트에 속한 사람이기 때문에 신불교도에 대한 판별 기준이 확정되어 있지 않은 것을 근거로 신불교도의 숫자를 축소시켜 조작한 것이고, 또 하나는 일부 개종한 불교도들이 힌두 문화권 내에서 경제적 손실이나 핍박 등의 이유로 스스로 불교도임을 공식적으로 선언하지 않는다는 점이다. Sangharakshita, op. cit. pp. 164-166.

3. 암베드카르에 대한 평가

암베드카르에 대한 평가는 보는 시각에 따라 달라질 수 있다고 본다. 우선 이를 부정적으로 보는 이들도 있다. 이를테면 국가 기금으로 인도의 시골 곳곳에 세워진 암베드카르의 동상들은 달리트 정책에 크게 위신을 세워 줄 수는 있겠지만, 하층 카스트가 정책적으로 지향하고 있는 교육이나 건강에 대한 혜택, 혹은 다른 어떤 기회를 부여해 주는 구조적인 기반을 바꾸지는 못하고 있는 실정이라는 평가도 있다.[543] 이는 불평등에 대해 저항하며 사회 개혁을 부르짖었던 암베드카르도 상징적 행위의 인물로 조성될 뿐 오늘날 인도의 현실 사회의 구조를 변경시키는 데는 무기력 할 뿐이라는 것이다. 다시 말해서 상징의 효과는 불우한 하층 카스트 내에 교육과 건강 그 밖의 영역에서 별로 효과를 가지고 오지 못한다는 것이다.

한편 오늘날의 정치권에서는 여전히 헌법을 초안한 암베드카르의 정신을 계속 원용한다. 이를테면, 1992년 5월, BJP Bharatiya Janata Party[544]의 의장인 물리마노하르 조시 박사 Murli Manohar Joshi는 국회

543) Sudipta Kaviraz, op. cit. p. 113

544) BJP당은 오늘날 인도 국민회의(Indian National Congress, 1885년 설립)와 대등한 관계를 이루거나 선거에서 앞설 만큼 민족주의적 입장에선 주력 보수 정당으로서의 위력을 발휘하고 있다. 1984년의 국회의원 선거에서 2석밖에 차지하지 못했으나, 1989년에는 86석으로 급격히 늘어났고 1991년에는 120석을 확보하여 국민회의에 대한 제1야당의 역할을 하게 되었고, 1996년에는 여러 정당들 가운데 가장 많은 의석인 161석을 확보함으로써 수상을 내정할 수 있게 되었다. 그리고 1998년에는 180석이라는 압도적인 승리의 행진을 계속하고 있는데, 이는 이슬람과 힌두교와의 대치정국이 더욱 강해지면서 힌두교를 중심 세력으로 내세우는 이 정당의 이데올로기가 강하게 작용하고 있기 때문이다. 파르타 고쉬(Partha S. Ghosh)는 최근 이러한 BJP와 민족주의의 급부상에 대한 방대한 분량의 책, *BJP and the Evolution of Hindu Nationalism: From Periphery to Centre* (New Delhi: Manohar, 1999)을 출간했다. 이 책에서 그는 BJP의 역사와 집권과정 그리고 BJP 정당의 이념이 되고 있는 'Hindutva'(문자적 의미는 Hinduness, 즉 힌두의 정체성이지만, 정치적 함의는 무슬림이나 기타 소수민족을 제

연설에서 다음과 같은 암베드카르의 주장을 인용하고 있다.

"다수가 소수의 존재를 부인하는 것은 잘못이다. 소수가 자신을 영구히 고착시키는 것도 마찬가지로 잘못이다. 양쪽의 목적이 동시에 충족될 수 있도록 해결책이 강구되어야 한다. … 결국 소수와 다수가 언젠가 하나가 되어야 한다."[545)]

암베드카르의 이 같은 주장은 소수파의 입장을 대변한 것이었지만, 도리어 BJP는 이를 역으로 이용하여, 소수는 다수의 입장을 따라야 한다는 식으로 원용하고 있는 셈이다. 특히 BJP는 인도 사회가 하나의 민법으로 통일되어야 한다고 가장 강렬하게 주장하고 있는 우파적 민족주의 정당이다. 이 당은 전 국가의 통일 민법을 채택함으로써, 무슬림이나 크리스천 등의 소수파의 의견을 배제하고, 힌두교적 기반에서 모든 이념을 관철시키려 하고 있다. 이 같은 보수적 정당도 암베드카르의 주장을 외형적으로 자기들의 이념에 맞게 끌어들이고 있다.

BJP는 힌두 사원 같은 사원쟁취 문제에 더 많은 시간을 보내고 있는 것으로도 잘 알려져 있다. 1993년 아드바니Advani는 24쪽에 해당하는 그의 의장 연설에서 오직 한 문단만 사원 문제와 관련하여 설명하고 있지만, 과거의 기록을 참조해보면, BJP가 얼마나 자신들이 내세운 선거 공략들을 지켜나갈 수 있을 것인가 하는 것에 대해

■ 외한 다수 민족으로서의 인도를 말한다. 따라서 그 기초는 힌두교의 사회 종교적 이념에서 비롯되는 것이다)와 대내외적인 정치, 경제적 정책을 다룬다.

545) Yogendra K. Malik and V. B. Singh, *Hindu Nationalist in India: The Rise of the Bharatiya Janata Party* (New Delhi: Vistaar Publications, 1996), pp. 109-110

전문가들은 의문을 품고 있다는 것이다.[546] BJP는 인도를 군사 강국으로 만들기 위해서 국방비를 더 증가시킬 예정이라는 것이며, 안정과 질서를 스스로 강조하는 잘 훈련된 정당이라고 표방하지만 오히려 정치적 입장을 확보하기 위해 국회보다는 거리의 유세를 종종 시도하며, 심지어 국회에서 반대당의 의원에게 고함을 치면서 의장의 진행을 방해하는 문제도 왕왕 일으키고 있다는 것이다. 더 나아가 BJP에 의해 동원되는 수천 명의 사나운 당원들의 행동, 그들을 통제하지 못하는 지도부의 실패, 그리고 아요디야Ayodhya에서 이뤄졌던 무책임한 반무슬림 발언 등으로 미루어 볼 때, 과연 BJP가 인도를 효과적으로 이끌어 갈 수 있는 정당인지 하는 문제에 대해 식견 있는 전문가들은 심각한 의문을 제기하고 있다.[547]

스스로 민족주의 노선을 표방하면서도 힌두 체제를 지지하는 정치권에서도 암베드카르를 끌어들이고 있는 것은 암베드카르의 정치적 사상적 영향이 당파를 초월해서 영향을 미치고 있음을 오히려 반증하고 있는 셈이다. 그러나 무엇보다 직접적으로 그를 평가할 수 있는 근거는 아직도 살아 숨 쉬고 있는 그의 유산을 검증해 봄으로써 그의 영향력을 평가할 수 있는 것이다. 우리는 그의 유산이, 앞서 설명한대로 암베드카르의 평등과 민주적 이념이 담겨진 헌법 속에 아직도 살아 숨 쉬고 있다고 보아야 할 것이며, 그리고 그 구체적 실현으로서 그가 제안한 지정 카스트의 의원 대표 수가 계속적인

■

546) Ibid., p. 132. Bharatiya Janata Party, *Lal Krishan Advani ka adhyakhsheeya bhashan June 18-20* (New Delhi, Bharatiya Janata Party Publications, 1993), pp. 1-20 잠조

547) Ibid.

증가 추세를 보이고 있다는 점을 들 수 있다.[548] 이러한 결과로 하층민들의 정치적 관심이 증가하고 있는 것도 사실이다.

인도의 정치 평론가이자 언론인인 요겐드라 야다브Yogendra Yadav가 제시해 주고 있는 최근 인도의 선거 분석에 의하면, 불가촉천민을 포함한 하층민들의 선거 참여율은 대단히 높은 것으로 드러났다. 이를테면, 인도의 처음 두 선거에서 전체 투표 참가자 46~48%가 대부분의 문맹인 유권자들이었다는 사실이다. 1967년에는 60%, 그리고 1962~1998년 사이의 10번의 선거에서 55~64%의 평균 투표 참가율을 기록하고 있다. 1989년까지의 투표 참가율을 보면 도시보다 시골이 더 높은 것으로 나타났는데 조사 자료에 의하면, 하층계급들, 처음에 불가촉천민들이었던 달리트dalits 그리고 소수 부족들이 상층계급의 힌두인들보다 더 열심히 선거에 참여하고 있는 것으로 나타났다. 또한 상층 계급에서도 상대적으로 가난한 사람들이 더욱 더 선거에 참여하는 것으로 나타났다.[549] 이와 같은 현상은 역사적으로 불평등한 대우를 받아온 집단에게 유리하게 작용할 수 있을 것으로 전망된다.

특히 1990년대의 정치적 동향을 보면 인도 민주주의의 생명력을 엿보게 해주는 여러 징후가 있다. 이를테면 의회나 주 정부 선거를 위한 투표율이, 특히 하층민들 가운데서 놀라울 정도로 꾸준히 성장하고 있는데, 이는 지방분권화와 소수 지역 정당의 연합과 달리트

548) D. C. Ahir, *The Legacy of Dr. Ambedkar*, op. cit. pp. 235-236

549) F. R. Frankel, (ed.), *Transforming India: Social and Political Dynamics of Democracy* (Oxford University Press: 2000), pp. 3-4

출신들의 정계 진출 등에 힘입고 있는 바이다. 그러나 여전히 인도 정부는 정의와 평등 사회 구현을 위한 효과적인 민주 정부가 구성되어 있지 않다는 모순이 도사리고 있다.[550] 그렇다면 보다 많은 정치적 참여는 무슨 의미가 있고, 민주주의와 사회, 경제적 평등 사이의 관계는 무엇이며, 정당의 기능은 무엇인가 하는 문제점은 여전히 남아있다고 보아야 할 것이다. 암베드카르에 대한 정당한 평가를 위해서는 앞에서 살펴본 바 있지만, 하층민 교육을 위한 학교 시설의 증가와 불교 중흥을 위한 헌신적인 노력이라는 2가지 측면에서 찾을 수 있다. 필자가 현지 조사를 통해 살펴본 바와 같이, 하층민 교육을 위한 대학교육 기관들은 어려운 여건 속에서도 계속 확충되고 있었다. 이들 기관들은 불가촉천민들에게 전액으로 무상 교육을 실시하고 있었고, 많은 젊은이들은 주류 사회의 진출을 꿈꾸며 열심히 수학하고 있었다. 암베드카르에 관한 또 다른 평가는 무엇보다 인도 불교의 중흥을 위해 노력한 것을 말하지 않을 수 없다. 암베드카르 사후 점차 인도 불교의 재부흥은 기력을 잃어 가는 듯했으나, 티베트 난민의 유입으로 인도 불교는 새로운 부흥의 전기를 또 다시 맞이하고 있다. 인도에서 암베드카르는 아소카에 비유되기도 한다. 우선 두 사람 모두 개종자이고 전쟁과 고통을 싫어하여 평화를 불교에서 찾았다는 점이 그렇다. 그런데 아소카가 불교를 외국에까지 전파하여 불교를 국제적인 종교로 만든 자로 평가된다면, 암베드카르

■

550) Zoya Hasan, "Representation and Redistribution: the new low caste politics of North India", *Transforming India*, op. cit. p. 146

는 자기 나라에 불교를 재전파한 자로 평가될 수 있다. 그리고 그러한 시도가 이웃나라와 불법(佛法, Dhamma)을 고리로 하여 평화적인 결속을 다시 다질 수 있게 되었던 점도 하나의 결과적인 업적으로 평가될 수 있는 일이다.

스리랑카의 다르마팔라로부터 시작된 1891년의 현대 인도불교의 부흥은 마하보디회의 창설로 본격화되면서 당시 5만 명에 불과하던 불교 인구가 6년 후에는 180,823명이었는데[551] 그것도 주로 아삼이나 서부 벵갈 혹은 히말라야 계곡의 전통적 불교도들이었던 점에 비해, 1956년 나그푸르에서 있었던 암베드카르의 개종 추종자는 50만 명에 달했으니 가히 기적적이라 하지 않을 수 없는 숫자였던 것이다. 이는 신약성서에서 베드로가 하루에 삼천 명을 개종시킨 것보다 무려 16배가 넘는 숫자다. 물론 인구 비례로 따지자면 별개의 문제가 되겠지만 그 영향력이라는 측면에서 대단한 것이었음에 틀림없다. 이들의 일시적인 개종은 모두가 사회적 불평등이라는 배경이 짙게 작용하고 있었을 뿐 아니라 새로운 세상의 도래를 꿈꾸어온 민중들의 열망을 보여 주는 것이기도 하다. 역사 속에서 이와 같은 개종의 기적은 그 어디에서도 유례를 찾아 볼 수 없는 경이적인 것이었다. 그 후 1961년에는 인구조사에 의하면 300만 명이 넘는 예상치 못한 숫자의 증가를 보여 주고 있다. 이는 1956~1961년 사이에 무려 16배가 넘는 증가 수치를 기록한 셈이다. 1981년의 통계에 의하면 전 인구 6억 6천5백만 명 가운데 0.71%에 달하는 4,719,796명

551) D. C. Ahir, op. cit. p. 239.

에 달한다.[552] 물론 불교인구의 80%가 마하라슈트라 주를 중심으로 하고 있지만 계속되는 이웃나라의 불교 인구 유입과 인도의 지식인들 가운데서의 불교연구 그리고 불교를 가르치는 대학의 증가 등은 향후 인도 불교의 미래가 어렵다고는 볼 수 없을 것이다. 이러한 사실은 영국인 커닝햄의 인도 불교 유적지 발굴로 인도 불교가 전 세계적인 학계의 새로운 관심과 이목을 끌게 된 것과도 보조를 같이 하고 있는 것이다.

더구나 카스트나 불가촉천민이 존속하는 억압된 사회 상황 속에서는 평등 사회를 표방하는 불교의 이념과, 국회 의사당 앞에 서 있는 동상이 말해 주듯이 왼손에는 헌법을 오른 손가락으로는 국회를 가리키며 정의와 평화를 외치는 암베드카르의 자유 해방적 정신이 인도 사회에 지속적인 영향을 미치리라고 본다. 더구나 간디가 민족의 통합을 위해 힌두인과 다른 종교들 혹은 소수 민족과의 통합을 위해 노력했다면, 암베드카르는 통합을 위한 구체적인 노력으로 불가촉천민들의 해방과 지위 향상을 위해 평생을 헌신한 점에서 과연 '인도의 모세'라고 이름 해도 과언은 아닐 것이다.

4. 암베드카르의 한계와 인도 불교의 미래

서양의 종교학자 아델 피스케Adele M. Fiske도 인정하고 있듯이, 오늘날 현대 인도 불교의 가장 중요한 국면의 하나는 1956년 암베드

■
552) ibid.

카르에 의해 적어도 3백만 내지 3백5십만 명의 불가촉천민들이 불교로 개종한 사건이고, 그 운동은 아직도 그치지 않고 있다는 점이다.[553] 이 운동이 성공적일 수 있었던 것은 암베드카르의 탁월한 개인적 지도력도 작용했지만 당시의 시대적인 배경도 무시할 수 없다. 정치, 경제, 사회, 교육 등 여러 방면에서 달리트라 총칭되는 불가촉천민들을 위시한 억압받는 계층이 사람들이 오랜 세기 동안 소외받아 왔었고, 이러한 억압받는 삶에서 이들은 모두 해방을 꿈꾸고 있었던 것이다. 이러한 때에 불교로의 개종을 통해 정치, 경제적인 혜택은 당장 못 누리더라도 심리학적 해방을 가져다주는 사회적 신분의 향상이라는 수단을 채택했던 것[554]이라 볼 수 도 있을 것이다.

수백만 명이 짧은 시기에 불교로 개종했던 것은 놀랄만한 성공적 운동의 사례라고 평가받을 수도 있지만, 한편으로 마하라슈트라와 몇몇 북부 지역을 제외하고는 전국적으로 확산되지 못했다는 한계를 지니고 있다. 이는 암베드카르의 정치적 역량이 미치는 활동 영역과도 관계가 있다. 개종이 일어났던 지리적 분포가 암베드카르와 그의 정치적 연맹이었던 '지정 카스트 연맹'이 직접적으로 영향을 미칠 수 있던 영역에 주로 한정되고 말았다는 사실이다. 지정 카스트 연맹을 승계하여 탄생한 오늘날의 공화당Republican Party of India이 비하르Bihar 지역에는 없는데, 이곳에는 불교 개종도 일어난 바가 없다. 이 같은 정치 경제적 개선의 문제가 불교 개종과 밀접한 연관성

553) Heinrich Dumoulin, (ed.), *Buddhism in the Modern World* (London: Collier Macmillan 1976), p. 140.
554) ibid. p. 141.

을 지니는데 대해 순전히 계산된 운동이 아니었느냐는 비난을 받고 있는 것이 사실이다. 이점이 암베드카르 운동의 한계점이기도 하지만, 불가촉천민의 입장에서는 또 다른 마땅한 대응책이 없었다는 점도 이해할 수 있는 문제다. 신불교로의 개종에 대한 정당성 그 자체를 문제 삼는 이들도 있다. 이 점은 암베드카르가 그의 신불교도의 경전으로 제시할 만큼 그의 불교 사상을 압축하고 정리한 『붓다와 그의 담마』라는 책[555]자체에서 논쟁의 여지가 있다는 점이다. 이는 암베드카르가 전통적인 불교를 어떻게 해석했느냐 하는 문제와 직결되기 때문이다. 그의 해석은 앞에서 살펴본 바가 있지만, 종교 현상학과 같은 종교학적 입장의 고려 없이 철저히 합리적이고 도덕적인 기준에서 붓다의 가르침인 법 즉 담마를 이해하고 있고, 이성에 어긋나는 부분은 담마의 기준에서 제외하고 있다는 점이다. 그리하여 담마는 도덕이요 도덕은 담마이지만, 도덕적 기준에서 벗어난다고 판단되는 종교를 종교라고 인정할 수 없다는 나름대로의 종교관을 지니면서 종교 자체에 대한 이해와 전제를 달리 해석하고 있다는 점이다. 이처럼 종교와 도덕 혹은 종교와 담마를 구분하면서 그가 사용하는 용어가 일반적인 학술상의 정의라기보다는 자의적 해석이 많다는 점이다.

두 번째 문제점으로 지적될 수 있는 것은, 앞에서 살펴본바와 같이 붓다의 사상을 사회, 경제적 문제로 환원하여 해석하고 있다는

555) Adele M. Fiske는 암베드카르가 이 책을 불교의 어느 경전에서 인용하고 있는지를 논문에서 밝힌바 있다. The Use of Buddhist Scripture in Dr. B. R. Ambedkar's, "The Buddhist and His Dhamma"(미간행 석사(M.A.) 논문, Columbia University, 1966)을 참조.

점이다. 이점은 피스케도 지적하고 있듯이[556], 붓다는 그에게서 단지 사회 혁명가이며, 불교는 '자유, 평등, 우애'의 기본적 교리를 가르치고 있을 뿐이라고 주장한다는 점이다. 이점은 물론 암베드카르가 미국 유학 시절 존 듀이와 실용주의의 영향을 받은 것에서 기인되는 것이기도 하다.

앞서 본 바와 같이 암베드카르는 그의 생애에 3가지 중요한 조직단체를 남겼는데, <공화당>과 <민중교육협회> 그리고 <인도불교협회>다. 이들 기관은 암베드카르의 사후에 지도력이 분산되고 말았다. 암베드카르 사후에 그의 아들 예쉬완트 암베드카르Yeshwant Ambedkar는, 또 다른 지도자 반다레 박사Dr. R. D. Bhandare가 1966년 8월에 공화당에서 국민회의당으로 떠난 뒤에, 독립적인 불교협회를 창설했으나 자생적인 수많은 지방 조직체들을 통제할만한 지도력을 갖추지 못했다.[557]

민중교육협회 또한 정부의 지원 없이는 불교 교육을 강화할 수도 없었고, 인도 주 정부는 특정 종교 교육을 위한 지원 자체는 할 수 없었기 때문에 과외 활동 정도로서만 대학에서 교육할 수 있었다. 불교의 전문 교육은 마하보디협회의 몇몇 비구들에 의해 가능했는데 그것도 외국 승려들이 주도했다. 그 대표적인 인물들로는 나그푸르에 사원을 짓고 불교를 전파하고자 노력했던 보드가야의 태국 사원의 승려들과 힌디어를 말할 수 있는 몇몇 티베트 승려들, 그리고

■

556) Heinrich Dumoulin, op. cit. p. 142.

557) ibid. p. 142.

영국 승려로서 암베드카르와 더불어 그리고 사후에까지 뛰어난 지도력을 발휘했던 상가락시타와 스리랑카를 왕래하며 팔리어를 가르쳤던 카우살리아나V. Anand Kausalyāna였다. 기록에 의하면 불가촉천민 출신의 승려들이 30~40명 정도 되었는데, 이들은 모두 조직체가 없이 여러 지역에 흩어져 있었다.[558] 인도불교협회가 있지만 널리 흩어져 있는 방대한 지역의 사람들을 효과적으로 통제할 수 있는 강력한 조직체나 수단이 없었던 것도 인도 불교의 확산을 가로막는 일차적인 이유가 되겠지만, 보수적인 인도인들의 뿌리 깊은 힌두교 사상의 선호는 불가촉천민 이외의 전통 힌두교인들을 개종시키는데 한계가 있는 점도 지적되어야 할 것이다.

불가촉천민들이 힌두교인을 개종시키려는 노력보다는 오히려 그들은 힌두교인들을 압제자들이라고 내심 증오하고 있다는 점이다. 이점은 현지 조사의 설문조사에서 고연령층일수록 더욱 두드러지게 나타났다. 또한 인도 불교가 인도 사회 내에서 강력한 종교적 힘을 발휘하기 위해서는 다수의 문맹자들에게, 그리고 불교에 대한 지식이 아주 없다고 볼 수 있는 이들에게 자국어로 불교를 제대로 이해시켜 줄만한 유능한 교사나 지도자들이 절실히 요청되지만, 이점을 충족시켜주지 못하는 현실이 불교 발전의 또 하나의 장애로 지적될 수 있을 것이다.

이러한 한계점에도 불구하고 인도 신불교도들은 지역 곳곳에서 자생적으로 비하르를 세워 『담미피디(法句經)』와 암베드카르의 책 『

■

558) ibid. pp. 142-143.

붓다와 그의 담마』를 중심으로 매주 한 번 혹은 한 달에 한 번씩 모여 짧은 텍스트나 오계(五戒)를 낭송하거나, 소수의 훈련받은 지도자들을 통해 팔리어나 힌두어 혹은 마라티어로 불교의 가르침을 전해 듣는다. 개종한 불교도들은 개종 이전에 섬기던 여신들의 조상(彫像)이나 사원들을 불교의 사원으로 바꾸고, 붓다와 암베드카르의 초상을 대신 내걸고 경배하고 있다. 이들은 대부분 도시 외곽의 빈민촌(마하르 공동체)인 불가촉천민들이다.

불과 40년 전만 해도 불가촉천민들이 불교로 개종할 것이라는 점과 티베트의 멸망을 통한 불교인구의 인도 유입을 예기하지 못했다. 그러나 아직도 전체 인도인들의 대부분은 불교가 박물관 속의 불교에서 빠져나와 새로운 정체성을 찾아 가고 있음을 실감하지 못하고 있다. 그럼에도 불구하고 암베드카르에 의해 시작된 불교의 중흥은 그의 추종자들에 의해 꾸준히 확산되고 있다. 암베드카르의 생일(4월 14일)과 불교 개종일-나그푸르의 딕사브후미에서 새로운 불법(佛法)을 펴기 시작한 날[Dhamma Chakra Pravartana Day]인 10월 14일- 그리고 암베드카르가 열반에 들어간 날인 12월 6일(1956)은 그의 추종자들의 가슴에 거룩한 날들로 기념되고 있다. 그뿐 아니라 그가 태어난 장소인 므호우[Mhow]와 비폭력 저항[Satyagrah]으로 불가촉천민을 위해 투쟁했던 지역 마하드([Mahad], 1927, 3, 19), 그리고 불교를 받아들였던 나그푸르의 딕사 브후미([Nagpur], 1956, 10, 14)와 그의 시신을 화장했던 장소 쵸파티[Chowpaty]가 그를 추종하는 매일 매일의 순례자들로 기념되고 있다.

암베드카르가 불교를 사회학적 관점에서 자의적으로 해석했다는 비판이 있음에도 불구하고, 불가촉천민들의 해방을 위해 '자유와 평등과 우애'에 입각한 사상적 기초로 현대 인도의 신불교를 태동시켰다는 점에서 종교사적 의의가 크다 하지 않을 수 없다. 따라서 인도 불교의 미래는 암베드카르가 개척한 사회학적 불교 해석의 정초를 다원주의적 인도 사회에서, 존재의 궁극적 의미에 해답을 주는 종교로서 어떻게 보편적인 설득력을 지닐 수 있을 것인가 하는 문제와, 그가 주장한 자유와 평등과 우애의 원칙에 입각한 붓다의 도덕적 담마를 추종자들이 생활 속에서 얼마나 실천할 수 있는가 하는 문제에 달려 있다고 볼 수 있을 것이다.

<부록>

현지 조사에 따른 분석:

2002년 이후

1. 현지 조사의 한계점과 과제

현지 조사 분석은 조사의 적합성과 객관성을 유지하기 위해 노력을 다했지만 그럼에도 불구하고 다음과 같은 한계가 있음을 미리 밝혀둔다. 우선 응답자의 대부분이 암베드카르의 운동의 성취 가운데 주요한 결과로 나타난 교육기관에서 생활하는 대학생과 교수를 중심으로 이루어졌다는 점이다. 불가촉천민 마을과 천민 신분으로서 사회의 지도자로 부상한 인물들을 다루기는 했지만, 많은 지역에서 보다 더 폭넓게 조사하지 못했다는 아쉬움이 있다. 이 밖에도 응답 대상자 수가 여성들보다는 남성들의 수가 월등히 많았다는 점에서도 성별(性別)의 균형이 잘 이루어지지 못했다는 한계점 등이 있다. 이러한 부분들은 차후의 과제로 남기고 주어진 여건과 시간 속에서 진행된 현지 조사의 내용을 다음에서 살펴보도록 하겠다.

2. 현지 조사 내용

현지 조사의 설문 내용[559]은 암베드카르에 의한 신불교 운동의 결과를 주목해 보고자 하는 것이었다. 2002년 1월 27일에서 2월 15일 간에 진행되었던 현지 조사의 대상 지역은 마하라슈트라 주에 국한하였고, 그 가운데서도 암베드카르 운동이 일어났던 대도시들을 중심으로 행해졌다. 조사 방법은 설문지 조사와 인터뷰를 통한 녹화와 녹음 그리고 현장의 확인을 위한 사진 촬영이 주된 방법이었다. 뭄바이에서는 엘핀스톤 대학의 학생 크리쉬Krish 군을 만나 현지 정보제공자로서의 도움을 받았고, 아우랑 가바드에서는 밀린다 칼리지의 학생인 란지트Ranjit 군이 정보제공자로서 상세하고 친절한 도움을 주었다. 그 밖의 지역에서는 필자가 직접 주요 현장을 탐방해야 했다. 그 주요 도시들은 뭄바이, 나그푸르, 아우랑가바드, 마하드, 라트나기리, 나시크, 욜라 등지였다. 조사 대상자들은 암베드카르 운동과 관련된 대학의 교수와 학생들, 관공서, 암베드카르 운동의 거점이었던 지역의 주민들 및 마하르 공동체의 일원들이었다. 조사한 대학은 뭄바이의 엘핀스톤 칼리지의 역사학 교수 아샤 및 학생들, 싯다르타 대학의 도서관장 달와카르 및 학생들, 나그푸르 대학의 <암베드카르 사상 연구소> 소장 아글라베 교수와 학생들, 아우랑가바드에 소재한 밀린다 칼리지의 부학장 및 학생들, 마하드에 소재한 암베드카르 칼리지의 대학 교수들과 학생들, 라트나기리 교

559) 현지 조사의 설문 내용은 16항목으로 작성된 것으로 별지 표 1을 참조.

육대학 학장 레이한스 등이었다.

이상의 6개 대학 중에 모두 암베드카르가 직접 세운 싯다르타 대학과 마하드의 암베드카르 칼리지를 제외한 4대학은 모두 암베드카르를 기념하거나 혹은 암베드카르 운동의 연속선상에서 세워진 대학들이다. 불가촉천민의 지위 향상을 가늠해 볼 수 있는 관공서와 관련해서는 라트나기리의 세무서장 파와르와 통계청 지역 사무소장 와그마레와 직원 사마니와 캄블레와의 면담이 있었다. 암베드카르 운동의 거점에 대한 현지 조사로서는 최초의 불가촉천민 시위가 발생한 장소인 마하드의 '초다르 물탱크' 시위가 있었던 초다르 주변의 학생들, 그리고 '마누법전'을 불태운 <크랜티 브후미Kranti Bhumi>의 방문, 불가촉천민들의 사원 진입을 저지했던 나시크(Nasik)의 람 템플Ram Temple에서 때마침 만날 수 있었던 나시크 군수와의 인터뷰, 그리고 나시크 지방정부의 원조로 지어지고 있는 <붓다 비하르>의 방문이 있었고, 1935년 암베드카르가 '힌두인으로 태어났지만 힌두교인으로 죽지 않을 것'이라고 선언하면서 불교 개종을 암시했던 자리, 욜라의 <묵티 브후미(Mukti Bhumi, 구원의 땅)>와 그곳 마하르 공동체의 족장 사브레와 욜라의 불가촉천민들과의 인터뷰가 있었다. 그리고 1956년 암베드카르의 불교 개종식과 관련하여 이틀 사이에 50만여 명의 불가촉천민이 일시에 불교로 개종했던 역사적인 개종식이 벌어진 나그푸르의 <딕사 브후미(Diksha Bhumi, 개종의 땅)>와, 암베드카르 사후에 전개된 자치적 농업 공동체 가운데 하나로서 나그푸르 외곽의 나가로카Nagaloka에 소재한 <지혜와 자비의 세상World of Wisdom & Compassion>의 소장 비베카라나와의 면담과, 나가로카에서 조금 더 떨어진 곳에서 일본의 지원을 힘입어 현재 인도의 불교 발전에 기여하고 있는 <드래곤 팰리스(妙海龍宮寺, Dragon Palace)>의 관리소장 풀리엘레와의 인터뷰가 있었다.

이 밖에도 뭄바이 다다르에 소재한 <암베드카르 사마디(묘지)>에서의 승려 사르가팔 및 학생, <인도불교협회Buddhist Society of India>의 국제관계 사무장 자그디쉬 가와이, 암베드카르와 관련된 서점주인 나테카와의 면담 등이 있었고, 뭄바이의 한 호텔 직원과 기차에서의 노동자, 레스토랑에서의 손님, 고아에서의 한 여성과의 인터뷰 등이 전체 조사의 내용을 이루고 있다. 이상의 내용을 설문조사와 인터뷰 그리고 현장 조사에 근거하여 다음에서 체계적으로 분석해 보자.

◇ 별지 도표 1 〈설문 조사 내용 양식〉

Neo-Buddhism Study 2002 in India

Questionnaire

1. Name
2. Age
3. Educational Qualification
4. Caste
5. Profession
6. Address
7. Whether a Buddhist by birth or conversion?
8. If a convert, reason why?
9. Has the purpose for which converted been achieved? If yes, how?
10. What does Dr. Ambedkar mean to you in your life? (Lord, Reformer, Incarnation, etc.)
11. If you belong to Scheduled Caste (like Mahar) or any other backward community, has your religion (Neo-Buddhism) given you any benefit (or advantage) in comparison with those belonging to higher castes?
12. Has your religion (Neo-Buddhism) helped you to gain any new status?:

a) Financially

b) Socially

13. Do you find your religion (Neo-Buddhism) spiritually satisfying? In what ways?

14. What is your opinion about:

a) Hinduism

b) Other religions

15. How much do you give (time or money) for the propagation of the Dhamma?

16. Any other point you may like to mention.

Signature

Date

1) 거룩한 땅들

불가촉천민들에게는 이제 역사적으로 기념 될 만한 거룩한 땅들이 있다. 그곳은 마하드의 <크랜티 브후미>와 나시크의 욜라에 있는 <묵티 브후미> 그리고 나그푸르의 <딕사 브후미>다. 이곳들은 모두 암베드카르에 의해 시작된 불가촉천민 해방운동의 기폭제가 된 곳들로서 힌두교를 포기하고 불교로 개종하는 신불교운동의 진원지다. 다음에서 이 땅들을 둘러싼 역사와 변모하는 오늘의 모습을 살펴보자.

(1) 크랜티 브후미(Kranti Bhoomi)

크랜티 브후미는 힌두 체제의 불평등 구조에 저항한 불가촉천민들의 해방 운동의 기폭지로서 '초다르 물탱크'가 있는 곳이며, 바로 인근에 『마누법전』을 불살랐던 장소가 있다. 그곳을 일러 불가촉천민들은 크랜티 브후미라고 부른다. 초다르 물탱크는 암베드카르 당시(1927년)만 해도 바라문 출신들만 이 물을 사용할 수 있도록 허용된 곳이었다. 미국과 영국에서 경제학과 법률을 공부하고 법률학 박사와 변호사직을 얻은 이후 귀국한 30대의 젊은 암베드카르는 불가촉천민 해방을 위한 최초의 시위와 투쟁을 이곳 초다르 저수지에서 시작하였던 것이다. 초다르 물탱크 시위는 힌두인들이 강력한 저항과 여러 가지 난관에도 불구하고 성공적이었고, 이어서 같은 해에 그는 힌두교의 기본 법전인 『마누법전』을 초다르 저수지 인근 광장에서 불사르기에 이른 것이다. 이러한 운동의 소중한 결실 가운데 하나가 마하드에서는 '암베드카르 칼리지'의 탄생(1961년)으로 나타났다. 필자가 이 대학을 방문했을 때, 대부분의 학생들이 불가촉천민 출신이었고 교수들도 한 명의 이슬람교인 학장을 제외하고 모두가 불가촉천민 출신들로 구성되어 있었다. 신불교 운동에 관한 이 대학의 관광학과 교수 아난트 쿠마르 굴라브라오(Dawane Anantkumar Gulabrao, 애칭은 아난타)와의 인터뷰 내용을 살펴보면 다음과 같다.

◇ 설문지(도표 1번 참조) 사례 1 〈질문 항목에 따른 응답〉: 조사일 2002년 2월 7일

1. 이름: 아난타(D. Anantkumar Gulabrao)
2. 연령: 30세(남자)
3. 교육정도: 경영학 박사
4. 카스트: 마하르(Mahar) 출신
5. 직업: 교수
6. 사는 곳: 마하드
7. 출생부터 불교도
8. 암베드카르로 인하여 개종
9. 개종 목적대로 성취되었는가? 그렇다. 이제 세계에서 가장 위대한 종교인 불교도가 되었다.
10. 암베드카르는 어떤 의미를 지니는가? 내 모든 것의 주님(lord)이시다.
11. 암베드카르로 인하여 많은 유익을 얻게 되었다.
12. 암베드카르로 인하여 사회, 경제적인 도움이 되고 있다.
13. 신불교의 정신생활에 개인적, 사회적, 종교적 측면에서 만족하고 있다.
14. 힌두교에 대해서는 '그다지 좋게 생각하지 않는다.' 다른 종교는 좋다.
15. 담마를 위해 매일 30분 정도 기도 시간을 갖고, 일주일에 두 시간 정도 담마를 전한다.
16. 암베드카르로 인해 불교는 위대한 종교임을 알게 되었다. 암베드카르는 부모 다음으로 가장 존경하는 인물이다.

이러한 설문지의 응답 외에 아난타 교수는 이슬람 신도 학장이 설명한 것과는 달리 아직도 불가촉천민의 지위는 상대적으로 낮다는 설명을 보충해 주었고, 소수의 사람들이 동등한 사회적 지위와 혜택을 누리고 있지만, 실제로는 아직도 천민들이 제대로 대접을 받고 있지 못하다고 했다. 자신의 집무실에서 가진 별도의 인터뷰와 비디오 녹화 장면은 내용이 공개될 경우 자신의 현직 교수의 자리가 위협을 받게 될 것이라는 염려 때문에, 인도 내에서 공개되지 않기를 희망했고, 필자 또한 개인적으로 소장할 뿐이며 한국에서만 사

용하기로 약속했다.

인터뷰 이후 아난타 교수의 안내로 <크랜티 브후미>를 방문할 수 있었다. 시골 초등학교의 운동장만한 크기의 잔디밭 한쪽 동쪽 편으로 암베드카르의 흉상과 함께 높이 세운 돌기둥 끝에는 타오르는 불꽃의 모습을 조각해 놓았다. 비인간적인 카스트의 이데올로기를 제공하는 근원적 지침이 되고 있는 『마누법전』을 불태우고 참된 인간화의 해방운동을 시작한 '장엄한 장소'로서의 <크랜티 브후미>에 심어진 암베드카르의 인간 해방의 열정은 뜨거운 태양과 함께 동상에 새겨진 불꽃처럼 타오르고 있다. <크랜티 브후미>는 이제 단순한 인간 해방의 상징적 장소만이 아니라, 인근에 신불교도의 회당이자 사원인 <라마바이 암베드카르 비하르>가 새로이 2층 건물로 단장되고 있어서 이들 불가촉천민·신불교도들에게 오락과 명상 그리고 예배의 장소로도 자리 잡아 가고 있는 것이다.

<크랜티 브후미>를 방문하고 나오면서 아난타 교수에게 불가촉천민들이 모여 사는 마하르 공동체를 방문해 보고 싶다고 제의하자, 그는 흔쾌히 응해 주었다. 초다르 물탱크를 둘러싼 마을 중심가를 벗어난 외곽에 마하르 공동체가 있었다. 마당의 흙과 방으로 이어지는 높이는 한 계단 정도의 높이로 한 걸음에 곧바로 방으로 들어설 수 있는 구조의 낮은 지붕의 기와들로 지어져 있었다. 인도의 거리 뒷골목에서 흔하게 볼 수 있는 누더기의 천막집보다는 안정되고 대대로 가문을 이어 온 듯한 정리된 마을 공동체를 형성하고 있었다. 정방형 형식의 골목들로 이어지는 아담한 마을의 중심부에 들어서자 남녀노소 30~40명 정도가 몰려왔다. 아난타 교수의 소개로 이들

은 필자를 환대하면서 누군가 '제이 브힘Jai Bhim!'을 외쳤다. 언뜻 뭄바이에서의 정보제공자였던 크리쉬의 말이 생각났다. 필자가 마하르 공동체를 방문하거나 주민을 만나면, '제이 브힘'을 잊지 말라고 했던 것을. 브힘은 '브힘 라오 암베드카르'의 약칭이니, '암베드카르 만세'라는 뜻이다. 필자도 제이 브힘을 외치자 모두가 환호하며 제이 브힘으로 응답했다. 제이 브힘은 이제 그들에게서 일상적인 언어가 되어 매일의 인사말이 되고 있었다. 군중 속에서 누군가 '담맘 사라남 가차미(dhammam saranam gaccahmi, 담마에 귀의합니다)'를 외치기에 필자는 '붓담 사라남 가차미(buddham saranam gacchami, 붓다에 귀의합니다)'로 응답했다. 일시에 한 동료로서의 깊은 우정을 느낄 수 있는 시간이었다. 인간의 인간화, 이것은 너무나 당연한 사실이자 현실인 것을 이들은 너무도 오랫동안 소외된 현실 속에서 살아 왔던 것이고, 그러기에 그들에게 암베드카르의 의미는 가히 절대적인 존재였던 것이다. 아난타 교수의 설문지 응답에서도 볼 수 있듯이 암베드카르는 그들에게 '주님Lord'이었음이 과장이 아니었다.

이들은 이제 자신들의 마을 공동체 한복판에 그들 고유의 사원Vihar을 짓고 있었고, 건물 입구 한 중앙에 담마 차크라(法輪)를 새기고 있었다. 이 비하르는 이들의 영혼의 휴식처이자, 삼보(三寶)에의 귀의와 오계(五戒), 22서약을 실천하는 공동의 처소이며, 결혼식도 올릴 수 있는 공공의 시설물로서도 기능한다. 이는 바로 불교 사원을 생활공간 속으로 연결하고자 했던 암베드카르의 구상적 산물이기도 하다. 마하르 공동체 방문을 마치고 아난타 교수와 함께 '암베드카르 칼리지'로 다시 돌아왔을 때, 마하르 출신으로서 암베드카르의 개종식 당시에 신불교도가 된 이 대학의 전임 학장을 만날 수 있었고, 그는 암베드카르가 마르크스의 이론을 택하지 않고 불교를 선택했던 경위와 불교의 이상을 인터뷰 녹화를 통해 길게 설명해 주었다. 이제 마하드는 1927년에 시작된 초다르 물탱크 시위의 사탸그라하와 『마누법전』을 불사름으로써 점화된 불평등 저항 운동의 강력한 진원지가 되면서, 불가촉천민들에게 끊임없이 소망과 용기를 던져 주는 <크랜티 브후미>로서의 '거룩한 땅'으로 자리매김을 하고 있다.

(2) 묵티 브후미

"힌두인으로 태어났지만 힌두인으로 죽지 않을 것"이라며, 불교 개종을 묵시적으로 알렸던 1935년의 암베드카르의 <욜라 선언>이 있었던 자리의 <묵티 브후미>는 불가촉천민들에게 이름 그대로 '구원의 땅'으로 자리매김을 하고 있는지, 이는 관찰자의 시각에 따라 해석과 전망이 달라질 수밖에 없다. 왜냐하면 암베드카르의 개종을 예고한 자리이긴 하지만 아직도 욜라의 <묵티 브후미>를 들어서노라면, 여전히 불가촉천민들의 마을인 마하르 공동체 마을이 초라하게 늘어서 있고, 이들에게서 사회적 신분의 향상이나 경제적 발전의 변모된 모습을 여전히 찾아 볼 수가 어렵기 때문이다. 그러나 한편으로 필자가 찾아간 <묵티 브후미>는 <크랜티 브후미>가 비하르의 건설과 같은 새로운 증축 운동이 일어나고 있었던 것과 같이, 70년의 세월이 지난 오늘까지 암베드카르의 연설 현장이 그대로 보존되어 있었고, 오히려 최근에는 새로운 스투파를 건설하고 있었다.

어두워지는 저녁에 도착한 관계로 자세히 관찰할 수 없어서 현지인들 가운데서 영어에 능통한 나나사헤브 파타이트Nanasaheb Pataits라는 중년의 한 남자를 소개받았는데, 그는 필자를 자기 집으로 초대해 주었다. 가정 방문은 놀라운 경험이었다. 그의 방에는 암베드카르와 붓다가 동시에 벽에 걸려 있었고, 한쪽 벽에는 암베드카르의 해외 유학을 주선해 주었던 사타라[Satara]의 주 장관 사진이 걸려 있었다. 그는 그의 책장에서 마라티어로 된 여러 권의 책을 소개해 준 뒤, 암베드카르가 가장 큰 영향을 입었던 사회 개혁가였던 <마하트마 풀레>라는 94쪽 분량의 저서를 한 권 기증해 주었다. 그는 대학에서 교육학을 전공했고, 불가촉천민 출신이었지만 사회적으로 이미 상당한 자부심을 가지고 살고 있었다. 성능 좋은 오토바이를 몰고 다니면서 가까운 불가촉천민 동지들을 불러 모았고, 자녀들과 함께한 단란한 가족들이 모인 가운데 필자는 준비해 간 설문지를 나누어 주며 인터뷰를 할 수 있었다. 특히 힌두이즘에 관한 의견을 묻는 항목에서는 서로들 카스트적 힌두이즘을 비웃는 듯하며 웃으며 답해 주었다.

평화로운 대화를 마치고 기념사진을 찍은 후 헤어지면서, 다음 날 날이 밝으면 <묵티 브후미>를 다시 방문한 후 아우랑가바드의 '암베드카르 대학'을 방문할 것이라고 전하자, 그는 곧장 그곳에서 먼저 '밀린다 대학'을 방문하라고 일러 주었다. 그 대학은 암베드카르가 법무부 장관 재직 시에 마하르인과 불가촉천민들을 위해 세운 대학이며 나머지 대학들은 후기에 세워진 것이라면서, 자신도 그곳을 졸업했다고 자랑스럽게 소개해 주었다. 여러 가지 좋은 정보를 제공받은 필자는 답례로 볼펜 5자루와 노트를 그의 아들 찬드라무니[Chandramuni]에게 주었는데, 찬드라무니라고 이름 지은 이유는 암베드카르가 1956년 개종식을 하던 날 식장에 참여한 5명의 고승 가운데 한 사람이기 때문이라고 알려 주었다. 단란하고 행복해 보였던 이들 가족은 불가촉천민들이 모여 사는 전형적인 마하르 공동체 마을을 조금 벗어난 중산층이 사는 마을 한복판에 살고 있었다. 비록 천민출신이었지만 암베드카르가 세운 아우랑가바드의 '밀린다 대학'에서 석사과정을 마친 그는 이미 지식인으로서 정상적인 사회활동을 수행하고 있는 성공적인 인물이었던 것이다. 그럼에도 불구하고 그는 불가촉천민들로서 신불교도가 된 이후 아직도 그들 사이에 강한 연대감을 지니고 있었다. 다음에서 이들과 가진 설문조사의 내용을 살펴보자.

◇ 설문지 사례 2 〈질문 항목에 따른 응답〉: 조사일 2002년 2월 9일

1. 이름: 나나사헤브 파타이트(Nanasaheb Patait)
2. 연령: 37세(남자)
3. 교육정도: 석사
4. 카스트: 불교도(본인은 마하르 출신이지만 불교도라고 밝혔다)
5. 직업: 교사
6. 사는 곳: 욜라
7. 출생부터 불교도
9. 개종 목적은 성취되었는가? 그렇지 못하다(여기서 아직 사회적 불만을 엿볼 수 있다).
10. 암베드카르는 어떤 의미를 지니는가?: 내 모든 것의 주님(lord)이시오, 개혁자다.
11. 암베드카르로 인하여 많은 유익을 얻게 되었다. 삶을 변화시켜 줄 것이다.
12. 암베드카르로 인하여 사회, 경제적인 도움이 되고 있다. 사회 노동가로서, 작가로서, 신문사 기자로서.
13. 신불교의 정신생활에 개인적, 사회적, 종교적 측면에서 만족하고 있다. 불교가 삶을 변화시켜 줄 것이다.
14. 힌두교에 여러 가지 카스트가 있다. 나는 힌두교를 싫어한다. 다른 종교는 관심이 없다.
15. 담마를 위해 언제나 포교하고 노력한다.

여기서 응답자는 다른 불가촉천민들에 비해 상대적으로 교육과 경제적인 혜택을 누리고 있었다. 마하르 출신임에도 불구하고 이제는 불가촉천민이라는 의식보다는 신불교도로서의 자부심을 가지고 있었다. 그럼에도 불구하고 설문지의 응답에서 보여지듯 개종으로 인한 사회적 성취도나 만족도는 부정적이었다. 스스로 신불교도임을 주창하면서 불가촉천민의 위상은 벗어났다고 자부하면서도 여전히 사회적 신분차별의 한계에는 불만을 느끼고 있는 것이다. 이러한 이유 때문에라도 그들은 마하르인들로서의 강한 연대적 결속을 지니고 있었던 것이 사실이다. 암베드카르와 신불교는 그들의 삶을 변화시켜 줄 것이라는 굳은 신념에 변함이 없었고, 그러한 변화를 지속시켜 줄 수 있는 원리로서의 담마를 위해 계속 헌신하고 있는 자세도 엿볼 수 있다.

한편 같은 욜라 지역에서의 <묵티 브후미> 인근에 자리한 마하르 불가촉천민 공동체는 어떠한가? 필자는 이른 아침에 현장에 찾아 갔다. 릭샤를 끄는 운전기사도 마하르 출신 불교도였기에 친절히 안내해 주었다. <묵티 브후미>로 가는 길은 마치 베나레스에서 갠지스 강으로 나아가는 길과 흡사했다. 좁은 골목길 사이로 굽이굽이 시장이 형성되어 있고, 소와 개, 염소, 멧돼지까지 쓰레기를 뒤지고 있었고 상인들과 오토릭사들이 한데 어울려 늘어져 있었다. 중심가를 벗어나면서 외곽에 이르자 마하르 공동체 같은 집들이 나타나서 릭샤 기사에게 물었더니 그렇다고 했다. 한 우물을 중심으로 아낙네들이 물을 긷고 있었고, 가운데 높이 푸른 깃발이 펄럭이고 있었는데 뭄바이의 다다르Dadar에 있는 <암베드카르 삼마디>에서 보았던 푸른 깃발 그것이었다. 신불교도 공동체의 상징이다.

비데오로 잠시 현장을 촬영하는 중에 수십 명의 남녀노소 주민들이 몰려들었다. 필자는 즉시 '제이 브힘'을 외치며 인사를 건네자 그들 모두가 환호하며 맞이했다. 릭샤기사는 곧장 마하르 공동체의 아덱사(수장, 首長)인 사브레Bhagavan Punjaji Sabre를 만나게 해주었다. 사브레는 친절하게 바로 인근에 있는 <묵티 브후미>로 가서 넓은 광장 한쪽에 자리한 붓다 비하르의 문을 열고 불상과 암베드카르의 사진이 나란히 걸린 회당을 보여주었다. 암베드카르가 기념되는 곳은 언제나 그 곁에 붓다의 상이 있었고, 곳에 따라서는 암베드카르 곁에 암베드카르의 첫 부인의 사진도 함께 걸려 있는 모습을 볼 수 있었는데 이곳에도 부인의 초상이 함께 걸려 있다. 작은 성소였지만 그들에겐 예불을 드리는 소중한 곳이었고 필자는 답례로 소정의 헌금을 하고 나왔다. 비하르 곁에는 1935년 암베드카르가 연설했던 바로 그 연단을 볼 수 있었다. 연단은 흙으로 약 50cm 높이로 돋아져 있었고, 지금은 간판이 걸려 있다. <묵티 브후미> 광장에서 마하르 공동체의 수장 사브레와 가진 설문지 조사 내용을 살펴보자.

◇ 설문지 사례 3 〈질문 항목에 따른 응답〉: 조사일 2002년 2월 10일

1. 이름: 사브레(Bhagavan Punjaji Sabre)
2. 연령: 45세(남자)
3. 교육정도: 초등교육
4. 카스트: 마하르에서 신불교도로
5. 직업: 사회복지가(공동체 수장)
6. 사는 곳: 욜라
7. 출생부터 불교도.
9. 개종 목적은 성취되었는가? 그렇다(여기서 사회적 불만은 별도로 하고 개종 그 자체에 대해 만족감을 느낀다는 점).
10. 암베드카르는 어떤 의미를 지니는가? 나의 주님(lord)이시오, 개혁자다.
12. 암베드카르로 인하여 사회, 경제적인 도움이 되고 있다.
13. 신불교의 정신생활에 만족하고 있다.
14. 나는 힌두교를 못마땅하게 생각한다.
15. 담마를 위해 매일 노력한다.

응답자 사브레는 설문지 사례 2번의 응답자 파타이트에 비해 교육 정도와 생활수준이 훨씬 낮은 편으로써, 파타이트와 달리 마하르 공동체 내에서 살면서 대부분의 마하르 공동체 마을 주민들이 교육을 받지 못하고 있는데 비해 초등학교 수준의 교육을 받은 셈이다. 영어를 구사할 줄 몰라서 릭사 기사의 통역으로 인터뷰를 마칠 수 있었다. 공동체 수장으로서 비하르의 예배와 마을의 대소사를 관장한다. 모든 마하르의 공동체마다 수장이 있지만 이곳은 <묵티 브후미>가 있는 곳이라 다른 지역에 비해 수장의 의미와 역할도 커 보이지만, 경제적 혜택이나 교육적 혜택을 별도로 누릴만한 여건이나 환경이 조성되어 있는 것은 아니다. 암베드카르로 인하여 사회, 경제적인 도움이 되고 있다고 말하는 것은 암베드카르 운동 이후의 전반적인 경향이라고 볼 수 있다. 그러나 마하르 주민들의 생활 여건은 주류 힌두인들의 생활수준에 비해 여전히 열악하기는 마찬가지다. 그럼에도 불구하고 그들에게 암베드카르는 주님으로서, 사회 개혁가로서 절대적인 존경과 지지를 받고 있고, 마을 공동체의 전 주민에게 희망의 상징이 되고 있다.

(3) 딕사 브후미(Diksha Bhoomi)

나그푸르에 소재한 <딕사 브후미>는 인도 불교의 역사를 바꾼, 이른바 신불교Neo Buddhism의 탄생을 알리는 개종식이 있었던 곳이다. 1956년 10월 14일 암베드카르에 의해 주도된 개종식 첫날의 개종자는 30만여 명을 헤아렸고, 이어진 다음날까지 합하여 50만 명이 넘는 기록적인 신불교 운동이 일어난 곳이다. 필자는 마하라슈트라 주의 서부인 뭄바이에서 시작하여, 라트나기리, 마하드, 푸네, 아우랑가바드까지 줄곧 현지 조사를 마친 후, 동부의 나그푸르로 가는 버스를 타고, 3명의 버스 기사가 교대하면서 12시간의 긴 여행 끝에 꼬박 밤을 새우고 밝아 오는 새벽이 오고서야 나그푸르에 도착했다.

나그푸르는 인도의 대도시 가운데 하나다. 우선 방문해야 할 곳만 해도 나그푸르 대학, <딕사 브후미>, <붓다 브후미>, 드래곤 팰리스 템플이 있다. 우선 나그푸르 대학을 갔는데, 놀랍게도 그곳에 대학 부속 기관으로 '암베드카르 사상 연구소'가 있었고, 연구소 소장 아글라베Pradeep Aglave 교수는 필자를 따뜻하게 맞이해 주었다. 암베드카르 사상 연구소는 1988년에 설립된 후 매년 '골드메달' 장학생을 선발 수상해 왔고, 아글라베 교수는 1996년부터 소장직을 역임해 왔다고 소개해 주었다. 그는 친절히 인터뷰와 설문조사에 응해 주었고, <딕사 브후미>까지 자신의 자동차로 안내해 주어 그곳의 역사와 배경을 자세히 설명해 주었다. 개종식이 있었던 그 자리에 근래에 신축한 산치 스투파 형식의 거대한 사원은 사방의 대문 위에 불법승(佛法僧) 삼보(三寶)를 상징하는 조각들, 즉 담마차크라(法輪), 원형(圓形)의 상징물(붓다를 상징) 그리고 승려들의 모습이 조각되어 있었다. 스투파 내부에는 암베드카르의 유골(재)이 담겨 있고, 불상과 함께 안치된 내부 홀에는 순례객들이 끊임없이 찾아와 경배의 예를 올리고 있었다. 아직 완공되지 않은 2층 내부 홀에는 5천여 명의 인원이 들어갈 수 있도록 건축되어 있다고 한다. 이제 마하르인들은 14에이커에 달하는 드넓은 광장에서 찬드라무니를 포함한 5명의 고승들과 함께 50만 명의 불가촉천민들이 개종했던 역사적 광장을 잘 보전할 뿐만 아니라 기념비적 스투파를 통해 <딕사 브후미>를 성스럽게 지켜가고 있는 것이다. 이제 나그푸르 지역에서 암베드카르 사상과 운동에 가장 밀접하게 현장에서 활동하며 제자를 육성하고 있는 아글라베 교수와의 인터뷰와 설문조사 내용을 살펴보자.

◇ 설문지 사례 4 〈질문 항목에 따른 응답〉: 조사일 2002년 2월 11일

1. 이름: 아글라베
2. 연령: 42세(남자)
3. 교육정도: 박사
4. 카스트: (이 항목에서 '카스트'라는 단어 자체를 지워버렸고, 대신에 '종교'라고 표기했다.)
5. 직업: 나그푸르 대학 암베드카르 사상 연구소 소장 및 교수
7. (개종의 항목에서도 '불교도'라고만 언급함.)
9. 개종 목적의 성취도는 만족하는가?: (무응답)
10. 암베드카르는 어떤 의미를 지니는가?: 개혁자
11. 상층 카스트에 비교하여 신불교도가 됨으로써 신불교도가 되기 전보다 유익이 있다.
12. 신불교도가 되었다고 해서 경제적인 유익이 있는 것은 아니다. 그러나 사회적인 측면에서 새로운 정체성을 가지게 되었고, 새로운 사회적 지위를 얻게 되었다.
13. 신불교에서 영적생활은 만족하고 있는가?: 불교는 과학적인 종교이며 모든 사회에 매우 유익하다. 불교는 인간의 모든 질문에 답해주고 있다.
14. 힌두교는 카스트로 묶여있다. 힌두교에는 인간성이 없고, 휴머니티를 거절한다.
15. 나는 담마의 전파를 위해 불교 강좌를 통해 하루에 6~7시간을 노력한다.
16. 이제 불교는 인도 전역에 퍼지고 있다. 카스트에 속한 많은 사람들과 공동체가 불교에 매력을 느끼고 있다.

응답자 아글라베 교수는 불가촉천민 출신으로써 나그푸르 대학에서 암베드카르의 사상을 학문적으로 소개하는 중요한 자리에 있는

인물이다. 인도 전역의 대학에서 암베드카르 사상 연구소를 별도 기관으로 운영하는 곳은 나그푸르 대학뿐이다. 이는 그만큼 마하라슈트라 주 정부가 암베드카르와 그의 운동의 영향력을 높이 평가하고 있다는 반증이 되며, <딕사 브후미>와 같은 역사적인 개종의 자리를 현대적 건물과 시설이 들어서도록 정부 차원에서 지원해 준 것도 신불교 운동의 역동성을 무시하지 못하고 있다는 사실이다. 아글라베 교수는 아예 카스트를 묻는 항목에서 카스트라는 말 자체를 쓰기를 거부했고, 대신 그 자리에 '종교'가 무엇이냐고 물어야 한다고 우회적으로 대답했다. 또한 그는 설문 응답자 1번째의 마하드의 아난타 교수와는 달리, 개종의 목적을 이루어 만족한 생활을 하느냐는 질문에 대해서는 응답이 없었다. 이는 설문 2번째 응답자인 욜라의 교사 파타이트가 만족스럽지 못하고 있다는 것과 유사한 반응으로 볼 수 있다. 개종 자체는 긍정적이지만 사회적 만족도의 수준에서는 만족스럽지 못하다는 스스로의 평가라고 볼 수 있다. 그럼에도 불구하고 개종 이전의 경우보다는 유익이 있다고 주장함으로써 결과적으로는 만족스럽지 못할지라도 사회적 지위나 영적 생활에 진전을 가져다주고 있음을 알 수 있다. 불교가 카스트 체제의 힌두교에 비해 과학적이며 휴머니즘적인 종교로서 점차 다른 공동체에도 매력을 주고 있고 인도 사회에서 성장을 계속하고 있다는 그의 신념은 확고해 보인다.

2) 그 밖의 성소들

앞에서 우리는 암베드카르와 관련된 신불교 운동의 메카라고 볼 수 있는 '성소(聖所)' 3곳, 즉 <크랜티 브후미>, <묵티 브후미>,

<딕사 브후미>를 중심으로 탐방하면서 그 가운데서의 핵심 인물들을 중심으로 인터뷰와 설문 조사를 실시해 보았다. 이제 다음에서 신불교 운동과 관련된 또 다른 주요 장소들을 살펴보고자 한다. 뭄바이의 다다르Dadar에 소재한 <암베드카르 사마디(암베드카르의 묘소)>, 나그푸르의 <드래곤 팰리스 템플(妙海龍宮寺)>과 새로운 대안 공동체인 <지혜와 자비의 세상World of Wisdom & Compassion>을 차례대로 살펴보면서 설문자료를 분석해 보고자 한다.

(1) 뭄바이의 <암베드카르 사마디(Samadhi)>

<암베드카르 사마디>는 뭄바이 해변 인근 다다르 지역에 있는 암베드카르의 묘소로서 암베드카르의 다비식이 거행된 곳이며, 일명 <짜이띠야 브후미>라고도 한다. 암베드카르가 졸업했던 뭄바이의 엘핀스톤 칼리지에서 만난 정보 제공자 크리쉬 군과 함께 암베드카르 사마디를 방문했다. 사마디 입구에 다다르자 암베드카르의 작은 초상이나 그의 사진이 실려 있는 달력을 팔고 있는 상인들이 늘어서 있었고, 사마디로 들어서는 입구의 대문은 마치 산치 스투파의 사면에 세워져 있는 탑문 형식을 축소시켜 놓은 것과 같았다. 이는 나그푸르의 <딕사 브후미>에서도 볼 수 있는 양식으로 이제는 신불교 사원 양식의 전형이 되고 있다. 암베드카르가 생전에 아소카의 불교 진흥을 높이 평가한 것과 일맥상통하는 것이다. 수천 명이 들어갈 수 있는 나그푸르의 <딕시 브후미> 사원에 비해 수십 명 정도 수용이 가능한 조그마한 무덤으로 된 기념 사원이지만 2층으로 지어진 지붕 위에도 역시 산치 스투파 형식의 우산 양식으로 건축되어 있었다.

내부로 들어서자 달리트들이 이미 찾아와서 가운데 작은 불상 앞

에 검은 돌로 세워진 암베드카르의 흉상에 꽃다발을 바치고 절을 하거나 혹은 주변에 고요히 앉아 깊은 명상에 잠기는 신도들의 모습을 볼 수 있었다. 예를 올리고 사마디를 나서려 하자 때마침 이곳을 찾아 온 승려를 만날 수 있었다. 즉각 인터뷰를 요청했고 크리쉬 군은 힌디어로 응답하는 스님의 말을 영어로 통역해 주었다.

설문주사 내용과 녹음으로 인터뷰했던 내용은 다음과 같다(2월 3일 녹화 테이프 자료 no.2 참조).

◇ 설문지 사례 5 〈질문 항목에 따른 응답〉: 조사일 2002년 2월 3일

1. 이름: 사르가팔(Bhadanth Shargapal)
2. 연령: 25세(남자).
3. 교육정도: 고등학교 과정 졸업
4. 카스트: 마하르(이전의 마하르 출신이라고 했다)
5. 직업: 승려
6. 뭄바이 거주
7. 개종으로 불교도가 됨
8. 불교에는 평등이 있고, 신을 인정하지 않으며, 영혼도 인정하지 않는다.
9. 개종 목적의 성취도는 만족하는가?: 계속해서 거룩함(holiness)을 추구하고 있다.
10. 암베드카르는 어떤 의미를 지니는가?: 붓다와 같은 분이다.
12. 돈은 문제가 되지 않는다. 열심히 일하는 것이 중요하다. 열반을 추구하기에 돈이 개입될 여지가 없다.
13. 신불교에서 영적생활은 만족하고 있는가?: 불교가 가르치고 있는 것은 어떤 재가 불자들에게도 행복한 가르침이 되고 있다.
14. 힌두교는 힌두교 경전에 근거해 있기 때문에 그 신앙은 맹목적이다. 그들은 영혼과 신을 믿는다.
15. 나는 담마의 사역을 위해 모든 시간을 보낸다.
16. 불교는 만인에게 평등을 주며, 카스트 체제는 없다고 선언한다.

응답자 사르가팔 승려는 대학 과정을 마치진 못했으나 인도불교

협회 소속으로 승려가 되었다. 평소에는 명상을 위주로 하고 있고, 일요일에는 사마디를 찾아와 재가 불자들과 함께하거나 불교 지도자들을 훈련하기도 한다고 했다. 암베드카르는 개혁가로서 불가촉천민들의 지위 향상에 큰 기여를 했다고 하면서도 붓다와 같은 존재라고 역설했다. 특히 그는 불교의 강한 장점으로 평등성을 강조했다. 그는 또한 인도 불교의 미래를 밝게 전망했다.

승려와 인터뷰를 하는 도중에 많은 사람들이 몰려왔는데, 이들은 대부분이 불교로 개종한 달리트들이었다. 그 가운데서 영어에 유창한 노인을 만나 인터뷰를 요청했으나 조금 전의 승려와의 대담 내용과 별 차이가 없었다. 힌두교의 불평등적 상황에 대한 성토와 불가촉천민의 지위 향상을 위해 활동한 암베드카르의 위대한 개혁적인 노력을 열렬히 찬양하는 내용이었다. 인터뷰를 마친 스님은 사마디 건물 2층으로 안내해 주었는데, 뜻밖에 그곳에서 중요한 사람들을 만날 수 있었다. <인도불교협회The Buddhist Society of India> 국제관계 사무장National Joint Secretary인 자그디쉬 가와이Jagdish C. Gawai를 만났고 그는 20~30명의 신불교 지도자들을 훈련시키고 있었다.

스님과 함께 2층 홀에 들어서자 평신도 불교 지도자들이 일제히 일어나 스님께 답례를 하고 스님이 무언가 게송 같은 말을 건네자 신도들도 일제히 엎드려 게송을 읊으며 경배를 표시했다. 2층 홀 중앙에 암베드카르의 시신을 화장하여 얻은 '재'를 보관한 둥근 반원형의 무덤이 스투파 형식으로 덮여 있었다. 전형적인 초기 불교 양식에서 볼 수 있는 부처님의 유골을 모신 스투파와 같은 양식이었고 하얀색으로 칠해져 있는 것이 특징적이었다. 재가 불자로서의 평신도 지도자들도 한결같이 흰색 옷을 입고 있었다. 이제 <암베드카

르 사마디>를 탐방한 후 정문을 나서면서 만난 젊은 청년 불교도와 이틀날 인근에서 암베드카르 관련 도서 및 불교 관계 서점을 운영하는 신불교도와 인터뷰를 가지고 설문 조사한 내용을 살펴보자.

◇ 설문지 사례 6 〈질문 항목에 따른 응답〉: 조사일 2002년 2월 3일

1. 이름: 차브한(S. J. Chavhan)
2. 연령: 20세(남자).
3. 교육정도: 대학 1년생
4. 카스트: 마하르
5. 직업: 대학생
6. 사는 곳: 뭄바이의 스리무르티 아파트
7. 탄생부터 불교도
8. 개종 이유: 무응답
9. 개종 결과의 만족도: 무응답
10. 암베드카르는 어떤 의미를 지니는가?: 우리는 이미 암베드카르에 의존하고 있다. 우리의 주님이시다. 암베드카르로 인해 우리는 학생으로서 수업을 위한 보조금을 지급받고 있다.
11. 상층 카스트에 비교하여 신불교도가 됨으로써 신불교도가 되기 전보다 유익이 있다.
12. 신불교도가 됨으로써 사회, 경제적인 유익이 있다.
13. 신불교가 정신적으로 만족을 주는가?: 교육적으로 만족을 준다.
14. 힌두교는 여러 층과 방을 구분하여 차별화시키는 빌딩의 장벽과도 같다.
15. 학생이기에 담마의 전파를 위해서 기여할 수 있는 시간과 돈이 없다.

설문지 사례 6번의 응답자는 뭄바이에 거주하는 마하르 출신의 젊은 청년 신불교학도의 반응이라는 점에서 주목할만하다. 다른 불가촉천민들과는 달리 대학교육을 받으며 아파트에 거주하는 등, 생활 면에서 비교적 나은 형편에 속한다고 볼 수 있을 것이다. 그럼에도 불구하고 대학 수업료를 위한 보조금을 받고 있는 것도 암베드

카르의 덕택으로 여기고 있으며, 교육적인 혜택에 대해 특히 감사하고 있음을 알 수 있다. 힌두교에 대한 반응은 여느 마하르 출신의 불교도와 마찬가지로 대단히 부정적이고, 담마를 위한 헌신도 필요성은 느끼고 있지만 학생 신분으로서는 시간과 돈이 부족하다는 것이다. 이와 같은 젊은이의 반응과 비교하여 노년층의 마하르 출신 신불교도와의 면담 내용을 살펴보자.

◇ 설문지 사례 7 〈질문 항목에 따른 응답〉: 조사일 2002년 2월 4일

1. 이름: 나테카르(V. L. Natekar)
2. 연령: 58세(남자)
3. 교육정도: 상업 미술학교
4. 카스트: 없음(여기서 카스트는 의미가 없는 것이라는 강경한 입장을 보인다. 본인도 카스트에 예속되지 않는다는 뜻이다)
5. 직업: 상업미술가
6. 사는 곳: 뭄바이의 다다르
7. 1956년 개종 시에 신불교도가 됨
8. 개종 이유: 인간 사이의 불평등과 비우애적이고 부정의하며 장래에 발전이 없기 때문이다.
9. 개종 결과의 만족도: 만족한다.
10. 암베드카르는 어떤 의미를 지니는가?: 위대한 개혁가다.
11. 상층 카스트에 비교하여 신불교도가 되기 전보다 유익을 얻고 있다.
12. 신불교도가 됨으로써 사회, 경제적인 유익이 있다.
13. 신불교가 정신적으로 만족을 주는가?: 나는 명상생활은 물론 삼보와 오계를 지킨다.
14. 힌두교는 계단이 없는 빌딩과 같이 쓸모없다.
15. 세상의 평화를 위해 매일 기도한다.
16. 모든 불교도들은 오계의 기치 래 나아간다.

응답자 나테카르는 1956년 암베드카르가 주도한 불교 개종식 때 이미 개종한 사람이다. 그는 질문지 사례 5번의 청년 학도보다는 인

터뷰 내내 카스트 체제에 대해 강도 높은 비판을 계속하였다. 카스트를 묻는 항목에서는 아예 카스트 자체를 부정하면서 언급을 회피했다. 불교로 개종한 이유는 분명했다. 불평등, 비우애, 부정의가 그것이다. 이는 암베드카르가 '평등, 우애, 자유'의 3가지를 천민해방운동의 원칙으로 삼았던 것과 흡사하다. 나테카르는 또한 앞선 응답자들과는 달리 암베드카르가 '주님'이라기보다는 '위대한 개혁자'라고 생각함으로써 암베드카르에 대한 의미를 종교적 신망의 대상으로 보기보다는 사회 개혁가로로 존중하는 정도로 한정했다. 그렇지만 신불교도가 됨으로써 이전과 달리 사회, 경제적 유익이 있음도 인정했고, 개종의 결과도 만족했다. 힌두교에 대해서는 강한 부정적 반응을 보인 반면에 담마를 위해서는 삼보와 오계를 지키며 세상의 평화를 위해 매일 기도한다고 할 정도로 적극적인 신불교도의 태도를 보여주고 있다. 설문지 5항의 젊은 신불교도에 비해 상대적으로 강도 높은 반힌두적 경향을 보이고 있는 것도 흥미로운 것으로써, 과거의 역사적 경험 속에 누적되어 온 차별의 정도가 젊은 층보다 심했던 것을 미루어 짐작할 수 있는 대목이다.

(2) 나그푸르의 <드래곤 팰리스 사원>

암베드카르 이후 인도의 신불교는 여러 가지 형태로 발전하고 있다. 자국 내의 신불교도의 힘으로 성장하는 마하르 공동체 중심의 소규모 사원 공동체가 주종을 이루는 반면에 나그푸르와 같은 대도시에서는 일본이나 티베트 불교의 지원과 영향력을 통해 대규모 사원을 건설하여 신불교의 교세를 확장해 가고 있다. 이 가운데 대표적인 사원의 하나가 나그푸르에 있는 <드래곤 팰리스 사원>으로서, 일본의 지원으로 건축되었기에 일명 <妙海龍宮寺>라고도 한다. 필자는 마하르 출신의 신불교도로서 나그푸르 대학생인 세샤와르Mang Seshwar의 안내로 드래곤 팰리스 사원으로 가기로 했는데, 가는 도중에 그는 뜻밖에 새로운 암베드카르 운동의 여러 본산지 중에 하나인 대안 공동체 <지혜와 자비의 세상World of Wisdom and Compassion>을 소개해 주어 그곳을 먼저 탐방하게 되었다. 이곳을 나와서 드래곤 팰리스로 가던 중에 얼마 안 가서 다시 또 하나의 신불교도들의 축제의 장소를 만나게 되었는데, 이곳은 사원 겸 예식장 등으로 애용되고 있는 <붓다 브후미>라는 곳이었다. 이들에 대해서는 다음 사례 연구에서 살펴보기로 한다.

<지혜와 자비의 세상> 그리고 <붓다 브후미>를 연쇄적으로 방문하여 인터뷰를 마친 후, 릭샤를 타고 18km 정도 더 떨어져 있는 나그푸르 외곽의 <드래곤 팰리스 사원>으로 가기 위해 시속 30Km 정도의 전 속력으로 복잡하고 시끄럽고 매연이 가득한 거리를 질주해 갔다. 드디어 도착한 사원 앞에는 암베드카르의 사진과 책들을 팔고 있었는데, 그곳에서 놀랍게도 암베드카르의 저서 『카스트의 철폐Annihilation of Caste; with a reply to Mahatma Gandhi』[560]를 구입할 수

■

560) Dr. B. R. Ambedkar, (ed. by S. K. Gajbhiye), *Annilation of Caste with A Reply to Mahatma Gandhi*(Nagpur: S. K. Publication, 1996) 총 26장의 70쪽에 달하는 작은 논문이지만 부록으로 간디에 대한 견해차이로 논박하는 내용의 글이 실려 있다. 이 책은 1935년에 암베드카르가 준비한 연설문을 기초로 편집되었는데, 암베드카르의 힌두교에 대한 강경한 내용을 문제 삼아 연설이 취소되면서 후에 책으로 출간된 것이다. 특히 부록 1과 2는 〈마하트마 간디의 카스트 변호〉라는 제하에, 마하트마 간디가 1936년 7월 11일과 18일에 '하리잔(Harijan)'誌에 기고한 원고를 실었다. 암베드카르와 종교관이 서로 달랐던 간디의 주장은 암베드카르의 카스트 철폐의 주장과 힌두교에 대한 공격의 부당성을 지적한 글로써 중요한 자료가 된다. 이에 대해 부록 3에서는 〈마하트마 간디에 대한 암베드카르의 대답〉을 다루고 있다. 간디의 주안점은 종교를 비판함에 있어서 단점을 부각하기보다는 장점을 더욱 살려야 한다는 입장인 반면에, 암베드카르는 종교의 단점이 장애가 되므로 단점을 철폐해야 한다는 입장이다.

있었던 것은 행운이었다.

웅장하게 지어진 건물 입구의 대문을 지나 드넓은 광장으로 잘 정돈되어 있는 정원을 따라 들어서자 한쪽으로 거대한 돌 기념비에 묘해용궁사(妙海龍宮寺)라는 사원 이름이 새겨져 있었다. 기념비 아랫부분에는 마라티어와 영어 그리고 일본어로 법화경(法華經)과 그에 관련된 몇 가지 이유로 이 비를 세우고 사원을 세운다는 내용이 새겨져 있었다. 일본의 묘법연화경(妙法蓮華經)을 신봉하는 신도가 지원하여 세운 현대식 불교사원이지만 입구에서부터 본당 내부에서도 볼 수 있는 암베드카르의 이름과 사진, 그리고 판차실라(五戒)를 알리는 오색 깃발 이런 것들이 모두 현대 인도의 신불교적 면모를 보여주는 것이었다. 대부분의 방문객들이 불교도들이지만 타 종교를 가진 사람들도 관광 차원에서 줄을 지어 방문하고 있었다. 이처럼 나그푸르에는 국제적 지원을 힘입어 또 하나의 현대 인도 불교의 발흥 거점을 확보하고 있는 셈이다.

사원을 둘러본 후 사원을 관리하는 사무소장을 만났는데, '제이 브힘'으로 화답하면서 나의 인터뷰 취지에 기꺼이 응해 주었고, 지금까지의 그 누구보다도 장황하게 준비한 설문지 뒷면까지 상세히 응답해 주었다. 『Dhamma Pada(法句經)』가 책상 위에 있기에 이유를 물었더니, 불교도들에게 정기적으로 가르치는 주 교재라고 했다. 필자에게도 한 권을 증정해 주었는데, 이는 대만에서 발행하여 무료로 증정하는 불교 전파용 책자라고 일러주었다. 사무소장의 인터뷰 내용을 설문지를 통해서 분석해 보자.

◇ 설문지 사례 8 〈질문 항목에 따른 응답〉: 조사일 2002년 2월 11일

1. 이름: 풀리엘레(Shri Bhimrao Ramchdrarao Fuliele)
2. 연령: 66세(남자)
3. 교육정도: 학사(대학교 졸업)
4. 카스트: 불교도
5. 직업: 드래곤 팰리스 사원 관리 사무소장
6. 사는 곳: 나그푸르
7. 개종으로 신불교도가 됨
8. 개종 이유: 우리는 힌두인들에게 늘 박탈당해 왔다. 어떻게 우리의 종족(마하르를 지칭함)이 생존해 와야 할지를 모르고 지냈다. 우리는 복수를 하지 않고 대신에 보다 나은 삶을 쟁취하기 위하여 암베드카르 박사에 의해 주도된 신불교를 수용하게 되었다.
9. 개종 결과의 만족도: 만족한다. 이제 사람들이 우리(마하르인들)를 동등하게 대우한다. 심지어 힌두인들도 나의 가정을 방문하여 물과 차 등을 받아 마셨다. 그것은 하나의 진전이다. 그렇지만 우리는 좀 더 (나은 진전을) 기다릴 것이다.
10. 암베드카르는 어떤 의미를 지니는가?: 그분은 내가 말로 할 수 없을 정도로 훌륭한 분이시다. 가정마다 그분을 존경함이 마땅하다. 우리는 그분을 아버지처럼 공경한다. 그분이 아니었더라면 오늘날의 우리도 없었을 것이다.
11. 나는 마하르 출신이었지만 이제는 상층 카스트에 비교하여 신불교도가 되기 전보다 많은 혜택을 받고 있다. 특히 브라흐만 출신의 젊은 여성들이 찾아와서 드래곤 팰리스의 깨끗함을 보고 감탄해하며 자신들을 반성하는 것을 본다. 우리는 우리의 위치를 찾아 갈 것이다. 한 가지 더 중요한 사항은 힌두교인들이 이 사원에서 감동을 받고 있다는 사실이다. 그들이 사회 속에서는 평화를 느끼지 못하다가도 이곳에 와서 평화를 얻곤 한다. 각양각색의 삶을 살다온 많은 힌두인교들이 이 사원을 찾아 와서 잠시 동안 명상을 하면서, 붓다가 우리에게 내려준 평화를 그들도 얻는다.
12. 신불교도가 됨으로써 사회, 경제적인 유익이 있다.
13. 신불교가 정신적으로 만족을 주는가?: 그렇다. 그러나 우리는 가능한 한 아침 9시부터 『Dhammapada』를 지방 언어로 번역하면서 지식을 얻고 있다. 그리고 <드래곤 팰리스 사원>을 통해 번역된 책들이 각자의 사원에서 기도시간 후에 읽혀질 수 있도록 나 자신도 노력할 것이다.

14. 인간 사이에 차별을 조장하는 힌두교에는 우리가 믿고 따라 살만한 가치가 없다. 다른 종교들은 만인에게 동등한 지위를 부여해 주지 못한다.
15. 담마를 위해 나는 늘 노력한다. 도움이 필요한 친구들에게 도움을 주고 있다. 나도 건설적인 일을 위해 물질적인 도움을 주고 있다. 오늘도 기쁘게 봉사하고 있다. 이제 나는 국도 7번상에 놓여있는 도로를 따라 와르다(Wardha)에서 몬사(Monsas)의 하가윤 비하르(Hagayun Vihars)에 이르기 까지 여행객들에게 불교 사원을 안내하기에 익숙해 졌다.
16. 사람들의 각성이 필요하다. 사람들이 정치에 많이 연루되어 있기 때문에 우리가 취해야 할 많은 것을 성취하지 못하고 있다.

응답자 풀리엘레는 1956년의 불교 개종식을 경험한 노인 가운데 한 사람이며, 마하르 출신으로서 대학을 마친 지식인 가운데 한 사람이다. 카스트를 묻는 항목에서는 불교도라고 밝혔고, 힌두교의 부당한 차별로 개종했다는 이유도 분명했다. 그러한 지금까지의 차별을 복수하지 않고 암베드카르에 의한 신불교의 가르침으로 산다는 것이 응답자의 신념에 찬 주장이었다. 힌두교인들이 가정을 방문하여 차를 나누어 마실 정도로 개종의 결과를 만족하지만 완전한 평등을 위해서는 아직도 더 기다리는 자세다. 암베드카르에 대해서는 '주님'이라는 표현은 사용하지 않았지만, '아버지'같이 여긴다고 하여 강한 존경심을 보였다. 응답자가 근무하는 <드래곤 팰리스 사원>에 힌두교인들이 찾아와서 깨끗한 사원을 보고 감탄해하며, 명상을 통해 평화를 얻고 가는 일에 대해 상당한 긍지와 자부심을 가지고 있었다. 특히 그는 『법구경(法句經)』을 현지어로 번역하는 일과 여행객들을 불교 사원으로 안내하는 일, 그리고 도움이 필요한 자에게 도움을 줄 수 있는 일 등으로 담마에 대한 헌신의 삶을 기쁘게 살고 있다고 응답했다. 이는 한 불가촉천민이 개종을 통해 신불교도가 된 후 고등교육을 통해 사원의 한 관리자로서 어떻게 살아가고 있는가 하는 점을 살펴볼 수 있는 좋은 예라고 볼 수 있다. 그는 여전히 대다수의 인도인들이 정치적 분위기에 연루되어 있어서(종교 간의 파벌과 이념을 달리하는 정당의 정치 이데올로기에 민중들이 무비판적으로 휘말리고 있다는 뜻) 민중들의 정치적 각성이 더욱 필요하다고 주장하는 것도 덧붙였다.

장시간 인터뷰를 마치고 사원 바깥뜰을 나서니 뜻밖에 천둥 번개가 치더니 건기에도 불구하고 한바탕 소나기가 퍼부었다. 사원을 빠져나오자 거리에 젊은이들이 몰려오기에 '제이 브힘'을 외치자 일시에 그들도 '제이 브힘'을 외치며 환호했다. 암베드카르 사후 46년이 지난 오늘도 개종식을 경험하지 못했던 젊은이들도 '제이 브힘'을 기탄없이 외침으로써 신불교도 가문의 전통 속에 내재화된 암베드카르의 위상이 어떠한가를 보여주고 있는 셈이다. 이제 다음에서 나그푸르에 소재한 암베드카르 운동의 대안 공동체 <지혜와 자비의 세상World of Wisdom and Compassion>을 살펴보자.

(3) 나그푸르의 <지혜와 자비의 세상>

나그푸르 도시 외곽의 평화로운 지역에 위치하여 <나가로카>라고도 하는 또 하나의 명칭을 지닌 이곳은 영국인 승려로서 암베드카르의 1956년 개종식을 도왔던 상가락시타의 노력으로, 그리고 대만인의 후원으로 세워졌다. 비하르와 도서관 강당 숙소 등을 겸비하여 자체 농장을 운영하는 새로운 암베드카르 운동의 또 다른 본산지가 되고 있는 곳이다. <지혜와 자비의 세상>에 들어가서 필자는 다행히 소장을 만날 수 있었고, 친절히 도서관을 안내해 주었는데 암베드카르와 관련된 기본적인 도서들이 많이 소장되어 있었을 뿐만 아니라 상가락시타의 많은 저작들과 불교 관련 서적들을 볼 수 있었다. 현장을 방문하던 당시에도 여러 건물들이 증축되고 있었고 그 중의 한 비하르는 당월 24일에 준공식을 올린다고 하여, 그 후에 방문하면 필자에게 숙소도 마련해 주겠다고 소장은 친절을 베풀어 주었다.

암베드카르의 사상과 교육 이념이 뭄바이에서는 <싯다르타 칼리지>, 마하드에서는 <암베드카르 칼리지>, 아우랑가바드에서는 <밀린다 칼리지>와 <암베드카르 대학>이, 그리고 나그푸르에서는 나그푸르 대학의 <암베드카르 사상 연구소>에서 젊은 지성의 학도들을 길러내는 것으로 실현되고 있었다면, 이곳 <나가로카>에서는 암베드카르 사상의 불교적 이념을 충실히 체계화한 상가락시타의 노력과 결실로 매주 금요일에 명상과 '담마 교육'이 재가 불교도들을 중심으로 실시된다. 이것은 하나의 놀라운 현상으로 주목될 만하다. 왜냐하면 암베드카르의 갑작스런 죽음이 하나의 원인이 되기도 했지만, 사후에 불교적 전파를 위한 체계적인 훈련소나 교육기관이 없었던 중에 자생 영농의 형태와 후원을 기반으로 하여 이러한 자발적인 신불교 사상운동을 전개하고 있기 때문이다. <드래곤 팰리스>가 사원 중심의 신불교 확산 운동에 주력하고 있다면, <나가로카>는 재가 불자를 위한 체계적 훈련소 역할을 한다는 점에서 특징이 있다. 상가락시타(현재는 영국 버밍햄 거주)의 손길에 의해, 암베드카르의 새로운 운동이 조용히 그러나 기념비적인 운동이 그에게서 계승되어 발전하고 있는 셈이다. 그는 암베드카르의 불교 사상적 집약서인 『붓다와 그의 담마』를 암베드카르 사후에 누구보다 잘 이해하고 있었고, 또 그의 체계적인 전파를 위해 노력해온 인물이다. 그는 또한 실제로 전 세계 40곳에 불교 운동의 지부를 가지고 있으면서 국제적인 불교 활동을 전개하고 있기에 그의 활동은 주목받을 만한 것이다. <나가로카>의 실제적인 대만인 후원자도 상가락시타의 친구인 것을 보아서도 잘 알 수 있다. 이제 <나가로카> 현장의 소장과 직원들의 인터뷰와 설문 내용을 살펴보자.

◇ 설문지 사례 9 〈질문 항목에 따른 응답〉: 조사일 2002년 2월 11일

1. 이름: 비베카라나(Dhammaehan Vivekaralna)
2. 연령: 53세(남자)
3. 교육정도: 기계공학사
4. 카스트: 없음(여기서 카스트는 의미가 없는 것이라는 강경한 입장을 보인다. 본인도 카스트에 예속되지 않는다는 뜻이다)
5. 직업: 전화국 공무원
6. 사는 곳: 나그푸르
7. 출생 시부터 신불교도가 됨
8. 개종 이유: 없음(출생 시부터 불교도이기에)
9. 개종 결과의 만족도: (上同)
10. 암베드카르는 어떤 의미를 지니는가?: 암베드카르 박사는 우리의 삶에 있어서 핵심적인 인물이다. 우리의 삶을 보다 의미 있게 해 주었기 때문이다.
11. 신불교도가 됨으로써 자신감과 용기와 긍지를 갖게 되었다.
12. 신불교도가 됨으로써 사회적인 유익은 있으나 경제적인 유익은 없다.
13. 신불교가 정신적으로 만족을 주는가?: 그렇다. 명상생활 등을 통해 스스로 만족하고 있다.
14. 힌두교와 다른 종교는 (본인에게) 의미 없다.
15. 가급적 많은 시간을 내어 담마를 위해 노력한다.

응답자 비베카라나는 마하르 출신이었지만 카스트를 묻는 항목에서는 카스트가 없다고 대답함으로써, 신불교도가 된 이후의 사회적 지위의 단호한 변화를 분명히 표방해 주고 있다. 그는 또한 기계공학자로서 교육적 혜택을 받은 자이며, 공무원으로 근무하면서 대안적 공동체인 <지혜와 자비의 세상> 소장으로 활동하고 있다. 암베드카르에 대한 견해는 종교적 차원의 숭배대상으로서 보기보다는 인간적 차원에서 훌륭한 계몽자 정도로 인식하고 있었다. 신불교도가 됨으로써 자신감과 용기, 긍지를 지닐 수 있게 되었고, 사회적으로도 유익하게 작용하고 있다고 진술했으나, 그것이 경제적 유익으로까지는 발전하지 않고 있다고 대답했다. 경제문제에 관해서는 앞서 조사한 응답자들과는 다소 다른 개인적 견해차를 보여주고 있는 셈이다. 신불교도로서의 정신생활의 만족은 주로 명상을 통해서라고 했는데, <나가로카> 공동체가 지역적으로도 도심에서 크게 벗어나 있지 않으면서도 한적한 곳이어서 명상을 위해 적합한 곳으로 생각되었다(물론 불교적 생활 속에서의 명상을 배제한 것은 아니다). 인도 문화권에서 힌두교와 이슬람교를 쉽게 접근할 수 있지만 불교 외에는 의미 없는meaningless 것이라고 진술함으로써 반힌두교적 정서를 분명히 하고 있다. 담마를 위해서는 주로 시간적 봉사를 많이 하고 있다고 밝혔다. 이러한 소장의 입장과 관련하여 같은 공동체에서 활동하는 또 다른 직원 한 명과의 인터뷰를 살펴보자.

◇ 설문지 사례 10 〈질문 항목에 따른 응답〉: 조사일 2002년 2월 11일

1. 이름: 나가미트라(Dhammachari Nagamitra)
2. 연령: 38세(남자)
3. 교육정도: 학사
4. 카스트: 없음
5. 직업: 사회 복지사
6. 사는 곳: 나그푸르
7. 불교도가 되도록 노력하고 있는 중.
8. 개종 이유: 무응답
9. 개종 결과의 만족도: 무응답
10. 암베드카르는 어떤 의미를 지니는가?: 사회 개혁가
11. 나는 신불교도가 아니지만 나의 종교는 다른 종교와 다르다. 그것은 삶의 방식이다.
12. 사회적으로 새로운 삶을 살고 있다.
13. 신불교가 정신적으로 만족을 주는가?: 실천만 한다면 불교는 만족을 준다.
14. 힌두교는 소용이 없는(useless) 종교다. 인간의 발달을 가르치는 종교가 중요하다.
15. 나는 이 일(담마)을 위한 풀타임 사역자다.
16. 우리는 담마를 실천해야 한다. 그것이 새 생명을 주기 때문이다.

응답자 나가미트라는 힌두교를 소용없는 종교라고 비판하면서도 아직 신불교도가 되지는 않았다. 그러나 불교도가 되기 위해 노력하고 있다고 밝혔다. <지혜와 자비의 세상> 공동체에 풀타임 사역자로서 근무하면서도 아직 불교도는 되지 않은 점은 이 공동체의 특징을 말해주는 것이라고 볼 수 있다. 힌두교는 아닌 비불교도, 혹은 불교로의 개종 의사를 지닌 자들에게 이 공동체는 열려 있는 것임을 알 수 있고, 공동체에 소속하기 위해 먼저 불교도가 되어야 할 필요는 없음을 알 수 있다. 오히려 정기적인 금요 명상 시간 등을 통해 비불자들에게 불교를 전하고 담마의 실천을 교육하고 있는 것

이다. 흥미로운 사실은 신불교도는 아니지만 담마의 실천의 중요성은 강하게 인식하고 있었다. 담마의 실천 그것이 곧 그가 말하는 '삶의 방식'이 되고 있는 듯하다. 담마의 중요성을 인식하고 있기에 풀타임 사역자로서 이 사역의 중요성을 알고 자부심을 가지고 일할 수 있는 것으로 볼 수 있다.

응답자는 설문지 질의 응답 이후에 개인적으로, 필자가 수행하는 '암베드카르 연구와 신불교도 운동'의 현지 조사 작업의 중요성을 지적하고 축하하며, 격려까지 해 주면서 감사의 말까지 전해주었다.

3) 변모하는 교육현장

암베드카르 운동의 가장 큰 결실은 교육 현장의 변모를 들 수 있다. 암베드카르가 생존했을 당시에 이미 그가 불가촉천민을 위한 교육기관으로 세웠던 뭄바이의 <싯다르타 칼리지>를 비롯하여, 라트나기리의 <교육대학>, 마하드의 <암베드카르 칼리지>, 아우랑가바드의 <암베드카르 칼리지>와 <밀린다 칼리지> 그리고 또 하나의 종합대학인 <암베드카르 대학>이 그 주요한 결실들이다. 그러나 대학의 설립과 운영과정이 평탄한 것만은 아니었다. 필자는 그 대표적인 사례를 뭄바이의 <암베드카르 칼리지>-싯다르타 칼리지와는 또 다른 뭄바이의 대학이다-에서 볼 수 있었다.

필자가 조사한 바로는 암베드카르의 이름을 따른 대학이 이와 같이 마하라슈트라 주에서 4곳이나 되었다. 그러나 대도시 뭄바이에 소재한 <암베드카르 칼리지>는 전통 힌두사회에서 핍박을 견디지 못하고 건물이 불타거나 소실되는 처참한 경험을 해야만 했다. 필자가 뭄바이 다다르에 소재한 <암베드카르 사마디>를 방문하고 다시 <암베드카르 칼리지>를 방문했을 때의 충격은 참으로 큰 것이었다. 비교적 최근의 사례라고 볼 수 있는데, 1992년 달리트와 힌두 간의 폭동으로 상과대학 경제학부 건물이 온통 불타고 유리창도 깨어져 있었으며, 10년이 지난 오늘날까지 폐허가 된 채 그대로 방치되고 있었다. 다행히 뒤편에 있는 법과대학은 아직도 남아 운영되고 있다지만 폐허가 된 건물은 황량하기만 했다. 그 사건 이후 대부분의 달리트 학생들은 <싯다르타 대학>이나 <엘핀스톤 칼리지>로 전학하여 공부하고 있다고 한다. 이제 이 대학을 제외한 나머지 대학들을 방문했던 순서대로 살펴보기 전에, 먼저 암베드카르 자신이 졸업했던 뭄바이의 <엘핀스톤 칼리지>에서 가졌던 학생들과의 인터뷰와 설문조사 내용을 살펴보고자 한다.

(1) 뭄바이의 <엘핀스톤 칼리지>

엘핀스톤 대학에서는 3명의 힌두교 학생과 1명의 무슬림 학생 그리고 2명의 신불교도와 인터뷰를 가질 수 있었다. 엘핀스톤 대학은 영국 정부의 인도 식민지 시대에 세운 학교로서 역사가 오래된 학교다. 대다수의 힌두교인들이 수업하고 있지만 놀랍게도 신불교도들도 함께 공부하고 있었다. 이곳에서 가장 먼저 만난 학생이 크리쉬[Krish Nai] 군으로서 그는 줄곧 뭄바이 체류 동안에 소중한 정보제공사의 역할을 해 준 학생이다. 그는 힌두교인이었지만 달리트와 관련된 필자의 연구를 흥미 있어 했고, 기꺼이 여러 조언을 해 주었다. 우선 크리쉬 군부터 인터뷰했던 설문 내용을 살펴보자.

◇ 설문지 사례 11 〈질문 항목에 따른 응답〉: 조사일 2002년 2월 2일

1. 이름: 크리쉬(Krish Nai) 3. 교육정도: 대학생 4. 카스트: 힌두(힌두교인) 5. 직업: 학생 6. 사는 곳: 뭄바이 7. 개종: 해당 없음. 8. 개종 이유: 해당 없음 9. 개종 결과의 만족도: 해당 없음 10. 암베드카르는 어떤 의미를 지니는가?: 뛰어난 개혁가로서 천민들의 지위를 향상시켰다. 11. 나는 상층 카스트 출신이다. 12. 힌두교인으로서 나는 사회적 혜택을 많이 누리고 있다. 그러나 재정적인 도움을 받지는 않는다. 13. 힌두교인으로서 필요시에 힌두 신들에게 기도함으로써 도움을 얻는다. 14. 힌두교는 아주 관용적이며, 다른 종교가 어떠하든지 포용한다. 16. 불교는 매우 훌륭한 종교다. 그러나 나는 그것의 가르침을 잘 모른다.

응답자 크리쉬 군에 의하면, 그는 힌두교인으로서 사회적 혜택을 누리고 있고, 힌두교의 신들에게 기도함으로써 도움을 얻고 있으며, 힌두교가 관용적인 종교라는 사실을 주장하면서 자신의 종교에 만족하고 있다. 이는 대다수의 힌두교인들의 반응이라 볼 수 있을 것이다. 다만 그는 암베드카르가 위대한 사회 개혁자로서 달리트들의 지위를 향상시켰다는 점을 인정하고 있고, 불교도 훌륭한 종교라는 점을 인정하고 있을 뿐 큰 관심을 지니고 있지는 않고 있다.

같은 대학에서 브하스카르Sawant Yogendra Bhaskar라는 20세의 대학생도 힌두교인으로서 암베드카르를 사회 개혁가로서 인정하기는 마찬가지였다. 또 다른 힌두교인 학생 잉글C. B. Ingle 군의 설문 조사 내용을 살펴보면, 그도 암베드카르를 사회 개혁가로 인정했고, 자신

은 지정 카스트에 속한 사람이 아니지만, 지정 카스트들의 생활 향상에 관심을 가지고 있다고 표현했다. 힌두교에 대한 의견을 묻는 항목에서, 그는 다른 카스트의 사람들과 힌두교의 기본 원리가 어떻게 작용하고 있는지를 주목하면서 관심 있게 바라본다고 했다. 그리고 불교를 좋아하는데, 그 이유는 다른 카스트나 다르마와 같이 그 기본 원리가 동일하기 때문이라고 응답했다. 한편 무슬림 학생 에스마일[K. Ebraim Esmail]과의 인터뷰 내용 중에서, 힌두교에 관한 의견을 묻는 가운데, 힌두교는 무슬림의 '알라[Allah]'와 같이 '한 분 신[One God]'을 믿는다고 본다고 했다. 이는 간디가 <신에게 이르는 길>이라는 제목의 글에서 주장한 바와 같이 여러 종교의 신들도 궁극적으로는 '한 분 신'으로 귀착될 수 있다고 보는 간디의 종교적 견해와도 일치한다고 볼 수 있을 것이다. 이제 <엘핀스톤 칼리지>의 학생 가운데 신불교도 2명의 설문 조사 내용을 살펴보자.

◇ 설문지 사례 12 〈질문 항목에 따른 응답〉: 조사일 2002년 2월 3일

1. 이름: 캄브헤(Rohit Varna Kambhe)
2. 연령: 22세(남자)
3. 교육정도: 지리학 학사, 석사
4. 카스트: 달리트
5. 직업: 학생
6. 사는 곳: 뭄바이
7. 개종: 출생 시부터 불교도
8. 개종 이유: 해당 없음
9. 개종 결과의 만족도: 해당 없음
10. 암베드카르는 어떤 의미를 지니는가?: 나의 지도자요 나의 신이다.
11. 신불교도가 됨으로써 교육받는데 도움이 되고 있다. 달리트 출신의 '지정석(reserved seats)' 혜택을 받고 있다.
12. 신불교도가 됨으로써 경제적인 혜택은 직업 선택의 기회가 생긴다는 점이며, 사회적 혜택으로는 문화를 공유할 수 있다는 점이다.
13. 신불교는 우리에게 정신적인 만족을 주면서, 각자 훌륭한 개인들로 만들어 간다.
14. 힌두교와 다른 종교에 대해서는 평가하지 않겠다.
15. 달리트를 위해서는 한 달에 한 번씩 시간을 내어 기부도 한다.
16. (필자가 하는 일에 최선을 다해 주길 바란다.)

자신의 카스트를 달리트라고 밝힌 응답자 캄브헤는 암베드카르 운동의 결과로 보이는 대표적인 결실 가운데 하나다. 왜냐하면 그는 달리트 출신들에게 부여되는 '지정석'의 자격으로 주류 사회의 일반 대학 수업을 받고 있는 것이다. 암베드카르는 그에게서 지도자이자 신이다. 마하르 출신의 설문 응답자 대부분이 신불교도가 됨으로써 사회적 혜택을 받는다는 점에서는 긍정적이지만 경제적인 혜택은 수긍하는 경우가 상대적으로 적은 편이었다. 하지만 응답자 캄브헤는 교육적 효과를 통해서 직업 선택의 기회가 넓어지므로 경제적

효과도 있다고 주장하였다. 신분적 변화로 인한 사회적 혜택은 문화적 공유를 들었지만, 힌두교를 평가하는 부분에서는 언급을 회피했다. 달리트를 위해 시간을 내어 헌신하는 모습도 인상적이다.

이 대학의 또 다른 응답자 가운데 한 사람인 신불교도 스힌드M. S. Shinde 군은 자신의 카스트를 마하르 출신 혹은 달리트 출신의 용어로 사용하지 않고, 불교도라고 언급함으로써 새로운 신분적 정체성을 확고히 보여주고 있다. 암베드카르는 그에게서 개혁가로서 존경되고 있고, 신불교도로서 혜택을 받고 있다고 밝혔다. 이로써 <엘핀스톤 칼리지>는 힌두 주류 사회에서 전통 있는 명문대학이지만 불가촉천민 출신들을 영입하여 교육하고 있었고, 그것은 암베드카르 운동의 소산으로 볼 수 있는 것이다. 그러나 아직도 대부분의 달리트들은 경제적 어려움으로 인해 주류 대학의 진출은 소수에 불과한 형편이다. 이에 따라 대부분의 달리트들이 별도의 대학 시설에서 교육을 받고 있는데, 뭄바이에서 그 대표적인 대학이 암베드카르가 설립한 <싯다르타 칼리지>다. 다음에서 이 대학의 학생과 교직원을 인터뷰하고 설문한 내용을 살펴보자.

(2) 뭄바이의 <싯다르타 칼리지>

싯다르타 칼리지에서는 2명의 교직원과 12명의 학생을 상대로 설문했다. 2명의 교직원은 각각 도서관장과 여직원 사서였다. 도서관장은 인터뷰를 통해 그의 할아버지가 암베드카르와 친한 친구였다고 필자에게 일러주었다. 도서관장과 여직원 사서의 설문 조사 내용을 차례로 살펴보고, 12명의 학생들과 가진 설문 내용은 종합적 비교 분석의 형태로 검토해 보기로 하겠다.

◇ 설문지 사례 13 〈질문 항목에 따른 응답〉: 조사일 2002년 2월 13일

1. 이름: 탈와트카(Shrikant G. Talwatkar)
2. 48세(남자)
3. 교육정도: 도서관학 학사, 문학 석사
4. 카스트: 불교도
5. 직업: 도서관장
6. 사는 곳: 뭄바이
7. 개종: 불교도로 개종
8. 개종 이유: 양친의 개종에 따른 개종
9. 개종 결과의 만족도: 만족한다. 평등한 인간으로서 살 수 있는 새로운 정체성을 부여해 주었다. 새로워진 세상에서 자기주장과 열정을 지니고 살 수 있다.
10. 암베드카르는 어떤 의미를 지니는가?: 사회의 변혁자다.
11. 상층 카스트와 비교해 볼 때, 신불교도가 됨으로써 얻은 유익이 있다.
12. 신불교도가 됨으로써, 경제적인 혜택은 따로 없지만, 사회적 혜택은 있다.
13. 신불교는 우리에게 정신적인 만족을 주는 지상 최대의 생활 방식이다.
14. 힌두교에 대한 견해: 좋다(평가하지 않겠다. no comment라고 썼다가 지워버리고, 다시 good이라고 썼다). 다른 종교에 대한 견해: 좋다.
15. 한 달에 며칠 정도 시간을 내어 담마 활동에 참여한다.
16. 나는 담마 사역자이자 사회사업가이며, 정치가다.

응답자 탈와트카는 암베드카르의 친구를 할아버지로 둔 계보(系譜)적 인물로서, 암베드카르가 창설한 대학의 도서관장이라는 중책을 맡고 있었다. 그의 도움으로 필자는 암베드카르의 저술 및 관련 도서를 18권이나 빌려서 복사할 수 있었다. 1956년 암베드카르 개종식 당시에 2살이었기 때문에, 아버지의 개종에 따라 같이 개종한 셈이다. 개종 이후 오늘날 새로운 정체성을 가지고 자기주장을 펼 수 있어서 만족한 삶을 산다고 했다. 지금까지 조사했던 모든 신불교도들과 달리 힌두교에 대해 그는 '좋다'는 평가를 내리고 있다. 이는

그가 자신을 사회 정치적 활동가로 소개하고 있는 점과 무관하지 않을 것이다. 처음에는 'no comment'로 응답했다가 다시 지우고 'good'이라고 응답한 경우를 봐서도, 힌두교에 관한 견해를 밝히는 부분에서는 민감한 심정적 변화가 오고갔음을 읽을 수 있는 대목이다. 다른 종교에 대한 견해도 '좋다'고 반응하기는 마찬가지였으나, 불교가 최선의 생활 방식이라는 점은 분명히 하고 있다. 도서관장의 이러한 입장에 비해 여직원 사서의 신불교관은 어떠한지 살펴보자.

◇ 설문지 사례 14 〈질문 항목에 따른 응답〉: 조사일 2002년 2월 4일

1. 이름: 우샤 가익워드(Usha D. Gaikwad)
2. 연령: 52세(여자)
3. 교육정도: 도서관학 학사, 문학 석사
4. 카스트: 불교도
5. 직업: 도서관 사서
6. 사는 곳: 뭄바이
7. 개종: 불교도로 개종
10. 암베드카르는 어떤 의미를 지니는가?: 주님(Lord)이시다.
11. 상층 카스트와 비교해 볼 때, 신불교도가 됨으로써 얻은 유익은 고등 교육.
12. 신불교도가 됨으로써, 경제적인 혜택은 따로 없지만, 사회적 혜택은 있다.
13. 신불교는 우리에게 정신적인 만족을 준다.
14. 힌두교에 대한 견해; 불교도와 여타의 다른 종교 속에서 카스트 체제를 유지하고 있다.
15. 하루에 2시간 정도의 시간을 담마 사역에 보낸다.

비교적 간단하게 응답해준 도서관 사서는 암베드카르가 도서관장이 밝히고 있듯이 단순한 사회 개혁가 정도가 아니라, 주님으로서 신봉되고 있다. <싯다르타 대학> 정문에서 곧바로 내부로 들어서

면 2층으로 올라가는 계단 한복판에 암베드카르의 동상이 있다. 그곳에서 함께 사진 촬영을 하면서 우샤(새벽이라는 뜻이라고 이름 뜻을 풀어 주었다)는 암베드카르 동상 앞에서는 모자를 쓰지 말라고 할 정도로 경건한 모습을 보여 주었다. 마치 불교도들이 불상 앞에서 모자를 쓰고 들어가지 말라는 것과 같은 경우다. 힌두교에 대해서는 도시관정을 제외한 앞선 응답자들보다는 강한 비판을 보여주지 않았다. 지금까지의 모든 응답자에게서 공통적으로 볼 수 있었던 것처럼 신불교를 통해 정신적 만족을 얻고 있는 그녀는 암베드카르에 대한 강한 신심을 보이면서 담마를 위해 하루 2시간의 경건한 시간을 보내고 있다.

◇ 〈싯다르타 칼리지〉 학생 12명에 대한 설문 집단조사 사례 15: 조사일 2002년 2월 4일

싯다르타 칼리지의 학생 12명은 무작위로 선택된 설문 조사였다. 그 중에 달리트 힌두인 1명을 제외한 11명이 불교도(신불교도)였다. 이 가운데서 우선 11명의 불교도를 살펴보자.

1. 연령: 16~20세
2. 교육정도: 대학 1년에서 4년
3. 카스트: 1명은 마하르, 1명은 힌두인, 9명은 불교도라고 밝혔다.
4. 부모의 개종에 따라 모두가 출생 시부터 불교도가 됨.
5. 암베드카르의 의미에 대해서, '주님'으로 응답한 자는 2명, '개혁가'로는 9명이다.
6. 신불교도가 됨으로써 상층 카스트와 비교하여 얻고 있는 혜택은; 아무 혜택을 받고 있지 못하다고 응답한 자가 4명, 무응답이 1명, 혜택을 받는다고 한 자가 6명이다. 혜택을 입고 있다고 구체적으로 응답한 이들 가운데, 그 내용은 주로 버스나 철도 이용권으로서 일반인보다 절반 또는 4분의 1에 해당하는 혜택들이었다. 그밖에도 정부 기관에서 근무할 수 있도록 확보된 '지정석' 제도와 교육의 기회 등을 들었다.

7. 신불교도가 됨으로써 얻는 경제, 사회적 위상은; 경제적으로 만족하거나 도움이 된다고 하는 응답자가 3명이고, 나머지 8명은 도움이 되지 않는다고 부정적인 반응을 보였다. 반면에 사회적으로 혜택이 되고 있다는 응답은 8명, 혜택이 없다는 응답은 3명으로 나타났다.
8. 신불교가 정신적인 만족을 주는가에 대해서, 4명은 그렇다고 했고, 5명은 아니라고 했으며, 2명은 무응답이었다. 특히 정신적인 만족을 주지 못한다는 반응은 기대치 못했던 의외의 반응이었다. 앞서 본대로 지금까지 조사한 바로는 100%가 정신적인 만족을 하고 있다고 응답했던 데 비해, <싯다르트 칼리지>의 젊은 대학생들은 응답자 중 절반 이상이 종교적 만족도에 대해서는 부정적인 견해를 지니고 있는 것으로 나타났다. 어떤 종교도 정신적인 만족을 주지 못한다는 견해였다. 이는 세속화되어 가는 시대 속에 살고 있는 젊은 학도들의 새로운 종교적 견해를 반영해 주고 있다는 점에서 주목할 만한 일이다.
9. 힌두교에 대한 견해에서, 힌두교를 긍정적으로 보는 견해가 7명, 부정적으로 보는 자가 1명, 무응답이 2명, 좋지도 나쁘지도 않다는 자가 1명으로 나타났다. 다른 종교에 대한 견해로는, 친구 개념으로 보거나 좋다는 응답이었고, 부정적으로 본 응답자는 없었다.
10. 담마를 위한 실천에 대해서는, 무응답(1명)을 제외하고는 부정적으로 응답한 이가 아무도 없었고, 시간 있을 때 노력한다(1명), 하루 1시간(2명), 나머지 7명은 모두 방과 후에 노력하고 있다고 했다.

이상의 불교도 11명에 대한 설문 조사 결과는 앞서서 살펴본 사례 1~14까지의 기본적 응답 유형과 판이하게 다른 점이 분석될 수 있다. 대표적인 경우가 힌두교에 대한 견해 차이로서 <싯다르타 칼리지>의 학생들은 대부분이 힌두교에 호의적이었고, 오히려 좋은 문화이며, 자신이 불교도임에도 불구하고 힌두 문화로서 좋아하고 있다는 반응을 보였다는 점이다. 또한 불교도이면서도 종교적 만족도는 오히려 낮았고, 모든 종교가 정신적 만족을 다해 줄 수 없다는 부정적 태도를 보이고 있다는 점이다. 암베드카르는 2명이 '주님'으로 존경하는 반면에 9명이 모두 개혁가로 보았고, 그 운동의 결과로 버스나 철도 통행료 인하와 같은 사회적 혜택을 누리고 있음은 인정했다. 그러나 신불교도가 되었다고 해서 경제적으로 직접적인 도움이 된다고 응답한 자는 적었고, 반대로 사회적 혜택이 있다는 점은 앞선 사례조사와 비교할 때 큰 차이가 없었다.

한편 응답자 중의 힌두-달리트 출신 한 사람의 경우를 보면, 부친이 이발사인 달리드 출신 칼레Santosh Kale는 불교도가 아니었다. 그는 암베드카르를 '대단히 고무적인 사람a great inspiration'으로 평했고, 버스 통행료 인하를 사회적 혜택의 예로 들었다. 그는 또한 힌두교와 다른 종교들을 좋은 종교로 평가했다. 칼레의 경우는 비단 달리트 출신이지만 불교로 개종하지 않은 경우를 말해주는 사례이고, 불교도는 아니지만 암베드카르를 개혁가로 보고 있으며, 그 운동의 결과로 사회적 혜택을 입고 있음도 인정했다. 그러나 종교에 관한한 힌두 종교를 '훌륭한 종교a nice religion'라고 평가함으로써 다른 동료 불교도들의 반응보다 더욱 적극적인 표현을 쓰고 있다. 다른 동료 불교도들도 힌두교를 부정적으로 보지는 않고, 긍정적으로 평가했으나 이들보다 더 적극적으로 힌두교를 평가하고 있다는 점이다.

(3) 라트나기리의 <교육대학>

라트나기리의 <교육대학>을 방문할 수 있었던 것은 라트나기리의 세무서장이 인터뷰를 마치면서, 대학의 학장에게 전화를 걸어 필자를 소개해 준 덕택이었다. 릭샤를 타고 이 대학을 방문했을 때, 평화롭고 아담한 교정에는 따뜻한 햇살을 받으며 꽃들이 만발해 있었고, 잔디밭에서는 남녀 학생들이 무언가 즐거운 놀이를 하고 있었다. 한 여교수의 안내로 학장실에 들어가서 곧장 인터뷰를 가졌다.

그는 교육학자답게 암베드카르에 대해 장황하게 설명했는데, 대부분이 필자가 이미 알고 있던 내용이라 시간을 절약하기 위해 설문지를 통한 조사를 곧바로 의뢰했다. 그는 또한 카담K. N. Kadam이 저술한 암베드카르의 전기를 읽어 보라고 권했는데, 이는 이미 필자가 한국에서 인터넷 서점 아마존을 통해 구입하여 읽은 책이었다. 라트나기리의 <교육대학>의 탐방은 예정에 없었기 때문에 학생들과의 면담 대신에 학장과의 인터뷰만 설문으로 한정하기로 했다. 다음에서 그 설문 내용을 살펴보자.

◇ 설문지 사례 16 〈질문 항목에 따른 응답〉: 조사일 2002년 2월 6일

1. 이름: 레이한스(S. S. Rayhans)
2. 연령: 51세(남자)
3. 교육정도: 교육학 석사, 철학박사
4. 카스트: 마하르
5. 직업: 교수(학장)
6. 사는 곳: 라트나기리
7. 개종: 불교도로 개종
8. 개종 이유는?: 새로운 삶을 위하여
9. 개종의 목적은 성취되었는가?: 그렇다
10. 암베드카르는 어떤 의미를 지니는가?: 개혁가
11. 상층 카스트와 비교해 볼 때, 신불교도가 됨으로써 얻은 유익은?: 아주 미미한 정도
12. 신불교도가 됨으로써 얻은 사회, 경제적인 혜택은?: 무응답
13. 신불교는 대단히 과학적인 종교다.
14. 힌두교에 대한 견해는?: 처음에는 평등하고 고매한 원리에 기초한 것이었으나, 후대의 힌두 <經典>이 결집되면서 힌두교는 어두운 길로 접어들었다.
15. 담마의 실천 차원에서는 다른 종교의 사람들을 재정적으로 돕기 위해 노력한다.

레이한스 학장의 응답 내용을 분석해 보면, 암베드카르 개종 당시에 부모와 함께 어린나이에 개종한 사례라고 볼 수 있고, 새로운 삶을 위하여 개종한 그는 개종의 목적을 달성했다고 하며 만족하면서도, 상층 카스트와 비교해 볼 때 사회, 경제적인 유익을 얻느냐는 질문에는 부정적이었고, 그 혜택은 아주 미미한 정도라고 함으로써, 소규모의 대학 학장으로서 지니고 있는 힌두 주류사회에 대한 불만은 여전함을 엿볼 수 있다(레이한스 학장은 인터뷰에서 마하르 출신의 5% 정도만이 실제적인 혜택을 얻고 있다고 증언했다). 암베드카르는 개혁가로서 평가했고, 불교는 과학적이라 하여 힌두교에 비해 상대적 우수성을 주장했다. 담마의 실천을 위해 달리트를 돕는다는 표현 대신에 타 종교의 사람을 재정적으로 돕기 위해 노력하고 있다는 그는 종교를 초월하여 불교도로서의 모범을 보이고자 하는 것으로 생각된다.

(4) 마하드의 <암베드카르 칼리지>

마하드는 앞서 '거룩한 땅'의 현장을 조사할 때 살펴보았던 초다르 물탱크 시위 현장과 『마누법전』을 불살랐던 <크랜티 브후미>가 인근에 있는 곳이다. 불가촉천민 해방운동의 기폭제가 되고 진원지 역할을 한 이곳 마하드에 암베드카르의 이름을 딴 <암베드카르 칼리지>(1961년 설립)가 있다. 이곳에서는 이 대학의 전임 학장과 또 다른 2명의 교수와 인터뷰를 했는데, 한 명은 앞에서 <크랜티 브후미>를 조사하면서 인터뷰했던 아난타 교수(설문지 사례 1 참조)이고 나머지 한 명은 라트나기리에서 통계청 지점장과 인터뷰할 때 소개해 주었던 데테[Bhimsen V. Dethe] 교수다. 이 대학은 뭄바이의 <싯다르타 칼리지>에 이어 암베드카르 사후 가장 이른 시기에 건립된 암베드카르 운동의 소산 가운데 하나다.

뭄바이와 같은 대도시에 비해, 마하드는 마하라슈트라 주의 외곽에 자리한 라트나기리와는 거대한 데칸 산맥을 사이에 두고 형성되어 있는 분지형 도시로서, 영국 식민지 시절 이전부터 시바지(Shivaji, 1627~1680)와 같은 마라타[Maratha][561)]-전통적으로 수드라[Sudra] 취급을 받는다. 암베드카르의 할아버지도 이 마라타의 군인 출신이다-의 영웅이 활동했던 산악지대의 기슭에 자리한 자그마한 도시다. 시바지 자신이 19세에 산적 두목 출신으로 무슬림 장군 아프잘 칸[Afzal Khan]을 무찌르고 4,000마리의 말을 포획하는 등 데칸 산맥 일대를 장악하면서 후에 마라타의 영웅으로 떠오른다. 시바지의 활동무대는 마하드를 넘어 푸네[Poona]에서 그의 본거지로 삼고 뭄바이의 해안 등으로 영향력을 확대하면서, 17세기 말 인도 전역으로 통치권을 행사했던 아우랑제브 황제(Emperor Aurangzeb, 1618~1707)와 같은 당대의 무슬림 세력과 겨루기도 한다. 인도 뭄바이의 인디안 게이트 옆에 동

■

561) 17세기에는 마하라슈트라의 모든 힌두인을 마라타(Maratha)라고 불렀다. 브라흐만 계층과 수드라 계층이 초기에는 밀착되어 시바지와 그의 후계자들에 의해 기동 전투부대로 잘 훈련되어 있었고, 힌두 종교의 깃발 아래 무슬림 세력과 싸웠다. 마라타인들은 처음에는 데칸(Deccan)에서 아우랑제브의 세력을 무찌름으로써 인도 남서부를 차지하고, 18세기에는 동부의 오릿사(Orissa)와 델리(Delhi)까지 진출하게 되었다. 점차 이들 사이에 내분이 일어나게 되었고, 10세기 초에는 동인도 회사의 신진 세력과 싸우기도 했으나 결국은 패했다. 그러나 외세에 대한 마라타의 성취와 긍지는 20세기의 민족주의의 분위기와는 다르게, 19세기 후반에 힌두이즘의 부흥(Hindu Revivalism)으로 나타났다. 1818년에 일어난 영국과 마라타의 전쟁은 마라타 제국의 멸망을 초래했다. 18세기의 군사, 정치, 문학, 상업, 예술 등의 인상적인 성취에도 불구하고 역사가들에 의하면, 마라타의 멸망 원인을 네 가지로 들고 있다. 첫째, 북쪽의 라지푸트(Rajiput)를 제압할 수 있는 통합적인 지도력의 부족, 둘째 과중한 세금, 셋째 과학과 같은 문명생활의 외면, 넷째 근대화보다는 종교와 의례에 경도된 것을 들고 있다. cf, Surjit Mansingh, *Historical Dictionary of India* (New Delhi: Vision Books, 2001), pp. 251-251.

상으로 세워져 있는 영웅 시바지가 바로 이곳 데칸 산맥을 무대로 산적들을 제압하고 마하라슈트라의 산악지대를 장악하면서 강력히 외세와 대항했던 본거지였던 것이다.

필자도 라트나기리에서의 현지 조사를 마치고 마하드로 이동할 때, 험준한 산맥을 넘어가는 어느 마을(케라라는 지명으로 기억된다)에서 긴 칼을 쥐고 말을 탄 시바지의 거대한 동상이 서 있는 것을 볼 수 있었다. 한국의 강원도 한계령과 같은 거대한 산맥을 몇 번이고 거듭거듭 넘어 오면서 가난하지만 용감했던 마라타의 후예들이 지금은 군데군데 초라한 산간 마을에서 순박하게 농사를 일구고 있던 모습을 바라보던 기억이 아주 인상 깊게 남아있다.

이들 산악지대의 마라타인들이 영국의 지배하에 들어가면서 상당수가 군인으로 수용되었던 것이다. 그 중에 한 사람이 암베드카르의 할아버지였으며, 그는 용맹한 지도력으로 소학교의 교장까지 지낼 수 있었다. 이미 영국 식민지 사회가 계급사회의 변동을 초래할 수 있었던 빌미를 제공해 주고 있었던 셈이다. 그러나 마하드와 같은 촌락의 사람들은 여전히 힌두 주류사회의 핍박과 예속 그리고 소외 속에서 대다수는 교육을 받을 수 있는 기회가 없었지만, 암베드카르 운동 이후 <암베드카르 칼리지>와 같은 대학이 신설되어 대다수의 마하르인들이 교육을 받을 수 있게 된 것이다. 이제 이 대학의 전임 학장과 교수와의 인터뷰 내용을 살펴보자.

◇ 설문지 사례 17 〈질문 항목에 따른 응답〉: 조사일 2002년 2월 7일

1. 이름: 브힘테(B. P. Bhimte)
2. 연령: 52세(남자)
3. 교육정도: 문학 석사, 철학 석사
4. 카스트: 불교도
5. 직업: 교수(전임학장)
6. 사는 곳: 마하드
7. 개종: 불교도로 개종
8. 개종 이유는?: 1956년 암베드카르의 권유로.
9. 개종의 목적은 성취되었는가?: 그렇다
10. 암베드카르는 어떤 의미를 지니는가?: 개혁가
11. 상층 카스트와 비교해 볼 때, 신불교도가 됨으로써 유익이 있다.
12. 신불교도가 됨으로써 얻은 사회, 경제적인 혜택은?: 경제적으로는 '지정제도 정책(Reservation Policy)'으로 혜택이 있다. 사회적 혜택은 없다.
13. 신불교를 통해 정신적으로 만족한다.
14. 힌두교에 대한 견해는?: 카스트로 지배되는 종교다.
15. 연중 2개월 정도를 담마의 실천에 보낸다.

응답자 브힘테는 1956년 당시의 개종자로서, 어린 시절부터 불교도로 성장해 왔다. 암베드카르를 개혁가로 보고 있는 점은 동 대학 교수인 아난타가 주님으로 생각하고 있는 바와는 차이가 있다. 브힘테 교수에게서 볼 수 있는 한 가지 특이한 점은 경제적 혜택은 있어도 사회적 혜택은 없다고 함으로써, 힌두 주류 측의 사회적 차별을 여전히 실감하고 있다고 볼 수 있다.

또 다른 응답자인 데테(47세, 석사) 교수는 사회복지사이면서 불교 작가였다. 마하르 출신으로서 그는 신교도가 됨으로써 재정적 혜택이 있다고 했고, 사회적으로는 사회 복지사로서, 작가로서 활동할 수 있는 점이 유익한 점이라고 응답했다. 힌두교에 대해서는 언급을

회피했고, 불교가 최선의 종교라고 했다. 마하드의 <암베드카르 칼리지>는 라트나기리의 <교육대학>이 그러하듯이, 촌락형의 소규모 대학으로서 뭄바이의 <싯다르타 칼리지>나 아우랑가바드의 암베드카르이즘[Ambedkarism]의 대학들보다 규모나 수준에서 현저하게 취약한 대학이다. 그럼에도 불구하고 마하드의 마하르 주민들에게는 자부심을 심어주는 커다란 힘이 되고 있다.

(5) 아우랑가바드의 <밀린다 칼리지>

<묵티 브후미>가 있는 욜라에서 현지 조사를 마치고 버스로 약 3시간 거리에 떨어져 있는 아우랑가바드로 이동했다. 도착하자마자 어느 오토릭샤 기사가 찾아와 안내를 자청했다. 달리 방도가 없어서 릭샤를 타고 우선 예정지 <밀린다 칼리지>로 향했다. 마침 여학생 3명이 나오고 있었다. 일요일이라 한 사람도 놓칠 수 없다는 생각이 들어 곧장 인터뷰를 요청했다. 모두가 마하르 출신이었고 서툰 영어들이었지만 설문지에 친절히 응해 주었다. 캠퍼스 내부로 들어서자 많은 학생들이 뜻밖에 웅성거리고 있었고, 비디오로 촬영하며 인터뷰를 시작했다. 더욱 많은 학생들이 몰려들었고, 인터뷰에 어느 정도 익숙해진 필자는 지체 없이 교수가 있는 연구실을 물어 들어갔다. 다행히 부학장을 만날 수 있었는데, 일요일인데도 왜 이렇게 학생들이 웅성거리느냐고 물었더니, 마침 시험 날이라고 했다. 교수들은 시험지를 받아들고 채점을 준비하느라 분주했지만, '제이 브힘'을 외치며, 연구 과제를 알리자 격려를 해주며 친절히 설문에 응해 주었다. 이어서 실시된 남학생 6명과 여학생 6명을 포함한 12명의 설문 조사는 집단 조사 형식으로 차례로 살펴보고자 한다.

◇ 설문지 사례 18 〈질문 항목에 따른 응답〉: 조사일 2002년 2월 10일

1. 이름: 상카르
2. 50세(남자)
3. 교육정도: 문학 석사
4. 카스트: 불교도
5. 직업: 교수(부학장)
6. 사는 곳: 아우랑가바드
7. 개종: 불교도로 개종
8. 개종 이유는?: 불가촉천민이라는 이유로.
9. 개종의 목적은 성취되었는가?: 그렇다. 우리는 이제 달라졌다. 모두를 동등하게 여기는 종교를 지니고 있다.
10. 암베드카르는 어떤 의미를 지니는가?: 개혁가
11. 상층 카스트와 비교해 볼 때, 신불교도가 됨으로써 유익이 있는가?: 조금 더 세월이 흘러야 할 것이다.
12. 신불교도가 됨으로써 얻은 사회, 경제적인 혜택이 있다.
13. 신불교를 통해 정신적으로 만족한다.
14. 힌두교에 대한 견해는?: 여러 카스트로 구성되면서 다른 카스트를 지배하는 종교다. 다른 종교에 대해서는 무응답.

응답자 부학장은 대부분의 장년층 응답자가 그러하듯이 암베드카르의 개종 당시의 부모를 따라 어린 시절에 함께 개종한 사례였다. 개종 이유는 앞선 사례에서 볼 수 없었던 구체적인 대답을 주고 있다. 불가촉천민[Untouchability]이 바로 그 이유였다. 개종을 통해 동등하게 여기는 불교에 만족을 느끼지만, 상층 카스트에 비해서는 아직도 경제, 사회적 차별을 느끼고 있는 현실이며, 카스트로 지배되는 사회가 평등사회로 구현되기 위해서는 더 시간이 걸릴 것이라고 주장한다.

한편 <밀린나 칼리시>의 도서관장 잉글레[R. K. Inglo]와도 인터뷰를 가졌는데, 그는 63세의 노년으로서, 1956년 암베드카르의 개종식 때 신불교도가 된 사람이다. 개종의 결과를 만족했고, 암베드카르는 그에게 개혁가로서의 의미가 있는 인물이다. 그러나 신불교도가 됨으

로써, 상층 카스트와 비해 달라진 혜택이라든가, 경제, 사회적 혜택을 누리는가 하는 질문에 대해서는 모두 무응답이었다. 이는 대다수의 장년층이 보여준 결과와 유사하지만, 사회적 혜택에 대해서도 반응이 없었던 점은 아직도 힌두 주류사회에 대한 불신의 벽이 높다는 것을 시사해 주는 대목이라고 볼 수 있다. 신불교의 정신생활에 대해서는 만족했고, 힌두교는 '카스트 지향적'이라고 평가했다.

도서관장과 사서와의 인터뷰를 마치고 나오자 복도와 캠퍼스에는 여전히 학생들이 웅성거리고 있었다. 필자는 또다시 설문지를 꺼내들고 즉석에서 인터뷰를 요청했다. 5~6명이 응답하기 시작하자 다른 학생들도 가세하여, 10여 명의 학생들과 설문조사를 할 수 있었다. 그 중에서도 유독 진지하게 필자의 설문에 답하던 한 학생이 필자의 신분과 취지를 상세히 묻고는 스스로 자청하여 정보제공자 역할을 해주겠다고 나섰다. 그의 이름은 란지트B. Ranjeet였다.

란지트 군은 암베드카르가 1948년에 <밀린다 칼리지>를 설립했던 일과 1950년에 앞 정원에 기념수로 심은 보리수나무가 오늘날 놀랍게 성장해 있는 모습을 보여 주었다. 이어서 교정 내에 있는 불상과 암베드카르의 초상들을 두루 안내해 주었고, 자연과학과 식물학 등 소상히 안내해 주었다. 그는 또한 현재 이 대학의 학생 수가 7천 명 정도에 이르며, 모두가 주 정부의 지원으로 무상으로 공부하고 있다고 했다. 정보제공자 란지트 군 자신도 나그푸르에서 이곳까지 공부하러 왔고 타이와 인근 동남아시아에서 유학 온 학생들도 몇몇 있다고 했다. 암베드카르의 교육 정책과 이념의 실현이 이제는 해외에까지 미치고 있는 셈이다.

학교 인근에 자리한 이 대학 기숙사를 들렀을 때, 정방형으로 널따

랗게 지어진 수십 동의 기숙사에는 남학생들만이 기숙하고 있었다. 중앙 한 가운데에 비하르가 있었고, 내부로 들어서자 불상과 암베드카르 그리고 그의 아내의 대형 사진이 걸려 있었다. 그곳은 동시에 강연도 할 수 있는 강당 역할도 하는 곳이었다. 삽시간에 기숙사의 학생들이 필자 주변에 몰려왔고, '제이 브힘'으로 환호하는 인사를 나눈 후 기념 촬영을 하였다. 신불교 운동의 미래는 바로 이들의 어깨에 달려 있는 듯했다. 이제 <밀린다 칼리지>의 12명의 응답자들 가운데, 6명의 여학생과 6명의 남학생의 설문 내용을 차례로 살펴보자.

◇ 설문지 사례 19 〈마니샤(Manisha) 외 5명의 여학생들〉: 조사일 2002년 2월 10일

1. 연령: 17~19
2. 교육정도: 모두 대학 1년생(전공 예술)
3. 카스트: 지정 카스트(Scheduled Caste) 2명, 뱅가리(Bangary) 2명, 불교도라고 응답한 사람 1명, 없음(open)으로 응답 1명.
4. 직업: 학생
5. 사는 곳: 아우랑가바드
6. 불교도가 된 이유는?: 뒤처진 카스트(backward caste)와 불가촉천민이라는 이유 때문에. 우리는 신실한 학생이다. 6명이 다 같이 동일한 진술.
7. 개종의 목적은 성취되었는가?: 그렇다(1명), 행복하다(1명), 매우 행복하다(3명), 무응답(1명)
8. 암베드카르는 어떤 의미를 지니는가?: 대단히 훌륭한 사람이다(6명 모두).
9. 상층 카스트와 비교해 볼 때, 신불교도가 됨으로써 유익이 있는가?: 그렇다(3명), 매우 그렇다(3명)
12. 신불교도가 됨으로써 얻은 사회, 경제적인 혜택이 있는가?: 경제적으로는 '지정제도 정책(Reservation Policy)(5명), 1명(무응답). 사회적으로는 무응답(6명 모두).
13. 신불교를 통해 정신적으로 만족한다(6명 모두).
14. 힌두교에 대한 견해는?: 카스트 체제다(5명), 1명(무응답).
15. 담마를 위해서는 많은 시간을 할애한다(4명), 조금(2명).

위의 사례를 분석해보면 지금까지의 응답 사례 중에, 달리트나 마하르라는 용어가 모두 불가촉천민을 가리키는 용어이지만, '지정 카스트'라고 응답하기는 처음이다. 명칭만 다를 뿐 특별한 다른 의미는 없다. 개종한 이유는 모두가 불가촉천민이라는 굴레를 벗어나기 위함이었다. 개종의 결과는 1명을 제외하고 모두가 행복하거나 아주 행복하다는 반응이다. 암베드카르는 그들에게 '매우 훌륭한 인물'이었고, 신불교도가 됨으로써 얻는 혜택은 5명이 '지정제도 정책Reservation Policy'에 따른 경제적 혜택이라고 말했다. 힌두교의 카스트 체제를 거부했고, 담마를 위해 헌신한다고 응답했다. 이제 다음에서 같은 대학의 남학생 응답자 8명의 진술을 살펴보자.

◇ 설문지 사례 20 〈란지트(Bambale Ranjeet Japan—필자의 정보제공자) 외 5명의 남학생들〉: 조사일 2002년 2월 10일

1. 연령: 18~23
2. 교육정도: 대학 1년생에서 2년생
3. 카스트: 마하르(1명), 불교도(라고 응답한 사람) 5명
4. 직업: 학생
5. 사는 곳: 아우랑가바드(5명), 아콜라에서 1명
6. 불교도가 된 이유는?: 출생부터(2명), 개종(4명), 개종한 4명 중에 2명은 각각 종교를 매우 좋아하기 때문에, 불교철학을 좋아하기 때문이라고 응답했다.
7. 개종의 목적은 성취되었는가?: 그렇다(2명): "불교 덕택에 자유로운 분위기 속에 살고 있다", 무응답(3명), 대답 대신 다른 설명(1명): "개종의 목적은 사회, 정치, 경제적 평등을 이루는 것이다"
8. 암베드카르는 어떤 의미를 지니는가?: 위대한 개혁가(5명): 이 중 한 명은 "위대한 개혁가이지만 신의 화신(incarnation)으로 보지는 않는다", 주님(1명)
9. 상층 카스트와 비교해 볼 때, 신불교도가 됨으로써 유익이 있는가?:

그렇다(2명): "평화, 비폭력, 진리를 체험한다", 아니다(1명): "상층 카스트에 비해 혜택을 입고 있는 바는 없다. 우리가 마하르였을 때는 오직 특정한 지정 카스트하에 있었을 뿐이다. 우리는 주 정부에서 제공하는 약간의 혜택을 누릴 뿐이다", 무응답(1명), 나머지 2명은 대답 대신 다른 설명: "나는 지정 카스트 마하르에 속해 있지 않다. 나는 개종한 신불교도다"(2명)

10. 신불교도가 됨으로써 얻은 사회, 경제적인 혜택이 있는가?: 경제적 혜택이 있다(1명): "경제적으로 땅과 서비스 분야에서 혜택을 누린다", 무응답(5명), 사회적 혜택이 있다(4명): 2명은 구체적으로 "불교는 우리에게 사회적 평등을 준다", 무응답(2명)
11. 신불교를 통해 정신적으로 만족하는가?: 그렇다(4명): "마음에 평화를 주기 때문에"(1명), "불교는 삼보(三寶)에의 귀의를 노래한다. 매우 행복하고 훌륭하다"(2명), "불교는 우리의 삶에 중요한 역할을 하고, 새로운 일을 하는데 영감을 준다"(1명), 무응답(2명)
12. 힌두교에 대한 견해는?: "힌두교는 에이즈와 같이 치유할 수 없는 질병이다. 힌두교의 불평등 제도가 그것이다"(1명), "힌두교는 매우 복잡하고 낡은 문화적 종교다"(1명), "힌두교는 모든 카스트 중에서 가장 위험한 카스트며 그 규율은 참된 것이 아니다"(2명), "힌두교는 좋은 종교다"(1명), 무응답(1명)
    다른 종교는?: "참되지는 않지만, 훌륭하다"(2명), "훌륭하다"(1명), "낡은 문화적 종교다"(1명), "우리로 하여금 삼보를 수행하게 만든다"(1명), 무응답(1명)
13. 담마를 위해서는?: "30분 정도 투자한다"(1명), "매일 파사나(Vipassana, 명상)를 2시간씩 수행한다"(1명), "별로 시간을 보내지 못한다"(2명), 무응답(2명)

이상의 응답자는 모두 마하르 출신이지만, 카스트를 묻는 질문에는 6명 중에 5명이 불교도라고 응답하여 대부분이 신분적 변화의 새로운 정체성을 보여주고 있다. 암베드카르에 대해서는 대다수가 개혁가로 인정하지만, 1명은 '주님'의 칭호를 부여하고 있다. 신불교도가 된 이후의 경제적 변화에 대해서는 1명만이 혜택을 누린다고 응답했고, 나머지 5명은 응답이 없어 경제 효과 면에서는 부정적 특징을 보이고 있다. 반면에 사회적 혜택이 있다고 4명이 응답한 것은 지금까지의 사례분석에서 보았던 경우와 유사한 비율을 보이고 있는 셈이다. 불교는 이들에게 정신적 만족을 주고 있는 반면에 힌두교는 카스트로 인해 '낡은 문화적 종교'이거나 '에이즈'와 같은 불치병의 존재라고까지 혹평하고 있다. 반면에 1명의 응답자는 힌두교가 좋은 종교라고 평가하고 있다

여학생들도 카스트적 힌두교를 부정적으로 보았지만, 혐오감은 남성들이 더욱 컸다고 볼 수 있다.

앞서 살펴본 6명의 여학생들과 비교해 볼 때의 차이점은, 6명 중에 5명이 신불교도가 됨으로써 '지정제도 정책Reservation Policy'에 따른 경제적 혜택이 있다고 말한 반면에, 남학생들은 이러한 사항들을 경제적 혜택이라고 보지 않는 것인지, 인식상의 차이가 있었다. 불교 생활의 정신적 만족도에 있어서는 6명 모두가 만족하다고 응답한 반면에, 남학생들은 4명이 긍정적으로 응답했고, 2명이 응답이 없어서 비율에 있어서 여성들보다 만족도가 떨어지는 것으로 나타났다. 담마의 실천을 위해서는 여성이 더욱 적극적이었다. 이제 아우랑가바드에 건립된 또 다른 암베드카르이즘의 대학들을 살펴볼 차례다.

(6) 아우랑가바드의 <암베드카르 칼리지>

정보제공자 란지트 군의 안내로 <밀린다 칼리지>의 인근에 있는 <암베드카르 칼리지>를 찾아갔다. 특히 이 대학은 법률학과가 가장 활발했고, 기숙사가 있어서 일요일이었지만 사생들을 쉽게 만날 수 있었다. 열정적인 신불교도로서, 법률가를 꿈꾸며 공부하고

있던 기숙사에서 만난 한 학생은 필자의 인터뷰 취지에 공감하면서, 적극적으로 비디오 촬영과 인터뷰에 응해 주었다. 그에 의하면, 암베드카르의 개종식 이전과, 그의 활동시기 이전에는 마하르 출신의 그들은 "마치 짐승과도 같은 취급을 당하며 살아 왔다"고 분노하면서 열정적으로 항변했고, 자신도 반드시 '법률가'가 될 것임을 다짐하면서 필자와의 인터뷰를 "평생 잊을 수 없는 소중한 추억이 될 것"이라고 고마움을 표했다.

초라한 기숙사에 둘러있던 동료 10여 명이 일시에 모두 설문지에 응해 주었고, 그중에 한 사람은 힌두교인이었으나, 동료들과 마찬가지로 암베드카르는 자신에게 '대부(代父, God Father)'라고 했다. 힌두인이지만 오히려 절반은 신불교도가 되어 있었고, 힌두 주류 사회의 출신인 그가 대다수의 마하르 출신이 수학하고 있는 법률학교에서 수학하는 독특한 경우의 모습을 보게 된 셈이다.

인터뷰를 마치려 하자 학생 한 명이 암베드카르를 찬양하는 노래를 부르겠다고 하여 즉석에서 노래할 수 있는 기회를 가졌다. 분위기는 엄숙하면서도 한껏 기쁨으로 고양되어 있었다. 찬양이 끝나고 우리는 일제히 '제이 브힘'을 외치며 작별을 고했다. 이들 12명과 가진 설문 조사 내용을 분석해 보자.

◇ 설문지 사례 21 〈비푸라오(Kamble Pankaj Bapurao) 외 11명의 학생들〉: 조사일 2002년 2월 10일

1. 연령: 19~33세(10대 2명, 20대 7명, 30대 3명)
2. 교육정도: 대학생에서 석사까지
3. 카스트: 마하르(1명), 불교도 (9명), 지정 카스트(1명), 이상의 3가지는 모두가 동일한 마하르 출신이지만 응답 유형이 다를 뿐이다. 힌두교 (1명).
4. 직업: 학생
5. 사는 곳: 아우랑가바드(8명), 아콜라에서 1명, 나시크 1명, 잘가욘 1명.
6. 불교도가 된 이유는?: 출생부터(8명), 개종자(2명): 2명 모두 개종 이유는 불교 철학을 좋아하기 때문이라고 응답했다. 무응답(2명) 중에 1명은 힌두교인.
7. 개종의 목적은 성취되었는가?: 8명은 출생부터이므로 개종목적과 직접적 관련이 없으나, 그 중에서 1명은 충분히 목적이 성취 진 않았다라고 응답했고, '성취되지 않았다'라고 응답한 자가 2명, 나머지는 모두 무응답이었다.
8. 암베드카르는 어떤 의미를 지니는가?: '代父(God Father)'(3명), 이 3명 가운데서는 힌두교인 1명이 암베드카르를 '대부'라고 했다. 그는 힌두교도 좋은 종교이며, 다른 종교도 좋은 종교라고 반응한 점을 보아서, 암베드카르를 '대부'로 인식할 수 없다고는 못할 것이다: 위대한 개혁가(6명): 새 생명의 길을 열어준 위대한 선조(fore father)(1명): 훌륭한 동료(good fellow)(1명): 내 생에 용기를 준 결정적인 인물(1명).
9. 상층 카스트와 비교해 볼 때, 신불교도가 됨으로써 유익이 있는가?: 그렇다(7명), "모든 지정 카스트의 학생들처럼 나도 혜택을 누린다", "정말 그렇다", "정신적 노예상태는 완전히 종식되었고, 그러한 노예성에서 자유다", "훌륭한 효과가 있다", "나의 인생 발전에 큰 유익이 있고, 곧 법률가가 될 것이다", "암베드카르 덕분에 인간답게 살고 있다", "결정적으로 도움을 준다": 무응답(5)
10. 신불교도가 됨으로써 얻은 사회, 경제적인 혜택이 있는가?:
    경제적 혜택이 있다(9명): 이 중에 한 사람은 '어느 정도'라고 응답했다. 무응답(3명)
    사회적 혜택이 있다(8명): 이 중에 한 사람은 '암베드카르가 기대했던 만큼은 아직 아니다'라고 응답했다. 무응답(4명)
11. 신불교를 통해 정신적으로 만족하는가?:
    그렇다(10명): "마음 깊은 곳에서부터", "마음에 평화를 준다", "세상의 어떤 종교보다 만족을 준다", "정신적으로", "인간 평등을 주고

과학에 기초하고 있기에", "삼보(三寶)의 귀의와 오계(五戒)를 통해서", "비폭력이며, 평화를 주고, 타인을 돕게 하기에", 무응답(2명)

12. 힌두교에 대한 견해는?:
"좋지도 않고 나쁘지도 않다"(3명), "나쁘지도 않지만 신에게 기초해 있다"(1명), "힌두교는 신화다. 맹목적 신앙만 키워준다"(1명), "신에 기초하고, 비도덕적이다"(1명), "인도 문화는 힌두교에 기초하여 있고, 좋지 않다"(1명)
"좋다"(2명), "힌두교는 매우 좋다"(1명)- 응답자는 불교도임에도 매우 좋다고 응답했다, 무응답(2명)
다른 종교는?: "훌륭하다"(3명), "불교가 최선이다"(1명), 무응답(8명)
13. 담마를 위해서는?: "많은 시간을 보낸다"(4명), "일주일에 한 시간"(2명), "실제로 나는 담마 사역자(Dhamma Worker)다. 시간이 날 때마다"(1명), "별로 시간을 보내지 못한다"(1명), 무응답(4명)

아우랑가바드의 <암베드카르 칼리지>의 법대생들은 10대 후반에서 30대에 이르는 비교적 높은 연령층을 보여주었고, 교육정도도 재학생에서 석사까지 모두가 법률가가 되기 위해 기숙사에서 함께 생활하고 있었다. 카스트를 묻는 질문에서는 응답자 12명 중에 1명의 힌두교인을 제외한 11명 가운데 9명이 불교도라고 밝혔듯이, 이들은 신불교도로서의 강한 정체감을 지니고 있었음을 알 수 있다. 특이한 점은 힌두 주류사회의 힌두교인도 이 대학에 와서 암베드카르의 정신을 지지하며, 법률공부를 하고 있다는 것이다. 물론 이 힌두인은 여전히 자신의 종교를 '매우 좋은 종교'라고 평가한다. 개종의 결과에 대한 만족도를 묻는 질문에서는 이들이 직접적으로 개종한 것이 아니기에 응답을 하지 않았지만, 1명은 불만족으로 표현했다. 이는 아직도 여전히 차별이 존재하고 있음을 말해준다. 그럼에도 불구하고 암베드카르에 대한 의미를 묻는 항목에서는 '위대한 개혁가'로 6명, '대부'로는 3명, 기타 훌륭한 선조와 인생의 리더로 평가하고 있는 점에서는 암베드카르가 그들에게 지니는 의미는 거의 절대적이라고도 할 수 있을 것이다.

신불교도가 됨으로써 누리는 혜택 또한 신분적 자유뿐만 아니라 경제 사회적 혜택에 대해서도 비교적 높은 만족감을 보여주고 있다. 정신적 만족에 대해서도 2명의 무응답을 제외하고는 모두가 만족하고 있다. 힌두교에 대한 평가에서는 지금까지 조사한 전례와는 상당히 다른 차이를 보여주고 있는데, 우선 12명 가운데 강한 부정적 반응을 보인 3명 외에는 좋지도 나쁘지도 않다는 반응이 3명이나 있었고, 또 1명의 불교도인은 아예 좋은 종교라고까지 응답하였다. 이는 다른 대학에서보다는 힌두교에 보다 더 개방적인 태도를 보이는 편차를 엿볼 수 있다.

이상에서 우리는 암베드카르이즘에 입각하여 설립된 대학 6곳을 방문하여 교수와 학생을 통해 신불교 운동에 관한 설문과 인터뷰를 통해 암베드카르 이후의 영향과 현실을 살펴보았다. 이들은 모두 마하라슈트라에서 암베드카르이즘의 직접적인 영향으로 설립된 대학이었고, 인근에 암베드카르의 이름을 딴 종합대학인 <암베드카르 유니버시티>가 있어서 그곳을 방문하게 되었다. 이는 암베드카르 사후 1958년에 네루가 설립한 대학으로서, 원래 명칭이 마하와다드 유니버시티Mahawadad University였던 것을 1994년 주 정부가 <암베드카르 대학>으로 개칭했던 것이다. 이는 암베드카르 개종과 죽음 이후 수십 년이 지난 오늘날에도 주 정부는 오히려 암베드카르의 위상을 더욱 높이고 있다는 것을 볼 수 있다. 1만여 명이 넘는 이 대학에는 이제 팔리어와 불교를 가르치는 학과가 따로 증설되어 신불교 운동이 대학의 학문적 영역 속에서도 새롭게 영향을 미치고 있는 것을 볼 수 있었다. 이로써 아우랑가바드 지역은 가장 오래된 <밀

린다 칼리지>와 <암베드카르 칼리지> 그리고 <암베드카르 대학>이라는 3개의 대학을 중심으로 대학도시로서의 기능도 톡톡히 감당하고 있는 셈이다. 이제 다음에서 암베드카르와 신불교 운동에 따른 사회적 신분 상승의 사례를 라트나기리의 관공서 직원들과의 인터뷰를 통해 살펴보고자 한다.

4) 사회적 신분 상승의 사례들

앞선 설문조사들에서 우리는 설문지 항목 12번을 통해 신불교도가 됨으로써 어떤 사회적 유익이 있었느냐는 질문을 던진 바 있다. 이때 전체 응답자 가운데 50% 이상이 사회적 혜택이 있다고 했고, 반면에 경제적 혜택에 대해 긍정적으로 대답한 응답자는 절반 수준 이하였다. 사회적 신분 상승이 반드시 경제적 혜택과 직결되는 것이 아님을 보여주는 사례다. 이는 사회적 신분으로서의 정체성 확립, 즉 불가촉천민이라는 노예적 예속의 삶에서 벗어난 어엿한 불교도인으로서의 정체성을 확립해주었다는 측면에서 사회적 신분 상승이라는 만족감을 준 것은 사실이다. 그러나 정체성의 새로운 확립이라는 사회적 명분이 경제적 혜택을 직접적으로 수여해 주는 것은 아니라는 것이다. 그러므로 사회적 신분의 상승이 경제적 혜택이라는 직접적인 수혜관계가 형성되기 위해서는 무엇보다 취업의 기회가 얼마나 확보될 수 있는가 하는 문제와도 직결된다. 다양한 취업의 기회 가운데 특히 관공서에의 취업이야말로 불가촉천민들이 쟁취하고자 하는 가장 큰 사회적 열망 가운데 하나임이 틀림없다. 이는 암베드카르 운동의 결실 가운데 하나인 '지정석 제도'와도 관련되는 것이다.

필자는 이를 조사해 보기 위해 라트나기리의 통계청 지점장과 직원들 그리고 세무서장과 나눈 인터뷰와 설문조사 내용을 살펴보고자 한다. 라트나기리는 원래 전체 도시가 마하르 공동체였으나 경제 사회와 산업구조 등의 변동으로 다양한 계층의 사람들이 모여 인구 100만에 이르는 도시로 성장했다. 그 가운데 20%가 불가촉천민 출신이다. 이들 불가촉천민들은 1956년 불교 개종식 이후에도 꾸준히 인구 증가로 인하여 불교도의 증가는 계속되고 있다. 그러나 마하라슈트라 주의 대부분이 그러하듯이, 여전히 힌두교가 주류 사회인 이곳에서도 불가촉천민들의 사회적 신분 상승은 크게 기대할 수 없는 것이지만, 그럼에도 불구하고 암베드카르 운동 이후 불가촉천민들이 교육과 사회적 혜택을 누리면서 관공서의 공무원으로 진출하고 일부는 기관장의 자리에까지 오르고 있다. 그러한 대표적인 두 가지 사례를 살펴보고자 한다.

(1) 사례 1: 통계청 지점장 및 직원들과의 인터뷰

라트나기리의 아침은 생각보다 쾌적했고 시원했다. 다른 지역보다 공해도 심하지 않은 편이었고, 무엇보다도 사람들이 친절했다. 호텔 짐을 체크아웃하고 가방만 맡겨 둔 채 곧장 암베드카르의 동상이 서 있다는 거리로 걸어가다가, 통계청 라트나기리 지방 사무소, 일명 <암베드카르브하반 통계청 지방 사무소>를 만나게 되어 그곳으로 곧장 들어갔다. 4층 건물에는 수많은 사람들이 오고가고 있었고, 필자는 건물 안으로 들어가 복도에서 나이든 중년의 남자 한 분을 만나 필자의 신분과 방문 목적을 알리자 그는 사무소의 총책임자인 소장에게로 안내해 주었다. 소장을 기다리는 동안 그 안내자는 자신이 불교도는 아니지만 인터뷰와 설문지에 응답해 주었다. 얼마 후 소장을 면회하게 되었고 근엄한 자세로 두터운 안경을 내려쓴 그는 필자의 인터뷰 이유를 물었다. 천천히 이유를 밝히자 비로소 필자의 질의에 응답해 주었다. 알고 보니 그 자신도 마하르 가문의 출신으로서 불교로 개종한 이후 만족한 사회생활을 하고 있었던 것이다. 인터뷰의 진행은 계속되어 또 다른 통계청 직원과의 면담도 있었는데 그 또한 신불교도였다. 이들의 사례를 살펴보자.

◇ 설문지 사례 23 〈질문 항목에 따른 응답〉: 조사일 2002년 2월 6일

1. 이름: 와그마레(M. L. Waghmare)
2. 연령: 50세(남자)
3. 교육정도: 석사
4. 카스트: 마하르
5. 직업: 공무원
6. 사는 곳: 라트나기리, 통계청 사무소장 관저
7. 개종: 불교도로 개종
8. 개종 이유는?: 주(Lord) 암베드카르의 가르침을 좋아하기 때문에.
9. 개종의 목적은 성취되었는가?: 그렇다. 내 나름대로 의미 있는 삶을 살고 있다. 인간다운 삶을 살 수 있다.
10. 암베드카르는 어떤 의미를 지니는가?: 나는 환생을 믿지 않는다. 그래서 나는 암베드카르를 영혼의 개혁가라고 믿는다.
11. 상층 카스트와 비교해 볼 때, 신불교도가 됨으로써 유익이 있는가?: 예전의 불필요한 종교적 의례를 행하지 않는다.
12. 신불교도가 됨으로써 얻은 사회, 경제적인 혜택은?: 경제적 혜택은 없고, 사회적 혜택이 있다.
13. 신불교를 통해 정신적으로 만족하는가?: 주(主) 암베드카르의 가르침은 실세 생활에 매우 근접한 것들이다. 인생에 의미를 준다.
14. 힌두교와 타 종교에 대한 견해: 무응답
15. 담마의 실천을 위해서: 종교적 실천을 위해 누구나 언제든지 찾아오면 시간을 내거나 돈을 기부한다.

응답자 통계청 지점장 와그마레는 마하르 출신으로서 석사 교육까지 받은 지식인으로서 통계청 지점장에 이르러, 주택도 관공서에 딸린 관저에서 생활하고 있는 비교적 성공한 사례에 해당하는 인물이다. 그는 암베드카르를 주Lord라고 지칭하면서도 '영혼의 개혁가'로 주장하는데, 지금까지의 응답자들이 '개혁가' 혹은 '주'라고 구분하여 지칭하던 예와는 조금 다른 입장을 보여주고 있는 것이 특징이다. 스스로 밝히듯이 환생을 믿지 않는다는 점에서 그가 암베드카르를 지칭할 때의 '주'는 신적인 존재를 의미하지는 않는다. 그러나 단순한 '개혁가'로서 이미지를 넘어서서 '주님'으로 존경하고 있는 것이다. 불가촉천민의 지위에서 해방시켜 불교도로서의 새로운 위상을 갖게 해 준 '영혼의 개혁가'인 것이다. 신불교도가 됨으로써 얻는 정신적인 만족 또한 "주, 암베드카르의 가르침이 실제 생활에 가까운" 도움이 된다고 하는 점도 같은 맥락에서 이해할 수 있는 것이다. 힌두교와 타 종교에 대해서는 응답을 회피했다.

지점장 마그와레와 달리 또 다른 2명의 직원과의 인터뷰 내용을 살펴보면, 앞서 언급한대로 한 명은 마라타 힌두인으로서 힌두교인이었고, 다른 한 명은 신불교도였다. 힌두교인 사만트A. R. amant는 56세로서 학사출신이며, 암베드카르를 개혁가로 보았고, 힌두교는 다른 종교를 해하지 않는 평화로운 종교이며, 다른 모든 종교도 훌륭하고 평화를 가르친다고 주장했다. 이에 비해 다른 한 명의 신불교도는 39세의 학사 출신이다. 그는 개종의 목적이 성취되었다고 주장했고, 암베드카르는 개혁가이자 위대한 사람으로서 자신은 그에게 기도한다고 했다. 신불교도가 된 이후로 경제적, 사회적, 정신적으로 모든 면에서 만족한다고 함으로써 자긍심을 갖고 적극적인 사회

생활을 하고 있음을 알 수 있다. 힌두교는 좋은 종교이지만 카스트 체제라고 하면서, 담마는 좋지만 카스트는 나쁘다는 점을 주장했다. 그리고 매일 붓다와 암베드카르에게 기도한다고 함으로써, 신실한 신불교도의 삶을 기뻐했다.

(2) 사례 2: 세무서장과의 인터뷰

통계청에서 만났던 정보제공자는 릭샤 비용을 직접 부담해 주면서 인근에 있는 세무서까지 친절히 안내해 주었다. 필자는 사람들로 붐비는 세무서 뒤편 한 건물에서 집무에 열중하고 있는 세무서장을 만날 수 있었다. 곧장 인사를 나누고 '암베드카르와 신불교 운동'에 관한 질의와 응답을 나누었다. 설문조사에 대한 응답은 물론 전통차 짜이를 내어주는 환대도 베풀어 주었다. 그 또한 마하르 가문 출신으로서 불교로 개종한 이후 사회적 신분의 상승은 물론 불교인으로서의 정신적 만족감을 표명했다. 다음에서 설문 내용을 살펴보자.

◇ 설문지 사례 22 〈질문 항목에 따른 응답〉: 조사일 2002년 2월 6일

1. 이름: 파와르(Y. V. Pawar)
2. 연령: 55세(남자)
3. 교육정도: 중등학교과정 검정고시
4. 카스트: 신불교도(마하르 공동체 출신)
5. 직업: 공무원
6. 사는 곳: 라트나기리
7. 개종: 불교도로 개종
8. 개종 이유는?: 이전의 카스트는 불가촉천민이고 따라서 다른 카스트 사람들로부터 존경을 받지 못하기 때문이다.
9. 개종의 목적은 성취되었는가?: 그렇다. 이제는 다른 느낌이다. 우리는 만인이 평등한 종교를 지니고 있다.
10. 암베드카르는 어떤 의미를 지니는가?: 개혁가
11. 상층 카스트와 비교해 볼 때, 신불교도가 됨으로써 유익이 있는가?: 개종 이후에 우리는 자존감을 되찾았고, 암베드카르의 가르침을 따름으로써 우리 자신의 진보를 이룰 수 있게 되었다.
12. 신불교도가 됨으로써 얻은 사회, 경제적인 혜택은?: 사회적 혜택이 있다(경제적 혜택은 무응답).
13. 신불교를 통해 정신적으로 만족하는가?: 그렇다. 자유, 평등, 우애의 정신으로 산다.
14. 힌두교에 대한 견해는?: 카스트로 구분되어 지배관계를 형성한다.
15. 담마의 실천을 위해서 하루에 1시간을 보내며, 종교 행사에도 참여한다.
16. 암베드카르의 개종식 이후 그의 후계자들은 사람들로 하여금 불교에 관심을 기울이도록 이끌지 못했다.

응답자 파와르는 불가촉천민 출신으로 암베드카르 개종식 당시의 개종인물로서, 중등과정의 검정고시 합격 정도의 교육만으로도 세무서 지점장의 자리에 오른 성공적인 인물 가운데 한 사람이다. 불교 개종의 이유는 명백했고, 지금은 자유로운 분위기 속에서 산다면서 개종 이후 만족한 삶을 산다고 자평하고 있다. 이는 힌두교인들보다 더 사회적 지위나 형편이 나아져서가 아니라 이전의 천민의

삶에서 벗어날 수 있고, 무엇보다 자존감을 얻게 되었다는 점에서 비롯되는 상대적이고, 소극적인 의미에서의 만족감이다. 그러나 신불교도로서의 새로운 정체성을 얻게 된 이러한 자존감은 점차 주류 사회에서의 사회적 역할과 기여라는 측면에서 결코 과소평가될 수 없는 것이다. 불교에 대한 정신적 만족으로서 '자유, 평등, 우애'를 언급한 것은 그가 이미 암베드카르의 신불교 운동의 기본적 이념을 충실히 알고 있었음을 보여주는 것이다. 이 같은 신불교 운동의 기본적 이념을 잘 이해하고 있던 그는 불교 운동이 암베드카르 이후에 조직적으로 확산되지 못하고 있다는 점도 지적하고 있다.

5) 마하르의 상징들

(1) 암베드카르의 동상과 초상

마하르는 암베드카르 운동 이후 이제 마하라슈트라에서 신불교도라는 새로운 공동체로 탄생했다. 암베드카르는 그들에게 사회 개혁자일 뿐만 아니라 주님으로까지 숭앙되고 있다. 암베드카르는 이와 같이 마하르인들에게 두 가지 양식으로 존경받고 있다. 특히 마하라슈트라의 대도시는 물론 중소도시 어디로 가나 이제는 거리의 중앙 한복판에서 암베드카르의 동상을 볼 수 있다. 필자가 현지 조사차 방문했던 뭄바이를 비롯하여, 라트나기리, 욜라, 나시크, 마하드, 푸네, 아우랑가바드, 니그푸르 등지의 곳곳에서, 거리거리마다 한복판을 횡단하는 곳에서는 암베드카르의 동상을 쉽게 볼 수 있었다. 암베드카르 동상의 가장 대표적인 전형은 인도 델리의 국회의사당 앞에 세워진 것으로 왼손에는 '인도 헌법'을 쥐고 오른손은 집게

손가락을 치켜들고 인도의 시민과 국회의원들을 향해 헌법에 명기된 의회 민주주의를 수호하도록 '헌법에 복종'하라는 엄중한 자세를 취하고 있다. 자유, 평등, 우애의 원리를 주장하는 암베드카르의 염원은 인도의 심장부인 델리의 국회 의사당에서부터 발원하여 마하라슈트라 전역의 대·중·소도시 한복판에 우뚝 서서 오늘도 말없이 민중들의 가슴속에 아로새겨지고 있는 것이다.

암베드카르 운동의 성공과 의의를 보여주는 사례는 거리에 세워진 암베드카르의 동상뿐이 아니다. 신불교 사원이나 신도들의 가정에서는 물론 학교나 관공서에 이르기까지 암베드카르가 기념되는 곳에서는 어디서나 그의 초상화를 볼 수 있다. 필자가 욜라에서 <묵티 브후미>를 취재한 후에 어느 신불교도의 가정에 초대받아 갔을 때에도 그의 방에는 암베드카르와 붓다의 초상이 동시에 걸려 있었던 것을 목격할 수 있었다. <암베드카르 삼마디>나 <딕사 브후미>와 같은 기념비적 장소들에서는 아예 암베드카르의 사진을 담은 배지를 만들어 기념품 형식으로 팔거나 액자에 담아 가정마다 걸어두게 한다. 신실한 신도들의 가정에서는 어디서나 암베드카르의 초상을 살펴볼 수 있다. 암베드카르는 그들의 삶의 개혁자이자 주(主)로서 공경받고 있는 것이다.

(2) 마하르의 푸른 깃발과 담마 차크라(法輪)

마하르의 사회적 신분변화와 새로운 정체성을 알려주는 기호들은 동상과 초상으로만 끝나지 않는다. 신불교도가 된 그들의 신앙적 상징이 되고 있는 마하르의 푸른 깃발과 차크라가 그것이다. 지금도 마하라슈트라 주의 어느 도시를 가더라도 도시 외곽지역에 자리한

<불가촉천민 구역(촌)>이 형성되어 있는 것을 볼 수 있다. 필자가 방문한 마하드의 촌락 외에도 나시크의 욜라에서 방문했던 <불가촉천민 촌>은 가장 대표적인 모습을 하고 있었다. <묵티 브후미> 인근에 자리한 이 촌락은 초라한 가옥들을 둘러싼 복판에 자리한 공공 우물가에 마하르 공동체를 상징하는 푸른 깃발이 장대 높이 매달려 펄럭이고 있었고, 그 깃발 속에는 담마의 차크라(法輪)가 새겨져 있었다. 우물에서 물을 긷고 있던 아낙네들의 머리 위에서 바람에 펄럭이던 푸른 깃발은 뭄바이 다다르에 있는 <암베드카르 삼마디>에서 보았던 바로 그 깃발이었다. 신불교도 공동체의 상징으로서의 이 깃발은 이제 마하르의 공동체라면 어디를 가도 그들의 사원이나 마을에서 쉽게 찾아 볼 수 있고, 혹자들은 개개인의 집에도 이 푸른 깃발을 내걸고 있다.

푸른 깃발 속에 나부끼는 둥근 원형의 차크라는 마하르인들의 건물 중앙에도 새겨져 있는 것을 곳곳에서 볼 수 있다. 버스를 타고 아우랑가바드 시가지를 빠져나오면서 나그푸르로 가는 도중 외곽마을의 마하르인들의 집에 새겨진 차크라와 군데군데 세워져 있는 깃발들을 보았는데, 이는 이제 신불교도로서의 자기 정체성을 공고히 하고 있음을 보여주는 상징적인 기호들임을 알 수 있다. 이는 마하드나 욜라에서 모두 확인한 바이지만 아우랑가바드 역시 도심 주변에서 이 같은 마하르의 공동체적 특징을 보여주고 있는 셈이다. 1억에 가까운 마하라슈트라 주민 전체의 20~25%에 해당하는 마하르 주민 가운데 극소수의 예외를 제외하고는 이들 모두가 신불교도라고 하는 사실을 생각해 보면, 마하르인들의 새로운 신분적 변화의 열망과 새로운 정체성의 긍지가 이 푸른 깃발과 차크라 속에 담겨

져 있는 것이라고 볼 수 있을 것이다.

(3) 늘어나는 신불교 사원들

신불교 사원의 형태는 크게 두 가지 방식으로 증축되어 가고 있다고 볼 수 있다. 주 정부의 지원이나 인도불교협회의 단체에서 증원하는 대형 사원의 형태와 마하르 공동체 자치 내에서 마을 한가운데 세우는 소규모의 사원으로 구분하여 볼 수 있다. 필자가 목격한 대규모 형태의 사원은 주로 둥근 지붕을 하고 있는 산치 스투파 양식이었고, 소규모 형태의 사원은 각각 자유로운 빌딩 형태로 지어져 있었다. 대형 스투파 양식의 사원 가운데 가장 대표적인 사원이 암베드카르의 개종식이 있었던 <딕사 브후미>의 사원이다. 이는 최근에 건립된 대형 사원으로서, 필자가 방문할 당시에는 수천 명이 내부 좌석에 앉을 수 있는 2층 공간은 아직도 건설되고 있었다.

마하라슈트라에서 이 같은 대형 사원은 나그푸르의 <딕사 브후미> 외에도 나시크에서 18km 정도 떨어진 곳에 거대한 건물로 증설되고 있는 <붓다 비하르>를 찾아 볼 수 있다. 필자가 이곳을 방문했을 때는 사원으로 들어가는 도로변 입구의 정문을 제외하고는 사원이 이미 완성상태에 있었고, 현지 관리자의 진술에 의하면, 한 달쯤 후에 달라이라마가 방문하여 준공식을 가질 계획이라고 했다. 수천여 명을 수용할 수 있는 아름답게 장식된 하얗고 둥근 스투파 형식의 이 현대식 건물의 바로 뒤에는 100m 이상 높아 보이는 산이 놓여 있는데, 그곳에 놀랍게도 불교 석굴 사원이 자리하고 있었다. 이 석굴의 이름은 <판다바[Pandava] 불교 석굴 사원>으로 24개의 석굴이 있었고 불상이 새겨진 예불당(禮佛堂)과 스님들이 거하는 비하르가 있었다. 이곳에는 힌두적 요소의 석상들과 붓다의 석상들이 동시에 새겨져 있다. 오랜 세월을 거치면서 힌두교와 불교의 습합 과정을 볼 수 있는 곳이다.

산 아래로는 멀리 나시크 거리가 눈앞에 펼쳐지는 바로 이 석굴 아래 양지바른 평온한 지점에 <붓다 비하르>가 현대적 사원으로 증축되고 있었던 것이다. 이는 현대 인도 불교가 마하라슈트라 주 정부의 지원도 힘입고 있지만, 티베트의 망명 지도자 달라이라마의 영향도 동시에 엿볼 수 있는 장면이다. 암베드카르 이후 불교의 정신적 지주가 없는 시점에 달라이라마는 분명 그 공백을 메워 갈 뿐만 아니라, 현대 인도 불교 발전의 중요한 새로운 변수로서 지도자 역할을 겸하고 있다고 볼 수 있다. 뭄바이의 <싯다르타 칼리지>에서 만난 한 스님이 말했던 것처럼, 암베드카르의 운동은 계속되고 있고, 특히 신불교 운동이 이제는 달라이라마의 영향력과 함께 더욱 확산되어 가고 있는 것이다. 신불교 사원은 이 같은 대형 사원의 증축만이 아니라, 암베드카르 사후 50년이 가까워지는 오늘날도 마하르 공동체에는 곳곳에서 소규모의 사원을 증축하거나 보수하여 예불당으로서의 기능뿐 아니라, 혼인 예식장이나 축하연을 베푸는 공공의 장소로도 활용되면서 사원의 기능은 더욱 중요시되어 가고 있다.

3. 통계 분석으로 본 현지 조사 종합 분석

이상의 현지조사는 마하라슈트라 주를 중심으로 발생한 암베드카르 운동과 관련된 주요 현지를 방문하여 2002년 2월에 이루어진 것이다. 현지 조사를 위한 설문지와 인터뷰에 응답한 사람은 총 54

명이다. 이는 개별적인 인터뷰를 통한 총 23번의 설문 사례 가운데, 사례 15번의 12명, 사례 19번의 6명의 여학생들, 그리고 사례 20번의 6명의 남학생 및 사례 21번의 12명의 학생들에 대한 집단 조사를 포함한 전체 인원이다. 앞에서 조사한 내용의 결과를 다음에서 종합적으로 분석해 보고자 한다.

1) 연령

응답자의 연령을 알아보았다. 연령빈도는 18~25세(37명으로 68.5%), 26~35세(4명으로 7.4%), 36~46세(3명으로 5.5%), 47세 이상(10명으로 18.5%)이다. 이중 18세에서 25세의 학생 연령층이 가장 많고, 그 다음이 47세 이상으로 암베드카르 개종 연도인 1956년 이후 출생자들이 많았다. 이는 현지 조사의 비중을 학교에 중점을 두었기 때문인데, 그 이유는 암베드카르 운동의 대표적인 결실 가운데 하나가 불가촉천민을 위한 교육기관의 증설과 확충으로 열매를 맺었기 때문이다.

2) 교육정도(졸업자)와 직업

초등 1명, 중등 1명, 고등 2명, 대학과정 38명, 석사 9명, 박사 3명이다. 이 중에서 초등교육을 마친 자는 욜라의 마하르 공동체(불가촉천민 마을) 수장이다. 중등과정 검정고시를 마친 자는 세무서장이 되었다. 고등학교 졸업자 중에 한 사람은 승려가 되었고, 한 사람은 상업미술 활동을 하고 있는 중년이다. 그밖에 대학을 졸업한 자들은 공무원, 사원의 관리소장 등 다양하다. 석사 출신들은 도서관 사서, 교사, 교수 등 직업이 다양했다. 박사 3명은 모두 교수들이다.

3) 카스트

54명의 응답자 가운데 2명의 힌두교도를 제외한 52명이 모두 신불교도다. 신불교도이지만 응답의 형태는 다양했다. 마하르라고 응답한 자는 8명, 불교도(신불교도) 33명, 카스트 자체를 거부한 불교도 4명, 달리트 1명, 지정 카스트 3명, 뱅가리(마하르 이외의 불가촉천민 출신) 2명, 무응답 1명이다. 불가촉천민을 지칭하는 여러 가지 명칭들 가운데 응답자들이 임의적으로 선택한 용어들이다. 그 가운데서 불교도라고 응답한 자가 33명으로 전체 52명(힌두교 2명 제외)의 응답자 가운데 63.4%에 해당한다. 이는 불교도로서의 새로운 위상을 보여주는 것으로 자의식이 그만큼 강하다는 사실을 보여주고 있는 셈이다.

4) 개종 이유와 목적의 성취도

52명의 불교도 가운데 개종에 만족하는 자가 27명(51.9%), 불만족이 8명(15.3%), 무응답이 6명(11.5%), 기타가 11명(21.1%)이었다. 만족하는 자는 절반을 약간 웃도는 정도였고, 기타나 무응답이 많은 이유는 대부분이 태어나면서부터 불교도 가정에서 태어난 2세대였으므로 개종이라는 의미가 이들에게는 적확하지 않았을 뿐 아니라 목적이나 성취도 또한 같은 맥락에서 이해할 수 있기 때문에 만족과 불만족에 뚜렷한 대답을 주지 못한 것이다. 그럼에도 불구하고 응답자의 연령층이 높을수록 만족도의 결과는 높게 나타났다. 52명의 응답자 가운데 30세 이상이 15명이었는데, 만족한다는 경우는 10명, 불만족은 1명, 무응답이 3명, 기타가 1명이었다. 이를 보면 30대 이상의 연령층에서는 66.6%의 높은 만족도를 보인 반면에 30대 이하는 37명 가운데서 7명이 만족한다고 응답함으로써 18.9%의 낮은 만족도를 보이고 있는 것이다. 이는 저연령층일수록 개종에 대한 의식이 낮은 것을 보여주는 것임과 동시에, 앞서 지적한 대로 개종 목적과 성취도에 대한 뚜렷한 의식이 없기 때문이다.

5) 신불교도들에 대한 암베드카르의 의미

주(主)Lord, 개혁가, 화신(化身) 등 52명 중에 '주'라고 응답한 자는 8명(15.3%)이고, 개혁가라고 응답한 자는 36명(69.2%)이였으며, 화신이라고 응답한 자는 아무도 없었고, 기타가 8명(15.3%)이었다. 이들 중에는 대부(代父) 같은 자라고 응답한 자가 4명이었고, 붓다와 같다고 한 자가 1명, 지도자요 신이라고 응답한 자가 1명이었다. 암베드카르는 응답자들에게 개혁가로서의 이미지가 가장 강한 것으로 나타났다.

이들에게 '주Lord'의 의미는 붓다의 제자들이 붓다에게 '존자(尊者)'라는 표현을 하듯이 마찬가지로 암베드카르에게도 같은 의미의 '존자'를 의미한다. 다만 서양에서의 그리스도를 '주'라고 표현하는 구세주적인 신적 의미와는 다르다. 그러나 암베드카르의 추종자들이 그에게 붙여줄 수 있는 최상의 존경을 표현하는 존칭이다. 따라서 주라고 응답한 자는 전체 응답자의 15%에 불과하지만, 그만큼 이들은 암베드카르에 대한 인간적 존경을 강하게 보이고 있다는 증거다. '붓다와 같은 분'이라고 표현한 이도 암베드카르에게 최고의 찬사를 보내고 있는 것이지만, '주'라는 의미와 큰 차이가 없다고 보아야 한다.

개혁가라고 응답한 자가 전체 응답자 가운데 69.2%를 차지함으로써 단연 암베드카르는 그들에게 종교적 의미보다는 사회적 의미가 더 컸던 것으로 볼 수 있다. 이들 가운데는 '나의 주님이요 개혁가'라고 표현한 자도 있는데, 이 또한 사회 개혁자로 보지만 동시에 종교적 의미로서의 '존자'로 존경되고 있음을 보여주는 것이다. 또한 아버지 혹은 대부처럼 존경한다는 의미는 이미 암베드카르가 봄베이 청년 그룹에서 1927년에 새로운 존칭인 '바바사헤브' 암베드카르라는 이름을 선사받으면서 시작되었다. 앞서 본문에서 살펴보았듯이 바바사헤브는 '존경하는 아버지'를 뜻한다. 암베드카르가 영국에서 변호사 자격을 얻고 돌아와서 마하드에서 천민해방운동을 시작한 이후부터 인도 불가촉천민 청년들의 가슴에는 '아버지'로서의 존경스런 모습을 보았던 것이다.

응답자 가운데 특이한 응답을 한 경우가 있었다. '나의 지도자요, 나의 신이다'라고 표현한 자가 1명이 있었는데, 그는 엘핀스톤 칼리지의 석사과정 학생으로서 달리트 출신들에게 제공되는 '지정 보호제도'의 혜택으로 교육을 받는 학생이다. 그가 암베드카르를 '신'이라고까지 표현한 것은 물론 암베드카르에 대한 최상의 존경어린 표현을 하고 있는 것임은 틀림없다. 그러나 그를 실로 신이라고 생각했을까? 이 문제는 해석적 여운을 남기는 부분이다. 필자가 설문조사로 받은 내용이어서, 곧 바로 그러한 대답의 이유를 물어보지 못한 아쉬움이 남지만, 두 가지의 경우를 생각할 수 있다. 첫 번째는 인도 사상에서 보게 되는 것처럼 실제로 화신(化身, incarnation)과 같은 존재로 여겼을 가능성과, 두 번째, 신이라고 표현은 했지만 '신과 같은 존재'라는 뜻일 가능성이다. 필자는 두 번째의 의미를 가지는 경우라고 본다. 그렇게 추정하는 이유는 우선 설문지 중에서, '화신'이라는 문항이 있었지만 그 대답은 회피했기 때문이며, 마하드의 암베드카르 칼리지의 모 교수도 필자에게 "먹을 것과 입을 것이 모두 암베드카르 때문이라"고 하면서, 암베드카르는 자신에게 신과 같은 존재라고 표현했지만, 설문지에는 '주'라고 응답한 유사한 경우를 보아서도 알 수 있는 것이다. 한 가지 더 분명하게 추정할 수 있는 이유는 이들은 모두 석사 과정을 밟고 있거나 교수로서 암베드카르의 불교 사상에 상당히 익숙해 있는 자들인 만큼 신의 실재를 부정하는 암베드카르의 사상을 모르고 그렇게 표현했을 까닭이 없을 것이기 때문이다. 또 한 가지 분명한 사실은 응답자 전체 가운데서 힌두교에서 볼 수 있는 바와 같은 '화신'의 의미를 지닌다고 대답한 이는 아무도 없었다. 이와 같이 암베드카르는 현대 인도 불가촉천민 출신들의 가슴에 주 또는 개혁가로서 깊이 새겨져 있고, 대부분이 1956년의 개종식에 직접 참여하지 않았지만 세대를 거듭하면서도 개혁가로서의 이상은 지워지지 않고 있는 것이다.

6) 암베드카르로 인해 신불교도가 됨으로써 얻게 된 사회, 경제적 유익

52명 중에 사회적으로 도움이 된다고 응답한 자는 36명(69.2%),

도움이 안 된다고 응답한 자는 5명(9.6%), 기타 또는 무응답이 10명(19.2%)이었다. 반면에 경제적으로는 도움이 된다고 응답한 자가 52명 중에 27명(52.9%)이었고 도움이 되지 않는다고 응답한 자가 14명(26.9%)이었으며, 기타가 11명(21.1%)이었다. 이로써 보면 사회, 경제적으로 도움이 되었다고 응답한 경우가 그렇지 않다는 자보다 많았고, 반면에 사회적으로 도움이 되었다고 응답한 자가 경제적으로 도움이 되었다는 자보다 더 높은 비율을 보인 것을 알 수 있다. 이는 사회적 신분상의 변화를 얻게 된 것이 일차적으로 도움이 된 것으로 볼 수 있으며, 그것이 곧바로 경제적인 혜택으로 연결되지는 않고 있다는 것이다. 그러나 사회적 신분 상승의 효과를 통한 경제적 혜택의 기회가 더 많이 열리고 있다는 가능성을 찾아 볼 수 있다.

7) 신불교도로서의 정신적 만족

신불교도로서 정신적으로 만족한 생활을 하고 있는가라는 질의에 52명의 응답자 가운데 만족한다고 응답한 자는 44명(84.6%)의 높은 비율을 보였고, 만족하지 않는다고 응답한 자는 5명(9.6%)으로 낮았다. 부정적으로 응답한 이들은 모두 16세에서 20세에 달하는 <싯다르타 칼리지> 학생들의 경우였다. 이들을 제외한 다른 모든 곳의 응답자들은 모두가 만족하는 것으로 나타났다. 또한 연령층이 높을수록 만족도가 높은 것으로 나타났다.

8) 힌두교와 타 종교에 대한 견해

신불교도 52명 가운데 힌두교를 긍정적으로 본다는 응답자는 12명(23%), 부정적으로 보는 자는 28명(53.8%), 기타(무응답자 포함) 12명(23%)으로 부정적으로 보는 자가 절반을 넘는다. 이는 젊은 층일수록 힌두교를 긍정적으로 평가하는 데서 기인하고, 30대 이상의 연령층에서는 힌두교를 부정적으로 보는 경향이 훨씬 높은 비율로 나타났다.

반면에 타 종교에 대한 응답의 비율을 살펴보면, 긍정적이라고 반응한 자가 21명(40.3%), 부정적으로 보는 자가 5명(9.6%), 기타(무응답자 포함) 26명(50%)으로 나타났다. 타 종교에 대해서는 평가하지 않겠다고 응답한 자가 가장 높은 비율을 보였고, 긍정적으로 본다는 비율이 그 다음 순으로 높게 나타났다.

9) 담마를 위해 얼마나 노력하고 있는가?

담마를 위한 노력은 기도나 금전적 봉사 혹은 포교, 기타 불교적 가르침과 관련된 활동 일체를 말한다. 이를 위해 열심히 노력하는 경우(매일 혹은 일주일에 몇 시간 정도)는 52명 가운데 33명(63.4%), 보통의 경우(한 달에 몇 시간 혹은 며칠 정도)는 5명(9.6%), 노력을 못하는 경우는 5명(9.6%), 무응답이 8명(15.38)이었다. 담마를 위한 노력은 연령층이 높을수록 열심히 노력하는 편으로 나타났으나, 젊은 층도 이점에 대해서는 높은 반응을 보이고 있다.

4. 맺는말

오늘날 인도에서 암베드카르의 위상과 영향력은 여전히 높고 광범위하다. 마하라슈트라 주에서의 위상은 간디에 못지않다. 특히 1억에 달하는 마하라슈트라 주 주민 25%의 불가촉천민 출신들에게 암베드카르의 위상과 영향력은 간디를 능가하는 절대적인 존경의 대상이 되고 있다. 이는 앞서 조사한 설문 조사의 결과에서도 볼 수 있었던 바와 같이, 암베드카르는 그들에게 위대한 사회 개혁가일 뿐만 아니라, 붓다와 같은 존자(尊者, Lord)의 위치로 존경받는 대상이 되고 있다.

마하르 공동체가 있는 곳이면 어디나 규모에 관계없이 신불교도들의 사원이 설립되어 있거나 증축 중에 있고, 이 사원을 중심으로 예불(禮佛)은 물론 오락과 결혼식 등의 공동체적 삶이 이어지고 있다. 암베드카르의 대표적 불교 사상서 『붓다와 그의 담마』 또한 이들 사원의 기본적인 경전의 역할을 하고 있다. 마하르 공동체의 기념비적인 유적지이자 운동의 기폭제가 되는 거룩한 땅들, 곧 크랜티 브후미, 묵티 브후미, 딕사 브후미, 그리고 암베드카르 사마디는 계속해서 신불교도들의 가슴속에 뜨거운 개혁의 불길을 붙여주고 있다.

신불교 공동체 외에도 변모하는 교육 현장들은 암베드카르 운동의 결실을 가장 잘 보여주고 있는 사례였다. 현지 조사 중에서 가장 인상적으로 기억되는 것은 아우랑가바드의 <암베드카 칼리지> 법대생들과 기숙사에서 가졌던 면담이었다. 그들은 이미 다른 대학에서와 마찬가지로 '지정보호제'의 혜택을 받고 있는 자들로서, 장차 법조인이 되어 불가촉천민 지위 향상은 물론 암베드카르 운동의 기본 정신인 자유, 평등, 우애, 정의에 입각한 사회개혁 운동의 횃불을 높이 들것이라고 하는 굳은 결의를 보여주고 있었던 것이다. 그들은 두 주먹을 불끈 쥐고 있었고, 뜨거운 눈물을 흘리며 동료들과 함께 암베드카르를 찬양하는 노래를 부르던 젊은 대학생의 모습 속에서 불가촉천민들의 미래가 결코 어둡지 않다는 희망을 엿볼 수 있었다.

암베드카르의 운동(1956년의 불교 개종을 기점으로 볼 때)은 이제 반세기를 넘어서는 시점에 이르렀다. 그동안의 많은 결실을 통해 천민들이 주류 사회에 진출한 모습도 살펴보았다. 통계청 지점장과 세무서장의 예가 그러했다. 그리고 국회의 지정석 확보도 그 한 예가 될 것이다. 앞으로 불가촉천민 출신의 정치적 활동에 대해서 연구를 해보는 것도 비교 문화, 정치학적 측면에서 유익하고도 흥미 있는 일이라 생각된다. 그밖에도 본 논문이 다루지 못했던 암베드카르 운동의 새로운 결실에 대해서는 향후의 과제로 남기고자 한다.

참고문헌

◇ 일차 자료

Ambedkar, B. R. Dr. Babasaheb Ambedkar Writings and Speeches Vol. 1; *Castes in India, Annihilation of Caste: Maharashtra as a Linguistic Province: Need for Checks and Balances: Thoughts on Linguistic States: Ranade, Gandhi and Jinnah: Evidence before the Southborough Committee: Federation versus Freedom: Communal Deadlock and a Way to solve It: States and Minorities: Small Holdings in India: Mr. Russell and the Reconstruction of Society.* (Government of Maharashtra: Education Department, 1979)

…………………, *Dr. Babasaheb Ambedkar Writings and Speeches Vol. 4;* Unpublished Writings; Riddles in Hinduism (Government of Maharashtra: Education Department, 1987)

…………………., Dr. Babasaheb Ambedkar Writings and Speeches Vol. 5; Unpublished Writings; *Untouchables or the Children of India's Ghetto and other Essays on Untouchables and Untouchability, Social Political Religious* (Government of Maharashtra: Education Department, 1989)

…………………, Dr. Babasaheb Ambedkar Writings and Speeches Vol. 7; Reprint of *WHO WERE THE SHUDRAS? How they came to be the Fourth Varna in the Indo Aryan Society. THE UNTOUCHABLES. Who were they and why they became Untouchables?* (Government of Maharashtra: Education Department, 1990)

…………………, Dr. Babasaheb Ambedkar Writings and Speeches Vol. 9; *What Congress and Gandhi have done to the Untouchables, Mr. Gandhi and the Emancipation of the Untouchables* (Government of Maharashtra: Education Department, 1990)

…………………, Dr. Babasaheb Ambedkar Writings and Speeches Vol. 11; *THE BUDDHA AND HIS DHAMMA* (Government of Maharashtra: Education Department, 1992)

………………., *The Buddha and His Dhamma* (Bombay: People's Education Society, 1957)
………………., *Pakistan or the Partition of India* (Bombay: Thacker & Co., Ltd., 1946)
………………., *Writings and Speeches,* Vol. 7, Bombay, 1990
………………., *Annihilation of Caste* (New Delhi: Arnold Publishers, 1990)
………………., "Buddha and The Future of His Religion" (reprinted from the Vaisakha Number of *The Maha Bodhi,* Vol. 58, April May, 1950)

◇ 이차 자료

Ahir, D. C. *The Legacy of Dr. Ambedkar* (Delhi: B. R. Pub., 1990)
………………., *Dr. Ambedkar and Indian Constituation* (Delhi: Low Price Pub., 1997)
………………., *Buddhism in North India* (Delhi: Classics India Publication, 1989)
………………., (ed.) *Dr. B. R. Ambedkar; Buddhist Revolution and Counter Revolution in Ancient India* (Delhi: B. R. Publishing Corporation, 1996)
………………., *Dr. Ambedkar and Punjab* (Delhi: B. R. Publishing Corporation, 1992)
Baisantry, D. K. *Ambedkar; The Total Revolutionary* (New Delhi: Segment Book Distributors, 1991)
Bakshi, S. R. B. R. *Ambedkar: Statesman and Constitutionalist* (New Delhi: Anmol Publications, 1992)
Basham, A. L. *The Wonder That Was India* (New York: Grove Press, 1959)
Baxi, Upendra, "*Political Justice, Legislative, Reservation for Scheduled Castes and Social Change*" (Dr. Ambedkar Memorial Lecture 1978), University of Madras
Bernstein, R. J. *John Dewey* (New York: Washing Square Press, 1967)
Beyer, Peter, *Religion and Globalization* (London: Sage Publications Ltd, 1994)
Bharathi, K. S., *Encyclopaedia of Eminent Thinkers: The Political Thought of Ambedkar* (New Delhi: Concept Pub., 1998)
Biswas, Oneil, *A Phenomenon named Ambedkar* (Delhi: Blumoon Books, 1998)
Buchler, Randall, *Readings in Philosophy* (New York: Barnes & Noble and SHIRK(Editors), 1946)
Charsley, S. R. and Karanth G. K., (ed.) *Challenging Untouchability: Dalit Initiative and Experience from Karnataka* (New Delhi: Sage Publications, 1998)
Chavan, Sheshrao, *Bharat Ratna: Dr. Babasaheb Ambedkar, Messiah of Untouchables* (Aurangabad: Vimal Publication, 1990)

Chentharassery, T. H. P., *Ambedkar on Indian History* (Jaipur and New Delhi: Rawat Publication, 2000)

Copleston, R. S., *Buddhism: Primitive and Present in Magadha and in Ceylon* (London, 1982)

Coward, Harold G. "*The Revival of Buddhism in Modern India", Religion in Modern India, ed., Robert D. Baird* (New Delhi: Manohar, 1998)

Deva, Shanthi and Wagh, C. M., *Dr. Ambedkar and Conversion* (Hyderabad India: 1965)

Dewey, John, *Human Nature and Conduct* (New York: The Modern Library, 1930)

·················.., *Reconstruction in Philosophy* (Boston: Beacon Press, 1962)

·················.., *Democracy and Education* (London: The Macmillan, 1968)

·················.., *Ethics* (New York: G. Bell and Sons, Ltd., 1910)

·················.., *Logic: The Theory of Inquiry* (New York: Henry Holt & Co., 1918)

Dumoulin, Heinrich (ed), *Buddhism in the Modern World* (London: Collier Macmillan Publishers, 1976)

Durant, Will, *The Story of Philosophy* (New York: Washington Square Press, 1961)

Fisher, Mary Pat, *Religions Today: An Introduction* (London: Routledge, 2002)

Fitzgerald, Timothy, *The Ideology of Religious Studies* (Oxford: Oxford University Press, 2000)

Frankel, F. R. (ed.), *Transforming India: Social and Political Dynamics of Democracy* (Oxford University Press: 2000)

Gethin, Rupert, *The Foundations of Buddhism* (Oxford: Oxford University, 1998)

Gombrich, Richard, *Theravāda Buddhism: A social history from ancient Benares to modern Colombo* (London: Routledge & Kegan Paul, 1988)

Grover, Verinder, *B. R. Ambedkar; Political Thinkers of Modern India 16* (New Delhi: 1998)

Hasan, Zoya, "*Representation and Redistribution: the new lower caste politics of north India" Transforming India* (New Delhi: Oxford Univ. Press, 2000)

Hook, Sidney(ed), *John Dewey: Philosopher of Science and Freedom* (New York: The Dial Press, 1950)

Imala, Raja, *Dr. Ambedkar to Revolutionary* (Bombay: Pawar, 1976)

Jadhav, Narendra, *Dr. Ambedkar's Economic Thought and Philosophy* (Bombay: Popular Prakashan, 1993)

James, William, *The Varieties of Religious Experience,* 『종교체험의 여러 모습들』, 김성민 역, (서울: 대한기독교서회, 1997)

Jatava, D. R. *Ambedkar and Humanism* (Jaipur India: ABD Publishers, 1999)

.................., *B. R. Ambedkar: A Vision of Man and Morals* (Jaipur: ABD Publishers, 1999)

Kadam, K. N., *The Meaning of the Ambedkarite Conversion to Buddhism and Other Essays* (Mumbai: Popular Prakashan, 1997)

.................., (ed.) *Dr. Babasaheb Ambedkar and the Significance of his Movement* (Bombay: Popular Prakashan, 1990)

.................., (ed.) *Dr. B. R. Ambedkar; The Emancipator of the Oppressed* (Bombay: Popular Prakashan, 1993)

Kaviraz, Sudipta, *"Democracy and Social Inequality" Transforming India* (New Delhi: Oxford Univ. Press, 2000)

Keer, Dhananjay, *Dr. Ambedkar: Life and Mission* (Bombay: Popular Prakashan, 1962)

Kenadi, L, *Revival of Buddhism in Modern India: The Role of B. R. Ambedkar and the Dalai Lama XIV* (New Delhi: Ashish Pub., 1995)

Khabde, Dinkar, *Dr Ambedkar and Western Thinkers* (Pune: Usha Wagh, 1989)

Krishan, Asha, *Ambedkar and Gandhi; Emancipators of Untouchables in Modern India* (Mumbai: Himalaya Publishing House, 1997)

Krishna Lyer, V. R. Justice, *Ambedkar Memorial Lectures 1976* (Delhi: Delhi University Press, 1976)

Lamotte, Etienne, *History of Indian Buddhism* (Louvain La Neuve: Institut Orientaliste, 1988)

Malik, Yogendra K. and V. B. Singh, *Hindu Nationalist in India: The Rise of the Bharatiya Janata Party* (New Delhi: Vistaar Publications, 1996)

Mansingh, Surjit, *Historial Dictionary of India* (New Delhi: 2001)

Masilamani Azariah, *A Pastor's Search for Dalit Theology* (Delhi: ISPCK, 2000)

Massey, James, *Dalits in India; Religion as a source of Bondage or Liberation with special reference to Christians* (New Delhi: Manohar Publishers, 1995)

Matthew, Thomas, *Ambedkar; Reform or Revolution* (New Delhi: Segment Books, 1991)

Molendijk, Arie L. and Pels, Peter (ed.), *Religion in the Making: The Emergence of the Sciences of Religion* (Leiden: Brill, 1998)

Monier Willams, *Sanskrit English Dictionary* (Delhi: 1988, reprinted)

Narasu, P. Lakshmi, *The Essence of Buddhism* (Delhi: Bharatiya Publishing House, 1976)

Narayan Rao, J. S., Somasekhar, A., Audiseshaiah, K., (ed.) *B. R. Ambedkar; His Relevance Today* (New Delhi: Gyan Publishing House, 1994)

Omvedt, Gail, *Dalits and the Democratic Revolution; Dr. Ambedkar and Dalit Movement in Colonial India* (New Delhi: Sage Publications, 1994)

Pals, Daniel L., *Seven Theories of Religio*n (Oxford: Oxford University, 1996)

Pandyan, K. David, *Dr. B. R. Ambedkar and the Dynamics of Neo Buddhism* (New Delhi: Gyan Publishing House, 1996)

Parkash, Prem, *Ambedkar; Politics and Scheduled Castes* (New Delhi: Ashish Publishing House, 1993)

Pilchik, Terry, *Jai Bhim! Dispatches from A Peaceful Revolution* (Glasgow: Windhorse Pub., 1988)

Rahula, Walpola, *What the Buddha taught* (London: Gordon Fraser, 1978)

Rajtshekar, V. T., *Dalit: The Black Untouchables of India* (Atlanta: Clarity Press, 1995)

Rao, Dr. R. B. (ed.) *Bharat Ratna Dr. Ambedkar* (Allahabad India: Chugh Publication, 1993)

Rodrigues, Valerian, *The Essential Writings of B. R. Ambedkar* (New Delhi: Oxford University Press, 2002)

Russell, Bertrand, *History of Western Philosophy* (London: George Allen & Unwin, 1946)

Sangharakshita, *Ambedkar and Buddhism* (Glasgow: Windhorse Pub., 1986)

Sharma, Anuradha, *Castes in India* (Delhi: Indian Publishers Distributors, 1998)

Sharma, Kusum, *Ambedkar and Indian Constitution* (New Delhi: Ashish Publishing House, 1992)

Sharpe, Eric J. *Comparative Religion,* 『종교학』, 윤이흠 · 윤원철 옮김, (서울: 한울 아카데미, 1986)

Shourie Arun, *Worshipping False Gods: Ambedkar, and the facts which have been erased* (New Delhi: Harper Collins, 1997)

Singh, Sanghasen (ed.), *Ambedkar on Buddhist Conversion and Its Impact* (Delhi: Eastern Book Linkers)

Singh, Nagendra Kr.(ed.), *Ambedkar on Religion* (New Delhi: Anmol Publications, 2000)

Smith, Wilfred Cantwell, *The Meaning and End of Religion,* 『종교의 의미와 목적』, 길희성 역, (왜관: 분도출판사, 1991)

Tull, H. W., *The Vedic Origins of Karma* (Albany: State University of New York Press, 1989)

Ward, Keith, *Religion and Community* (Oxford: Oxford University Press, 2000)

Webster, John C. B., *Religion and Dalit Liberation: An Examination of Perspectives* (New Delhi: Manohr, 1999)

김승혜 편저, 『종교학의 이해』, (왜관: 분도출판사, 1986)

이명권(李命權)

이명권(李命權)은 연세대학교에서 신학을 전공하고, 감리교신학대학원에서 신학으로 석사학위를, 동국대학교 대학원에서 인도철학으로 석사학위를 받았다. 중국 길림사범대학교 대학원에서 중문학 석사학위를 받았으며, 서강대학교 대학원 종교학과에서 「암베드카르와 현대 인도 불교」에 대한 연구로 박사학위를 받았다. 미국 『크리스천헤럴드』 편집장을 지냈으며, 관동대학교에서 '종교 간의 대화'를 강의했다. 중국 길림성 정부에서 수여하는 2011년 '우수 외국인 전문가 상'을 수상하였다. 지금은 길림사범대학교 교수로 있으며, 코리안 아쉬람 대표를 맡고 있다.

저서로는 『비움과 나눔의 영성』, 『예수, 노자를 만나다』, 『예수, 석가를 만나다』, 『무함마드와 예수 그리고 이슬람』, 『공자와 예수에게 길을 묻다』, 『우파니샤드』, 『베다』, 『오늘날 우리에게 해탈은 무엇인가』(공저), 『사람이 종교 종교이 사람』(공저) 등이 있다. 역서로는 마하트마 간디의 『간디 명상록』, 마틴 루터 킹의 『마틴 루터 킹』, 디완 챤드 아히르의 『암베드카르』, 세사기리 라오의 『간디와 비교종교』, 한스 큉의 『위대한 그리스도교 사상가들』(공역), 『세계의 종교』 근간(공역) 등이 있다.

인도에 대한 주요 논문으로는 「아드바이타 베단타 신학과 그리스도교 신학의 만남」, 「해탈의 길, 즈나나 요가에 대한 연구-『바가바드 기타』를 중심으로」, 「베단타 신학과 그리스도교 신학-클루니의 비교 신학을 중심으로」 등이 있다.

암베드카르와
현대 인도 불교

초 판 인 쇄 | 2012년 6월 18일
초 판 발 행 | 2012년 6월 18일

지 은 이 | 이명권
펴 낸 이 | 채종준
펴 낸 곳 | 한국학술정보㈜
주 소 | 경기도 파주시 문발동 파주출판문화정보산업단지 513-5
전 화 | 031) 908-3181(대표)
팩 스 | 031) 908-3189
홈 페 이 지 | http://ebook.kstudy.com
E-mail | 출판사업부 publish@kstudy.com
등 록 | 제일산-115호(2000. 6. 19)

ISBN 978-89-268-3412-1 93270 (Paper Book)
978-89-268-3413-8 98270 (e-Book)

내일을여는지식 은 시대와 시대의 지식을 이어 갑니다.